教育部人文社会科学研究青年基金项目（项目编号：17YJC820030）、中央高校基本科研业务费（NO. 2017CDJSK08XK12）与重庆大学法学院图书出版基金资助

银行业反垄断法规制研究

刘乃梁 ◎ 著

中国社会科学出版社

图书在版编目(CIP)数据

银行业反垄断法规制研究 / 刘乃梁著. —北京：中国社会科学
出版社，2021.3

ISBN 978-7-5203-7736-2

Ⅰ.①银… Ⅱ.①刘… Ⅲ.①银行业—反垄断法—研究—中国
Ⅳ.①D922.281.4②D922.294.4

中国版本图书馆 CIP 数据核字(2021)第 016210 号

出 版 人	赵剑英
责任编辑	梁剑琴
责任校对	刘 娟
责任印制	郝美娜

出　　版	中国社会科学出版社
社　　址	北京鼓楼西大街甲 158 号
邮　　编	100720
网　　址	http://www.csspw.cn
发 行 部	010-84083685
门 市 部	010-84029450
经　　销	新华书店及其他书店

印刷装订	北京市十月印刷有限公司
版　　次	2021 年 3 月第 1 版
印　　次	2021 年 3 月第 1 次印刷

开　　本	710×1000　1/16
印　　张	21.5
插　　页	2
字　　数	364 千字
定　　价	118.00 元

前　言

溯源不足百余年的当代反垄断法秉承竞争宏愿，以独立规制禀赋常立于市场经济发展的宏图之中，因其恢宏效果而被社会舆论褒奖为"经济宪法"，也因此标签设定而承载着更多的历史使命与规制期待。《中华人民共和国反垄断法》（以下简称《反垄断法》）的实施肩负着为市场经济发展肃清垄断荆棘的任务，在银行业垄断问题的广泛质疑和银行业市场化探索的行之惟艰中，金融与反垄断"不期而遇"。当回顾、审视和反思我国银行业从垄断经营到竞争引入的发展历程，我们就会知晓银行业反垄断法规制的开展并非历史的巧合，而是源于现实发展之迫切需要。我国银行业发展呈现出对政府干预的高度路径依赖，这使得银行业垄断以一种既复杂又简单的形态呈现于社会舆论面前：它因公权的过多介入而游走于市场与法律的边界，又因公私交融之下金融机构权利的权力化倾向而表现出市场行为的肆意。在种种争论之中，金融消费者和大多数社会舆论声讨银行业金融机构的"为富不仁"，经济学家更多地痛陈银行业市场精神之缺失，业界人士极力维护银行业的正面形象，而决策层隔岸观火静待银行业市场化进程的外部性展开。在银行业垄断的"罗生门"之中，《反垄断法》的实施成为问题澄清与解决的应然进路，银行业垄断的传媒语境亟待法律层面的认知、剖析与应对。

从金融学到法学，银行业垄断问题需要从指数分析和效果评测回归《反垄断法》的法定垄断类型和法律规制结构之中，进而寻求法律框架下的合理界定与规制进路；从金融法到竞争法，银行业需要引入更为独立、更为权威的维护市场竞争机制和保护消费者权益的规制手段，通过银行业反垄断法规制的探索实现对银行业市场金融规制的补充和完善；从结构主义到行为主义，我们应当在尊重银行业金融规制的基础上，立足主体权利的维护，从主体行为逻辑出发构建银行业反垄断法规制体系。银行业垄断问题的严峻性和复杂性较之我国反垄断法规范体系的单薄、银行业市场监督管理机构的"一家独大"较之我国反垄断法规制机构的分散与不成熟，种种对比的结论反映出银行业反垄断法规制的完善在理想与现实之间仍然存在着很长一段距离。但是，我们不能因反垄断法律体系的羽翼未满而对银行业垄断问题视而不见，亦不能因反垄断法律规范的既有残缺而放弃对银行业垄断行为专业规制路径的探索。在金融法治化的议题之下，我们没有理由使金融市场化的建设脱离最符合市场化诉求、最能维护市场竞争机制的《反垄断法》的实施。我国银行业反垄断法规制应当立足于银行业垄断问题的特征，从反垄断法规制优势出发不断寻求制度完善，以期为银行业市场化进程保驾护航。

本书的研究与写作立足于法学视角，在遵循问题主义进路的前提下，依照法律规制开展与完善的基本结构展开对核心命题的论述。具体来看，从"规制需求—规制供给—规制问题—规制分析—规制路径"的法律规制进路逻辑出发，对银行业垄断的规制缘起、银行业垄断行为的法律界定、银行业反垄断法规制的现实困境、银行业反垄断法规制的法律逻辑和银行业反垄断法规制的制度发展等相关问题进行阐释。全文除导论之外，共分为五章，具体内容包括：

第一章——"银行业垄断：问题与规制需求"。本章通过银行业垄断理论与现实问题的梳理，阐明命题的法学属性，明确银行业发展的现实需求，指出本书的研究目的是探索银行业反垄断法规制体系的宏观向度。我国银行业市场结构虽然存在着寡头垄断和垄断竞争的观点之争，但是从整体发展趋势而言始终是从垄断逐渐走向竞争。鉴于反垄断法对银行业垄断结构规制的局限性和行为规制的可行性，我们认为应当确立我国银行业反垄断法规制的行为导向，将银行业垄断问题的关注点从金融学的市场评测转入法学视野下的行为规制。银行业垄断问题的法学本质在于形成垄断行为、损害金融消费者权益、破坏市场竞争秩序和影响社会公共利益。我国银行市场的垄断行为夹杂政府的不当干预具有多层次、多场域的特征，从根本上渗透于银行业市场的各个领域。银行业反垄断法规制应当立足于市场化建设，从垄断行为规制着手，树立"攘外必先安内"的规制理念，正确处理反垄断法规制与金融规制的关系，借《反垄断法》实施之东风，探索银行业反垄断法规制体系的完善路径。

第二章——"银行业反垄断法规制的内涵阐释"。本章在厘清《反垄断法》适用于银行业理论与实践两方面障碍的基础上，明确银行业市场垄断行为的认定思路，阐明银行业经营者的主体特殊性，将广泛存在于社会舆论之中的"意定"垄断行为置于法定垄断行为框架之内分析，通过银行业市场垄断行为的对号入座明确银行业市场垄断的法律真实性，从法律适用的层面释明银行业反垄断法规制的合法性和合理性。银行业垄断行为的法律认定应当以合理规则适用为主，慎用本身违法规则，相关市场认定应当着眼于结论的发展性与科学性，与此同时应当尊重银行业的行业特征，适当调整认定方法。银行业反垄断法规制应当秉承经营者的同一性，确立"以经济垄断规制为主，行政垄断规制为辅"的推进维度。除宏观认定思路阐释之外，本章从银行业市场价格联盟、"银行业反垄断第一案"和"大到不能倒"等问题着手，着重分析银行业在垄断协议、滥用市场支配地位和经营者集中等垄断类型方面表现出的不同个性。

第三章——"银行业反垄断法规制的问题审视"。本章从"目标—权力冲突—方法—效果"的规制结构出发阐明银行业反垄断法规制体系建构的关键环节。我国银行业市场反垄断法规制承继了我国《反垄断法》实施的"目标虚化"，反垄断法规制目标的多元定位不仅导致自身规制目标的不集中，也使得与银行业规制目标趋同，产生外部挤压。银行业反垄断法规制与行业规制的权力冲突不利于规制目标的实现，并且银行业发展的路径依赖与反垄断法规制体系自身的不健全更是加剧了银行市场对反垄断法规制的排斥。银行业反垄断法规制面临着一种"内忧外患"的实践困境，规制方法的不完善首先成为"内忧"的始作俑者，而后反垄断法规制的"无计可施"又对银行业反垄断法规制的权威性与独立性产生减损效应，最终导致反垄断法规制"无从下手"，威慑与合规指引的双重规制效果成为奢求。

第四章——"银行业反垄断法规制的法学逻辑"。本章依据第三章提出的目标虚化、权力冲突、方法困境和效果评测四方面的问题，立足银行业市场垄断行为的特征和我国反垄断法规制的现状，从规制理念、权利导向、冲突协调和规制调试四个方面进行银行业反垄断法规制的法学逻辑阐释。我们认为，反垄断法规制应秉持助推而非主导、规制而非控制、工具而非万能以及独立而非附庸的法律适用理念，在金融市场化、金融法治化和金融民主化的银行业市场发展思潮下，银行业反垄断法规制应当确立法治、辅助与独立的功能预设，通过对银行业市场垄断行为的规制，促成银行业市场金融规制的有效变革，通过反垄断法规制的路径创造实现银行业市场监管路径依赖的适当破除。银行业市场应当明确竞争者市场和消费者市场不同的权利诉求，反垄断法规制立足于相关市场主体的权利维护，并且通过反垄断法规制的自我调适缓解法律的不确定性，挖掘反垄断法规制之于银行业市场的特殊禀赋。

第五章——"银行业反垄断法规制的制度进路"。本章针对前文问题梳理与逻辑分析明确银行业反垄断规制权的行使原则和边界，将银行业反垄断法规制体系的特征阐释为软硬兼施、多元参与和制度明晰。首先，银行业反垄断法规制应当建立明确以国务院反垄断委员会为规制协调机构，不断促进反垄断执法机构的司法化改造，合理配置垄断行为执法管辖权，依据区分原则开展银行业市场政府行为的反垄断审查，并通过执法和解制度的探索寻求银行业市场问题的柔性处理。其次，通过以大数据和银行业市场竞争性评估的基础制度完善、以法律规范体系和量化标准为核心的实体制度完善以及以执法和司法为内容的程序制度完善，缓解银行业反垄断法规制的不确定性。最后，银行业反垄断法规制还应从主体多元化、守法促进、政府不当干预排除和产业政策协调等方面着手，完善私人实施、专家参与、竞争倡导、竞争中立和行政指导等关联法律制度。

目　录

导　论

一　问题的缘起

金融行业发展中所面临的市场、产品和机构等多维度风险催生国家干预的必要性，金融行业在市场经济和社会发展中的基础地位也使得规制成为各国政府必然的选择。作为金融行业的重要代表，理论与实践均已证明银行业的发展离不开政府的有效调控与规制。即使是在银行业高度市场化的发达国家，政府亦不可能因自由、民主之理念而完全退出金融市场。并且，金融危机的周期性反复往往伴随金融监管广度和深度的社会辩驳，这其中无外乎是关于政府在银行业发展中的角色定位问题。在国家干预的路径依赖下，法律规制作为一种重要的干预手段，在银行业市场的发展中扮演着愈加关键的作用。法律何以对银行业市场的发展形成有效的规制，经济法认为应当建立"需要"指引下的问题规制导向。"需要国家干预说"认为，"经济法是调整需要由国家干预的经济关系的法律规范的总称"[①]，"国家干预概念的广泛性表现在主体、受体和范围等方面"[②]，"通过'需要'为'干预'进行空间定位，设定限度与程度是国家干预经济的预设条件"[③]。我们认为，银行业法律规制的"需要"应当表现出现实与未来发展中最为紧迫、最为根本性的命题，垄断正是言下之意。

金融垄断是理解中国金融市场发展现状、探讨中国金融市场制度变革和思考金融法律制度完善的根本性命题。不同于国外市场主导型的金融垄

---

① 李昌麒：《经济法——国家干预经济的基本法律形式》，四川人民出版社 1995 年版，第198 页。

② 李昌麒：《李昌麒法治论说拾遗》，法律出版社 2012 年版，第 272 页。

③ 单飞跃：《"需要国家干预说"的法哲学基础》，载单飞跃、卢代富等《需要国家干预——经济法视域解读》，法律出版社 2005 年版，第 6 页。

断，我国的金融垄断具有鲜明的政府主导特征。① 金融垄断对我国金融市场初期的秩序建构和金融市场的长期稳定发挥着不可磨灭的历史作用。伴随我国经济发展与社会转型，金融的功能与价值逐渐被发现、提炼和升华，社会对于金融的需求异常强烈。然而，在金融垄断的市场结构下，金融供给与金融需求明显错位，诸如中小企业融资限制、金融机构创新能力不足、非正式金融发展排斥等垄断负外部性逐渐凸显。《中共中央关于全面深化改革若干重大问题的决定》将"紧紧围绕使市场在资源配置中起决定性作用深化经济体制改革"作为"加快完善现代市场体系"的重要环节，金融市场体系的完善被寄予了更多的顶层期许和发展动力。金融市场化建设的难点是明确政府和市场在资源配置中的主次关系，而依据我国金融市场的现状，市场垄断与竞争的博弈是政府和市场关系主命题下重要的子命题。"金融市场对引导资源流向具有非常关键的作用"②，长期的垄断符合我国银行业市场监管的稳定导向。但是在创新和发展的巨大现实压力面前，如果金融市场在相关领域缺乏应有的竞争，那么银行业对社会实体经济发展乃至社会整体进步的推动力将会大打折扣。因此，金融市场化探索最为关键的命题即是如何打破金融垄断，建立富有竞争性的金融市场机制，实现金融业对内对外的开放。

　　银行业作为现代金融业的主体，是国民经济发展的枢纽，同时也是金融垄断问题最为突出的领域。相比于保险业和证券业，银行业拥有更多的受众群体，在更大、更广的平台为社会提供信贷融资服务、接受社会监督。在银行业巨大经济存量的背后潜伏着多重发展危机，③ 近年来银行业

---

　　① 国外金融垄断是一种市场型垄断，即在尊重市场规律的前提下，金融机构通过产品创新、服务升级和企业并购等多种方式实现市场的"独占"，这在某种程度上也是市场竞争下优胜劣汰规律的表现；而我国金融垄断具有较大程度的政府干预属性，即政府通过准入政策和监管政策的限制，对银行业金融机构的设立和运营进行全方位管控，客观上形成了银行业市场的壁垒效果和银行业金融机构的垄断经营。

　　② 吴敬琏：《完善金融市场体系，纠正金融资源错配》，《中国城乡金融报》2013 年 11 月 25 日第 3 版。

　　③ 从整体而言，据银监会年报披露，"截至 2014 年年底，银行业金融机构资产总额 172.3 万亿元，比年初增长 13.9%"。从个体来看，在 SNL 金融公司全球银行排名中，我国银行占据全球排名前五位中的四席；在英国《银行家》公布的 2015 年全球 1000 家银行排行榜中，117 家中资银行入围，其中"四大行"稳居前十；在福布斯全球企业 2000 强榜单中，"四大行"包揽世界 25 强银行前四位；在《财富》世界 500 强榜单中，"四大行"同时跻身前五十强企业；除此之外，"四大行"成功聚首金融稳定理事会（Financial Stability Board，FSB）发布的 2015 年全球系统重要性银行名单之中，我国银行业金融机构整体体量与个体实力受到了世界的瞩目。

垄断问题经舆论曝光受到社会的广泛关注，[1] 接二连三的事件背后折射出舆论对银行业垄断的不解与痛斥。2001 年，作为加入 WTO 的承诺事项之一，金融服务业面临着逐步对外开放的历史议题，外资银行的进入将会冲击中国金融市场的垄断结构；2003 年，"孙大午案" 被认为是银行业垄断迫使无钱可贷的民营企业家自寻出路，以致 "非法吸收存款"；2006 年，以村镇银行为代表的新型农村金融机构成为农村金融拓展的主力军，但是固有的金融抑制与金融创新的导向不足又使得新型农村金融机构缺乏坚实的发展动力；2009 年，吴英案受到社会舆论广泛关注，民间借贷再次冲击现有的金融垄断体制，经济学家疾呼 "我们的经济是建立在特权而不是权利之上，我们并没有建立起市场经济的真正基础"[2]；2013 年，以余额宝为代表的互联网金融的发展同样遭遇着监管与创新、垄断与开放的发展困局……无论是自上而下的金融开放探索，还是自下而上的普惠金融倒逼，垄断业已成为金融市场进一步发展不可逾越的高墙。

"发展中国家是否应当发展竞争法的争论无疑是徒劳的"[3]，《反垄断法》的实施为银行业的发展提出了新要求，银行业垄断问题亟待反垄断法规制破解。《中共中央关于全面推进依法治国若干重大问题的决定》明确指出，公平竞争和有效监管是促进市场和政府功能实现的必要路径，而宏观调控和市场监管的升级、垄断行为的有效规制又可以促进市场竞争秩序和公平秩序的实现。在依法治国的理念下，金融市场化进程的推进同样需要金融法治化的保驾护航，银行业反垄断法规制正是在尊重既有银行业市场发展路径依赖的前提下，通过法律规制措施的完善，实现适合银行业市场化和充分发挥银行业社会效用的路径创新。法律，作为一种社会控制的工具，在银行业反垄断中必将发挥至关重要的作用，而素有 "经济宪法" 之称的《反垄断法》旨在维护市场竞争秩序与消费者合法权益。《反垄断法》的实施使诸多行业的发展面临改变与调试，白酒、医药、汽车

---

[1] 有学者指出，近年来，银行高管巨额薪酬、高利润及乱收费等问题屡见不鲜，特别是 2010 年受到全球金融危机和国内宏观调控政策影响，实体经济发展受到制约，但银行却利用紧缩之机直接提高或变相提高贷款利率，收取各种费用，银行业服务实体经济的作用受到广泛质疑。"参见胡滨《中国金融监管报告（2012）》，社会科学文献出版社 2012 年版，第 24 页。

[2] 张维迎：《从吴英案审视市场的基础》，《中国企业家》2012 年第 4 期。

[3] Dina I. Waked, "Antitrust Goals in Developing Countries: Policy Alternatives and Normative Choices", *Seattle University Law Review*, Vol. 38, No. 3, April 2015, p. 945.

等行业在被称为"反垄断元年"的 2013 年接受了沉重的反垄断法规制洗礼。① 反垄断执法的不断实践使社会对银行业反垄断的期待值不断增加，长期游走于社会舆论风口浪尖的银行业垄断问题似乎"难逃一劫"。2008年 9 月，在"银行业反垄断第一案"中，中国建设银行重庆分行因涉嫌拒绝交易、强制收费被客户诉至法庭；2012 年 5 月，北京律师董正伟和陈东向国家发展和改革委员会（以下简称国家发改委）提交反垄断举报信，痛陈商业银行有组织地实施协同垄断协议行为，构成价格垄断，矛头直指中国银行业监督管理委员会（以下简称银监会）；② 2012 年年底，时任中国人民银行（以下简称央行）行长周小川在《金融研究》撰文指出："银行业盈利模式并非依赖银行业垄断……银行业垄断恐怕也站不住脚。"③ 金融消费者与银行业内人士各执一词，表明银行业垄断问题的复杂和对其展开法律规制的难度。实际上，反垄断执法机构已经意识到了银行业垄断问题的特殊性与规制必要性：2009 年作为经营者集中反垄断审查机构的商务部，针对金融市场的特殊性，会同相关金融监管机构出台《金融业经营者集中申报营业额计算办法》，列明金融业经营者集中的相关申报要件；2014 年 8 月，在谈及市场监管改革时，时任国家工商行政管理总局（以下简称国家工商总局）局长张茅表示，"将继续加大对银行等行业的反垄断执法力度"④。无论是金融法还是竞争法，银行业垄断命题的破解都必须依赖既有法律问题的厘清与解决。银行业垄断表现为市场中诸多类型的垄断行为，这些行为造成消费者合法权益和社会公共利益的减损，影响银行业市场竞争机制的形成。客观而言，依靠《反垄断法》的实施破解银行业垄断问题仍有诸多法律规制层面的问题需要探讨，我国反垄断法规制体系尚不成熟，表现在权力架构松散、竞争规范缺失和执法经验不足等多个方面。如何应对银行业市场复杂的垄断问题，如何处理与

---

① 《反垄断法》颁布于 2008 年，但是其颁布的前几年一直未形成社会舆论广泛关注的焦点案例，而进入 2013 年以后，接连不断的历史性罚单使《反垄断法》的实施在力度和广度之上都取得了突破，因此业界广泛将 2013 年称为"反垄断元年"。

② 律师在举报信中要求，"发改委对工、农、中、建、交五大行和邮储银行的 18 项相同收费项目和标准开展反垄断执法，责令停止违法收费行为，并依据《反垄断法》处以上一年度营业额 10% 以下罚款"。参见姜樊《律师举报六大国有银行价格垄断》，2012 年 5 月，新华网（http://news.xinhuanet.com/local/2012-05/24/c_123181928.htm）。

③ 周小川：《金融危机中关于救助问题的争论》，《金融研究》2012 年第 9 期。

④ 沈静文：《工商总局：继续加大对银行业等行业反垄断执法》，2014 年 8 月，新华网（http://news.xinhuanet.com/fortune/2014-08/23/c_126908273.htm）。

银行业监督管理机构之间的权力冲突成为银行业反垄断法规制需要跨过的一座又一座大山。

综上所述，银行业反垄断法规制研究需要从金融市场化的现实问题出发，秉承金融法治化理念，在充分认知现实银行业垄断破除之紧迫和银行业反垄断法规制体系发展之必需的基础上，针对银行业反垄断法规制的诸多关联命题展开深入研究。通过宏观着眼，我们力求将《反垄断法》和我国银行业市场化进程的"不期而遇"变为法律规制对金融市场发展的实质维护。

二　现有文献的评述

（一）国内文献研究综述

"银行业的垄断与反垄断，直接关系国家、社会、企业和消费者等多方利益博弈，垄断问题的破解应当防止地方、部门保护主义思维的泛滥和民族情绪的渲染，促进银行业合法、稳健运行，以维护公众对银行业的信心。"① 关于银行垄断命题的研究多集中于金融学视角，主要是从我国银行业市场结构的指数评测和效果分析展开，其中市场结构的评测主要从市场份额、市场集中度和市场进入壁垒三个方面展开，市场效果分析重点关注我国银行业发展过程中的行业结构和产权问题。在既有文献中也存在着关于银行业垄断问题的法学阐释，学者们多从反垄断法规制开展的可能性和可操作性展开分析，在认清银行业反垄断法规制难度的前提下，不断探索银行业反垄断法规制的发展路径。除此之外，银行垄断命题的关联问题和热点案例同样引来金融学、经济学和法学学者的强烈关注。

1. 银行业垄断的一般结论

从我国是否存在银行垄断来看，现有文献表现出鲜明的肯定论和否定论。引发我国银行是否存在垄断的直接导火索在于银行业的巨额利润，持银行垄断肯定论的学者指出，"垄断是中国银行业暴利的根源"②，有学者更是将我国的银行垄断界定为国有银行垄断，"呈现出国家、地方、银行三位一体的垄断性"③。与此针锋相对，周小川则认为，"在中国，银行业

① 席月民：《中国银行业呼唤反垄断法》，载王晓晔主编《反垄断立法热点问题》，社会科学文献出版社 2007 年版，第 331 页。

② 王俊林：《垄断才是中国银行业暴利的根源》，《法人》2012 年第 3 期。

③ 褚伟：《垄断结构：国有银行的改革研究》，《当代财经》2001 年第 9 期。

与其他工业相比工资不算低，社会上有一些争议认为银行业攫取高额垄断利润……中国银行业数量多……造成银行盈利能力强、利润高的原因并非是银行业垄断"①。持银行垄断否定论的学者认为，"银行业作为一个金融产业并不存在垄断问题，国内市场也并非是垄断的市场"②。代表性的观点还包括造成目前银行业市场发展诸多问题的关键因素并非市场结构因素，而是行政性势力对银行业市场发展的不当介入。③ 有学者从面板数据分析出发，"批驳了中国银行业垄断的观点，认为中国银行业的竞争性改革已经取得一定成效"④，而时任中国建设银行行长张建国的"银行弱势群体论"更是将银行业垄断的讨论推向了舆论的高峰。⑤

在银行业暴利是否因垄断引起的社会讨论之外，金融学学者更多地将研究注意力放在银行业市场结构的纵向追踪，对不同时期、不同市场结构下的银行业市场效果进行了客观评价与发展展望。20 世纪末 21 世纪初，学者研究认为我国银行业市场结构总体上处于"从高度集中的寡头垄断型市场结构向竞争性较强的垄断竞争型过渡"⑥，并且"银行业市场的垄断竞争局面初步形成，改革开放以来的银行业改革取得了阶段性成功"⑦。但是从市场集中度来看"四大国有商业银行市场份额很高"⑧，"从单一国有金融产权垄断到多产权形式的渐进改革并未对国有银行的垄断地位产生

①   周小川：《金融危机中关于救助问题的争论》，《金融研究》2012 年第 9 期。

②   王国刚：《"中国银行业垄断暴利"的说法并不成立》，《经济学动态》2012 年第 5 期。

③   参见陈伟光《银行业垄断及其市场势力研究》，《国际经贸探索》2007 年第 2 期；赵旭《中国商业银行市场势力、效率及其福利效应》，《财经研究》2011 年第 3 期。

④   王国红：《中国银行业市场力及其变迁研究》，《财贸经济》2013 年第 10 期。

⑤   2015 年两会期间，时任建行行长张建国在谈及利率市场化改革时表示银行也是弱势群体，此举引发包括李克强总理在内的与会嘉宾笑声阵阵（总理在后续讲话中敏锐回应农民才是真正的弱势群体），此事经由媒体舆论发酵，社会对银行垄断的声讨之声大涨，2015 年 6 月张建国辞去建行行长一职［参见肖楠《建行行长称银行是弱势群体，李克强：农民才是》，2015 年 3 月，网易新闻（http://news.163.com/15/0304/23/AJTA98V800014SEH.html）］。除此之外，有学者从制度经济学理论出发，认为"国有商业银行的强垄断阻却了内部竞争压力的释放，进而导致国有商业银行低效，国有商业银行是渐进改革中的弱势群体，应当从体制上破除'父爱主义'"。参见张志元、滕春强《制度经济学视角的国有商业银行弱势群体分析》，《财经科学》2006 年第 3 期。

⑥   叶欣、郭建伟、冯宗宪：《垄断到竞争：中国商业银行业市场结构的变迁》，《金融研究》2001 年第 11 期。

⑦   于良春、鞠源：《垄断与竞争：中国银行业的改革和发展》，《经济研究》1999 年第 8 期。

⑧   王国红：《论中国银行的市场结构》，《经济评论》2002 年第 2 期。

影响"①。也就是说，"主体的多元化并未使国有商业银行的垄断地位发生根本性改变"②，"政府金融控制成本较高，银行 SCP 框架失调"③。业内人士指出，"我国银行市场竞争格局的体制特征在于，所有制特征下的高度垄断性、市场准入限制下的竞争机制缺乏以及较高市场集中度下的低回报率背离"④。近年来，虽然仍有学者认为"四大国有商业银行控制着整个市场，产品差异化小和政策壁垒森严仍是银行业发展的障碍"⑤，但是我国商业银行从垄断走向竞争的变化态势已是不争的事实。研究显示，"我国银行业总体已经处于垄断竞争状态，市场集中度的变化引发市场竞争度的连锁反应"⑥，"银行业的高集中度与高竞争度并存，传统存贷业务之外的其他业务发展明显"⑦。此外，"在四大行之间存在着较为显著的完全竞争，并且表外金融服务细分市场日趋专业化"⑧，市场结构伴随商业银行股权机构变革和现代银行制度的发展呈现出向好的局面。

　　虽然金融学界大量学者持银行业垄断肯定论，但银行业垄断对市场的效果传导（外部性问题）仍是仁者见仁，智者见智。总体而言，"产权改革之后国有商业银行仍然具有垄断优势，多元利益格局下存在着中央与地方，国有、民有与外来经济势力，公众与私人三重利益博弈"⑨，但是"较高的市场集中度也促成了我国银行业市场长期的稳定程度"⑩。具体来看，银行业垄断造成了对内和对外两方面的外部性影响：一方面从内部影响来看，银行业垄断导致"产业化进程迟滞、行业规模不经济和盈利能

---

①　赵紫剑：《中国银行业结构变迁及其发展趋势》，《中央财经大学学报》2002 年第 11 期。

②　王辰华：《中国金融垄断的一个例证》，《中央财经大学学报》2003 年第 11 期。

③　史建平、官兵：《垄断、政府控制与金融制度演进》，《国际金融研究》2004 年第 6 期。

④　焦瑾璞：《中国银行业的市场竞争格局及其制度分析》，《宏观经济研究》2001 年第 6 期。

⑤　张芳、李龙：《中国银行业市场结构衡量指标及分析》，《宏观经济研究》2012 年第 10 期。

⑥　张翔睿、张胜达：《我国银行业竞争度量及其影响因素分析》，《管理现代化》2014 年第 6 期。

⑦　仲伟周、斯煌霏：《中国银行业市场竞争结构研究》，《金融论坛》2013 年第 4 期。

⑧　彭欢、孙丽璐、谭建伟：《中国银行业市场的竞争特性——基于 PR 模型的分析》，《经济管理》2012 年第 11 期。

⑨　郁方：《中国银行业垄断与轨制变迁——基于利益博弈视角的分析》，《学术研究》2010 年第 2 期。

⑩　安世友：《中国银行业市场结构演变的金融稳定效应研究》，《财经理论与实践》2015 年第 4 期。

力下降"①，"集中化的垄断体制与政府对国有银行的各种隐性和显性担保造成不良资产的持续积累"②，银行业运营呈现出明显的"高成本、低效率"特征；另一方面从外部影响来看，银行业垄断在宏观层面首先"弱化了货币政策的效果，使银行信贷对货币政策的反应不连续"③。其次，"银行垄断的'先天优势'会引发牌照竞赛，进而产生租金耗散影响实体经济"④，"最终对中国工业技术创新产生了效率损失"⑤。最后，银行业市场发展的疲软会对社会整体福利造成减损，并且会造成前所未有的信任危机。⑥ 而在微观层面，银行业垄断的负外部性主要表现在对民营企业、小微企业融资的排斥与限制和对民间金融发展的抑制。⑦

　　银行业市场结构纵向追踪和市场效果分析的最终目的在于促进我国银行业市场健康、有序的发展。虽然存在着银行竞争无用论的观点，⑧ 但是从整体而言放松管制、引入市场竞争机制已成为学界的共识。从银行业市场垄断破除方向而言，有学者指出，"金融行业行政主管部门和金融监管机构的行政垄断行为是造就银行业垄断的源头"⑨，应当从放开管制着手，规制公权力在银行市场的运用；亦有学者指出，"对于完全不同质的金融产品，银行业之间存在着合谋的动机"⑩，"金融市场化进程应当谨防银行

---

①　高雨泽：《我国银行业的市场结构与竞争行为》，《产业经济研究》2003 年第 1 期。

②　廖国民、刘巍：《银行体制、破产成本与政府担保——国有银行不良资产形成的一个分析框架》，《管理世界》2005 年第 3 期。

③　参见钱雪松《公司金融、银行业结构和货币传导机制》，《金融研究》2008 年第 8 期；罗Ф发《银行结构、信贷渠道与货币政策效果问题研究——基于中国 1997—2012 年数据的实证分析》，《上海经济研究》2014 年第 3 期。

④　孟望生、周鹏：《银行业为何是大赢家？——基于竞赛理论的分析》，《产经评论》2013 年第 3 期。

⑤　齐兰、王业斌：《国有银行垄断的影响效应分析——基于工业技术创新视角》，《中国工业经济》2013 年第 7 期。

⑥　参见丁琳、陈平《银行垄断、信用危机和金融改革》，《改革》2000 年第 2 期。

⑦　参见王弟海《银行垄断、利率管制与民间融资难》，《浙江社会科学》2011 年第 12 期。

⑧　有学者指出，银行业市场的竞争与数量没有关系，而是在于竞争的质量。参见黄隽《银行竞争与银行数量关系研究——基于韩国、中国和中国台湾的数据》，《金融研究》2007 年第 7 期。以及银行业市场的开放与竞争某种程度上是不利于我国银行业市场总体稳定的。参见郑伟《银行业结构调整与中国经济稳定》，《现代财经》2015 年第 5 期。

⑨　刘志成：《我国典型垄断行业垄断行为分析及其福利损失估算》，《中国物价》2014 年第 3 期。

⑩　李硕：《银行间垄断获利行为的博弈模型设计及分析》，《中央财经大学学报》2015 年第 6 期。

金融机构之间的价格合谋和垄断定价行为"①。由此我们不难发现，无论学者笔下银行业垄断破除的具体路径为何，制度的变革与完善都是最终的归宿。

2. 银行业垄断的法学问题

总览国内相关研究文献，法学学者的主要关注点是反垄断法的银行业适用、银行业金融规制和反垄断法规制之间的关系。有学者旗帜鲜明地指出，"管制与反垄断具有不同的规制特征和适用范围，以反垄断法审查银行业市场管制行为效果极其有限，控制银行暴利应当立足管制松绑而非反垄断"②。这一观点的提出认识到我国银行业垄断问题的复杂性，现实反垄断法规制制度的不成熟也使其在适用于银行业时满眼荆棘，至于反垄断审查——这种较为专业、权威和敏感的行为在我国银行业市场并不具备操作性。从整体而言，大多数学者对银行业垄断的反垄断法适用持肯定态度，在探讨银行反垄断法规制的必要性时，主要形成三种观点：第一，银行业垄断和银行业垄断行为的负外部性是对其进行反垄断法规制的主要原因。"金融垄断的现实局面导致金融资源配置的失衡，在此恶性循环下势必影响社会公平"③，"反垄断法律制度应当从传统的消极定位变为积极的政策推进，充分利用反垄断法律的政策性促进银行力量的合并与集中，维护金融安全"④。第二，《反垄断法》的颁布实施为银行业反垄断法规制的开展提供了法律支持。"中国银行业出于寡头垄断向垄断竞争过渡阶段，市场竞争机制的建立和完善离不开《反垄断法》的有效实施。"⑤ 第三，后危机时代的金融监管反思为反垄断法规制适用于银行业奠定了基础。"金融危机的发生难免会加深反垄断执法者对市场的不信任"⑥，在金融监管的国际大讨论中我们看到了反垄断法规制的影子，这种讨论从政府对问

① 宋芳秀：《中国银行业市场结构和市场行为对利率改革成效的影响研究》，《管理世界》2007 年第 3 期。

② 焦海涛：《银行暴利的法律控制：放松管制而非反垄断》，《华东政法大学学报》2013 年第 2 期。

③ 冯果、袁康：《反垄断视域下的金融资源配置和社会公平》，《法学杂志》2011 年第 8 期。

④ 高晋康、唐清利、黄贤福：《反垄断法中银行业合并规则的重构——侧重于金融全球化视角的分析》，《政治与法律》2007 年第 1 期。

⑤ 吴汉洪、姜艳庆：《对中国银行业反垄断问题的思考》，《经济学动态》2012 年第 11 期。

⑥ 仲春：《金融危机带来的反垄断法难题——各国的做法及我国的启示》，《行政与法》2010 年第 2 期。

题金融机构的救助出发，指出"救助的同时不能忽视反垄断执法，在金融监管的同时也应强调竞争性监管"①。

除此之外，仍有部分学者对银行业反垄断法规制的实效性持观望和质疑态度，他们认为，"反垄断法自身的理论局限与发展经验表现出之于银行业适用一端的立法选择有限性和反垄断执法有限性"②，"反垄断机构与银行业监督管理机构在具体规制行为中的权责不清会削弱《反垄断法》的实施效果，阻碍金融市场化进程"③。学者的质疑再次印证了《反垄断法》适用于银行业的实然难题，其实侧面也是在应然层面肯定了反垄断法规制的理论可行性，所以银行业反垄断法规制应当聚焦方法论的具体探索和尝试。从反垄断法的发展历史来看，反垄断法规制形成了结构主义和行为主义两种不同的规制模式，银行业的反垄断法适用必然会涉及规制模式的选择与融合，从我国银行业垄断行为的特征出发，有学者认为"银行业反垄断执法应当坚持结构规制与行为规制相结合"④，既通过结构主义规制对"大到不能倒"的现实问题进行预防，又通过行为规制对银行业市场的垄断行为进行有效的打击。但是也有学者提出了看似极端、但是内嵌合理性的观点，即"银行垄断破除的关键是弄清楚银行业的垄断行为，并非纯粹的垄断结构"⑤，相比而言垄断行为比市场结构更具反垄断法规制的可为性。从银行业反垄断法规制的具体操作层面而言，有学者认为"应当从执法协调机制、竞争政策与产业政策的有机配合、银行业垄断行为的量化标准以及银行业垄断行为豁免制度着手，化解银行业的反垄断执法难题"⑥；也有学者认为"应当重视反垄断实施的细则化，重点从银行业行政垄断规制出发，明确反垄断执法机构和银行业监督管理机构的

---

① 赵园园：《对金融机构救助的反垄断法思考》，《财经科学》2011 年第 5 期。

② 石英、王勇：《论银行业反垄断规制的有限性》，《辽宁大学学报》（哲学社会科学版）2014 年第 1 期。

③ 史岩：《我国反垄断机构与金融监管机构的关系研究——以银行业为例》，《经济问题》2014 年第 6 期。

④ 赵园园：《论银行机构的"太大不能倒"与反垄断执法的变革》，《社会科学研究》2011 年第 3 期。

⑤ 刘秀光：《如何解读"打破银行垄断"》，《济南大学学报》（社会科学版）2013 年第 4 期。

⑥ 席月民：《我国银行业反垄断执法难题及其化解》，《上海财经大学学报》2008 年第 2 期。

具体责任"①；还有学者对具有反垄断法特色的规制方法的银行业引入展开深入的研究，"希望通过竞争倡导制度的引入，通过竞争评估、竞争文化的完善促进金融市场化和金融资源分配公平"②。规制路径的多维度和规制方法的多元化再次印证反垄断法规制作为一种法律规制手段可以对银行业垄断行为进行行之有效的规制，我们应当对《反垄断法》的银行业适用抱有充分的信心。

除以上研究之外，法学学者还对与银行业垄断相关的热点问题进行了探讨，例如金融危机中"大到不能倒"难题的反垄断破解、③ 银行业并购的法律规制、④ 金融控股公司的反垄断法规制⑤以及反垄断视野下的民间金融发展路径等。⑥ 除此之外，我国银行业市场发展中热点案例也得到了学界的及时回应，例如银行业费用问题、⑦ 银行卡组织垄断规制和行业协会垄断问题等。⑧ 大量的前期研究为本文破解银行业反垄断法规制难题奠定了坚实的基础。

（二）国外文献研究综述

金融市场的垄断与竞争问题一直是国外业界关注的重点命题，一个明证在于经济合作与发展组织（Organization for Economic Co-operation and Development，OECD）近年来发布了多个与金融市场竞争相关的政策报告

---

① 王丙辉：《论中国反垄断法在银行业的适用障碍及其完善机制》，《郑州大学学报》（哲学社会科学版）2013 年第 1 期。

② 漆丹：《我国银行业竞争推进制度研究》，《法学评论》2015 年第 2 期。

③ 参见王勇《美国"大而不倒"银行反垄断规制变革及启示》，《金融与经济》2014 年第 12 期。

④ 参见冯果、袁康《危机处置视角下问题银行并购的法律分析》，《交大法学》2013 年第 3 期。

⑤ 参见岳彩申《金融控股公司竞争行为的识别及其监管——以银行持股公司为中心的研究》，《经济法论坛》2005 年第 3 卷。

⑥ 参见柴瑞娟《民间资本控股村镇银行：逻辑证成与法律规制》，《法学评论》2012 年第 6 期；邓磊、陈霞《反垄断视野下的民间金融制度探析》，《海南大学学报》（人文社会科学版）2012 年第 2 期。

⑦ 参见易宪容《银行卡收费：对与错的边缘》，《西部论丛》2006 年第 8 期；邢会强《商业银行的公共性理论——兼论商业银行收费法律问题》，《现代法学》2012 年第 1 期；李文江《我国银行业垄断行为及其法律规制》，《金融理论与实践》2014 年第 8 期。

⑧ 参见江山《银行支付卡组织的反垄断规制研究》，《价格理论与实践》2013 年第 5 期；姚琦《银行卡组织的垄断行为及其规制》，《价格理论与实践》2008 年第 7 期。

（Policy Roundtables），议题包括竞争执法机构与行业规制机构的关系、[1]
零售银行的竞争和规制、[2] 银行业的竞争集中与稳定、[3] 金融业的竞争问
题[4]和银行业相关市场界定等。[5] 一系列报告的接踵而至一方面反映出银
行业竞争维护的重要性；另一方面也反映出银行业竞争维护的专业性和复
杂性。国外学者对银行业垄断问题的剖析以银行并购行为的反垄断审查为
主视角，主要从两个方面展开：

一是反垄断法与银行市场的规制关系。Hovenkamp 在谈及管制行业的
反垄断法规制时指出，"政府管制的一个重要结果在于反垄断法角色的减
损，当政府制定价格和输出规则之时，市场力量不再被干预，进一步说明
反垄断被判出局"[6]，由此看来，银行业作为一种特殊的管制行业，其反
垄断法适用势必面临着较大的难度，在这其中主要的难度在于反垄断执法
机构和银行业监督管理机构的冲突，"反垄断法以提高经济效率和维护竞
争为己任，而政府管制对竞争支持与否的态度取决于规制机构的目标、能
力及其被俘获的效果"[7]。但是，反垄断法作为一种法律规制手段"从最
纯粹的意义来讲，反垄断的存在价值在于阻挠人为限制竞争行为对经济自
由的侵害"[8]。"自由社会既保护公共领域的自由，又保护私人领域的自
由"[9]，当政府管制对经济自由造成伤害，我们应当思考如何借助反垄断
法形成有效的再规制，银行业市场存在的垄断问题成为反垄断法规制发生

---

① *Relationship between Regulators and Competition Authorities*, Competition law & Policy OECD
Policy Roundtables DAFFE/CLP（99）8, Jun. 24, 1999.

② *Competition and Regulation in Retail Banking*, Competition Law & Policy OECD Policy Roundtables DAF/COMP（2006）33, Oct. 27, 2008.

③ *Competition*, *Concentration and Stability in the Banking Sector*, Competition law & Policy OECD
Policy Roundtables DAF/COMP（2010）9, Sep. 3, 2010.

④ *Competition and Financial Markets*, Competition law & Policy OECD Policy Roundtables DAF/
COMP（2009）11, Jun. 8, 2009.

⑤ *Market Definition*, Competition law & Policy OECD Policy Roundtables DAF/COMP（2012）
19, Oct. 11, 2012.

⑥ Herbert Hovenkamp, "Antitrust and the Regulatory Enterprise", *Columbia Business Law
Review*, Vol. 2004, No. 2, 2004, p. 341.

⑦ Stacey L. Dogan, Mark A. Lemley, "Antitrust Law and Regulatory Gaming", *Texas Law Review*,
Vol. 87, No. 4, March 2009, p. 685.

⑧ Alan Devlin, "Antitrust as Regulation", *San Diego Law Review*, Vol. 49, No. 3, August-September 2012, p. 824.

⑨ Alan J. Meese, "Antitrust, Regulatory Harm, and Economic Liberty", *Iowa Law Review Bulletin*, Vol. 99, May 2014, p. 134.

的动机。从美国司法实践来看，Shelanski 认为"最高法院在 Trinko 案和 Credit Suisse 案中的判决减少了反垄断法在管制行业的适用范围，原告对管制契约的反垄断诉求越来越难以得到支持"[1]。即便如此，仍有多数学者疾呼"在银行业市场，尤其是银行业并购行为审查之中应当考虑行为的反竞争效果"[2]，应当完善银行业市场的反垄断法规制。

二是银行业反垄断法规制技术探索，主要集中于银行业相关市场的把握。银行业相关市场是银行业反垄断法规制技术层面的基础命题，尤其在结构主义规制模式当中扮演着重要的角色。费城国民银行案确立的本地市场原则一直被美国反垄断学界所推崇，[3] 而后在银行并购的诸多实践之中，银行业市场的产品市场[4]和地理市场[5]认定都得到了不同程度的理论丰富。学界对于相关市场基础技术的探索完善为美国银行业反垄断法规制尤其是银行并购控制的整体走向产生了重要的影响。

国外银行业垄断研究一个值得关注的重要节点是 2008 年全球金融危机之后，渗透于金融规制方式变革中的反垄断法规制诉求。一方面，金融规制变革的方式内嵌银行业市场对反垄断法规制的需求。金融危机的发生对世界各国既有金融监管理念造成不同程度的冲击，如何处理金融监管与金融创新的关系成为热议的话题。"金融创新是一个改变的过程，既是产品类型和服务方式的改变，又是金融中介机构市场组合的改变"[6]，金融政策左右着金融创新对现代金融市场发展的推动力，因此如何改良金融政策成为后金融危机时代国外学者的主流研究趋势。然而，也有学者旗帜鲜明地指出，"关于金融危机书籍的教训是：我们几乎是在错误地争论金融规制，学者与政治家们提出了错误的问题，应当接受多大程度的俘获或者

①　Howard A. Shelanski, "Justice Breyer, Professor Kahn, and Antitrust Enforcement in Regulated Industries", *California Law Review*, Vol. 100, No. 2, April, 2012, p. 516.

②　Keith A. Pisarcik, "Antitrust and Bank Regulation: Was the Clayton Act on Hold during a Time of Crisis?", *Duquesne Business Law Journal*, Vol. 14, No. 1, Winter 2011, p. 48.

③　See Gregory J. Werden, "Perceptions of the Future of Bank Merger Antitrust: Local Areas Will Remain Relevant Markets", *Fordham Journal of Corporate and Financial Law*, Vol. 13, No. 4, July 2008, p. 581.

④　See Tim McCarthy, "Refining Product Market Definition in the Antitrust Analysis of Bank Mergers", *Duke Law Journal*, Vol. 46, No. 4, February 1997, p. 865.

⑤　See David S. Neill, "Geographic Market Definition in the Antitrust Analysis of Bank Mergers", *Banking Law Journal*, Vol. 123, No. 4, April 2006, p. 291.

⑥　Zachary J. Gubler, "The Financial Innovation Process: Theory and Application", *Delaware Journal of Corporate Law*, Vol. 36, No. 1, May 2011, p. 55.

俘获如何形成是讨论的应有之义"①，金融监管机构被市场的俘获决定了我们应当寻求更为独立、专业和权威的规制方式作为银行业市场发展的再规制和双重保障，反垄断法规制应当被给予重任。另一方面，"大到不能倒"的难题破解与系统重要性金融机构的有效规制离不开反垄断法规制的有效支撑。以系统重要性金融机构为代表的巨型金融机构何去何从贯穿金融危机的核心年代，Kathryn 指出，"由金融创新演化、扩散而致的复杂性助长了系统性风险……需要新型监管工具应对系统性风险来源"②。"大银行被视为金融危机发生的罪魁祸首，它们通过证券化愚弄投资者，利用非银行放贷机构的途径制造了大量的恶性贷款，而具有讽刺意味的是，它们却因太大而不能破产。"③回顾系统性重要金融机构的成因和"大到不能倒"难题的处理，学界将矛头直指过于宽松的银行并购审查，并且结构主义时代反垄断法规制的拆分措施也被极端学者所提及。

　　总而言之，虽然我国政府主导下的银行垄断仍然与国外市场主导型垄断存在着很大的不同，但是在国外学者的研究中仍然可以汲取与本书相关的制度经验。反垄断法规制或许不能成为提升银行业市场发展质量的"核武器"，但是应当可以成为银行业市场法律规制的"常规武器"，通过垄断行为的规制实现市场竞争机制的完善。

　　（三）亟待解决的问题

　　金融学的研究结论显示，银行业垄断是客观存在、经得起数据检验的，"金融结构的优化过程伴随着金融功能的增强和金融效率的提高"④，因此金融学学者多注重市场结构的动态追踪。但是伴随整体市场结构竞争化程度加剧，从结构方面对银行业垄断进行规制存在着一定的难度。大多数法学学者对银行业垄断和《反垄断法》银行业适用的肯定论断并没有从根本上推动我国银行业反垄断法规制体系的实质推进，在确定依靠法律制度和法律规制对银行业垄断进行规制和推动银行业市场化进程的预设前提下，我们认为仍有以下三个方面的问题是亟待明确的：

---

　　①　Adam J. Levitin, "The Politics of Financial Regulation and the Regulation of Financial Politics: a Review Essay", *Harvard Law Review*, Vol. 127, No. 7, May 2014, p. 1992.

　　②　Kathryn Judge, "Fragmentation Nodes: a Study in Financial Innovation, Complexity, and Systemic Risk", *Stanford Law Review*, Vol. 64, No. 3, March 2012, p. 658.

　　③　Charles W. Murdock, "The Big Banks: Background, Deregulation, Financial Innovation, and 'Too big To Fail'", *Denver University Law Review*, Vol. 90, No. 2, 2012, p. 505.

　　④　李健等：《中国金融发展中的结构问题》，中国人民大学出版社 2004 年版，第 50 页。

第一，银行业垄断的法律真实性。银行业垄断的法律真实性是银行业反垄断法规制命题的研究起点。金融学从银行业市场结构出发，证明了银行业垄断的存在，但是这并不等同于银行业垄断在法律意义上同时得到了证成。"竞争法超越了传统的公法和私法，对保障社会的公平和促进经济可快速、可普遍和可持续发展起着重要的作用，因而具有全新的价值意义"①，反垄断法运用经济学分析，通过相关市场的界分，判断某一具体领域内经营者的垄断势力，进而评判经营者行为的市场效果。因此，银行业垄断的法律真实性，亦即银行业垄断的法律认定包含了相关市场界定、垄断行为认定以及垄断效果评价等多个方面的问题。而更为重要的是，我们应当从银行业垄断的泛泛而谈走入《反垄断法》的法定垄断行为规制框架之中，通过类型化的界定赋予银行业垄断行为法律真实性，进而使反垄断法规制成为一种合理、合法的规制活动。

第二，银行业反垄断法规制的建构导向。"反垄断法的目的是规制垄断和保护竞争，法律的出台有助于推进我国经济体制的市场化"②。《反垄断法》的出台为众多行业垄断问题的解决提供了最好的法律依据，但是我们也必须认识到《反垄断法》不是万能的，"反垄断法出台时的现实情况与之前人们对理想化的法律期待之间有了较大的距离"③。银行业有其极为特殊的国有属性，政府的参与、政府的管制对银行业垄断局面的形成产生了直接的影响。对于银行业而言，有效、权威的行业管制是必要的。因此，在反垄断执法与行业执法冲突面前，我们应该考虑《反垄断法》能够为银行业的发展带来什么、哪些垄断问题是可以通过《反垄断法》的直接适用解决、哪些问题又必须借助于反垄断执法机构与银行业行业监管机构的协调规制。进而言之，我们需要明确银行业反垄断法规制的着力点，逐步廓清银行业反垄断法规制的问题主义进路，选择行为主义规制模式还是结构主义规制模式、银行业垄断的法律规制秉承何种理念、如何处理与金融规制之间的权力冲突、反垄断法规制自身又需要进行哪些调试……这些问题的解答决定了我国银行业市场垄断行为规制的最终走向和实际效果。

---

① 蒋悟真：《论竞争法的基本精神》，上海三联书店 2008 年版，第 226 页。
② 王晓晔：《我国反垄断法实施的成就与问题》，《中国工商管理研究》2014 年第 9 期。
③ 王先林：《理想与现实中的中国反垄断法——写在〈反垄断法〉实施五年之际》，《交大法学》2013 年第 2 期。

第三，银行业反垄断法规制的方法完善。规制方法是规制体系的建构基础，目前学界关于方法论的探索集中于《反垄断法》对银行业的适用问题、反垄断法的豁免制度以及行政垄断规制等，问题的核心都在于从应然程度确立银行业反垄断法规制的合理性，虽然提出了反垄断规范的细化向度，但是具体的发展方向仍然较为迷茫。银行业垄断的复杂性决定了我们探索特殊法律规制方法的必要性，我国《反垄断法》实施以来，规制方法主要表现为通过巨额罚单取得对垄断企业的震慑效果，毋庸置疑在银行业市场垄断行为严重的领域确有此规制方法适用之必要。"获取合规承诺是反垄断救济体系的核心，但是以惩罚为支撑的简单震慑不能够支撑反垄断执法机构实现上述目标"①，考虑到银行业反垄断法规制中的权力冲突、复杂性和专业性，我们应当更多探索既富有反垄断法规制特色，又符合我国银行业特征的规制方法，这些方法的适用可以在震慑之外达到反垄断法规制对银行业经营者发展的合规指引效果。

综上所述，当银行业垄断问题进入法学规制视野，我们需要从法律的界定、既有问题的审视、规制的逻辑与方法等多方面进行系统的探讨，在赋予银行业垄断法律真实性的同时，为银行业反垄断法规制的开展提供有力的理论支撑。

三　研究的思路与方法

(一) 研究思路

"绝大多数国家的法律体系中都有竞争法，其具体目标与实施方法各不相同，背后的政治与文化支持力度也多有差异，但它们都有一个共同的基本目标，即打击限制竞争的行为。"② 本书以银行业反垄断法规制的进路探索为主线，以明确银行业反垄断法规制体系的发展向度为目标，结合我国银行业市场垄断行为的现状，在借鉴发达国家银行业市场反垄断法规制的可取经验之上，秉承问题主义研究进路，从"需求—供给—问题—分析—路径"五个方面展开命题论述（见图0-1）。

首先，规制需求和规制供给旨在明确银行业反垄断法规制开展的前提要件。银行业反垄断法规制体系的完善首先应当明确银行业市场对反垄断

---

① 喻玲：《从威慑到合规指引：反垄断法实施的新趋势》，《中外法学》2013 年第 6 期。

② ［美］戴维·格伯尔：《全球竞争：法律、市场和全球化》，陈若鸿译，中国法制出版社 2012 年版，第 5 页。

法规制是否存在规制需求，这种需求表现为市场结构主义维度还是主体行为主义维度，并且应当对《反垄断法》适用于银行业的理论障碍和实践障碍进行澄清。以上问题的明确可以将本书的研究视野限定于银行业市场内部垄断行为的法律规制体系构建，并且《反垄断法》适用于银行业理论障碍和实践障碍的消弭为银行业反垄断法规制的开展奠定了基础。除此之外，我们需要从我国《反垄断法》垄断行为的法定类型出发，对银行业市场"民间审判"下的诸多行为进行法定维度的"对号入座"，这不仅可以为银行业反垄断法规制明确规制目标，也可以表明银行业垄断的法律真实性以及某种程度上的规制难度。规制需求表明银行业反垄断法规制构建的必要性，而规制供给表明反垄断法规制适用于银行业市场的可期待性和可操作性。

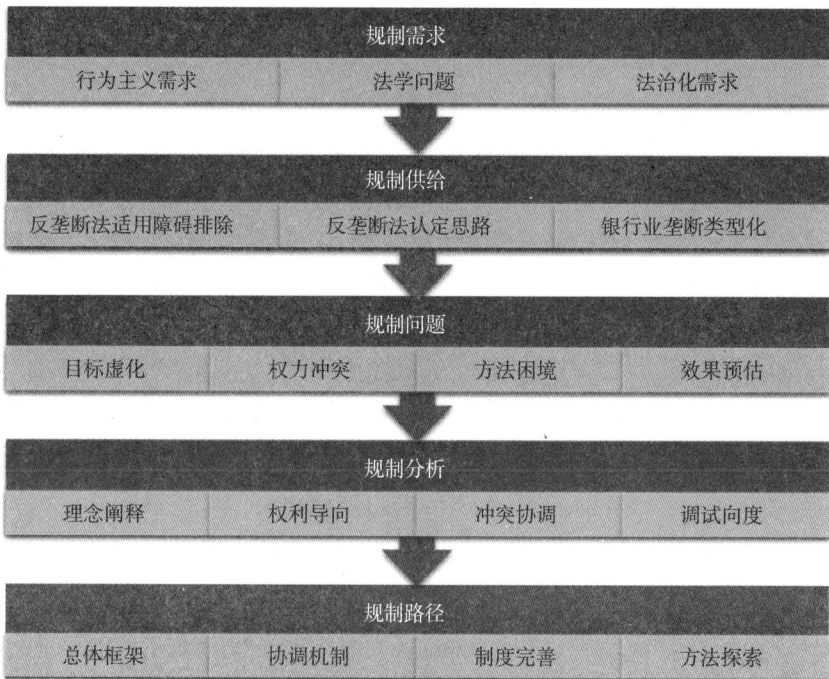

规制需求		
行为主义需求	法学问题	法治化需求

规制供给		
反垄断法适用障碍排除	反垄断法认定思路	银行业垄断类型化

规制问题			
目标虚化	权力冲突	方法困境	效果预估

规制分析			
理念阐释	权利导向	冲突协调	调试向度

规制路径			
总体框架	协调机制	制度完善	方法探索

图 0-1　本书研究思路图释

其次，在明确银行业市场相关行为的法律属性之后，本书从法律规制开展的逻辑结构出发，即规制目标、规制主体、规制方法和规制效果四个维度出发探讨现有银行业市场反垄断法规制的主要问题，并且通过理念、权利、冲突和调试四方面的逻辑澄清对银行业反垄断法规制的发展向度予以明确。在尊重我国银行业市场规律和银行业市场垄断行为特征的前提下，寻求现有规制问题的各个击破。

最后，从规制发展来看，银行业反垄断法规制体系既需要宏观维度的统筹规划，又需要微观维度的制度完善。从宏观来看，应当明确反垄断法规制和金融规制在银行业垄断问题处理中的独特地位，确立协调机制；从微观来看，还应针对性进行制度完善，尤其是我国反垄断法规制的自我完善。除此之外，还应探索反垄断特色规制方法在我国银行业的市场的具体适用，以从根本上完善立法、执法、司法和守法的法律规制体系。

（二）研究方法

本书关于银行业反垄断法规制的进路研究主要运用以下研究方法：

第一，历史与现实相结合的方法。"法律的产出，总有其背景性因素"①，我国银行业垄断问题的出现并非是金融市场"一蹴而就"的既成事实，它是我国银行业纵向发展进程中法律规制制度变迁的有力写照。因此，银行业垄断问题的破解既需要思考银行业制度变迁的历史影响，又需要将问题置于银行业市场化的历史进程之下，通过历史梳理后的准确定位，较有针对性地开展现实问题的研究。本书从银行业垄断的历史演进入手，通过银行业法律规制的制度变迁、银行业垄断的绩效评价以及现有银行业反垄断制度环境的分析指明银行业反垄断法规制的特点、负外部性以及规制必要性，后文在承继历史定位的基础上，对中国问题、现实问题进行了针对性研究。

第二，归纳与演绎相结合的方法。"无论是什么方法或技巧，它的起点总是外部世界给人类智力提供的东西，因为后者只能基于它从外部接受的那些印象之上工作"②，归纳和演绎是在对立统一的原则下，对个别到一般、一般到个别的事物认知规律的肯定。社会中具有诸多银行业垄断的现实表征，从这些个性的社会事件着手可以对共性规制方法的探寻起到作用，而共性规制方法的获得又可以反过来对个性问题的解决方法进行验证与评价。本书以热点银行业垄断事件为分析样本，通过认知银行业民间审判趋势，对《反垄断法》实施与银行业发展、反垄断执法权与银行业规

---

① 谢晖：《法律的意义追问——诠释学视野中的法哲学》，商务印书馆 2003 年版，第 82 页。

② ［奥］尤根·埃利希：《法律社会学基本原理》，叶名怡、袁震译，中国社会科学出版社 2009 年版，第 354 页。

制权冲突等普遍性问题进行解答。

第三，法律经济分析的研究方法。法律经济分析方法一直为反垄断实务界和学术界所推崇，"一直到20世纪60年代，法律的经济分析实质上几乎是反托拉斯经济学的同义词……反托拉斯法和显性经济市场其他法律管制的经济分析依然是一个繁荣的领域"。① 通过法律经济分析可以对相关企业的市场状况、垄断行为对市场竞争的效果进行量化，进而有助于规制机构做出客观、合理的裁决。银行业反垄断法规制体系的总体框架和协调机制都离不开对规制成本和规制收益的考量，并且确定反垄断法规制的主导地位的重要原因也在于银行业监管机构经济人假设下的俘获风险，除此之外我国银行业发展的路径依赖也对最终垄断规制体系的形成产生了至关重要的影响，以上种种问题的解决都涉及法律经济分析方法论的运用。

第四，权利结构分析的方法。权利结构理论被广泛运用于商法问题研究之中，其核心思想在于，"权利的合成、分解和单纯结构变动可能改变权利的功能或性质"②。本书在狭义语境下使用权力结构分析理论，运用权利结构理论分析银行业反垄断的法律逻辑，从权利主体、权利作用的场域以及权利的后果入手阐释银行业市场的权利结构。通过银行业市场主体权利与权力之间的相互作用明确垄断路径依赖下的市场效果，通过竞争者市场和消费者市场的权利结构二分论，力求通过权利这一法学视野下的核心术语为反垄断法规制和银行业金融规制寻找协调标的，并且为银行业垄断的法律规制设立法学规制目标。

四　研究的价值与力图实现的创新

（一）研究价值

银行业垄断的法律规制是具有理论意义和现实意义的中国命题，具体而言，它的研究价值包括以下三个方面：

第一，银行业垄断的传媒语境亟待理论澄清。在既有银行业垄断的关注场域中，传媒讨论多于学术定性，情绪渲染多于理性思辨。社会舆论关于垄断的"民间审判"使银行业的发展背负着"暴利""嫌贫爱富"的负面标签。学术文献多从具体的社会事件入手，分析银行业垄断的负外部

---

① ［美］理查德·A. 波斯纳：《法律的经济分析》，蒋兆康译，法律出版社2012年版，第29页。
② 参见陈醇《权利结构理论：以商法为例》，法律出版社2013年版，第2—4页。

性，点明破除垄断的必要性，但鲜有对银行业垄断相关的经济问题、法律问题与社会问题，尤其是涉及银行业垄断认定、银行业反垄断法规制等具体法律问题的针对性探索。"总结三十年银行业法律制度的衍生轨迹，一个值得关注的议题在于政府的角色定位由垄断者和管理者，慢慢转变为协助者和服务者，银行业法律制度的发展因入世而步入高速轨道。"① 银行业垄断问题应当置于我国银行业市场化改革的现实语境，在法治中国建设的背景下，探索更为合理，更加符合银行业特性，更有利于银行业发展的理论判断。本书试图针对银行业发展的制度变迁，银行业垄断的法律认定，银行业反垄断的法律困境、法律逻辑和法律路径等基本法律问题作出理论澄清。

第二，以银行业为突破口厘清政策性垄断行业的《反垄断法》适用问题。20 世纪末以来，我国陆续展开对石油、烟草、电力、铁路等垄断行业的体制改革，不同于自然垄断行业的先天的规模经济需求，以银行业为代表的政策性垄断行业具有更多的秩序、安全与稳定层面的考量。从政企分开，到放开准入，垄断性行业改革的每一步都异常艰难。《反垄断法》实施以来，垄断性行业如何打破垄断、改善规制成为重要的思考议题。实际上，各国反垄断法的实施都面临着如何在垄断性行业适用的问题。效率与公平、垄断与竞争，种种两难的选择考验着执政者的智慧。《反垄断法》在垄断性行业适用的突出问题在于：一是竞争政策与产业政策的冲突。一般认为，在市场经济体制下，当产业政策和竞争政策存在矛盾时，竞争政策应处于优先地位。与此同时，我们必须认识到的是，"竞争政策的优先地位并不是说在任何条件下，只要发生冲突，就一味地排斥产业政策"②。如何有效协调竞争政策与产业政策是垄断性行业反垄断法适用的一大难题。二是行业规制权与反垄断执法权的冲突。作为"特殊法"实施的行业规制权与作为"新法"的反垄断执法权存在着深层次的执法权冲突。从中央到地方，从部门利益到地方利益，垄断性行业的反垄断执法面临着巨大的压力。对于银行业垄断问题的研究，有利于厘清反垄断法在垄断性行业适用中普遍产生的封闭与开放、稳定与竞争、效率与公平、监管与创新、规模经济效应与市场竞争效应等基本问题，对其他垄断

---

① 杨松等：《银行法律制度改革与完善研究》，北京大学出版社 2011 年版，第 88 页。

② 参见刘桂清《反垄断法如何兼容产业政策——适用除外与适用豁免制度的政策协调机制分析》，《学术论坛》2010 年第 3 期。

性行业的规制产生一定的示范效应。

第三，缓解《反垄断法》的不确定性，为银行业反垄断执法提供学理借鉴。"从法律规则上看，反垄断法是一个具有很大不确定性的法律"①，实际上，不确定性并非反垄断法的局限性，其本义在于赋予执法和司法更大程度的自由裁量权以应对市场经济不同行业的垄断问题，然而我国银行业市场却更多地表现出不确定性的局限意义。"法律作为社会规范的一种，法官适用法律时，不得以规定不明确、不完备或欠缺为借口，而不予受理，更不得以此为拒绝裁判之理由"②，纵使银行业反垄断法规制有着诸多的不完备，我们仍应通过实践的探索，为法律规范和法律规制体系的完善奠定基础。我国银行业垄断形成有其深刻的历史原因，对于银行业特殊性的把握不足，反垄断执法权与行业执法权的冲突是银行业反垄断执法面临的主要问题。本书力求为反垄断执法权与行业执法权界定明确的界限，明确两者冲突的协调方式，除此之外还尝试着对银行业反垄断的制度完善问题进行研究，为银行业反垄断执法提供理论支撑。

（二）力图实现的创新

本书在前人研究的基础上，着眼于银行业垄断问题的法律解决，从法学视角入手分析银行业反垄断法规制的既有问题、体系建构与制度完善。总体而言，本书力图从以下几个方面寻求创新：

首先，系统梳理银行业反垄断法律问题。在为数不多的关于银行业反垄断研究的文章中，大多重视对于银行业反垄断问题的金融学阐释。在相关的法学文献中，鲜有对于银行业反垄断法律问题进行针对性、系统性的分析。在仅有的与银行业反垄断法律问题相关博士学位论文中，一类侧重于以经营者集中为代表的银行业反垄断的结构规制，着重强调反垄断法的适用问题；③ 另一类则运用产业经济学方法分析银行业市场的竞争性规制，④ 对诸多关键性法律问题予以回避，并且多运用经济学方法展开论述。本书立足于银行业垄断的法律问题，从立法、执法和司法三方面的问题出发，重在通过执法问题的梳理指明银行业反垄断法规制的方向。除此

---

① 沈敏荣：《论反垄断法不确定性及其原因》，《甘肃政法学院学报》2000年第2期。

② 杨仁寿：《法学方法论》，中国政法大学出版社2013年版，第8页。

③ 参见赵园园《银行业反垄断法适用问题研究——以银行业结构规制为视角》，博士学位论文，华东政法大学，2010年。

④ 参见潘林伟《我国银行业竞争秩序规制法律制度研究》，博士学位论文，重庆大学，2009年。

之外，本书尝试着探讨银行业反垄断立法与司法相关的前沿问题，运用法学方法论，力争较为全面地解读银行业反垄断过程中面临的法律问题。

其次，在交叉部门法视野下探讨银行业垄断问题。关于银行业反垄断法律问题的研究出现了金融法学者和竞争法学者研究的严重分野：金融法学者立足金融资源公平配置，强调金融监管的创新与金融市场的开放；竞争法学者以《反垄断法》实施为契机，指明银行业面临的反垄断风险以及《反垄断法》如何适用于银行业。实际上，银行业反垄断法律问题并不是竞争法或者金融法单一部门法领域的特殊性问题，应当将问题置于交叉部门法的视野下，打破部门法的界限，综合运用金融法和竞争法研究方法探讨银行业反垄断问题。本书从银行业垄断的法律定性着手，既重视反垄断法适用问题的探讨，又重视银行业法律制度自身发展的制度梳理，结合银行业规制的特性，探索怎样更好地协调反垄断执法权与银行业规制权。

再次，明确了银行业反垄断法规制的行为主义规制路径，提出"攘外必先安内"的整体进路安排。本书在前人分析数据和我国银行业市场法律规制可行性论证的基础下明确提出应当选择行为主义规制作为我国银行业反垄断法规制的主要模式，这不仅由我国反垄断立法模式所决定，也使得银行业垄断的法律规制更具可操作性，不至于因市场结构的剧烈变动而影响银行业市场的稳定和发展。除此之外，银行业垄断所涉问题良多，伴随金融市场化的不断推进，银行业与实体经济、其他金融行业之间的交融合作日益密切，银行业市场的垄断势力有极强的外泄趋势，本书认为，在繁杂的问题面前应当首先厘清银行业市场内部的垄断问题，进而为规制更广阔市场中产融结合的垄断问题奠定准则和基础。

又次，深入探索银行业反垄断法规制的权利路径。"就像军备竞赛一样，当今对权利的论争有增无减，早已失去控制"①，权利的普及为诸多问题的处理提供了可靠的法律路径。银行业反垄断的规制权冲突、规制体系构建的向度把握——这些银行业反垄断法规制关键命题的破解可以借助最传统的"权利—义务—责任"框架分析。本书在分析银行业市场垄断过程中市场主体权利经由权力干预而产生的权利权力化倾向后，认为应当通过竞争者市场和消费者市场的区分，在不同的市场形成不同的规制权主导趋势，并且重点保护相关市场内不同主体的合法权利。也就是说，通过

① ［加］L. W. 萨姆纳：《权利的道德基础》，李茂森译，中国人民大学出版社 2011 年版，第 1 页。

主体权利的维护驱除银行业市场主体发展中政府的不当干预，通过主体权利的定纷止争之效为规制权的行使设定方向。

最后，寻求反垄断法规制方法的银行业适用。"干预的正当化依据在于人们所宣称的市场在处理特定结构性问题上的无能"①，而银行业市场垄断问题的处理需要将视野投向反垄断法的适用。伴随《反垄断法》在银行业适用理论障碍和现实障碍的消弭，反垄断法规制在银行业市场生存空间的探寻首先应当立足于整体规制框架的构建，此外更为重要之处在于发挥反垄断法规制之于垄断行为规制的专业性和权威性，探索特殊反垄断方法的银行业适用。本书研究认为，反垄断法规制不应仅仅停留于立法、执法和司法的完善，还应重视守法和法律监督层面的拓展，主张通过竞争倡导、竞争中立、私人实施等具有反垄断法特色的规制方法的实施实现银行业市场竞争机制的有效引导，从根本上对银行业垄断问题进行规制。

五　关于本书的几点说明

基于本命题的延展性，本书就研究视野和相关研究概念界定如下。

第一，研究视野的限定。"问题的限缩得当有利于后续研究、引申的展开"②，在银行业垄断的宏大命题前，我们有必要对本书的研究视野进行限定。银行业市场的垄断势力大致有三种走向：一是银行业市场内部；二是金融市场之中的外泄；三是产融结合领域的外泄。垄断势力走向的复杂决定银行业反垄断法规制命题的复杂与宏大，本书基于此考虑，在遵循提出的"攘外必先安内"的银行业反垄断法规制向度之下，主要就银行业市场内部的垄断问题进行法律规制意义上的分析和探索。

第二，关于反垄断法规制的理解。③"规制，我们所使用的这一词汇，包含了各种各样的产业或非产业的活动，同样也包括各种各样的法律形

---

① ［美］史蒂芬·布雷耶：《规制及其改革》，李洪雷等译，北京大学出版社2008年版，第19页。

② 凌斌：《论文写作的提问与选题》，《中外法学》2015年第1期。

③ 在相关的反垄断法规制论文中，"反垄断规制"是被使用率较高的词语，并且其含义业已得到反垄断学界的认可，狭义上表示以反垄断法实施为主的法律规制活动，与本书"反垄断法规制"同义，广义上实质与垄断破除相关的所有法律规制活动，与本书"垄断规制"同义。但是考虑到"银行业反垄断规制"的语序设置容易产生歧义，并且"反垄断规制"容易引发"规制反垄断"理解歧义，因此，本文统一使用"反垄断法规制"。

式"①，"反垄断法规制"作为本书的核心话语，意指以《反垄断法》实施为核心的，为破除市场垄断开展的一系列法律规制活动。法律规制从本质上讲是公权力的运用行为，主要包括规制机构的执法和司法行为，本书为了更好地找出我国银行业反垄断法规制的路径，将此概念扩大到法律实施层面，即除去执法和司法行为之外，还包括对立法行为和守法行为的探讨。本书多次使用"金融规制"这一概念泛指金融市场发展中的政府规制行为，并且以此概念作为金融管制和金融监管的上位概念，以期从规制层面寻求话语的对等。

从本书的核心探讨场域银行业来看，"银行业垄断规制"包含"反垄断法规制""金融规制"等不同法域类型的规制选择，并且应以"反垄断法规制"为主，通过"反垄断法规制"和"金融规制"的协调，实现银行业反垄断法规制体系的建立。因此，本书整体研究思路并非沿袭传统的反垄断法及其相关法律制度的研究进路，而是以银行业反垄断法规制的需求和既有供给为逻辑起点，以银行业反垄断法规制的法律衍生逻辑为核心，以银行业反垄断法规制体系的建立与发展为目标完成命题阐释。

第三，关于银行业的理解。银行业市场范围广阔，所涉银行业金融机构主体类型甚多，既有市场性的商业银行，也有政策性金融机构。两个不同的领域虽然都存在着银行业垄断问题，但是政策性金融机构的垄断问题一般会因其宏观政策行为内嵌而豁免于反垄断法规制，因此就《反垄断法》的规制可行性和我国银行业垄断的主要问题而言，本书从商业银行的语义内涵出发，运用银行业一词，与此同时，本书的研究视野并不包括政策性金融机构领域的银行业垄断问题。

第四，关于银行业垄断的理解。关于银行业垄断我们需要从两个维度进行释明：一方面是经济学和法学的维度。垄断作为一个经济学概念是指企业在相关市场内的独占，这一概念本身与反垄断法意义上的垄断仍有本质不同，并且经济学意义上的垄断很难在银行业市场实现。但是经济学是理解市场行为、分析市场效果的关键，反垄断经济分析一直以来都是学术界和实务界推崇的研究方法，因此经济学理论的借鉴有助于我们发现银行业市场垄断的特征。就本书而言，我们主要从反垄断法意义之上理解垄断，即在《反垄断法》规定的法定垄断行为类型之上对银行业垄断作出

---

① ［英］安东尼·奥格斯：《规制：法律形式与经济学理论》，骆梅英译，中国人民大学出版社 2008 年版，第 4 页。

理解，如此一来也符合本书提出的银行业垄断行为主义规制进路。

另一方面是结构和行为意义上的垄断。金融学学者多从结构意义上的垄断着手，分析银行业垄断的外部性，而法学学者多重视垄断的行为导向。毋庸置疑，结构意义上的垄断对行为意义上垄断行为的认定具有重要的影响，本书主要是从行为意义之上运用垄断词语，即垄断行为的实施。"进入条件是一个结构性概念，就像市场结构的其他维度一样，可以认为进入条件是一个可以量化的连续变量"①，出于论点集中的考量，对于银行业市场的结构主义规制和银行业市场的进入壁垒，本书不做特别分析。

第五，本书付梓之际，适逢国务院机构改革方案的实质化推进，其中对银行业反垄断法规制较为相关的是中国银行业监督管理委员会与中国保险监督管理委员会整合为中国银行保险监督管理委员会；国家工商行政管理总局、国家发展改革委员会的价格监督检查与反垄断执法职责，商务部的经营者集中反垄断执法以及国务院反垄断委员会办公室等职责整合，组建国家市场监督管理总局。考虑到本书核心案例与论述事实发生于国务院机构改革方案出台之前，因此在论述中仍然沿用原有机构称谓，但在制度展望环节从现有机构设置基础出发，分析银行业反垄断法规制的权力进路。

---

① ［美］乔.S.贝恩：《新竞争者的壁垒》，徐国兴等译，人民出版社2012年版，第4页。

第一章

银行业垄断：问题与规制需求

银行业垄断问题的特殊性与复杂性是银行业反垄断法规制的逻辑起点。明确银行业垄断的效应传导、厘清银行业市场的反垄断法规制需求是建构银行业反垄断法规制的先决条件。"中国特色"的银行业发展理路以及社会对以银行业为代表的金融业的变革诉求，为我国银行业垄断行为的法律规制提出了诸多挑战性的命题。既有关于银行业垄断问题的一般结论引发了诸多法学意义上的争议，从国内司法、执法和国际银行业市场监管的整体趋势可以对银行业垄断问题的法学本质进行基本判断。"从最纯粹的意义上讲，反垄断立基于通过限制竞争行为的规制维护经济自由"[①]，与传统意义上的行业规制不同，银行业的反垄断法规制有其独立的存在价值，建立系统的银行业反垄断法规制体系是金融市场化、金融自由化以及金融社会化等多元发展趋势下的应有之义。

第一节 银行业垄断：从结构到行为的问题演进

毋庸置疑，垄断结构和垄断行为是既具有独立性，又不能完全割裂的关于银行业反垄断法规制的基本思路。"'合理原则'在反托拉斯判决中的宣告，使企业规模不再成为法庭判决企业联合非法的有效标准，限制竞争不一定构成'非法限制贸易或图谋垄断'，使个人、公司限制贸易的市场行为获得事实上的可能性。"[②] 反垄断法规制从结构主义向行为主义的

---

① Alan Devlin, "Antitrust as Regulation", *San Diego Law Review*, Vol. 49, No. 3, August-September 2012, p. 831.

② 王建红：《权力的边疆：美国反垄断制度体系确立路径研究（1890—1916）》，经济管理出版社 2012 年版，第 107 页。

变迁表明规制思想的明确对于规制效果的正向引导作用。银行业市场演进的不同路径决定了银行业垄断表现形式各异。银行业垄断"威胁着竞争并催化着系统性风险……当金融监管难以维持市场稳定，我们必须寻找其他的解决路径"①。在路径依赖和既定问题面前，我们有必要选择垄断问题的某一个方面针对性地构建法律规制体系。我国反垄断立法的特征以及金融规制的基本趋势决定了银行业垄断行为在我国银行业反垄断法规制体系构建中的导向性和根本性。

一　银行业垄断结构及其外部性传导

银行业垄断首先是一个经济学命题，"经济生活中的垄断并不全是非法的"②，经济学关于垄断问题的分析框架为我们认识银行业垄断的特征提供了途径。从金融学视角出发，银行业的垄断结构问题集中体现在应然功能的减损与异化。

（一）银行业垄断结构的一般特征

垄断结构的特征，简而言之，即是回答谁垄断了市场和市场如何运转两个关键性问题。在探讨垄断结构特征之时，经济学和反垄断经济学经典论著多通过对垄断主体（垄断者或者垄断企业）的界定展示垄断的应有之义。③一般而言，我们从三个方面的阐释市场垄断结构的概念，即主体（个体或者群体）占领了市场（整个或者绝大部分），产品具有特殊性（亦即不可替代性）以及市场具有进入障碍。由此看来，银行业垄断应当是指一家或者几家商业银行占据了与存贷业务相关的全部或者绝大部分市场，并形成进入壁垒的市场现象。实际上，银行业市场垄断结构的实然特征并非如概念推导中那般明确、浅显。判断银行业垄断机构的基本特征，

---

① Felix B. Chang, "The Systemic Risk Paradox: Banks and Clearinghouses under Regulation", *Columbia Business Law Review*, Vol. 2014, No. 3, April 2014, p. 752.

② 沈四宝、刘彤：《美国反垄断法原理与典型案例研究》，法律出版社 2006 年版，第 12 页。

③ 例如，曼昆（Gregory Mankiw）从垄断企业的角度阐释垄断概念，认为垄断企业是"作为一种没有相近替代品的产品的唯一卖者的企业"（参见［美］曼昆《经济学原理：微观经济学分册》，梁小民、梁砾译，北京大学出版社 2012 年版，第 306 页）；希尔顿（Keith Hylton）从垄断者的角度探讨垄断界定，认为垄断者即是"指唯一的供货商，缺乏来自于其他企业的竞争"（参见［美］基斯·N. 希尔顿《反垄断法：经济学原理和普通法演进》，赵玲译，北京大学出版社 2009 年版，第 1 页）；波斯纳（Richard Posner）也认为垄断者是"一种产品的唯一销售者"（参见［美］理查德·波斯纳《反托拉斯法》，孙秋宁译，中国政法大学出版社 2003 年版，第 10 页）。

不仅仅要从垄断主体、产品特征以及进入壁垒三个方面着手，更为重要的是分析形成银行业结构垄断的原因以及银行业垄断的特殊形式与特殊效果。综合来看，我们认为银行业垄断结构至少包含了以下三个方面的特征：

1. 政府管制在银行业垄断结构的形成中起到了不同程度的作用。

从垄断力的来源和市场壁垒形成的原因来看，银行业垄断结构包括市场自发和政府主导两种类型。市场自发的银行业垄断结构是指在银行业相对开放的国家和地区，银行业金融机构凭借自身的营运优势取得了足以获得市场支配地位的市场份额。这是一种自下而上的垄断状态取得途径，在某种程度上体现出银行业金融机构自主经营权的充分实现。相对而言，政府主导下的银行业垄断结构则是政府"刻意"制造了市场的准入壁垒，并塑造一个或者几个银行业金融机构排他地获得市场的独占地位或市场支配地位。银行业的一个重要特征在于其高度管制性，无论是银行业市场开放程度如何，对银行业实施全面、系统的管制是各国的普遍做法，而正是这种高度管制性使得政府不仅在银行业整体发展中扮演重要角色，而且对于个别机构市场垄断状态的形成起到了推波助澜、保驾护航的作用。区分市场自发和政府主导的意义在于充分认知政府在银行业垄断结构形成中扮演的不同角色。

2. 银行业垄断结构介于垄断竞争与完全垄断之间。

银行业垄断结构归根结底是一种市场状态的表达，经济学一般通过类型化判断市场竞争与垄断的状态，即完全竞争、垄断竞争、寡头垄断和完全垄断（见表1-1）。完全竞争是指市场不受任何阻碍，竞争充分的市场状态。买卖双方的多元化、产品同质化、信息资源充分匹配、市场规范化以及政府零干预是完全竞争市场的必备条件。完全竞争市场是经济学学者在诸多假设前提下理想的、脱离现实的市场"乌托邦"。"斯蒂格勒认为，'完全竞争'的概念在历史上几乎没有完整地出现过，直到1871年才被完整地表述。"[①] 这一市场状态不可能存在于现实中的任何一种行业，银行业同样不例外。垄断竞争是一种同时包含了垄断与竞争两种市场状态，并且市场竞争程度较高，趋近于完全竞争的市场状态。虽然市场中可能存

---

① 这一"完整的表述"即是亚当·斯密关于竞争条件的论断，包括了独立性假设、竞争者数量假设、知识论假设、自由假设和动态假设。参见汪丁丁《经济学思想史讲义》，上海人民出版社2012年版，第295—296页。

在着垄断势力，但是这些势力并不能对厂商多元化、独立化以及产品多样化、准入自由化的市场状态造成过多的实质性影响。因此，垄断竞争从本质上讲仍然是一种竞争的市场状态。与此同时，垄断竞争也是银行业发展中一个较为理想的市场状态。寡头垄断是指寡头企业占据市场的支配地位，控制市场发展的脉搏。寡头垄断被认为是一种在现实中最为常见的市场状态。经济学研究显示，寡头垄断并非消灭竞争，反而避免竞争的无序，一定程度上提高了资源配置的效率。寡头垄断是银行业垄断结构的一种重要表现形式，银行业自身的规模经济倾向极易促成市场的寡头垄断结构。完全垄断则是另外一种绝对状态的市场结构。如果我们将垄断视为一种"权力"，那么一定存在着某种权源造就了垄断的事实，而促成完全垄断的因素是多种多样的。① 银行业往往会因政府许可下金融资源的排他独占而形成市场的完全垄断，这种现象常见于金融市场的发展初期以及公有制基础下的金融市场建设。

表 1-1 　　　　　　　　**经济学关于市场结构的类型判断**

市场结构	市场主体数量	产品情况	市场壁垒	其他
完全竞争	市场上有众多买者和卖者	每个厂商提供的产品同质	生产要素自由流动	市场信息完全，理想状态
垄断竞争	行业中厂商数量很多	各厂商生产有差别的同类产品	厂商进出市场自由	市场经济的典型形式
寡头垄断	行业内厂商数目很少	产品可以是同质的，也可以是有差别的	行业存在较高的壁垒	厂商之间相互依存，利益关系密切
完全垄断	市场上只有一个厂商生产和销售产品	产品不能被其他产品所替代	其他厂商无法进入	垄断缘由多样化

3. 银行业垄断结构具有极强的外泄效应。

不同于其他行业市场垄断结构的内敛，银行业垄断结构所衍生出的垄断力既表现在内部相关市场的封锁与独占，又表现在对于关联产业的入侵与控制。这种垄断效力的外泄体现在两个方面：一是对于金融市场的垄断力传导。对于金融市场自身而言，银行业和证券业、保险业和信托业是存

---

① 关于垄断产生的原因，经济学理论一般认为包括了三种可能：一是基于资源的垄断，即垄断主体掌握了某种关键资源，因而取得了市场中的独占地位。二是基于政府的垄断，即政府以排他许可的方式赋予垄断主体某种特殊的权利，促成其市场优势地位。三是基于规模经济的垄断，即一个主体可以以低于两个或两个主体的成本提供市场所需的物品或劳务。

在融合可能性的，并且这种融合符合金融市场自身的利润与效率的追求。但是，银行业金融市场规模扩大的同时也会引发风险的传递，系统性风险的存在极易引发金融危机的发生。风险传递的存在以及金融稳定的主观导向是一些国家对金融市场采用分业经营的缘由所在。但是伴随世界范围内分业经营向混业经营的整体发展趋势，以商业银行为代表的银行业对于金融市场的主导性会愈发凸显。二是银行业垄断势力对于金融市场以外的产业渗透，集中表现为产融结合。"产融结合拥有复杂的组织结构和广泛的业务范围……庞大的企业集团规模使其对一国乃至全球的金融体系都能产生重要的影响。"① 银行业垄断力的外泄与在相关市场取得支配地位的企业试图进行纵向一体化有着极为相似的理由，而不同之处在于，银行业所处金融市场的主导性与基础性决定了它可以和任何产业进行产融结合，并非仅仅局限于特殊商品生产、销售的纵向关联企业。近年来，国外金融市场发展的主要趋势正是基于产融集合理念下不断寻求资产经营一体化的金融控股公司与银行并购。

（二）银行业结构垄断的负外部性

垄断作为一种市场的组织方式，如果运用得当是有利于行业和市场的发展的。然而，事物往往是具有两面性的，谈及垄断我们不可以忽视它潜在的或者已经对市场造成的负外部性。银行业垄断结构的负外部性主要体现在银行业自身功能的减损与变异。金融学从存款货币银行（Deposit Money Banks）的视角，阐释了商业银行应当具有的三种基本功能：信用中介、支付中介以及信用创造，② 这三种功能是基于银行业的金融市场定位而言，集中表现出银行业的基本金融服务供给功能。如果放眼整个市场经济，银行业功能还应包括经济调节——这一促进市场经济良性运转的关键性功能。综上，银行业的功能主要体现在微观金融市场和宏观经济调节两个方面，与此同理，我们可以从两个维度来审视银行业垄断结构的负外部性：

一是银行业垄断结构对于金融市场的负外部性。无论在何种行业，垄断的危害都在于因竞争的限制与减损而导致的对潜在市场竞争者的排斥、行业整体创新能力的抑制以及市场资源配置的低效。以我国为例，银行业

---

① 孙晋：《产融结合的金融监管与反垄断规制研究》，人民出版社 2010 年版，第 66 页。

② 参见黄达主编《金融学》，中国人民大学出版社 2012 年版，第 164—165 页。

垄断结构的形成导致了商业银行的高成本与低回报，经济效益低，银行业金融创新与国外银行业同期发展相比明显不足，并且运作与盈利方式过于传统（见图 1-1），我国商业银行长期的"垄断式发展"滋生了巨额不良资产，面临着较为严峻的可持续发展困境。① 现有的银行业垄断结构造成了银行业金融产品同质化严重，并且由于政府管制下的准入壁垒，民间资本进入银行业领域的难度非常大，银行业整体竞争状况堪忧。

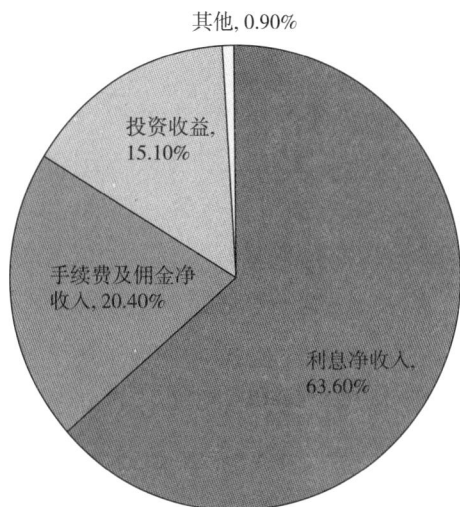

其他, 0.90%

投资收益, 15.10%

手续费及佣金净收入, 20.40%

利息净收入, 63.60%

图 1-1　2013 年银行业金融机构收入结构

数据来源：《中国金融年鉴 2014》。

二是银行业垄断结构对于宏观调控的负外部性。银行业的经济调节是基于国家宏观经济政策与金融市场政策的需要，通过发挥自身资金融通与流动性优势，利用金融市场工具促进政策的上行下效。金融政策，尤其是央行主导下货币政策的实施主要仰仗存款准备金率、公开市场操作和贴现政策等工具的有效运用，而银行在每一个货币政策工具的实施中都扮演了至关重要的角色。在银行业垄断结构中，银行业的信贷配给通常会因政府的干预而偏离市场化的运作方式，并且对于金融市场核心价格——利率的禁锢使得货币政策的传导机制严重受限。除此之外，银行垄断结构的排斥效应同样会导致金融托媒（Financial Disintermediation）的大量存在，"银行业是货币政策与实体经济的桥梁，金融托媒必然会对货币政策传导机制

---

① 参见杨大光《中国银行业反垄断问题研究》，经济科学出版社 2004 年版，第 20—28 页。

产生影响"①。由此看来，银行业垄断结构对于宏观调控的外部性影响在于阻碍了货币政策的传导效应，倒逼"场外市场"的出现，并且很大程度上降低了金融资源的配置效率。

（三）银行业市场结构的基本判断——基于文献的结论

1. 银行业市场结构的评测维度。

反垄断经济学基本原理认为，"市场势力的衡量方法包括了市场绩效、市场机构和企业竞争行为等标准"②。银行业市场结构的评测包括如下的三个维度：其一，市场份额，即存款、贷款、资产以及利润在一定区域内同期的市场比重；其二，市场集中度，即特定市场少数企业的市场比重；其三，市场壁垒，即准入限制。③ 对于银行业的市场结构评测而言，一系列指数与指标构成了银行业市场结构与市场势力的衡量方法，在既有的关于银行业市场结构的评测尝试中，学者们的主要关注问题在于三个方面：一是银行业竞争与银行业垄断的关系；二是银行业市场集中对银行业自身发展的影响；三是银行业垄断结构对实体经济的发展影响。从微观到宏观，每个问题的逐渐厘清为我们认清银行业市场结构奠定了基础。

2. 我国银行业市场结构的特点。

具体而言，学界对于我国银行业市场结构的既有研究总体呈现出以下代表性结论：

第一，从金融市场规模而言，我国银行业整体规模较大。根据银监会统计，截至 2014 年 12 月银行业金融机构总资产已超过 168 万亿元，并且全年保持了较为平稳的增长率（见表 1-2），而近十余年来，我国银行业金融机构的资产规模保持稳步增长，资产规模不断攀升（见图 1-2）。更值得注意的是，与同期金融市场中的保险业、证券业和信托业相比，银行业资产规模优势更是彰显得淋漓尽致（见图 1-3）。这也就意味着以银行业为代表的间接融资市场几乎占据了整个金融市场的发展体量。

---

① 宋旺、钟正生：《我国金融托媒对货币政策传导机制的影响：1978—2007》，《经济学家》2010 年第 2 期。

② 参见唐要家《反垄断经济学理论与政策》，中国社会科学出版社 2008 年版，第 58—62 页。

③ 参见于良春、鞠源《垄断与竞争：中国银行业的改革和发展》，《经济研究》1999 年第 8 期。

表 1-2 　　　　　　　　　　2014 年银行业金融机构资产规模 　　（单位：万亿元）

项目 \ 时间	2014 年											
	1 月	2 月	3 月	4 月	5 月	6 月	7 月	8 月	9 月	10 月	11 月	12 月
总资产	148	151	155	157	159	162	161	162	163	164	165	168
增长率	12.4%	13.7%	12.5%	13.8%	14.4%	15.3%	15.0%	14.9%	13.6%	14.1%	13.9%	13.6%
总负债	138	141	145	146	148	151	150	151	151	152	153	155
增长率	12.1%	13.4%	12.2%	13.5%	14.1%	15.1%	14.7%	14.6%	13.2%	13.7%	13.4%	13.0%

数据来源：银监会发布：《银行业监管统计指标月度情况表（2014 年）》。

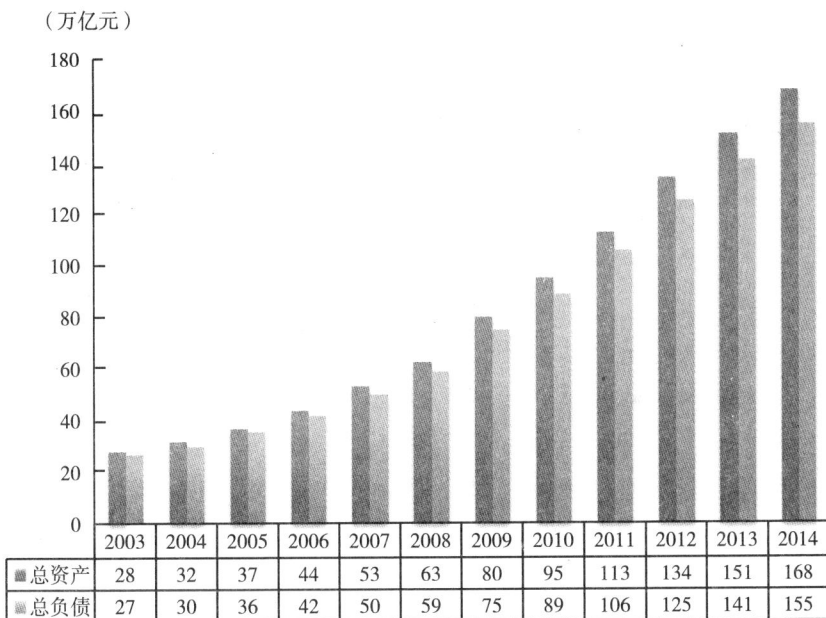

	2003	2004	2005	2006	2007	2008	2009	2010	2011	2012	2013	2014
总资产	28	32	37	44	53	63	80	95	113	134	151	168
总负债	27	30	36	42	50	59	75	89	106	125	141	155

图 1-2　2003—2014 年银行业金融机构资产负债总量

数据来源：《中国银行业监督管理委员会 2013 年报》，以及银监会最新发布的有关数据。

第二，我国银行业市场结构的整体发展趋势是从垄断走向竞争。不同时期产业组织理论对银行业市场结构的评测显示出我国银行业市场机构的变化趋势。20 世纪 90 年代，"以工农中建为代表的四大国有商业银行占据了国内市场 90% 的份额，并且利润额比重接近 60%，存贷比维持在 70% 以上"，这些数据意味着四大国有商业银行在当时的中国银行业具有

（万亿元）

	2012	2013	2014
■银行业	134	151	168
■证券业	1.72	2.08	4.09
■保险业	7.35	8.29	10.16
▨信托业	7.47	10.91	13.98

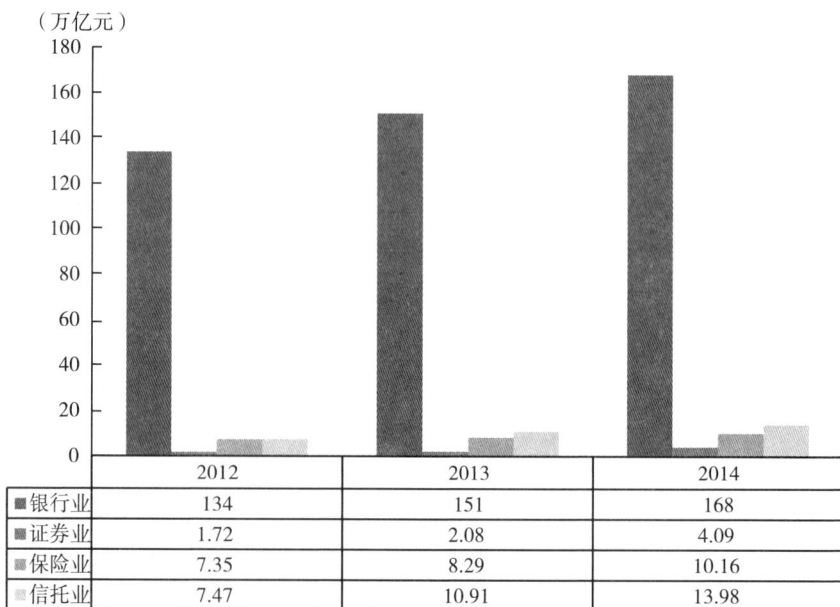

图1-3　2012—2014年金融市场资产规模

数据来源：各年度金融年鉴，有关监管机构以及行业协会发布的相关报告与数据。

高度垄断地位。[1] 伴随近年来商业银行与金融市场改革的不断推行，"四大行"的市场份额比重略有下降（见图1-4），市场主体的多元化倾向以及"四大行"内部的股份制改造，使其具有了一定的独立性，金融创新的不断推行也使得金融产品呈现多元化。国际知名的管理咨询机构麦肯锡（McKinsey & Company）在2015年年初发布的有关个人金融服务市场的调研报告指出，"中国四大行的市场主导地位正在逐渐削弱，基于客户的银行业市场竞争愈发激烈"[2]。竞争标的与竞争层次的丰富使得我国银行业市场逐渐形成垄断竞争的态势。[3] 当然，对我国银行业市场结构现处的经

---

[1]　于良春、鞠源：《垄断与竞争：中国银行业的改革和发展》，《经济研究》1999年第8期。

[2]　报告同时指出四方面的趋势造成了中国零售银行市场（China's Retail Banking）的竞争格局："一是中国零售银行个人客户较低的忠诚度；二是中国零售银行区域性客户的需求与消费行为正在趋同；三是'四大行'主导地位走弱；四是互联网金融逐渐成为主流。"参见"The Four Trends Shaping China's Retail Banking Landscape"，http：//www.mckinseychina.com/podcast/the-four-trends-shaping-chinas-retail-banking-landscape/。

[3]　参见黄隽《银行竞争与银行数量关系研究——基于韩国、中国和中国台湾的数据》，《金融研究》2007年第7期。

济学结构判断尚未得到统一结论，但是银行业整体的竞争态势发展得到了学者们一致的认可。

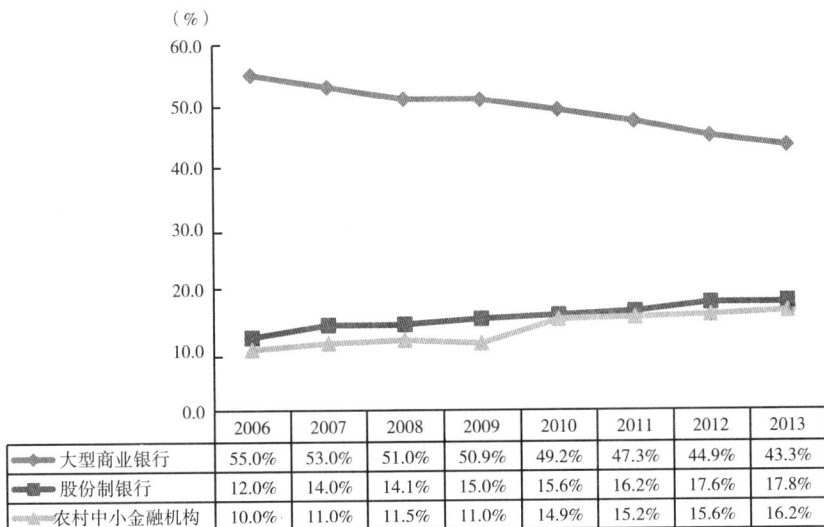

	2006	2007	2008	2009	2010	2011	2012	2013
大型商业银行	55.0%	53.0%	51.0%	50.9%	49.2%	47.3%	44.9%	43.3%
股份制银行	12.0%	14.0%	14.1%	15.0%	15.6%	16.2%	17.6%	17.8%
农村中小金融机构	10.0%	11.0%	11.5%	11.0%	14.9%	15.2%	15.6%	16.2%

图 1-4　主要金融机构银行业市场份额走势

数据来源：银监会各年度年报关于"银行业金融机构市场份额（按资产）"的统计数据。需要指出的是，大型商业银行包括中国工商银行、中国农业银行、中国银行、中国建设银行以及交通银行 5 家，统计名目自 2008 年始由"国有商业银行"变为"大型商业银行"。此外，农村中小金融机构在 2010—2013 的统计中包含了邮政储蓄银行的市场份额。

第三，银行业市场的高集中度存在一定的负外部性，但是银行业的产业集中并不排斥市场竞争。银行业市场结构的高集中度确实在某种程度上抑制了小微个体的信贷配给程度，[①] 但是仍有学者研究认为，银行业市场结构的集中本质上与市场竞争并不冲突，并且符合我国的基本国情，在高集中度的市场中个别领域仍然存在竞争甚至过度竞争的现象。[②] 高集中度的市场结构某种意义上有利于我国银行业的发展，从长远而言，竞争同样是银行业发展的依归。"银行竞争度并不是导致银行集中度与银行风险正

———

① 参见吴敏、林乐芬《银行业市场集中度、主体异质性与中小企业信贷可获性》，《金融论坛》2015 年第 3 期；靳馥境、张群《我国银行业市场集中度对中小企业融资的影响》，《经济与管理》2015 年第 3 期。

② 参见刘伟、黄桂田《银行业的集中、竞争与绩效》，《经济研究》2003 年第 11 期；傅利福、韦倩、魏建《银行业的集中于竞争：一个分析框架和实证检验》，《经济学家》2015 年第 4 期。

相关的原因"①，较高的银行业市场集中度无形中加剧了银行业不良贷款、流动性等各种风险，"中国银行业风险承担会因市场集中度增加而上升，因竞争性势力增加而减小"②。

二　从结构主义到行为主义：反垄断法规制思路变迁

结构主义与行为主义是在反垄断法规制历史中形成的两种不同的规制方法，两者的主要不同表现在对于非法垄断认定的标准不同。美国学者在总结反垄断法发展实践时指出，"反托拉斯一度得到过广泛的支持，最近受到来自各方面的毁灭性的攻击，一些批评者将反托拉斯当作一种时代错误，并公开建议将其废除；但有些人意见相反，他们催促加强反托拉斯实施，并怀旧地回忆着沃伦法庭时代"③，造成争论的主要原因正是结构主义与行为主义变迁对反垄断法规制实践发展的影响。事实上，产业历史发展与经济理论沿革的不期而遇促成了由结构主义向行为主义的反垄断法规制范式的转变。

（一）结构主义规制

结构主义规制是伴随反垄断法规制的兴起而勃兴。作为现代反垄断法规制的开山鼻祖，美国《谢尔曼法》（*Sherman Antitrust Act*）颁布之时正值产业合并浪潮下以托拉斯为代表的高级垄断组织统治着美国诸多对经济发展起到重要影响的关键性产业。垄断，以一种原始的、直白的市场结构占有，赤裸地展现在美国民众面前。"反对市场的垄断结构渊源于美国民主自由的信念"④，在当时的美国，反垄断被认为是宪法治下的天赋人权。"尽管在美国宪法中没有提到垄断，在美国开国元勋的著述中也找不到它的踪影，但有几个州却认识到这一问题的严重性，并在独立后不久便在各自的州宪法中明文规定禁止垄断。"⑤　然而《谢尔曼法》本身并未充分体现出结构主义规制的规制思潮，"而后美国国会相继通过的《联邦贸易委

---

① 杨天宇、钟宇平：《中国银行业的集中度、竞争度与银行风险》，《金融研究》2013年第1期。

② 唐鹏：《银行业市场集中度与银行风险承担》，《金融论坛》2015年第3期。

③ ［美］奥利弗·E.威廉姆森：《反托拉斯经济学——兼并、协约和策略行为》，张群群、黄涛译，经济科学出版社1999年版，第392页。

④ 种明钊主编：《竞争法》，法律出版社2008年版，第223页。

⑤ ［美］查理斯·R.吉斯特：《美国垄断史——帝国的缔造者和他们的敌人》，傅浩等译，经济科学出版社2004年版，第1页。

员会法》（*Federal Trade Commission Act*）和《克莱顿法》（*Clayton Antitrust Act*）使美国的反垄断法对于企业规模的控制愈发严格，结构主义的立法思想得以最终确立"①。结构主义的经济理论渊源在于哈佛学派主张的产业组织理论，并以"结构—行为—绩效"为代表的 SCP 研究范式为主要的规制方法。② 在此衍生逻辑下，"行业集中度高的企业倾向于提高价格、设置障碍，以便谋取垄断利润，阻碍技术进步，造成资源的非效率配置"③，因此理想的市场规制应当基于潜在市场竞争威胁主体的改变与调试。美国和日本早期的反垄断法规制都体现出较为明显的结构主义倾向，垄断结构的本身违法性成为反垄断立法与执法的逻辑起点。

（二）行为主义规制

行为主义规制对结构主义规制的冲击与取而代之，是伴随着芝加哥学派对哈佛学派产业组织理论分析范式的声讨与升华而来的。"那些 20 世纪 50 年代开始在芝加哥大学教学和写作的经济学家和法律学者，对以往反垄断政策形成了最统一和最持久的批判……提供了一种一流的、支持市场的并且很大程度上反干预主义的反垄断观点。"④ 芝加哥学派的核心观点在于，既定的结构、行为与绩效的分析范式内部并非是单一的同向传导关系，相互之间存在着不同程度的互动。总揽而言，立基于芝加哥学派思潮的行为主义规制主要从两个方面对立基于哈佛学派的结构主义规制进行批判与超越：一是从市场结构到竞争机制。反垄断法关注的重心在于市场的竞争机制，垄断市场结构本身并不必然招致反垄断法的规制，垄断行为是对于市场竞争产生致命影响的规制标的。二是从竞争者利益到消费者利益。反垄断法不应仅仅从市场结构出发维护竞争者的利益，消费者和社会整体公共利益应当成为反垄断立法和执法的标尺。通过以上分析我们不难看出，行为主义规制暗含了对规模经济效应的认可与支持，并且对垄断和

---

① 钟瑞栋：《从结构主义到行为主义——反垄断法的历史演进、发展趋势及我国的立法选择》，《厦门大学法律评论》2001 年第 2 期。

② "SCP 范式"是哈佛学派的经典理论，其主要观点是一个行业的产业结构决定了与之相关市场的竞争状态，市场结构的样式是企业做出相关行为的决定性因素，并且制约着企业最终的绩效评价。

③ 吴易风主编：《当代西方经济学流派与思潮》，首都经济贸易大学出版社 2005 年版，第 398 页。

④ ［美］赫伯特·霍温坎普：《反垄断事业：原理与执行》，吴绪亮等译，东北财经大学出版社 2011 年版，第 30 页。

竞争的关系进行了较为理性的认知。世界上大多数国家的反垄断立法大多开宗明义,采取了行为主义的规制方法。① 值得一提的是,传统的美日结构主义规制模式也在执法中体现出行为主义的演进趋势。②

(三)从结构主义到行为主义:冲突与融合

除经济理论基础与规制标的的不同外,反垄断结构主义规制与行为主义规制的冲突还体现在责任形式的不同:结构主义规制推崇拆分企业的结构性制裁方法,而行为主义多以禁令和罚款等相对缓和的制裁方法为主。从结构主义到行为主义的过渡并非一帆风顺,在微软案之前美国反垄断执法的方向已经逐渐过渡为行为主义规制,而在微软案的演进过程中体现出从结构主义复辟到行为主义回归的发展趋势。③ 针对杰克逊法官的结构性制裁建议,"上诉法院不鼓励结构性的纠正方案,加上政府本身对结构性措施的怀疑,司法部和9个同意和解的州将所有注意力集中在行为纠正方案,并将结构性纠正方案排除在外"④。对于反垄断法规制方法的变迁,我们认为有几个问题是亟待明确的:

首先,必须历史地评判每一种规制方法的效用。评价或者选择反垄断法规制方法的前提在于从具体实践出发选择,理性认知当前所处的产业发展阶段。从某种意义上讲,垄断结构是反垄断法规制的开始,"反垄断是规制垄断结构的一种制度安排"⑤。如果没有反垄断立法,占据市场垄断地位的垄断主体势必会采取垄断行为,这是"经济人"的必然选择。因此,我们不能否认作为结构主义规制方法的历史存在价值。随着经济发展对于规模经济效应的不断追求,理论和实践不断证成规模经济可以产生正

---

① 例如德国《反限制竞争法》以《限制竞争行为》为开篇规定;我国台湾地区《公平交易法》也采取了行为主义的立法体例,着重对独占、结合、联合行为进行专章规制;韩国《垄断规制与公平交易法》也在第1条规定了"规制不正当的协同行为和非公平交易行为"的立法目标。

② 美国20世纪80年代以来有关立法和司法裁判表明,美国基本放弃了对于市场垄断结构的规制。参见钟瑞栋《从结构主义到行为主义——反垄断法的历史演进、发展趋势及我国的立法选择》,《厦门大学法律评论》2001年第2期。

③ 在微软案中,杰克逊法官曾作出判决,利用结构性制裁方法将微软横向分割为经营Windows系统和经营应用软件与浏览器的两家独立企业,这一判决因微软上诉而撤销。

④ [美]丹尼尔·L. 鲁宾菲尔德:《垄断地位的维持:美国政府对微软》,载[美]J. E.克伍卡、L. J. 怀特《反托拉斯革命——经济学、竞争与政策》,林平等译,经济科学出版社2007年版,第501页。

⑤ 徐国良、陈志广:《反垄断:规制垄断结构的一种制度安排》,《首都经济贸易大学学报》2006年第4期。

向的外泄效应，相比于市场垄断结构，对市场竞争损害更为严重的是市场垄断行为。所以，行为主义是经济发展背景下的一种更为适合产业发展的规制方法诉求。

其次，必须明确行为主义并不必然排斥对于市场垄断结构的规制。无论是立法还是执法，市场结构的判断是认定垄断行为的一个重要前提。行为主义规制方法的出现并非全盘否定对于市场垄断结构的认定意义，而是在此之外寻找出其他更符合市场规律、更具操作性的规制方法。行为主义规制的核心在于行为中心，而非行为至上。与其说行为主义与垄断主义分庭抗礼，不如说行为主义是在结构主义基础上对于规制方法的一种与时俱进的升华。

最后，从结构主义到行为主义体现出的是一种对于市场认知的理性演变。相比而言，结构主义规制体现出对于宪法权利的追求，而行为主义规制更多是对市场主体权利的落实。对于市场和竞争机制的认识加深，使得反垄断立法与执法关注的视角发生了主体和客体两方面的转变。并且，对于垄断与竞争关系的进一步明确，也为顺应规模经济的发展趋势奠定了基础。反垄断法规制应当更多体现出对于市场主体自主经营权的尊重以及市场乃至社会利益的整体关怀，也就是说，反垄断法规制是市场经济秩序语境下社会利益的维护者，而非市场整体发展导向的决定者。

三　垄断行为：我国银行业垄断的法律规制导向

就目前世界银行业整体反垄断趋势而言，银行业的垄断行为规制仍是主流。近年来，欧美反垄断司法制度发达国家屡屡将重拳砸向银行业，"历史性罚单"接踵而至（见表 1-3）。对于银行业垄断行为的关注成为当前各国反垄断立法和执法的重要变革方向之一。确立银行业垄断行为的规制导向是我国反垄断立法和执法特征的必然选择，具体而言包括了以下三个方面的考量：

其一，反垄断法对于银行业垄断结构规制的局限性。我国银行业市场结构是复杂的，"中国银行业的改革是各项改革中的难点之一，相对缓慢和滞后，对银行业发展约束较为明显"[①]，"随着国际和国内经济金融环境的变化，银行体系面临信用风险加速暴露、流动性过剩日趋突出、市场风

[①]　孙龙建：《银行业市场约束研究》，中国财富出版社 2014 年版，第 124 页。

险不断加大以及国际化竞争日渐激烈等严峻考验"①。经过商业银行的几次渐进式改革之后,各大银行之间的独立性与经营风格逐步确立,相互之间的竞争也日趋明显。"国有商业银行的市场势力不断下降应该是有益的,至少从一定程度上反而有利于其总资产利润率的提高"②,并且,伴随着市场准入改革与利率市场化的开展,市场主体的多元化势必会对既有的市场结构产生冲击,银行业垄断结构尤其是可能招致反垄断法规制的银行业垄断结构的真实性有待商榷。除此之外,我国银行业市场结构的形成有着极其鲜明的政府干预特色,在以金融管制和金融监管为代表的金融规制下,银行市场发展的每一步都被打上了政府干预的烙印。因此,政府掌握着银行业市场结构变动的话语权。对于我国当下较为初级的反垄断立法和执法而言,通过结构性制裁方法规制银行业结构垄断并不具有可操作性。

表 1-3　　　　　　近年来欧美对于银行业金融机构重要监管动态一览

时间	地点	事件
2013 年 12 月	欧洲	欧盟就有关金融机构非法联手操纵 LIBOR(伦敦银行间同业拆借利率)、EURIBOR(欧元区银行间同业拆借利率)行为向花旗集团、德意志银行、巴克莱银行等多家金融机构开出 17.1 亿欧元的天价罚单
2014 年 5 月	欧洲	欧盟委员会指控汇丰银行、法国农业信贷银行及摩根大通等三家金融机构涉嫌合谋操控欧元利率衍生品定价,违反了欧盟反垄断法。一旦以上三家金融机构的罪名成立,欧盟委员会将向每家金融机构征收其全年营业额的 10% 作为罚额
2014 年 8 月	美国	美国司法部指控美国银行在 2008 年金融危机爆发前向消费者出售不良抵押贷款证券。作为和解协议的一部分,美国银行除了向司法部、几个州以及其他政府机构支付 96.5 亿美元的现金外,还将拿出 70 亿美元向陷入困境的消费者提供援助
2015 年 5 月	美国	巴克莱银行、花旗银行、摩根大通、苏格兰皇家银行、瑞士银行和美国银行承认合谋操纵美元兑欧元汇率的指控,同意向美国司法部和美联储缴纳总额高达 58 亿美元的罚款

其二,反垄断法对于银行业垄断行为规制的可为性。从我国反垄断立法规制来看,市场结构是判断构成违法垄断的关键要素,但不是唯一要

---

① 于元龙:《中国抉择:银行业改革与发展战略》,中国金融出版社 2012 年版,第 111 页。
② 汪贵浦:《垄断行业收入与再分配:市场势力的新视角》,经济科学出版社 2011 年版,第 184 页。

素。虽然我国《反垄断法》立法之时对结构主义与行为主义存在争论，但是 2008 年颁布实施的《反垄断法》本身是一部严谨的行为主义规范模式。《反垄断法》开宗明义将"预防和制止垄断行为"作为我国反垄断法的立法目标，[①] 并且对滥用市场支配地位、垄断协议和经营者集中三类垄断行为进行重点规制。自 2013 年——反垄断元年以来，我国反垄断执法机构对液晶面板、白酒、汽车等行业相关垄断行为进行了卓有成效的规制，形成了一定的关于垄断行为的规制经验。因此，对于银行业反垄断法规制而言，从垄断行为入手，具有理论和实践两方面的可期待性。

其三，行为导向的确立有利于反垄断法规制体系的建设。"市场经济始终贯彻着一个基本原则，那就是市场机制这只无形之手总要比政府对经济的规制带来更高效率的资源配置，更高水平的经济福利"，反垄断法的任务就在于确保无形之手的有效性，"然而这绝不意味着政府管制在市场经济中毫无用武之地"[②]。我国银行业发展存在极其鲜明的路径依赖，以金融管制和金融监管为代表的政府干预正是这种制度变迁的源流。因此，对于银行业的反垄断法规制不可能单纯依赖反垄断法体系而忽略既有的基础性、根本性、常态化的行业规制。从我国金融管制和金融监管的变迁趋势而言，从市场准入、交易运行到市场退出，每一个环节都存在着高强度的行为监管。这种行为导向与监管经验势必会对反垄断法规制产生有益的影响。因此，树立我国银行业反垄断法规制的行为导向不仅有利于反垄断法规制的开展，也有利于寻求反垄断执法与行业监管的对接与合作，降低结构性制裁方法本身引发的行业震动与权限冲突，更为科学、合理地促进银行业反垄断法规制活动的开展。

第二节　银行业垄断：从社会争议到法学问题

银行业垄断并非是新兴的研究命题，无论是理论分析还是现实舆论都形成了大量的前期结论与言论。相比而言，银行业垄断的理论分析重视银行业市场结构与市场效果之间的逻辑阐释，而现实舆论则更多将银行业金

[①]　参见《反垄断法》第 1 条，"为了预防和制止垄断行为，保护市场公平竞争，提高经济运行效率，维护消费者利益和社会公共利益，促进社会主义市场经济健康发展，制定本法"。

[②]　[美] 斯图尔特·切姆托布：《竞争机构在被管制行业中的地位和作用》，载王晓晔主编《反垄断立法热点问题》，社会科学文献出版社 2007 年版，第 235 页。

融机构的不合理行为感性地贴上了垄断的标签。理论分析与现实舆论虽然存在较为明确的界限，但是两者均将问题的解决视野投向法律制度，尤其是法律规制的完善。通过与银行业垄断相关的司法案例与执法举措，我们可以窥探出银行业垄断问题的法学本质。

一 银行业垄断社会争议中的法学追问

社会争议不断使银行业垄断自然而然地进入了法律规制视野，在众说纷纭之下，银行业垄断是否为法律问题，现有法律规制存在哪些不足，如何针对银行业垄断进行法律规制是本书展开研究与论述的重要前提。

（一）银行业垄断的社会争议

银行业垄断的社会舆论主要表现在对银行垄断行为的感性宣泄以及一定程度的理性认知。我们可以把社会舆论对于银行业垄断的质疑归结为以下三个方面的问题。

其一，关于银行业不合理收费的舆论质疑。"近年来伴随中国银行业从股份制到商业化改革，银行服务由'免费时代'逐步进入'收费时代'。"[1] 从一般意义来讲，费用代表着主体享有产品和服务必须支付的对价。银行业收费行为本身是具有合法性依据的，[2] 并且商业银行也确实向交易相对人提供了产品或服务。但是最先引起质疑的是商业银行是否有权肆意变动或者"默契"地另立名目、变动费用标准，随之而来的是对商业银行收费合理性的普遍性质疑。2006 年中国银联拟针对银联卡跨行查询征收相关费用，同年交通银行率先出台跨行查询费征收标准，四大国有银行迅速跟进。此举在全国范围内引发的激烈的声讨，期间不乏全国人大代表上书价格主管部门叫停相关行为、市民与中国银行对簿公堂等具有社会影响力的事件发生。2007 年，北京部分银行间促成了跨行间通兑通存，原本向好的发展趋势再次因手续费的问题引发社会舆论关注。与此同理，2014 年年底央行出于交易安全与效率的考量，在全国范围内部署银行卡"芯片化"工程。媒体统计，此次换芯将会涉及几乎现有银行卡市场存量的全部，规模超过 30 亿张。然而，对于换芯费用谁来买单，银行

---

① 邢会强：《商业银行的公共性理论——兼论商业银行收费法律问题》，《现代法学》2012年第 1 期。

② 《商业银行服务价格管理办法》将商业银行服务价格分为政府指导价、政府定价和市场调节价两类，实际上是赋予了商业银行收费权，并且在一定范围内享有"自主定价"的权利。

业与社会舆论各执一词。银行业费用征收的不合理、自身垄断地位假设以及潜在的协同行为不断激化着银行业与社会大众之间的矛盾。在"银行业反垄断第一案"中，作为被告的中国建设银行强制征收的账户管理费成为整个事件的导火索。2012年北京两律师向国家发改委实名举报六大国有银行涉嫌价格垄断，① 将商业银行费用问题推到了社会舆论的风口浪尖。

其二，关于银行业歧视性交易的一致声讨。歧视性交易是银行垄断行为的最为集中的表现之一，它既体现出银行市场内金融资源配置的国有导向，又体现出银行业嫌贫爱富，对金融弱势群体、小微群体的无理排斥。银行业的歧视性交易主要体现在从银行服务的开端与服务过程之中。从商业银行业务发起端看，中小企业不合理的开户门槛限制和个别银行业金融机构对社会弱势群体存款、零钱换整业务的拒绝体现出商业银行缺乏应有的营运责任与社会责任。从服务提供的过程来看，小额客户存取业务非柜台化倡导和肆意降低利率强征费用是典型的代表。② 在"银行业反垄断第一案"中，案件的核心同样在于银行单方面的拒绝交易行为。

其三，关于银行业暴利的社会大讨论。银行暴利是近几年社会舆论对于银行业声讨的关键环节，同时银行暴利也引发了关于中国银行业市场是否存在垄断结构与垄断行为的讨论。无论银行业暴利的真实性为何，社会舆论将银行暴利归结于金融既得利益集团对于社会财富的掠夺，其中政府主导下的银行业市场垄断结构与银行业垄断行为发挥着至关重要的作用。银行业高额利润的获取方式被社会舆论形象的总结为：高利贷、乱收费和"拉皮条"。③ 与其说银行暴利是一种单一、独立的发展现象，更不如说银行暴利是银行乱收费、歧视性交易大量存在背景下，社会舆论反面情感的集中宣泄。

---

① 包括中国工商银行、中国农业银行、中国银行、中国建设银行、交通银行以及中国邮政储蓄银行。

② 2008年6月，福州市民李某因银行VIP客户无理插队将银行诉至法院；同年7月，深圳市民潘某因银行业擅自调整小额账户标准诉至法院；2014年人民日报批评了银行业网点强制要求2万元以下小额存取款只能去ATM机办理的消费歧视规定。参见吴秋余《银行，不能存钱还干啥》，《人民日报》2014年5月5日第18版。

③ "高利贷"是指银行业高额的利差收入，"乱收费"是指现有银行业服务项目高达千余项，收费项目占比八成左右，手续费佣金半年过千亿收入，"拉皮条"是指银行业资产类业务收入增长迅速。

（二）银行业垄断的法学追问

虽然从表面上看，银行业垄断的理论阐释集中于银行业是否存在垄断，但是社会对银行业垄断问题关注的要点仍然在于如何对银行业垄断进行有效的规制。规制开展的一个前提在于明确银行业垄断能否成为一个被规制的问题，并且从法治社会规制开展的必然规律出发，银行业垄断是否是一个法律问题，能否通过法律规制予以控制与解决，这是开展银行业反垄断法规制需要首先明确的问题。

首先，银行业垄断问题的处理亟须有效的法律规制开展。银行业垄断争议的持续发酵使得该问题自然而然地进入法律规制视野。一般而言，规制包含经济性规制（Economic Regulation）和社会性规制（Social Regulation）两种类别：经济性规制是政府对某些具有自然垄断特征或在社会经济发展中具有特殊地位的行业，通过对市场准入和市场行为的干预实现市场机制的建立与有效运行；社会性规制则是从经济发展对社会传导的诸多外部性着手，通过政府的直接干预实现社会公共利益的有效维护。银行业作为国民经济的重要领域，以金融市场准入、金融机构行为监管为代表的经济性规制自然是政府给予的常规配置，并且银行业市场的经济性规制往往是高强度的。从世界各国规制活动的衍生逻辑来看，经济性规制放松和社会性规制加强已经成为各行各业发展中不可逆的趋势，而银行业垄断问题的凸显和银行业垄断争议的升温正是在我国银行业市场经济性规制放松的过程之中。银行业市场的规制转型不意味着规制的缺位与失位，以银行业垄断为代表的转型问题需要通过社会性规制的加强寻求问题的有效解决。一般而言，我们理解的社会性规制关注环境保护、产品质量等与社会大众生命健康相关的权利，但是除此之外，消费者权利和市场的有效竞争也是社会性规制的主要目标之一。无论是经济性规制还是社会性规制，法律都是其权力运行的依据，银行业垄断问题既需要经济性规制方式的改良，又需要社会性规制方式的加强，而归根结底在于法律规制的整体强化。

其次，现有的法律措施难以对银行业垄断形成有效的规制。我国银行业市场制度变迁特征在于自上而下的国家干预主导，以金融管制和金融监管为代表的金融规制业已在银行业市场的发展中形成高度的制度依赖。现有法律措施难以对银行业垄断形成有效规制的首要原因正是在于金融规制的失灵，具体表现在两个方面。第一，当银行业垄断问题频繁出现之时，抑或银行业垄断社会争议持续发酵之时，银行业监督管理机构并未对相关问题及时进行处理，同时也未对机构相关行为开展的合理性与合法性进行充分的释明。第二，银行业垄断问题无论是结构意义还是行为意义在很大程度上都与金融规制行为有着或直接或间接的关联，银行业市场发展对政府干预的高度路径依赖不仅使银行业市场存在较为鲜明的进入壁垒，并且银行业极易形成金融机构对监管机构的俘获。如此一来，依靠银行业监督管理机构寻求银行业垄断问题的破解会形成制造或参与银行业垄断的主体进行垄断规制的悖论。除金融规制失灵之外，银行业垄断问题难以得到有效法律规制处理的另外一个原因还在于，与垄断规制相关的他法规制手段难以在银行业市场施展拳脚。银行业市场高度的路径依赖使得金融规制和金融市场对他法规制存在极强的排斥性，银行业金融规制的强势与他法规制的弱势形成明显的强弱对比。综合而言，银行业垄断问题缺乏有效法律规制的原因是缺乏具有权威性和独立性的规制措施。

最后，银行业垄断问题破解需要通过反垄断法规制体系的完善。反垄断法规制是银行业垄断问题破解可期待的，具有独立性和权威性的规制措施。反垄断法规制作为一种旨在维护市场竞争机制的专业性规制手段，权威性无须多言。并且，相对于金融规制，反垄断法规制在银行业垄断问题的处理之中更加彰显其独立性。社会舆论对银行业垄断问题的反垄断法规制破解抱有极大的期待，而且自《反垄断法》实施以来，银行业经营者行为的调试和银行业市场的适用问题一直是热议的话题。

二　银行业反垄断法规制的既有趋势

银行业反垄断法规制的开展并非空穴来风，相比社会舆论的广泛期待，司法和执法实践也存在着银行业反垄断法规制开展的苗头。

（一）司法趋势

在可供参考的银行业反垄断民事诉讼中，素有"银行业反垄断第一案"之称的西部公司诉建设银行重庆分行强制收费案一直是媒体热议的焦点。此案中原告方认为建行重庆分行拒绝交易、强制收费和差别待遇等行为违反《反垄断法》相关规定。实际上，有关银行业收费问题已经在社会舆论之中发酵已久。此次诉讼虽然博取了极大的舆论关注，某种程度上弥补了《反垄断法》在银行业市场司法实施的空白，但是从诉讼开展和终结的方式来看表现出银行业反垄断法规制的诸多无奈之处：首先，从原告诉请来看。如认为被告建设银行之行为属于《反垄断法》规定的滥用市场支配地位行为，那么必须对涉案银行的相关市场份额进行充分的举证。一方面滥用市场支配地位需要极其专业的经济学分析，鉴于银行业市场信息流通的内部性，原告在证明能力方面存在着明显的局限性；另一方面，如前所述，伴随市场化进程的推进，"四大行"市场份额相继减弱，总体份额相加不过刚刚过半，因此原告通过《反垄断法》寻求救济难上加难。其次，从法院的裁判可能性来看。由于《反垄断法》2008 年才正式颁布实施，具体配套的实体和程序制度仍不完善，也就是说《反垄断法》条文并未给司法机关提供充分的裁判依据。并且考虑到银行业垄断行为的复杂与专业，更是加大了司法机关的裁判难度。最后，从本案的结案方式来看。有媒体披露原被告双方最后以和解形式结案，从现有司法制度设计和法院机构能力来看，通过司法系统实现银行业反垄断法规制的突破确有难度。虽然在《反垄断法》实施之后，最高人民法院出台了相关的垄断行为民事诉讼司法解释，考虑到银行业垄断行为的复杂性、银行业市场的专业性以及银行业金融规制的高度依赖性，司法对银行业反垄断法规制的破冰效应极其有限。

（二）执法趋势

近年来，值得关注的执法趋势仍然是银行业乱收费问题的集中整治。据悉，"自 2013 年 10 月至 2014 年年底，国家发改委已经对各类商业银行机构乱收费问题实施经济制裁达 15.85 亿元"，并且妨碍银行业市场公平竞争、滥用行政权力排除限制竞争等行为将成为发改委下一步的重点，《反垄断法》也被国家发改委认为是银行业市场法律规制的有力武器。[①]类似的反垄断执法部门的"宣示性"执法趋势还包括：时任国家发改委价格监督检查与反垄断局局长许昆林表示，"发改委反垄断调查下一个目标会跟老百姓密切相关，石油、电信、银行都在调查视野之内"[②]。国家工商总局局长张茅也指出，"对于市场的监管改革，应当提升对银行等行业的反垄断执法力度"[③]。从这些执法趋势中我们可以发现的问题在于：

---

① 安蓓：《收费检查罚了银行近 16 亿元》，《北京青年报》2015 年 2 月 25 日第 7 版。

② 方学：《反价格垄断下一步重点关注"民生"》，《中国经济导报》2013 年 8 月 29 日第 1 版。

③ 沈静文：《工商总局：继续加大对银行业等行业反垄断执法》，2014 年 8 月，新华网（http：//news. xinhuanet. com/fortune/2014-08/23/c_ 126908273. htm）。

第一，国家发改委虽然明确了《反垄断法》在银行业市场中的法律规制作用，但是近 16 亿元罚款做出的理由究竟是市场价格监督管理行为，还是基于反垄断法规制的价格垄断行为查处？也就是说，《反垄断法》在具体市场执法中的适用仍然是模糊的。第二，银行业市场反垄断执法趋势的特点是部门负责人建言、宣示多于具体的执法实践的开展，由此我们不难看出银行业垄断行为的法律规制是具有难度的。联想到银行业市场既有的高强度金融监管体系，反垄断法规制在银行业的渗透仍有很长的路要走。

三　银行业垄断引发的法学问题澄清

在法学视野下，银行业垄断问题主要表现在垄断行为对主体权利享有和市场秩序发展的外部性传导，具体而言可以包括以下四个方面：

（一）形成不同类型的垄断行为

银行业市场存在着不同类型、不同种类的拒绝交易、协同交易等排斥性行为，银行业金融机构的种种行为涉嫌违反《反垄断法》规定，构成滥用市场支配地位、垄断协议和未经审批的经营者集中行为。从纵向来看，银行业经营者的垄断行为导向表现在对金融消费者的拒绝交易、歧视交易等行为，如果银行业金融机构市场支配地位坐实，那么它们的行为将会自然而然地进入《反垄断法》的规制视野，即使银行业金融机构客观上不具备市场支配地位，但其在相关市场中具有显著的控制能力、技术优势、交易依赖程度等其他可以推定市场支配地位的因素，那么它也终将受到《反垄断法》的规制。从横向来看，银行业经营者之间的协同调整银行业服务收费价格、对市场新进主体的排斥行为均涉嫌构成垄断协议行为。除了行为效果方向以外，行为主体类型的不同也会产生不同的垄断行为。例如，银行市场行业协会主导下的协同行为和排斥行为同样属于《反垄断法》极力规制的垄断行为，当银行业市场垄断行为存在政府公权的滥用，那么亦有可能构成《反垄断法》意义上的滥用行政权力排除、限制竞争行为。由此看来，银行业垄断不仅表现在银行业市场结构的客观转变，社会舆论之中隐含了部分对银行业垄断行为的合理诉求，垄断行为的形成是银行业垄断问题进入法学规制视野的一大前提。

（二）损害金融消费者合法权益

从消费者福利到消费者权利再到金融消费者权利，主体角色的越发清晰使得银行业垄断引发的法学问题逐渐明晰。银行业经营者垄断行为的实施在客观上造成了消费者福利的减损，消费者因银行业经营者垄断力的滥用造成自身福利的客观减损。例如，银行业市场 ATM 跨行转账的协同涨价、小额账户管理费等相关费用的不合理征收都在客观上将消费者福利转移为银行业经营者的垄断利润。更需要进行深刻理解的是，伴随金融市场投资者身份向消费者身份的转化，与消费者福利客观减损相比更值得注意的是银行业金融机构对金融消费者基本权利的漠视。金融市场的产品与服务具有高度的专业性，由此在金融消费者和银行业金融机构之间形成巨大的信息不对称。信息公示不明、风险提示不当、肆意的金融衍生品创造都会对金融消费者的合法权益造成本质上的影响。因此，损害金融消费者合法权益是银行业垄断引发法学问题的重要方面。

（三）制约银行业市场公平竞争

市场竞争和市场公平既是市场主体自主经营权有效实现的前提，又是市场机制形成与完善的关键环节。毋庸置疑，竞争是市场经济的灵魂，主体间的良性竞争可以促进产品与服务的升级，在满足消费者福利的同时促进市场的良性运转。银行业垄断行为的特征在于对市场传导排斥和限制竞争的效果，这一负外部性会导致信贷资源的非效率配置，最终影响银行业市场机制的有效建立。在纵向金融产品与服务的供给领域，金融弱势群体因金融排斥无法享受应有的、平等的金融服务，例如在信贷资源分配供给中，银行业市场往往是国有导向大于效率导向，在民营企业和国有企业、小微企业和大型企业之间设置不平等的信贷准入门槛。在横向金融协作领域，传统银行业势力与新进银行业势力、地方银行业势力与外来银行业势力之间都会存在着先天的排斥，当这种排斥演变为市场中普遍存在的垄断行为，那么市场的排挤和封闭将会使得市场竞争机制成为奢求。因此，银行业垄断引发的最为关键的法学问题在于对市场竞争机制形成的制约。

（四）影响社会公共利益的实现

在银行业垄断形成与发展之中，政府都扮演着重要的角色。政府或是直接干预形成银行市场的地方保护，或是间接干预促成银行业金融机构的市场支配力，或是通过各种方式干预信贷资源的分配。可以说，政府在有意无意之间对银行业垄断问题的形成产生了助推的效果，而作为公权和社会公共利益的代表，政府对银行业垄断问题的促成应当负有一定的法律规制责任。当政府无法维护银行业市场的公平运行之时，银行业垄断将会对实体经济的发展产生制约，并最终影响社会公共利益。银行业作为国民经济的基础产业，在实体经济的发展中起到重要的支撑作用。但是银行业垄断问题作为当前银行业市场较为棘手的问题同样会对社会公共利益的实现产生负向传导。究其实质，一个重要的原因可能在于银行业发展的产业政策导向无法对竞争政策进行有效的吸收，银行业垄断表现出银行市场发展的固化，垄断势力的难以破除势必将会影响银行业自身的可持续和对外的支撑效用。并且当银行业垄断对金融消费者权利和市场秩序产生大面积影响之时，社会公共利益自然成为最终的受害者。

第三节　银行业反垄断法规制：基于市场化需求的分析

明确我国银行业垄断行为的规制需求是建构我国银行业反垄断法规制体系的前提要件，而规制需求主要源于现有行业发展趋势的把握，以及对于垄断行为问题的准确认知。对于我国而言，无论是自下而上的趋势倒逼抑或自上而下的政策布控，市场化都是银行业发展不能回避的首要问题。银行业的市场化运作与反垄断法本身的立法价值契合于市场的自由、开放与竞争。从反垄断法规制视野而言，银行业垄断行为是对市场化进程的最大阻碍。面对银行业垄断行为纷繁的社会舆论以及广阔的作用场域，在"内忧外患"之间我们有必要树立一种"攘外必先安内"规制理念，针对银行业市场内部的垄断行为构建反垄断法规制体系。

一　我国银行业市场化的制度变迁

银行业市场化是当下我国银行业发展的重中之重，从本质上讲银行业市场化是有关我国银行业发展最新的制度变迁（Institutional Change），这一变迁承载了金融自由、金融开放、金融民主和金融普惠等多元理念，势必会对整个社会带来不可预估的福利增量。"迄今为止，我们都认为制度是不可变更的。　但是，环境会变化，从而既有的规则也必须与之相适应。"① 制度经济学既有的分析框架能向我们较为直观地展示制度变迁的动力来源与内在逻辑。

---

① ［德］柯武刚、史漫飞：《制度经济学：社会秩序与公共政策》，韩朝华译，商务印书馆2008年版，第463页。

（一）自下而上的诱致性变迁：金融脱媒的中国境遇

"中国经济转型中，国家引导改革与草根改革的双重存在是毫无疑问的"①，银行业市场从表层上是基于政府干预措施的步步推进，但是从根本上讲，这场制度变迁首先是由自下而上的民间金融力量推动的。金融需求群体的客观存在以及既有金融体系的排斥造成了两种关联现象：金融脱媒以及金融市场化诉求。

金融脱媒，即"资金供给绕开商业银行体系，直接输送给需求方和融资者，完成资金的体外循环"②。造成金融脱媒的原因是多种多样，包含了政府导向、交易成本、金融监管以及金融创新等多重原因（见表1-4）。③金融脱媒虽是非主流金融力量的无奈之举，但被认为是资本市场多元化发展的必然之势。金融脱媒造成的直接影响就是降低了银行业市场的融资比，有助于形成多层次的资本市场的发展和运作，进而便利企业融资渠道，降低融资成本。金融脱媒对商业银行既是挑战又是发展升级的契机：传统立基于信贷业务，依靠利差收入的商业银行务必在金融脱媒的大背景下求新求变，创新业务种类，提升服务水平。因此，金融脱媒从整体上而言是金融市场成熟，整体发展向好的一个表现。然而，金融市场的"中国式"脱媒更多的是非主流金融力量与主流金融力量、金融弱势需求者与主流金融力量之间抗争的"血泪史"。

表1-4　　　　　　　　　　　　金融脱媒的产生原因

政府导向论	金融脱媒是政府主导下的金融政策影响
交易成本论	通过金融脱媒，降低了企业的融资成本
金融监管论	利率、汇率以及准入的高强度管制造成了金融脱媒
金融创新论	通过金融创新减少对于间接金融的依赖性，树立消费者中心

从某种程度上讲，民间借贷的区域化、规模化发展可以视为金融脱媒进程的有力代表。据相关调查机构统计数据显示，2013年以前"中国家

---

① ［英］罗纳德·哈里·科斯、王宁：《变革中国：市场经济的中国之路》，徐尧、李哲民译，中信出版社2013年版，第214页。

② 侯仕军：《金融脱媒：商业银行创新策》，《北大商业评论》2015年第1期。

③ 参见梁彩红《金融脱媒研究文献综述》，《重庆工商大学学报》（社会科学版）2014年第3期。

庭民间金融市场规模已经超过 5 万亿元"①。民间借贷本质上是一种借贷双方在自愿基础上形成的借贷合同，然而这种合同具有极强的随意性和风险性。民间借贷的随意性主要体现在借贷利率、借贷方式等关键环节设置，而风险性主要体现在违法风险和违约风险，以及对于社会发展可能存在的潜在风险传导。我国民间借贷市场从整体上呈现出一种无序、差异化的发展态势。自 2009 年"吴英案"始，② 民间融资行为的合理性与合法性引发社会舆论热议。2011 年温州金融危机发生后，民间借贷的监管与规制成为学界的高光命题，"如何通过法律创新形成制度激励，引导金融资源优化配置"③，促进民间借贷阳光化引来诸多法学学者建言。④ 以民间借贷为代表的金融脱媒化发展究其原因在于金融的高度管制特征，换言之，民间借贷的违法性在于金融的高度管制性。在此，我们需要思考的是民间金融的巨大体量说明有可观的融资需求未能在主流金融市场得到满足，并且社会存在着大量闲置资金形成了民间金融的供血源头。银行业较为严苛的信贷审查机制以及嫌贫爱富的客户选择机制将小微金融个体排斥在正规融资体系之外。这种金融排斥造成了一种怪象在于：金融脱媒并非是成熟资本市场中因交易成本减少而主动选择其他融资方式，而是基于信贷的可得性现实，被迫接受民间金融的高成本运作。因此，以民间金融发展为代表的金融脱媒表现出不同于一般金融脱媒的高交易成本与高风险，主流金融市场的封闭与排斥是造成这种现象的主要原因。

在民间借贷的社会大讨论之后，互联网金融的飞速发展迈出了我国金融脱媒过程的坚实一步。在被称为"互联网金融元年"的 2013 年，以余额宝为代表的一大批互联网金融产品似抢滩登陆般竞逐而来。以第三方电子支付平台、互联网基金、P2P 网络借贷平台（Peer-to-Peer Lending）和众筹融资为代表的互联网金融不仅引发了社会舆论的强烈关切，更是激发了一个又一个学术增长点。面对互联网企业对金融领域如潮般的侵袭，

① 参见西南财经大学中国家庭金融调查与研究中心《中国民间金融发展报告》，2014 年 1 月。

② 吴英案具体案情为，检察机关指控曾列"胡润百富榜·女富豪榜"第六位，被誉为"东阳富姐"的吴英涉嫌集资诈骗 3.89 亿元。浙江省金华市中级人民法院一审认定吴英集资诈骗罪成立，判处死刑，剥夺政治权利终身，并处没收个人全部财产。浙江省高级人民法院二审维持死刑判决，但是最高人民法院依法裁定不核准吴英死刑，发回浙江高院重审。

③ 岳彩申：《民间借贷规制的重点及立法建议》，《中国社会科学》2011 年第 5 期。

④ 2011 年以来，学界掀起了民间金融研究热潮，以中国知网为例，2011 年以来以"民间借贷"为主题的期刊文献达到 7000 余篇，以"民间金融"为主题的期刊文献达到 2000 余篇。

如何对其进行有效的监管成为问题的靶心。互联网金融发展之初，社会舆论与监管层之间的态度大相径庭：社会舆论多基于互联网金融的创新性与普惠性肯定其发展的必要性，而监管层对新事物多存有忌惮，不断强调监管的重要性，但具体的、系统的监管措施久久未出台。在关于互联网金融屈指可数的监管措施中，我们非常容易发现银行业市场从监管层到市场优势主体的垄断思维。例如，2014 年 3 月央行以风险控制为由叫停相关互联网金融企业的虚拟信用卡与线下支付业务，① 此举被认为是为了维护中国银联线下支付市场的垄断地位。同月，央行同时发布《手机支付业务发展指导意见》以及《支付机构网络支付业务管理办法（征求意见稿）》，对于个人支付单笔和月累计限额进行了较为苛刻的规定，此举被部分媒体视为对于余额宝发展的打压。② 无独有偶，"四大行"默契地相继下调支付宝快捷支付的限额，引来社会舆论的口诛笔伐，金融反垄断呼声此起彼伏。③

2015 年 7 月被誉为"互联网金融基本法"的《关于促进互联网金融健康发展的指导意见》公布于世，互联网金融市场的整体发展以及细分市场的具体监管有了较为明确的行动纲要。我国关于互联网金融的监管措施呈现出由限制到促进、从风险忌惮到理性认知的过程。从金融脱媒视角而言，互联网金融是互联网企业运用互联网思维，依托大数据技术与平台对资本市场的一种创新式改造。互联网金融下的金融脱媒同样面临着金融监管的阻碍，但是互联网金融体量的激增以及金融普惠理念的发展促成此次脱媒客观上得到了决策层的认可，并逐渐体现于监管政策之中。

民间金融与互联网金融两类较为典型的发展样态证成了中国特色的金融脱媒，也表现出了自下而上的对于银行业市场化运作的诉求，对金融市场化进程产生了实质性的推动与倒逼。庞德指出，"人们对法律不满意并且愿意尝试一下不要法律的治理，因为他们感到，法律一直没有合法地运

---

① 央行发布《中国人民银行支付结算司关于暂停财付通线下条码（二维码）支付等业务的函》，叫停了支付宝和腾讯申报的虚拟信用卡产品以及面对面支付等线下支付服务。

② 相关规定为，"个人支付账户转账单笔不超过 1000 元，年累计不能超过 1 万元；个人单笔消费不得超过 5000 元，月累计不能超过 1 万元。超过限额的，应通过客户的银行账户办理"。

③ 工、农、中、建"四大行"相继下调支付宝快捷支付限额，主要趋势为：单笔限额由 5万元降至 5000 元，每月限额从 20 万元降至 5 万元。

行"①。从民间金融到互联网金融，金融脱媒呈现出从金融管制驱动向金融创新驱动转化的趋势。具体来看，上述言及的金融脱媒的特征在于：首先，金融脱媒的产生都源于银行业市场的自身垄断。冲破管制，寻求资本市场的多元化是其共同的诉求。其次，金融脱媒都表现出金融服务提供者与接受者的无奈。实际上，无论是小微金融个体抑或互联网金融经营者都有着"金融入媒"的期许与期待。蕴含了对于银行业市场的放开与自由竞争的憧憬与向往。最后，银行业垄断行为对于金融创新引发的金融脱媒造成了一定程度的抑制。银行业发展与经营过程中的垄断惯性不利于以金融创新为内涵的金融脱媒的良性发展，同样不符合银行业市场化的发展进程。

（二）自上而下的强制性变迁：国家干预的发展理路

我国银行业的高度管制属性决定了银行业发展与变革的话语权与实施权均源于政府的调控，因此自上而下的强制性变迁是银行业市场化进程的根本特征。在这种渐进式的制度变迁过程中，重要时间节点的重要干预举措造就了银行业市场进程的步步为营。从银行业市场化的整体进程而言，我们经历了体制分离、产权改革以及结构深化等不同的阶段（见表1-5）。② 综合来看，自上而下的银行业市场化推荐取得了如下实践效果。

表1-5　　　　　　　　　我国银行业市场化改革进程

三段论		五段论	
1979—1984 年：起步	一级银行体制转向二级，引入竞争机制	1978—1984 年：初始与酝酿	二元银行制度取代"大一统"银行体制
1985—1997 年：探索	创新银行基本制度，确立央行法定地位，促进组织结构多元化和银行业内部竞争态势	1985—1988 年：逐步启动	机制转换
		1989—1993 年：矛盾重点应对	行政干预与市场化的摩擦
		1994—1997 年：深入调整	初步建立商业银行体系

---

① ［美］罗斯科·庞德：《通过法律的社会控制》，沈宗灵译，商务印书馆1984年版，第7页。

② 对于银行业市场化改革进程，学者们形成了"三段论"（参见付景远、宋士云《论中国银行业市场化三进式改革模式》，《学术论坛》2010年第6期）和"五段论"（参见王斌《中国银行业市场化改革的五个阶段及特点》，《改革与战略》2011年第2期），但是两种不同认知的都是始于我国银行业体制的一级向二级转化，终于国有银行的市场化运作。

续表

三段论			五段论	
1998—2006 年：深化	改革央行体制与货币政策调控机制，加快国有银行市场化	1998—2003 年：目标确定	发展现代银行制度	

首先，利率市场化进程稳中求进。利率市场化关乎银行业市场的价格决定与传导机制，是市场化最为核心和关键的环节，具体而言包括存款利率和贷款利率的双重市场化。我国利率市场化进程起源于同业拆借利率和债券市场利率市场化的改革探索，而对于存贷利率的市场化调控始于20世纪末央行对于贷款利率幅度的三次变革尝试。从存款利率上限管制到贷款利率下限管制，十余年间银行业利率改革经历了多次幅度与区间调整，并于2013年7月20日全面放开金融机构贷款利率管制。

其次，主体多元化进程突破瓶颈。促进主体多元化在银行业改革的各个阶段都被寄予提高银行市场竞争程度的愿景，但是自中国民生银行以来我国在很长时间内并没有规模式的审批通过民营银行。民间资本虽然在股份制银行的持股比例不断增长，但是当下银行业仍然是国有资本占据统治性地位。2014年银监会重启民营银行引导政策，在全国范围内试点运作民营银行。截至2015年5月27日，民间企业参与的五家试点民营银行均通过审核获得金融牌照。[①] 除此之外，更为根本性的改革在于，伴随民营银行试点批复而来的是民营银行整体发展指导意见的出台。2015年6月银监会发布《关于促进民营银行发展指导意见》，明确了民营银行的设立原则以及相关准入条件与监管举措，民营银行运作逐步走向正轨。

最后，相关市场配套改革不断完善。较为典型的是存款保险制度的出台以及银行卡清算市场的整体开放。从银行业市场发展的一般经验来看，"大型商业银行在金融市场中因国家信用担保而被认为'大而不能倒'，在吸收存款、投资理财等金融业务中受到社会大众的青睐"[②]。存款保险

---

① 这五家民营银行包括：天津金城银行（主要发起人：天津华北、麦购）、深圳微众银行（主要发起人：腾讯、百业源投资、立业）、上海华瑞银行（主要发起人：上海均瑶、上海美特斯邦威）、温州民商银行（主要发起人：正泰、华峰氨纶）和浙江网商银行（主要发起人：蚂蚁微服、上海复星、万向三农、宁波金润）。

② 卢文华、段鸿济：《存款保险制度对我国银行业的影响——基于国际比较视角》，《征信》2015年第4期。

制度作为一种保障性制度有助于保护存款人利益，但是从根本上讲有利于金融体系的健康运行以及银行业内部的多元竞争。从央行 2012 年起发布的《中国金融稳定报告》来看，存款保险制度一直被视为维护金融市场秩序稳定的重要棋子而提上议事日程。2014 年 10 月，伴随着《存款保险条例》的推出，我国存款保险制度将于 2015 年 5 月开始正式落地实施。从实践效果而言，存款保险制度的实施对于民营银行等中小银行业金融机构的发展至关重要，不仅为交易相对人提供了保障机制，也为中小银行业金融机构提升竞争力提供了重要保障。相比而言，银行卡清算市场开放则是对于金融创新和金融效率等市场化运作关键环节的回应与变革。我国银行卡清算市场一直是中国银联一家独大的局面，决策层已经意识到这种垄断局面不利于清算技术的推陈出新，并且在互联网金融迅猛发展的今天，如何与时俱进更新清算方式需要更具创新意识的主体进入市场，提升市场的创新空间。2015 年 4 月，国务院发布《关于实施银行业清算机构准入管理的决定》，不仅放开境内资质机构参与银行卡清算，而且允许境外机构进入该市场。金融市场的开放势必促进行业整体技术与产品的推陈出新。

综上所述三类有关银行业市场化改革的强制性制度变迁路径，我们不难发现，国家干预仍然是市场化取得实质性进展的关键，并且决策层业已确立和坚持了银行业市场化的整体发展趋势。"令人困惑的是，经过多年的改革，政府的改革决心与改革力度不可谓不大，改革步骤的设计以及技术路径不可谓不周密，付出的成本也不可谓不昂贵，有时还不乏令人'拍案叫绝'的举动，但改革的效果总难尽如人意"[1]，我国银行业市场化进程仍然面临着较为严重的问题，集中体现在金融利益集团的抑制效应。在最具攻坚意义的存款利率改革过程中，决策层与监管层着实面临着既得利益集团巨大的阻力；民营银行的发展势必面临既有银行主体的普遍竞争压力；未来新进的支付清算机构也势必会与处于垄断地位的中国银联产生强烈的摩擦。在我们可预见的问题中，如何实现产品服务的个性化成为促进新进竞争主体市场优势的关键。但是，更为根本的是如何规制市场主体的垄断行为，维护市场自由竞争的底线。

（三）银行业市场化的基本诉求

在银行业市场化不同路径的制度变迁中体现出各异的诉求，但是这些

---

① 张杰：《中国金融制度选择的经济学》，中国人民大学出版社 2007 年版，第 73 页。

诉求统一于银行业的市场制度建构。一方面，自上而下的强制性制度变迁体现出政府对银行业市场化的基本变迁思路，即规制方法的变革。银行业市场不再是原有封闭、僵硬的静态管控，取而代之的是尊重市场规律、尊重我国银行业特征的适度规制放松与制度扶持。这种渐进式的制度变迁首先取决于决策层对于既有银行业市场金融抑制现状的客观把握，以及对于金融市场资源配置基础作用的理性认知。放松规制的上位目标在于促进银行业的开放与发展，同时，这也是我国加入 WTO 组织之后，亟须面对和务必解决的紧要问题。另一方面，自下而上的诱致性制度变迁体现出金融弱势群体对于权利赋予的强烈诉求。中国的金融脱媒并没有立基于成熟的资本市场，从民间金融到互联网金融，非主流金融市场的脱媒化发展逐渐呈现出规范化与创新化的特征。无论是金融消费者抑或经营者，中国特色的金融脱媒越来越表现出金融入媒的期待。伴随着金融普惠理念的广泛传播以及金融消费者角色的历史发现，蕴藏于社会之中巨大的投融资需求亟待金融体系的接纳与满足。而互联网企业正是敏感地发现了这一增长点，针对性地开展普惠金融，短时间内实现了规模化经营。对于金融消费者而言，促进和维护金融发展权的实现是其根本性的诉求，而对非主流金融经营者而言，获得官方认可，纳入正规体系之内，充分享有市场主体权利是其不变的诉求。

无论是顶层设计还是基层诉求、无论是规制放松还是权利赋予，银行业市场化进程终归要落脚于市场机制的建构与完善。"改革是一个系统的工程，市场化必须是全方位的，头痛医头脚痛医脚，尤其是回避关键问题，终究无法实现真正的市场经济。"① 确保多元化的主体参与、促进产品与服务的差异化供给以及完善相关配套制度是银行业市场化进程的关键环节。从高度管制到规制放松、从个体利润到整体绩效，从市场秩序到主体权利，银行业市场化的核心目标在于实现银行业的持续性发展，并充分发挥其对于实体经济增长和社会发展应有的支撑作用。

二　我国银行业垄断行为的衍生场域

对于我国银行业垄断行为的声讨而言，社会舆论走在了学术研究的前端。在这场关于银行垄断行为的"民间审判"中，或理性或感性的民意

---

① 梁小民：《银行市场化必须是全方位的》，《新财经》2005 年第 12 期。

归责突出了银行业垄断问题的重要性，但是某种程度上也掩盖了问题的真实性。从当下到未来，银行业垄断行为会因银行业市场化的改革而不断"推陈出新"，其作用场域也面临着多领域、双向的垄断势力渗透。与此同时，银行业垄断行为也因作用场域的多元化呈现出特殊的外部性传导。

（一）银行业垄断行为的或然场域

不同于其他行业，银行业垄断行为的作用区域因其在金融市场中的主导作用以及对实体经济巨大的支撑作用而表现出多元、复杂的情形。具体而言，银行业垄断行为的或然场域至少包含了以下四个方面。

第一，银行市场。从理论上讲，银行业垄断行为可以存在于银行市场所有涉及的相关产品与服务市场。《中华人民共和国商业银行法》（以下简称《商业银行法》）规定商业银行依法从事的 14 类业务，商业银行在章程和银监会批准的经营范围内都存在着实施垄断行为的可能性。银行业市场内部垄断行为的垄断效应发生于银行业与交易相对人以及银行同业竞争者之间，无论是纵向的压制抑或横向的排挤都可能因利益的争夺产生垄断行为。并且，值得一提的是，银行业市场的长久管制造就了商业银行与金融消费者之间的强弱分明，银行业市场的开放问题本身同样造就了既有经营者与潜在竞争者之间的强弱形势。伴随改革发展，银行业面临的冲击何尝不是既得利益者的一场利益保卫战。

第二，金融市场。"消费者对金融整合服务的需求也随之兴起，金融业不再能够完全主导消费者，也无法再以单一之产品满足顾客所有的金融需求"①，在金融混业经营的发展趋势下，银行、保险、证券三大金融支柱产业的相互渗透成为必然，而时下热议的金融控股公司监管问题在很大程度上正是基于金融集团自身存在的垄断行为潜力与能力而言。巴塞尔委员会（Basel Committee on Banking Supervision）在 2012 年 9 月发布的《金融集团监管原则》（*Principles for the Supervision of Financial Conglomerates*）中指出，"金融集团是在受监管的银行业、证券业或保险业中，实质性地从事至少两类金融业务，并对附属机构有控制力和重大影响的所有集团公司，包括金融控股公司"②。就我国金融市场尤其是资本市场发展现状来

① 彭金隆：《金融控股公司：法制监理与经营策略》，中国人民大学出版社 2005 年版，第 7 页。
② 银监会政策研究局：《联合论坛〈金融集团监管原则〉（中文译稿）》，2013 年 7 月，中国银行业监督管理委员会网（http://www.cbrc.gov.cn/chinese/home/docView/19B74BC9C551412095C4B6EA1418077A.html）。

看，以银行业为代表的间接融资主导地位决定银行业有能力将自己的行业优势向其他金融市场关联领域进行渗透。大规模金融集团的形成对于金融市场和相关市场本身就存在着诸多实施垄断行为的可能性。并且，现行严格的金融牌照管制也在客观上促成了金融集团的市场优势地位，"混业经营的金融集团是天然垄断者"①。

第三，产融结合相关市场。产融结合（Combination between Industry and Finance）即产业资本与金融资本通过多种方式的股权联结实现经营的结合化、一体化。无论产融结合的方向为何都会对所在相关的产业市场和银行市场造成一定程度的影响。产融结合本身体现出的是一种选择的双向性和组合的优化性，目标在于降低交易成本，提升整体实力。银行业垄断势力的存在会使得双向选择性变为一种单向的控制，组合的优化变为单方面的渗透，产融结合极其容易变成银行业资本单方面的渗透与升级，并且容易导致商业贿赂、内部交易、市场对手排挤等不正当竞争与垄断行为。对于我国而言，银行业与实体经济在经营范围上有着严格的壁垒限制，即银行业不能直接投资于实业。因此，我国产融结合的现有方向主要是产业对于融资资本的选择，即"由产到融"。但是我国产融结合的逆向生长并不影响银行业垄断势力的外泄，究其根本原因在于银行业自身的信贷资金优势和审批独断。

第四，跨国市场。"跨国金融集团作为垄断资本全球化的主要载体，是影响开放经济条件下一国银行业市场结构的关键因素。"② 跨国银行的出现表现出金融资本强大的扩张效力，"金融资本的衍生不再是赤裸裸的直接榨取剩余价值，而是利用金融的特殊地位操纵实体经济，在生产过程中攫取的剩余价值，控制社会及国家的各部门、各领域"③。对于银行业垄断行为的规制而言，需要关注跨国银行的两种发展趋势：一是国内银行资本的对外输出。21世纪以来，国内银行相继实施的"走出去"战略不仅迎合了经济全球化和金融市场化主流趋势，更会对国内银行自身服务水平与金融实力的提升大有助益。银行的品牌化与国际化发展间接提升了我国银行业的整体实力，并且为实体经济"走出去"战略的拓展提供资金

① 许维鸿：《混业经营的金融集团是天然垄断者》，2015年4月，凤凰网（http：//v. ifeng. com/news/finance/201504/016009e5-952d-4841-b553-c1fde61c96db. shtml）。

② 齐兰：《垄断资本全球化问题研究》，商务印书馆2009年版，第196页。

③ 张全景：《金融资本垄断时代的阶级压迫和阶级剥夺》，《光明日报》2014年12月16日第10版。

支撑。当然，在"走出去"的过程中我们不免面临着法律环境、市场环境以及文化环境诸多的不适应，商业银行固有的"垄断习气"也会招致不必要的排挤和损失。此时，国内对银行业行为的监管法律如何跨境适用，如何解决国外市场的问题成为发展的瓶颈。二是国外银行资本对于中国银行业市场的进入。伴随着金融市场化进程，国外相对成熟的商业银行进入我国银行业市场势必会带来一定程度的影响。以我国汽车行业为例，国外品牌的进入不仅带动了市场整体发展，而且也带来了在国外早就被严格禁止的纵向垄断营销体系。因此，我们有理由对外资银行的相关垄断行为进行事先的防范。

（二）银行业垄断行为的基本特征

从银行业垄断行为的"民间审判"和其作用的或然场域中，我们可以尝试着归纳出我国银行业市场垄断行为的一些基本特征。

从行为特征看，银行业垄断不同于一般产业营销过程中较为明显、普遍的垄断行为方式，更多地体现出银行业市场的专业性，并且行为具有一定的隐蔽性。银行业不同于市场经济中的其他产业，在价格表现形式和服务与产品的供给方面都表现出不同层次的专业性。市场利率的厘定与调整方法包含对市场形势的评估与测算，金融产品与服务的提供存在着极大程度的信息不对称。金融交易相对人往往仅仅知晓服务与产品类别，而对具体的定价流程与交易流程存在认知难度。银行业的专业性决定了银行业垄断行为的隐蔽性，商业银行对于单个主体的小额度、不经意的提价行为往往就会带来不菲的垄断利润。此外，银行业垄断行为的隐蔽性也会出现在同业竞争之中，既有大银行之间的"默契"不仅达到了维护自身地位、排挤竞争对手的效果，而且对反垄断法规制证据搜集造成了很大的难度。

从行为效果看，银行业垄断行为具有高风险、高辐射的特征。银行业体系自身原本就具有对于金融市场和实体经济不确定的风险传导，这种传导会随着垄断行为作用场域的增加而放大。银行业对于社会发展的基础性作用决定了其产品与服务对象具有公众性的特征。个人金融消费者和机构金融消费者，都可能因垄断行为的存在而遭受损失。银行业垄断行为的高风险与高辐射无形中增加了银行业垄断行为的规制难度，牵一发而动全身的实践效应往往会使规制机构无法有效地开展制裁手段，金融危机期间被广泛提及的"大到不能倒"问题即是例证。

从行为背景看，银行业垄断行为的实施某种程度上得益于政府干预以及金融利益集团的形成。"我国垄断行业的出现并不是因竞争出现生产集中而形成垄断，而是由国家所有制、政府某一部门单独经营而形成的。"[①]我国银行业高强度的政府管制客观上塑造了银行业市场的进入壁垒以及大型银行的市场优势地位。从总体上而言，银行业垄断力的向外渗透得益于政府赋予的独占信贷审批优势，银行业的收费行为与高利润获取本身具有一定的合法性，这种合法性正是源于政府对于银行业的干预结果。政府的主动干预在客观上促成了银行业市场金融利益集团的形成。"金融业主要与金钱打交道，其行业特性往往被认为是'以钱为本'而不是'以人为本'，是'嫌贫爱富'而不是'扶贫济困'，是'锦上添花'而不是'雪中送炭'"[②]，利益的驱使使得在事关垄断利润的"大是大非"面前，既得利益集团往往会表现出"默契"的一面，呈现出市场的集体排斥行为。政府因素的介入以及金融利益集团的客观存在对于银行业垄断行为的规制带来了较为棘手的难题。

从行为发展看，银行业垄断行为不利于金融市场化进程的推进。垄断行为本身就意味着对市场竞争的限制。银行业的垄断行为不仅造成了金融消费者利益的直接减损，更对业内潜在竞争者平等的市场竞争权利产生了抑制效应。银行业的高利润并未能带来银行业创新能力的增加，银行业依赖传统信贷利差的主要营利方式表明银行业对于产品和服务的创新不足，从根本上讲不符合市场的发展导向与消费者福利导向。

三 我国银行业垄断的法律规制逻辑

银行业垄断行为的规制缘由主要在于现实与发展两方面的因素：对银行业垄断行为现有认识不足和问题的复杂性使得规制具有紧迫性，而银行业自身的发展进程以及金融规制的衍生逻辑也为银行业反垄断法规制体系的探索提供了合理性支撑。

（一）反垄断法规制与银行业市场化

银行业反垄断法规制与银行业市场化在价值诉求方面不谋而合。竞争是市场发展的原动力，"生产者之间的竞争使得消费者在不同价格的产品

---

① 王先林：《从成品油定价机制看反垄断法在垄断行业的实施》，《经济法研究》2013年第12卷。

② 徐加根：《金融制度改革中利益集团作用机制研究》，西南财经大学出版社2012年版，第154页。

之间选择，从而使得消费者的欲望和社会机会成本相匹配"①。银行业市场化追求的是通过市场主体多元化实现市场竞争化，向银行业、实体经济以及社会传导竞争引发的诸如产品、服务创新等竞争福利。与此相适应反垄断法规制通过市场垄断行为的规制，维护市场的竞争秩序，保护消费者和竞争者的基本权利的享有。无论是发展目标抑或方法手段，银行业市场化与反垄断法规制都存在着不同程度的契合。银行业的特殊属性以及我国银行业发展中长期的路径依赖决定了市场化注定是艰难的旅程，利率市场化改革的推进、改革开放以来商业银行的改革即是明证。如上所述，垄断行为会随着或然场域的扩大而不断增加效果传导，如果缺乏对银行业垄断行为的规制关切，不仅会制约银行业市场化进程，更有可能对整个社会的发展起到间接的抑制作用。需要明确的一点在于，银行业市场化与反垄断法规制的价值契合并不代表二者的相互可替代。"随着竞争法观念的传播和得势，它也被用来改变知识影响以及经济、政治和法律环境，这个过程会不断导致如何看待竞争法的问题"②，反垄断法规制不是银行业市场化达致的唯一办法，同理反垄断法规制也不可能仅仅是为银行业市场化而服务，二者仍具有一定的独立性。银行业的市场化需要银行业反垄断法规制的推进，反垄断法规制或许不能成为银行业市场化每一个关键节点下的时势英雄，但是至少能为这一历史性的变革保驾护航。

（二）银行业垄断行为的厘清与规制

有关银行业垄断的"民间审判"展现了三种趋势：一是垄断针对化。这种针对化表现在对国有控股银行、大型商业银行谴责与声讨的集中。无论是限制性交易还是滥用市场支配地位，具有市场优势地位的大型商业银行都难逃其责。二是垄断问题化。银行业垄断行为的实施确实对金融消费者和中小银行业金融机构的利益造成了不同程度的问题。"在不同的时间出于不同的原因，监管者通常认为好的公共政策应该保护有困难的大银行以避开市场力量的全面冲击，同时也保护其他那些没有保险的储户。"③

---

① ［美］欧内斯特·盖尔霍恩、威廉姆·科瓦契奇、斯蒂芬·卡尔金斯：《反垄断法与经济学》，任勇等译，法律出版社 2009 年版，第 47 页。

② ［美］戴维·J. 格伯尔：《二十世纪欧洲的法律与竞争》，冯克利、魏志梅译，中国社会科学出版社 2004 年版，第 11 页。

③ 朱崇实等：《美国 20 世纪 80 年代至 90 年代初银行危机研究——历史与教训》，厦门大学出版社 2010 年版，第 42 页。

舆论认为，银行业既有的垄断行为造成中小银行业金融机构发展的步步维艰，金融消费者也没有分享到银行业的发展红利，银行业的高额利润受到社会的一致诟病。三是垄断情绪化。银行业垄断体现出更多感性的情绪宣泄，从社会舆论来看，垄断已经成了银行业的代名词，它代表银行业对于社会发展产生的一切不良影响。上述三个趋势表现是银行业反垄断法规制的两个逻辑起点：一方面，社会舆论对于银行业垄断行为本身的认识仍具有很大的差异，亟须明晰市场垄断壁垒与垄断行为本身的区别，有关银行业垄断的情感宣泄亟须行为化的理性认知。另一方面，银行业反垄断法规制处于缺位状态，缺位状态直接导致了社会大讨论的泛化与情绪化，银行业与社会舆论的矛盾与日俱增。健全完善的反垄断法规制体系应当在第一时间行使自身权力，或规制或释明，避免矛盾发酵。

（三）银行业垄断行为的"内忧外患"

银行业垄断行为广泛的或然场域决定了银行业垄断行为反垄断法规制的"内忧外患"。"内忧"是指银行业市场内部垄断行为的规制，"外患"是指银行业市场之外的金融市场、产融结合相关市场以及国外市场的垄断行为的规制。市场中主体与行为方式的变化会对现有的"内忧外患"产生不同程度的影响。对于银行业市场内部而言，随着商业银行改革的推进，银行业市场主体产权结构逐渐清晰，在民营银行管制放开的基础上，银行业市场的多元化具有了更多的现实可能性。新兴势力的加入势必会对既有市场结构产生影响，从理论上讲，垄断行为的实施成为垄断主体一种较为"理性"的选择。此外，我们还需警惕另外一种垄断行为的形成，即市场外垄断势力的向内传导，例如互联网企业的市场支配地位向银行业市场的传导。因此，银行业垄断行为的规制不仅是一个具有现实意义的命题，更是一个具有前瞻性的研究命题。对于银行业市场外部而言，"多样化的市场需求、金融创新和金融开放促使中国逐步实现从分业经济到混业经济的过渡，然而金融业务出现混合，监管体制要相应调整"[①]，垄断行为的规制具有更多的表现形式，因而具有了更多的复杂性。综上所述，我们认为有必要树立一种"攘外必先安内"的规制理念，即率先构建银行业市场内部的反垄断法规制体系，立足现实与未来可能发生的行为类型，

---

① 巫文勇：《中国金融业监管制度改革研究——基于金融混业经营视角的重新思索》，西南交通大学出版社 2010 年版，第 226—227 页。

针对现有规制的问题，各个击破。只有"内忧"充分解决，我们才能更好地面对金融市场领域，产融结合领域以及跨国领域更为复杂的垄断行为规制难题。

（四）反垄断法规制与金融规制

规制缺位是建构银行业反垄断法规制的问题导向。现今银行业的发展主要面对的是行业规制，即以金融管制和金融监管为代表的金融规制。"银行业本身作为一个特殊行业，其经营和产品都具有明显的特殊性，而这些特殊性是银行脆弱性产生的内在因素"①，可以说，对于金融市场发展而言，金融规制具有决定性和唯一性。在反垄断法规制不被需求的时代，每个行业的发展过程都体现出行业规制的主观干预色彩。金融规制对银行业体系形成乃至银行业市场化都赋予了极强的路径依赖，作为一种必要的规制方式，我们不能否认金融规制的必要性与合理性。但是，金融管制本身塑造了银行业的壁垒，并且金融监管的导向在很大程度体现出垄断惯性与垄断思维。金融规制本身暗含确保市场竞争秩序的因素，但是反垄断并非金融规制的唯一目标，其根本目标仍然在于政府对金融市场发展主观预设导向的上行下效，而且依赖金融规制的反垄断法规制容易走入一种主体上的"反垄断悖论"。并且，从现实效果来看，金融规制机构也并未第一时间对社会舆论言及的银行业垄断行为作出回应。所以，银行业反垄断法规制本身处于一种缺位的状态，《反垄断法》的实施为银行反垄断法规制体系的建构提供了契机。

本章小结

通过垄断行为规制建构反垄断法规制体系既符合反垄断法规制思想的发展规律，又符合我国具体的反垄断立法与司法实践经验。需要明确的是，银行业垄断行为规制本身并不排斥结构主义规制方法的适当使用，其体现出对于市场规律、企业规制的进一步认知。银行业市场化与银行业垄断行为规制的价值契合表现出建构我国反垄断法规制体系的现实合理性。银行业垄断行为"民间审判"的"重感性，轻理性"反映出银行业和社

---

① 李辉：《中国商银行体系脆弱性分析——基于不确定性思想的视角》，中国社会科学出版社 2011 年版，第 47 页。

会之间矛盾处理的规制缺位以及大众对银行业垄断行为问题本身的理性认知不足，探索银行业垄断行为规制体系实乃现实问题解决之必要。我国银行业行为导向反垄断法规制体系的建立应当在充分认知银行业特殊性的前提下，树立"攘外必先安内"的理念——首先完善银行业市场自身的垄断行为规制，思考如何乘《反垄断法》实施之东风，探索银行业反垄断法规制系统的完善之路。

第二章

银行业反垄断法规制的内涵阐释

素有"经济宪法"之称的反垄断法是规制市场垄断行为的基本法，银行业垄断行为的界定需要依照反垄断法的应然规制理路进行分析与释明。反垄断法既有的适用除外制度为其在银行业的适用制造了一定的理论障碍，但是市场的发展规律、行业管制的放松潮流以及反垄断法的价值导向决定了反垄断法对银行业的普遍性适用。在法律适用的过程中，我们需要依照银行业的特征进行适用原则和适用方法的选择，并依据垄断行为的危害程度类型选择适当的法律责任。银行业垄断行为涵盖了我国《反垄断法》规定的三种行为类型，并且均体现出立基于行业特征的特殊性与复杂性。除此之外，银行业垄断行为实施的多元主体更是平添了垄断行为界定的复杂性。

第一节　反垄断法适用于银行业的理论澄清

2008 年《反垄断法》的实施被认为是市场经济法律制度完善的又一里程碑。2013 年，蛰伏五年之久的《反垄断法》终于实现了反垄断立法与执法的"双丰收"，日渐常态化的反垄断执法陆续在液晶面板、奶粉、白酒和汽车等领域施展拳脚，历史性罚单接二连三。[①] 法律往往因具有普遍性效力而具有权威性，但是反垄断法的适用存在着"自我否定"的制度安排。《反垄断法》在每个领域的适用过程中都面临普遍和特殊两方面问题，银行业的《反垄断法》适用也必须首先解决普遍的理论障碍和特殊的规制冲突。

---

① 刘乃梁：《汽车分销协议的垄断传导及其规制》，《广东财经大学学报》2015 年第 2 期。

一　反垄断法适用的制度障碍及其释明

依照反垄断法基本理论，法律适用从理论上讲存在三方面的障碍：一是反垄断法适用范围的相关限制，这一适用障碍包括了时间、空间和主体三方面的限制，尤以反垄断法的域外适用为问题的突出表现。二是反垄断法的适用除外制度，即因具备法定要件而排除适用反垄断法的情形。三是反垄断法的豁免制度，即因符合法定的免责要件，对违反反垄断法的行为不予追究。从本书银行业反垄断法规制的语境出发，我们主要探讨后两种制度对反垄断法适用的影响。

（一）适用障碍之概念辨析

反垄断法上的适用除外与豁免在我国反垄断学术界始终是一个较为争议的话题，目前形成了鲜明的同一论和区别论两种观点。就同一论而言，孔祥俊认为，"豁免制度是市场主体实施了符合反垄断法禁止规定的行为，因其符合免责规定而从反垄断法适用中排除出去，豁免又可以译为除外，这只是翻译方法的不同"[1]。尚明认为，"豁免制度是从经济效果上对限制竞争行为的性质和影响进行利益对比，在'利大于弊'时排除适用反垄断法的规定"[2]。就区别论而言，学者们多主张对于行为的豁免内嵌于整体的适用除外制度之中，例如曹士兵认为，"反垄断法适用除外是以反垄断法对特定行业、特定企业或其特定行为触犯反垄断法基本原则、基本制度的宽容为基本内容"[3]。江帆教授认为，"虽然就制度的理论解释和体系的逻辑结构而言，二者的确存在区别，但在适用除外与豁免的具体范围和对象上，这种严格的区分并不十分必要……适用除外的范围和对象包含了自然垄断行业、金融行业、农业、知识产权以及合理化的垄断协议"[4]。目前学界较为认可的是许光耀教授的观点，即"反垄断法的适用除外（Exception）是对特定经济领域不适用反垄断法规定，将其排除于反垄断法的适用范围，而豁免（Exemption）则有'网开一面'的意思，

---

　　① 孔祥俊：《反垄断法原理》，中国法制出版社 2001 年版，第 658 页。转引自钟刚《反垄断法豁免制度研究》，北京大学出版社 2011 年版，第 10 页。

　　② 尚明：《反垄断——主要国家与国际组织反垄断法律与实践》，中国商务出版社 2005 年版，第 49 页。

　　③ 曹士兵：《反垄断法研究》，法律出版社 1996 年版，第 76 页。

　　④ 参见种明钊主编《竞争法》，法律出版社 2008 年版，第 237—240 页。

因行为符合法定的免责条件而不予禁止"①。除此之外，黄勇教授还指出了美国与欧盟关于豁免制度的具体区别。② 笔者认为，反垄断法的适用除外与豁免作为制度而言，肯定有其独立的存在机制与运作意义。本书无心参与到概念的争论当中，并且近年来对于二者概念的争论也体现出了求同存异的趋势。在肯定适用除外与豁免存在区别的基础上，本书依据银行业垄断命题的研究必要，从行业排除适用的意义使用"适用除外"概念，从违法行为免责的意义使用"豁免"概念，二者统一于反垄断法的适用障碍。

（二）适用障碍之制度价值

反垄断法的适用障碍体现出三方面的制度价值。

其一，法律效力的"自我否定"。国家强制力与社会的普遍认可造就了法律的普遍性效力，普遍性效力的存在是法律之所以为法律的重要原因。法律的效力一般会受到时间、空间以及适用对象的客观变动而产生效力减损。然而，反垄断法适用障碍的设置体现出反垄断法对于法律效力的"自我否定"，这在实体法律体系中并不多见。反垄断立法与执法的首要目标在于市场秩序的竞争性维持，但是经济学理论研究显示，竞争与垄断不等价于市场的好与坏，并且规模经济理论以及自然垄断行业的网格化特征也对市场的垄断产生了客观的需求。因此，反垄断法的适用障碍基于经济规律的发展现实，没有一刀切地追求市场经济所有行业的竞争运作，为部分行业的政府主导与垄断模式留下了发展空间。除此之外，反垄断法适用障碍的"自我否定"源于对于自身局限性的认知。反垄断法的不确定性特征以及调整对象的多元化、复杂化从理论上表明反垄断法并非市场经济万能的、唯一的调节工具。正确认知反垄断法的局限性有利于定位反垄断法的生存空间。从1890年美国《谢尔曼法》颁布至今，反垄断法的建立与衍生不过百余年。作为一种"现代法"抑或"新法"，反垄断法的法律特征决定了其发展必然会受到市场和政治既得利益集团的双重压力，因此，适度的"自我否定"不失为是一种权宜之计。

其一，尊重行业发展的路径依赖。伴随市场的演进，"人们逐渐认识到并不是所有垄断都会给经济带来负外部性，竞争也存在诸如盲目性等内

---

① 许光耀：《欧共体竞争法通论》，武汉大学出版社2006年版，第164页。

② 黄勇：《中国〈反垄断法〉中的豁免与适用除外》，《华东政法大学学报》2008年第2期。

在缺陷，某些领域存在适当的垄断反而有利于社会资源的优化配置、有利于市场经济发展的目的"①。我们可以从两个方面来理解反垄断法适用障碍所尊重的行业规制：一方面，行业自身的特征决定了对于垄断市场结构的发展依赖，自然垄断行业即是明证。经济学认为，自然垄断行业因其资源稀缺和社会公共利益属性的发展限制，在其发展中体现出明显的成本劣加性②。自然垄断行业的可竞争性往往不利于社会福利的最终享有，也有悖于经济效率的发展导向。因此，在以能源、交通、资源为代表的自然垄断行业的发展中往往存在着不同程度的垄断经营模式。反垄断法不能不遵守行业的经济规律，冒天下之大不韪。另一方面，行业发展的特征决定了对于反垄断法规制的排斥性，金融业是这类行业的重要代表。金融业对于实体经济的发展具有不可磨灭的支撑作用，与此同时，金融业发展也面临着巨大的潜在风险，金融危机的发生会使一国整体经济运行陷入瘫痪状态，因此各国都对金融行业采取了严格、高度管制的发展态度。金融业的发展无时无刻不伴随着金融业监管者的事前、事中以及事后的全面看护。对于这些行业而言，历史发展的路径依赖决定了行业规制的唯一性、专业性与权威性。反垄断法规制作为一种后发规制、特殊规制，在规制过程中极易与行业监管权力发生冲突，因此，为了避免冲突，确保行业监管的权威，反垄断法会将这些行业排除在法律适用之外。

其三，从本身违法规则到合理规则的规制方法过渡。"伴随经济和相关经济制度的发展，反垄断规则的演变影响了反垄断法规范目标的司法理解。"③ 本身违法规则是早期反垄断法适用的重要规制方法，某种程度上标榜了反垄断兴起时代的立法与执法取向。伴随反垄断法的发展，合理规则逐渐取代本身违法规则成为反垄断法规制的主要考量方法。反垄断法适用障碍的制度设计间接体现出合理规则对本身违法规则的历史替代与柔性趋势，这其中的价值蕴含在于个案正义的提倡。引发反垄断法个案正义的因素是多种多样的：一方面它可能是反垄断法对于社会公共利益的一种让步，例如反垄断法不能阻止以保护环境为代表的社会性目标事业的统筹；另一方面它可以体现出对弱者的一种倾斜保护，例如对中小企业发展的行

---

① 郜伟明：《经济全球化下中国反垄断执法专题研究》，法律出版社 2010 年版，第 52 页。

② 成本劣加性是指成本随着市场主体数量的增加而减少，在固定的产业场域一家企业提供比多家企业提供产品和服务所需要的成本更低。

③ John J. Flynn, "The Role of Rules in Antitrust Analysis", *Utah Law Review*, Vol. 2006, No. 3, 2006, p. 605.

为豁免。

(三) 适用障碍之消弭趋势

适用障碍虽然是反垄断法内嵌的一种制度设计,但是伴随反垄断法的实施和社会经济发展的变迁,这种适用障碍呈现出种种消弭的趋势。"美国反垄断政策之所以被联邦最高法院解释为'经济宪法',不仅是因为它在全部经济政策中的法律地位最高,还因为它的适用性最为广泛。"[①] 反垄断法适用障碍消弭的原因源自主客观两个方面。

1. 适用障碍的主观消弭

主观消弭主要是由反垄断法律制度尤其是法律规范的特征所决定的。无论是适用除外还是豁免,适用障碍制度本身具有相对性和变化性的特征。这种特征表现在反垄断法适用障碍的对象并非是绝对的、不变的。某一行业不可能自始至终、永久地成为反垄断法排外适用的对象。市场行业自身的变化以及反垄断立法与执法观念的变化都可能对反垄断法适用障碍的对象范围产生变化影响。即使某一领域或者某一行为处于反垄断法适用障碍的领域,但是对于行为的豁免反垄断法往往规定了严格的程序要件。国外发展形成了申报登记、审批和直接适用两种模式。申请登记和申报审批程序源于德国《反对限制竞争法》的相关规定,根据不同的垄断类型施行差别化的申报登记和申报审批。直接适用则是欧共体竞争法改革之后,取代申报确认的一种新的制度趋势。"随着 2003 年第 1 号条例的实施,直接适用制度使集体豁免失去程序的根基,虽然众多集体豁免条例中的基本制度继续适用,但程序上却发生了重要的变化。"[②] 对于反垄断法发展初期而言,反垄断法的适用障碍仍然需要建构系统的程序要件以确保对于反垄断法普遍效力的维护。除此之外,反垄断法条文的不确定性也为适用障碍的真实效力平添几分"疑惑"。法律条文的宏观表达虽然客观上表现为反垄断法的适用障碍,实际上也是将适用决定权保留于反垄断法执法机构之中。综上所述,反垄断法适用障碍制度本身的相对性与变化性,严苛的程序要件以及反垄断法先天的不确定性的叠加效果使得反垄断法的"自我否定"变得并不彻底,这种制度存在着被"架空"的可能。

---

① 吴玉岭:《扼制市场之恶——美国反垄断政策解读》,南京大学出版社 2007 年版,第 166 页。

② 钟刚:《反垄断法豁免制度研究》,北京大学出版社 2011 年版,第 153 页。

2. 适用障碍的客观消弭

客观消弭主要取决于现代行业的演变趋势，管制放松浪潮下市场竞争的理论重塑和反垄断立法和执法的需求客观上扩展了反垄断法的适用范围。"通过对传统监管理论及其监管方式的反思，人们开始认识到尽管公用企业行业的某些特征没有改变，政府监管仍有存在的必要，但是技术的创新和需求变化已经大大缩小了政府监管的范围，改变了监管的性质和手段"①，"世界各国普遍实行了'放松管制'的经济政策，大多数被监管的行业已经不再能够从反垄断法得到豁免"②，自然垄断行业放开，或者可竞争性业务市场准入门槛的降低成为转型国家普遍的发展趋势。"随着天然气、航空、铁路、公路、银行、证券业的放松管制，电信和电力行业也经历了明显的放松管制进程，网络型产业的转型预示着可观的收益。"③传统垄断行业的市场竞争效应逐渐被决策层发现、认可和改良。市场经济的大背景下，市场竞争机制的引入与市场发展规律的遵循成为国际提升整体产业实力和产业效率的必然选择。与此相适应，对于市场垄断的遏制也成为社会舆论的广泛诉求，反垄断法毫无疑问成为这场"市场化运动"受益者，同时也是政府较为仰仗的变革工具与手段。"反垄断法的形成和发展时期仅适用于工商业领域，到了当代，它已广泛适用于体育、文化、教育、科研、旅游、医疗和社会保障等各领域。"④ 我们可以毫不夸张地说，反垄断法逐渐走进了"强权时代"。伴随反垄断法适用扩展而来的是反垄断法适用障碍范围的缩减。一个较为明显的表现在于，整个行业的适用除外逐渐被个别的行为豁免所取代。因此，客观环境的发展演变促成了反垄断法适用障碍的客观消弭。

二　反垄断法视野下的银行业性质判断

行业，是反垄断立法和执法中的一种重要标的单位：反垄断法立法会对某一个行业的法律适用做出个别的行动指南，反垄断执法虽然主要针对行业中的某些企业进行，但是其执法效果对于行业的整体发展产生了实质性的影响。因此，从反垄断法出发，审视银行业的法律性质是非常有必

---

① 姚保松：《公用企业反垄断规制研究》，法律出版社 2014 年版，第 14 页。
② 王晓晔：《论反垄断法在被监管行业的适用》，《中国物价》2014 年第 9 期。
③ ［美］J. 格里高利·西达克、丹尼尔·F. 史普博：《美国公用事业的竞争转型：放松管制与管制契约》，宋华琳等译，上海人民出版社 2012 年版，第 1 页。
④ 曹士兵：《反垄断法研究》，法律出版社 1996 年版，第 44 页。

要的。

（一）反垄断法视野下的行业之辨

经营者是各国反垄断法的法律主体之一，也是反垄断执法的最小规制单位。[1] 反垄断法对于经营者进行行为判断的场域在于相关市场，它是从经营者提供商品和服务的角度出发对经营范围的一种探求，而行业则是一种由同质经营者组成的外延相对固定的组织机构体系。行业是反垄断立法与执法的一个基本单位，与此同时也是社会舆论关注的重心——反垄断法对于行业某一领域的垄断行为的关注，时常被冠以"××行业反垄断"的媒体称谓。国家统计局发布的《国民经济行业分类》（GB/T 4754—2011）将我国国民经济划分为20大类，98种行业。一般而言，市场经济中的法律对于各个行业都是普遍适用的，而反垄断法因适用障碍的存在对部分行业的适用打了些许"折扣"。

从能否直接适用反垄断法来看，我们可以将现有行业分为一般行业与特殊行业：一般行业即反垄断法能够直接适用的行业，主要体现为制造业；而特殊行业是指反垄断法存在适用障碍的领域，主要表现在自然垄断行业和其他垄断行业。[2] 一般与特殊的行业之分仅仅是反垄断法审视的一种表层现象，我们更需要着力重视的在于反垄断法与行业之间的冲突与融合，这种冲突与融合首先表现在竞争政策与产业政策。在反垄断法特殊行业，竞争政策与产业政策体现出一种先天的"隔离"，产业政策主导着特殊行业的发展方向，而以反垄断法为代表的竞争政策无法对行业的发展产生任何实质性的影响。在反垄断法适用的一般行业领域，竞争政策与产业政策的冲突表现得极为明显，竞争政策与产业政策的角力某种程度上决定着反垄断法的适用效果。"反垄断法作为竞争政策的典型代表，理应以促进竞争政策的优先为原则，但是在市场经济体制下，竞争政策的优先地位并不表明，在任何情况下只要产业政策和竞争政策发生紧张关系，就一律取消或废弃产业政策。"[3] 伴随竞争政策与产业政策而来的是反垄断法规制与行业规制之间的冲突与融合。近年来，对于垄断行业反垄断法适用的研究已成显象之势。行业自身由内而外的发展诉求，以及由外到内的发展

---

[1]　在各国的竞争法相关法律条文中，各国对于反垄断法规制客体的经营者表述略有不同，我国市场秩序规制法律大多使用经营者概念。

[2]　经济学理论一般认为，垄断行业存在三种垄断样态：国家垄断、经济垄断和行政垄断。

[3]　刘桂清：《反垄断法中的产业政策与竞争政策》，北京大学出版社2010年版，第44页。

压力一步步促成了行业的开放与竞争，并且既有垄断行业主体的行为开始得到反垄断执法机构的关注。可以说，反垄断法视野下一般行业与特殊行业的分野仍然存在，但是这种界限变得逐渐模糊，特殊行业的边界不断缩小，反垄断法的行业适用范围不断扩大。与此相适应，竞争政策逐渐优先于产业政策，并且对产业政策的改良起到了至关重要的引导作用，竞争规制机构与产业规制机构的权力冲突问题也逐渐得到缓和。

（二）银行业的反垄断法审视

银行从其行业属性来看，主要是金融业项下，货币金融服务中的货币银行业服务行业，即"中央银行以外的各类银行所从事存款、贷款和信用卡等货币媒介活动"①。银行业因其管制属性无疑属于反垄断法适用意义上的特殊行业，各国政府都对商业银行体系进行了严格的准入管制与过程监管。"金融业作为市场经济的基础，同样存在着市场失灵的问题，鉴于金融业具有很强的社会性，其市场失灵将会引发更为剧烈的影响，在这种情况下，金融监管制度应运而生，与此相适应的金融监管法也相伴而生。"② 银行业的专业性、复杂性与高风险性特征同样对于规制机构的设置提出了高标准和严要求。有关银行市场相关事宜的处理，银行业监管机构具有法律上的优先性和权威性。由此看来，银行业金融机构不仅存在着种种准入壁垒，银行业规制的多元参与也面临着的准入限制。在风险防控与秩序稳定导向下，银行业的规制单一化成为银行业发挥作用的一种衍生前提。

我们暂且抛开反垄断法能否适用于银行业的问题，仅就银行业管制的反垄断法意义进行简要说明。首先，银行业管制并不一定意味着银行业垄断。准入规制本身包含了注册登记和申请审批等不同方式，以及层次各异的政策导向。管制政策不同，最终的实践效果必然不同。银行业管制的前提在于银行业市场秩序的稳定，客观造就的市场边界封闭并不意味着必然引发反垄断法意义的垄断行为。与此同理，银行业管制更不构成反垄断法行政垄断的归责要件。并且，银行业规制机构合法的管制行为本身就豁免于反垄断法。其次，垄断行为不能完全或主要归责于银行业的管制行为。行为实施的本身，抑或反垄断法规制的标的仍然要落脚于"问题"经营者，即银行业金融机构或者其他银行业经营主体。管制的银行业市场内

---

① 参见中华人民共和国国家统计局《国民经济行业分类》（GB/T 4754—2011），2013 年 10 月，国家统计局（http：//www.stats.gov.cn/tjsj/tjbz/hyflbz/）。

② 徐孟洲：《金融监管法研究》，中国法制出版社 2008 年版，第 17 页。

部，同样会存在着经济垄断趋势，这种趋势下的具体行为才是反垄断法规制的重点。最后，管制行为对于银行业垄断行为促成的潜在作用无疑是反垄断法适用的一个难题，反垄断法的豁免与适用取决于银行业、银行业监管以及反垄断法等相关元素的价值导向。也就是说，银行业发展政策与竞争政策需要一种动态的审视机制，不同时期答案各异。从发展的视角来看，银行业管制以及封闭行业内的垄断行为遭遇了两种市场化的发展诉求。一方面，银行业管制与市场开放、市场自由理念发生冲突。另一方面，银行业垄断行为与市场竞争主体权利理念产生冲突。无论是金融市场化还是主体多元化，都对银行业规制机构提出了新的发展议题，并且对反垄断法的适用提出了新的要求和新的挑战。"作为从传统公私二元体系中脱颖而出的经济法的重要组成部分——反垄断法充分展示了对于市场权利的重视"[1]，从市场发展大局出发，维护竞争机制，促进竞争政策的广泛使用。因此，从当下行业发展规律来看，反垄断法正在逐渐扩大在银行业的适用范围。

三 《反垄断法》适用于银行业的实然逻辑

如前所述，行业的发展规律造就了反垄断法适用范围的扩张。从应然到实然，关于《反垄断法》能否适用于银行业，我们大致可以从以下三个方面考量其合法性、合理性与可行性。

（一）法解释论下的合法性

法解释论层面分析的主要目标在于明确反垄断法适用于银行业的合法性，这一合法性包括法理问题的释明、法律冲突的应对、法定情形的符合以及法律属性的判断。

1. 垄断行业适用反垄断法的前置障碍

以自然垄断行业和金融业为代表的我国垄断行业，在涉及反垄断法适用会面临两方面不同的限制：产业规制与企业所有制差异。[2] 对于反垄断法适用的产业规制限制，应当注意以下问题的厘清。首先，不能以产业规制的独占，排除反垄断法适用。产业规制与反垄断法规制虽然统一于行业市场的发展，但是在规制目标和规制方法上都存在着诸多的差异。垄断行业

---

① 王斐民：《反垄断法视野下的中国产业政策法》，法律出版社 2013 年版，第 208 页。

② 参见孟雁北《我国〈反垄断法〉之于垄断行业适用范围问题研究》，《法学家》2012 年第 6 期。

的管制属性不必然排除反垄断法的适用，同样，合法垄断地位的取得不构成垄断行为的免责要件。其次，适用除外必须符合法定的实体要件和程序要件。如前所述，反垄断法的适用障碍是一种并不彻底的"自我否定"，但凡适用除外的行业、豁免的行为，反垄断法一般都规定了严苛的实体要件，并且客观上同样具备复杂的程序要件。因此，适用障碍是反垄断法慎之又慎后的决议，而普遍法律效力仍是反垄断法追求的目标。最后，需要客观理解反垄断法规制与产业规制的冲突。无论是特殊行业还是一般行业，产业政策和竞争政策存在天然的冲突，竞争政策的适用范围会对产业政策的适用空间产生压缩。并且，在行政垄断规制的语境下，产业规制行为本身都可能在反垄断法的适用范围之内。反垄断法规制与产业规制的整体发展趋势仍然是从冲突走向融合。除产业规制以外，垄断行业的所有制形式也被认为是反垄断法适用的障碍，集中表现为国有企业的反垄断法适用问题。对于这一问题，笔者认为，企业的所有制不应成为反垄断法适用的障碍。一方面，国有企业的本质仍然是企业，之于反垄断法意义而言与其他企业一同平等地表现为经营者；另一方面，反垄断法的规定既不关注企业的股权成分，也不会对国有企业做出任何特殊规定。在各国反垄断法中，出于国家安全的考虑会出现"境外企业"的字眼，[①] 但是对于平等、开放的市场经济国家而言，国有企业的资金、实力优势并不会在法律规制层面有所表达，因为这有违公平、平等、正义的法治精神和市场经济精神。

2. 《反垄断法》的法定适用障碍情形

《反垄断法》对于适用障碍的规定体现在五处法条之中（见表2-1）：给予特殊行业保护的适用除外，合理化垄断协议、自证有利于竞争的经营者集中、知识产权的适用除外以及农业的适用除外。

表2-1　　　　　　　　《反垄断法》适用障碍法定情形

适用障碍	法条规定
特殊行业	第七条　国有经济占控制地位的关系国民经济命脉和国家安全的行业以及依法实行专营专卖的行业，国家对其经营者的合法经营活动予以保护，并对经营者的经营行为及其商品和服务的价格依法实施监管和调控，维护消费者利益，促进技术进步 前款规定行业的经营者应当依法经营，诚实守信，严格自律，接受社会公众的监督，不得利用其控制地位或者专营专卖地位损害消费者利益

---

① 实际上外资企业往往会国家安全的因素而实行他法审查制度，也就是说，这一部分外资企业不在反垄断法的调整范围之内，也证明了反垄断法本身实际上是不区分"内资"和"外资"的。

续表

适用障碍	法条规定
垄断协议	第十五条　经营者能够证明所达成的协议属于下列情形之一的，不适用本法第十三条、第十四条的规定：（一）为改进技术、研究开发新产品的；（二）为提高产品质量、降低成本、增进效率，统一产品规格、标准或者实行专业化分工的；（三）为提高中小经营者经营效率，增强中小经营者竞争力的；（四）为实现节约能源、保护环境、救灾救助等社会公共利益的；（五）因经济不景气，为缓解销售量严重下降或者生产明显过剩的；（六）为保障对外贸易和对外经济合作中的正当利益的；（七）法律和国务院规定的其他情形 属于前款第一项至第五项情形，不适用本法第十三条、第十四条规定的，经营者还应当证明所达成的协议不会严重限制相关市场的竞争，并且能够使消费者分享由此产生的利益
经营者集中	第二十八条　经营者集中具有或者可能具有排除、限制竞争效果的，国务院反垄断执法机构应当作出禁止经营者集中的决定。但是，经营者能够证明该集中对竞争产生的有利影响明显大于不利影响，或者符合社会公共利益的，国务院反垄断执法机构可以作出对经营者集中不予禁止的决定
知识产权	第五十五条　经营者依照有关知识产权的法律、行政法规规定行使知识产权的行为，不适用本法；但是，经营者滥用知识产权，排除、限制竞争的行为，适用本法
农业	第五十六条　农业生产者及农村经济组织在农产品生产、加工、销售、运输、储存等经营活动中实施的联合或者协同行为，不适用本法

在这五种情形之中，争议最大的在于《反垄断法》第 7 条的相关规定，即对于"国有经济占控制地位的关系国民经济命脉和国家安全"和"依法实行专营专卖"两种行业进行特殊保护。"自《反垄断法》出台之后直至目前，对该条即有误读并仍在继续……最大的误读在于将其解释为对国有企业的保护。"[1] 实际上，第 7 条第 1 款表明国家对于两种特殊行业的态度在于保护和监控，某种程度上表达出对于"合法"垄断经营的《反垄断法》适用除外，这与自然垄断行业的适用除外有着部分相通的道理。而第 2 款也明令禁止这些行业中的经营者利用合法垄断地位损害消费者权益。综观两款规定，实际上并未堵死《反垄断法》适用于这些行业的口子，并且明确了维护消费者利益和促进技术创新的法律规制目标，表现出了一种并不十分彻底的"自我否定"。《反垄断法》并未规定由谁来规制特殊行业的垄断行为，但是也并未将这些领域排除在适用范围之外，所以《反垄断法》仍有可能适用于这些领域。

---

[1]　时建中：《我国〈反垄断法〉的特色制度、亮点制度及重大不足》，《法学家》2008 年第 1 期。

3.《反垄断法》与银行业规制法律的关系

在既有的资料中我们无法得知当下究竟有多少与银行业相关的法律法规，一个较为准确的数字是截至 2010 年年底，与银行业监管相关法律达到了 749 件。[①] 在纷繁众多的银行业监管法律文件之中，最具权威性的仍然要属《商业银行法》和《中华人民共和国银行业监督管理法》（以下简称《银行业监督管理法》），两部法律勾勒出银行业市场的应然具象，是金融规制的集中体现。

《反垄断法》对于银行业适用，需要明晰与这两部法律之间的关系。法理学关于法的效力层次包含了两条特殊规则：特殊法效力优于一般法，新法优于旧法。[②] 从特殊法优于一般法规则来看，二者的共同点在于制定主体的同一，亦即法律位阶的同一，区分特殊法的特殊之处在于特殊的人、事或区域。《商业银行法》主要规定了商业银行的运行要件与运行准则，《银行业监督管理法》主要规定了银行业监督管理机构的设立及运行规则。在不同的场域，《反垄断法》和两法均可成为一般法：《反垄断法》是市场垄断行为规制的一般法，而两法是银行业金融规制的一般法。但是，就垄断行为规制而言，如果存在着相关银行业市场垄断行为的规制规定，则应当首先适用两法的特别规定。从新法优于旧法的规则来看，现行《商业银行法》颁布于 1995 年并于 2003 年和 2015 年先后修正，《银行业监督管理法》则颁布于 2003 年并于 2006 年修正，而《反垄断法》实施于 2008 年。从法的实施时间来看，相对于两部银行业规制法律《反垄断法》算得上新法。因此，按照新法优于旧法的原则，如果关于垄断行为的规制《反垄断法》与两部银行业规制法律产生冲突，那么《反垄断法》应当优先使用。综上所述，从法律适用的顺序来讲，《反垄断法》适用于银行业的障碍主要在于银行业有无关于垄断行为的特殊规定，从具体法条来看，两法虽然存在着关于促进银行业市场竞争的宣示性规定，但是并无反垄断意义上的行为规定，因此银行业垄断的规制在法律适用程序上应当遵循新法优于旧法，《反垄断法》的适用并不存在障碍。

---

① 银监会在 2011 年年初修订出版了《中国银行业监管法规汇编》，汇编收集了相关的 749 件法律文件，其中 25 件法律、16 件行政法规、46 件规章、569 件规范性文件以 93 件最高人民法院发布的司法解释。参见中国银行业监督管理委员会编《中国银行业监管法规汇编》，法律出版社 2011 年版。

② 参见张文显《法理学》，法律出版社 2008 年版，第 144—145 页。

4.《反垄断法》对于银行业的适用

从银行业的行业属性来看，应当属于《反垄断法》第 7 条规定的"国有经济占控制地位的关系国民经济命脉和国家安全的行业"。因此，依照法条精神，银行业应当属于《反垄断法》适用除外的领域，这一观点也得到了学界的认可。学者们认为，"虽然没有明确针对金融行业规定适用除外，但可以（依照第 7 条）推论其属于适用除外的范围"①，就现有法律制度演变而言，"银行业和保险业大多免受反垄断法的追究，但是这种适用例外不是绝对的"②。对于垄断行为的规制而言，无论是特殊法优于一般法抑或新法优于旧法，《反垄断法》均可以适用于银行业，并且与银行业规制法律契合于银行业市场的发展与竞争的维护。《商业银行法》第 9 条规定，"商业银行开展业务，应当遵守公平竞争的原则，不得从事不正当竞争"；《银行业监督管理法》也于第 3 条第 2 款规定，"银行业监督管理应当保护银行业公平竞争，提高银行业竞争能力"，由此看来，银行业的竞争维持有其合法性一面，而《反垄断法》基于垄断行为的适用不仅是对自身适用范围拓展的一种有益、合法的尝试，更是符合商业银行法律规制精神的发展与变革。

（二）行业发展下的合理性

垄断行业并不是一个严谨的法律术语，它是基于一定学术探讨与社会交流后形成的存在争议的社会性话语。一般而言，我们可以把我国的垄断行业分类自然垄断行业和政策性垄断行业两大类（见表 2-2），以银行业为代表的金融业无疑是政策性垄断行业的典型代表。

表 2-2　　　　　　　　　　我国垄断行业的一般分类③

自然垄断行业	政策性垄断行业
1. 电力行业；2. 电信行业；3. 铁路行业；4. 民航行业；5. 高速公路；6. 水运港口设施；7. 邮政行业；8. 天然气管道运输；9. 城市自来水；10. 城市燃气供应；11. 城市居民供热；12. 城市排污	1. 涉及国家安全的特殊行业如国防工业；2. 石油、成品油；3. 广播电台；4. 无线、有线电视台；5. 烟草专卖；6. 食盐专卖；7. 甘草和麻黄草专卖；8. 化肥、农药、农膜专卖；9. 农业；10. 金融业

① 种明钊主编：《竞争法》，法律出版社 2008 年版，第 238 页。
② 王茂林：《论我国反垄断法适用除外制度》，《西部法学评论》2009 年第 1 期。
③ 参见应品广《反垄断法的豁免——中国的视角和选择》，《中南大学学报》（社会科学版）2010 年第 5 期。

　　进入 21 世纪以来，垄断行业的开放问题一直受到决策层和社会舆论的广泛关注，"伴随管制行业的竞争发展，监管机构面临着种种新的问题与挑战"①。如何在确保国家安全和社会秩序的前提下，适当开放竞争性业务，引入市场竞争机制成为检验领导层智慧的历史议题。2010 年国务院出台《关于鼓励和引导民间投资健康发展的若干意见》，力求通过民间资本的广泛参与实现对现有垄断行业的竞争改造。"新 36 条"的出台被一致认为是对于"旧 36 条"的细化与推进，②明确了更多民间资本可进入的既有垄断领域，这其中就包括银行业。2014 年 6 月，国务院发布《关于促进市场公平竞争维护市场正常秩序的若干意见》，再次强调放松垄断行业的市场准入，开放自然垄断行业的可竞争业务，促进市场公平竞争。2015 年 3 月，国务院发布《关于深化体制机制改革加快实施创新驱动发展战略的若干意见》，指出大力创建激励创新的公平竞争环境，破除制约创新的行业垄断和市场分割，特别指出加快推进垄断行业改革，增强反垄断法的实施力度。政策的延续性表现出我国垄断行业改革的紧迫性与历史性，放开管制和引入竞争业已成为无论是自然垄断还是政策性垄断行业的发展向度，作为社会经济发展融资支柱的银行业也面临着一种浩瀚的市场化进程。"美国有 7000 多家银行，统统都是百姓办的，没有一家是政府办的……市场经济要求金融业开放，垄断已经很难维持。"③

　　"金融监管两件紧迫的事情是资本市场的系统性风险与不断增长的复杂性"④，2008 年金融危机发生之后，世界各国监管方式都发生了相应的调试，增强银行业管制成为一种不可逆的趋势。后危机时代的管制加强与垄断行业整体的放松管制是否冲突呢？答案是否定的。2010 年美国出台《多德—弗兰克法案》⑤ 以应对金融危机对于美国经济社会产生的诸多负

---

① Howard A. Shelanski, "The Case for Rebalancing Antitrust and Regulation", *Michigan Law Review*, Vol. 109, No. 5, March 2010, p. 683.

② 2010 年发布的《关于鼓励和引导民间投资健康发展的若干意见》总共 36 条规定，而在 2005 年国务院也发布了类似的文件，即《关于鼓励支持和引导个体私营等非公有制经济发展的若干意见》也包含了 36 条规定，基于文件的递进与承接，2010 年文件被称为"新 36 条"，2005 年文件被称为"旧 36 条"。

③ 柴松霞、张路：《庞氏骗局的法律分析——基于信用博弈的视角》，法律出版社 2013 年版，第 233 页。

④ Kathryn Judge, "Fragmentation Nodes: a Study in Financial Innovation, Complexity, and Systemic Risk", *Stanford Law Review*, Vol. 64, No. 3, March 2012, p. 657.

⑤ 该法案全称为《多德—弗兰克华尔街改革和消费者保护法》(*Dodd—Frank Wall Street Reform and Consumer Protection Act*)。

外部性影响，这一法案被认为金融危机发生后最具代表性同时也是最为严厉的金融监管体制改革方案。《多德—弗兰克法案》的三大核心支柱在于：监管机构的权利扩大、金融消费者保护以及"沃尔克规则"的确立。在这个"严监管"的过程中，反垄断执法实际上是被寄予了期望的，尤其是对银行业垄断行为规制和银行业金融机构"大到不能倒"问题的破解。这一法案某种程度上也会左右着美国银行并购的执法政策导向。而我国银行业的放松管制主要在于准入管制的放开以及市场公平竞争环境的营造，在这两个维度反垄断法都可以通过对于垄断行为的规制助推市场化进程的实施。所以，无论是后危机时代的"严监管"还是经济转型中的银行业市场化进程，反垄断立法和执法都是二者得以仰仗的工具，换言之，对银行业进行反垄断法规制是世界金融趋势与我国金融趋势的一个结合点。因此，从行业发展角度来看，促进《反垄断法》在银行业的适用具有历史和现实的、国内与国际双重的合理性。

（三）效果展望下的可行性

"尽管我国《反垄断法》是在争议声中艰难出台的，其制度内容也与理想中的状态有较大的差距，但是人们仍然对该法的实施充满了强烈的期待。"[1]《反垄断法》实施以来，我国"三位一体"的反垄断执法机构体系对于部分行业的垄断规制得到了舆论和学界的认可。当然，取得成绩的同时总会夹杂着质疑与问题，我国反垄断立法与执法仍然处于一个较为初级的阶段，但是这并不妨碍社会舆论对垄断行业的反垄断法规制进行"肆意"的憧憬，金融业正在成为我国反垄断立法与执法的一个靶心。王晓晔教授认为，"如果说反垄断法在立法和执法方面还有很多改进的地方，最应该予以关注的是中国国内的行政垄断和国企垄断，尤其是和消费者关系更紧密的银行、石油等行业存在的限制竞争问题"[2]。2009年，作为法定的反垄断执法机构——商务部会同金融业监管机构出台《金融业经营者集中申报营业额计算办法》，此举表现出我国反垄断执法机构已经认识到金融业反垄断法规制的特殊性。在轰轰烈烈的汽车行业反垄断之后，我国反垄断执法剑指何方成为舆论热议的焦点。时任发改委价格监督检查与反垄断局局长许昆林在一次采访中指出，"发改委反垄断调查的下

---

① 王先林：《理想与现实中的中国反垄断法——写在〈反垄断法〉实施五年之际》，《交大法学》2013年第2期。

② 参见吴思《中国反垄断将成常态》，《中国经济报告》2014年第9期。

一个目标会跟老百姓密切相关,石油、电信、银行都在调查视野之内"①。国家工商总局局长张茅也指出,"对于市场的监管改革,应当提升对银行等行业的反垄断执法力度"②。无论立法还是执法,常态化和规范化都是反垄断法规制不断追求的目标,银行业的垄断行为规制势在必行。

谈及银行业垄断行为的现实规制,一个不能回避的问题在于相对孱弱的反垄断执法权与强势的银行业监督管理权之间的冲突化解。我国并不成熟的反垄断执法体系能否招架银行业自身规制体系的排斥确实是应当给予关注的一个问题。但是,需要指出的是,我们不能因为现有反垄断立法的不确定性以及执法的不稳定就踟蹰不前,对于银行业的规制进程何尝不是反垄断立法与执法自我调适的过程。国外的反垄断法规制表明,不同行业不同问题的规制造就了反垄断立法不确定性的缓释以及反垄断执法走向成熟。因此,我们应该客观认知银行业反垄断法规制所要面临的严峻问题,与此同时也应当对银行业垄断行为的反垄断法规制抱有足够的信心。

对于银行业反垄断法规制,我们追求的不是"历史性罚单"而是一种长效的规制体系,简而言之就是"机制胜过大棒",这一点在汽车行业反垄断执法之后表现得非常明显。对垄断车企连续不断的罚单并未从根本上改变我国汽车分销的体制,汽车分销市场乃至整个汽车行业市场的竞争维持需要一种全面、长效的汽车行业反垄断法规制体系,这既包含了对于企业行为的常态化的反垄断法规制,还要包括对于产业政策行为的审查与评价。银行业垄断行为的规制应当立足于自身规制局限性以及与银行业规制权冲突的双重克服,充分利用各种法律规制资源,从根本上构建有利于银行业发展,有利于市场竞争环境塑造的反垄断法规制体系。

第二节　银行业垄断行为的认定思路

"垄断是一个经济学概念,垄断行为是一个法学概念,两者的逻辑有差别,但都与竞争有关联"③,从经济学到法学,垄断行为的理解与认定

---

① 方学:《反价格垄断下一步重点关注"民生"》,《中国经济导报》2013 年 8 月 29 日第 A01 版。

② 沈静文:《工商总局:继续加大对银行业等行业反垄断执法》,2014 年 8 月,新华网 (http://news.xinhuanet.com/fortune/2014-08/23/c_ 126908273.htm)。

③ 李平:《垄断行为认定研究》,《社会科学研究》2008 年第 4 期。

发生了细微却明显的偏差。经济学强调垄断对于市场的"独占"与"排他"，其考量因素在于垄断主体、垄断力和垄断状态三个方面，而法律的认定路径更加侧重法律行为的应然要件，从《反垄断法》垄断行为的界定来看，我国银行业垄断行为的认定要素包含了经营者、市场效果和垄断类型三个方面。具体而言，经营者，即《反垄断法》意义上的垄断主体，即"从事商品生产、经营或者提供服务的自然人、法人和其他组织"；市场效果即考察行为是否产生了限制竞争和排除竞争的效果；垄断类型则是强调垄断行为必须是符合《反垄断法》既定的垄断类型，并且满足其相关构成要件，否则不构成究责事实。综上，垄断主体、垄断效果和垄断类型构成了垄断行为认定的"三阶段论"。银行业垄断行为需要依照既有的《反垄断法》认定思路，在尊重行业特殊性的原则下，实现对于垄断行为的界定与规制。可以说，银行业在每一个认定"阶段"都表现出不同于一般行业的特征，对于垄断效果的认定而言，主要目标在于银行业市场垄断力的判断规则与认定思路的明确。

一　垄断效果的判断规则

本身违法规则（Illegal Per se Rule）与合理规则（Rule of Reason）是长期反垄断执法与司法实践中形成的风格迥异的垄断效果判断规则。长期以来，我国学界对于本身违法规则和合理规则的认识一直存在着差异。本身违法规则和合理规则对银行业垄断行为的规制产生了不同的外部性传导。

（一）概念厘清：本身违法规则与合理规则

本身违法规则是指当经营者实施了符合反垄断法规定的垄断行为时，反垄断执法与司法机构直接做出违法裁决与判决，而不具体考察行为的内嵌目的与实际后果。合理规则需要从垄断行为的动机、市场地位以及对市场和相关主体的现实影响着手，全面、客观地判断行为的违法性。[①] 本身违法规则与合理规则和反垄断法一样，对于我国而言都是一个"舶来品"，它们发轫于美国长期的反垄断实践之中。"但是我们很难从美国的

---

① 探究本身违法规则与合理规则的区别，王晓晔教授认为，"根据美国反托拉斯法，如果一种协议或者协调，其目的仅仅是抬高产品价格或者限制生产数量，它们便可被谴责为本身违法。相反，其他类型的协议或者协调行为则可通过合理规则进行分析"。王晓晔：《合法与违法的认定——适用合理原则的卡特尔》，《国际贸易》2004 年第 9 期。

立法文本中找到本身违法规则和合理规则的字眼，实际上它们散见于最高法院一百多年来的司法判例之中。"① 本身违法规则是美国早期对于垄断协议违法性认定的首要规则，基于《谢尔曼法》第 1 条"任何"（或者译为"所有"）的法条精神，② 对于限制竞争的协议、联合与共谋进行彻底的、毁灭性的打击，不需要进行严谨的经济分析。本身违法规则首现于"美国诉 Socony-Vacuum 石油公司案"③ 中，并在"北太平洋铁路公司诉美国案"④ 后，本身违法规则主要适用于价格固定、联合抵制、搭售以及划分市场等垄断协议的规制当中。这些垄断协议的特点在于证据的明确、法定要件的契合以及效果的先验性，本身违法规则的适用某种程度上契合了美国工业发展的历史使命。但是本身违法规则在适用之初就饱含争议，对《谢尔曼法》的机械理解和"愚忠"招致美国学者和司法界的声讨，伴随声讨而来的正是合理规则的兴起。合理规则主要适用于纵向非价格垄断协议和经营者集中之中，它最早体现在"美国诉密苏里货运协会案"⑤ 中，并最终成形于"新泽西标准石油公司诉美国案"⑥ 和"芝加哥贸易协会诉美国案"⑦ 中。

比较而言，本身违法规则与合理规则体现出经验主义和理性主义两条不同垄断行为认知道路，前者注重既往市场垄断经验的总结而后者更重视个案的实践分析。两者的区别不仅体现出美国反垄断执法观念的变化，更体现出反垄断法规制经济理论支撑的转变。在反垄断经济分析领域，芝加哥学派的盛兴助推了本身违法规则向合理规则的过渡。从这个意义上讲，与结构主义规制和行为主义规制相类似，它们都是不同时期不同背景下的历史产物，并且不断由独立走向融合，并统一于反垄断法认定的合理原则之下。正如许光耀教授指出的那样，"它们都是案件裁决和判决的合法依据，都是进行合理性分析的工具，因而并不存在原则层面的差异，或者说

---

① 郑鹏程：《美国反垄断法"本身违法"与"合理法则"适用范围探讨》，《河北法学》2005 年第 10 期。

② 《谢尔曼法》第 1 条规定为"every contract, combination … or conspiracy, in restraint of trade"。

③ United States v. Socony-Vacuum Oil Co., 310 U. S. 150, 223 (1940).

④ Northern Pac. Ry. v. United States, 356 U. S. 1, 5 (1958).

⑤ United States v. Trans-Missouri Freight Ass'n, 166 U. S. 290 (1897).

⑥ Standard Oil Co. of New Jersey v. United States., 221 U. S. 1 (1911).

⑦ Chicago Board of Trade v. United States 246 U. S. 231 (1918).

二者都是在适用'合理原则'"①。王先林教授也指出，"将本身违法规则和合理规则界定为反垄断法的基本分析方法，最重要的意义在于有助于反垄断法的合理适用"②。因此，作为垄断认定的规则，本身违法与合理并非对立排斥的关系，行为的特殊性和一定的社会目的成为选择何种规则作为认定思路的重要因素。

（二）银行业垄断行为的本身违法规则适用

银行业垄断行为的专业性和复杂性特征或许为本身违法规则的适用埋下了伏笔，究其原因主要在于本身违法规则追求"短、平、快"的执法效果，一定程度下增加了垄断行为的打击面，降低了执法难度。

具体而言，首先，银行业垄断行为的特征与本身违法规则的适用范围相契合。本身违法规则适用范围的特点在于垄断行为"赤裸"地呈现于社会之中，并且既往经验已经表明这种行为具有极强的限制和排除市场竞争的效果，而这一点恰巧契合于社会舆论讨伐和谴责的银行业垄断行为。在关于银行业垄断行为的"民间审判"中，跨行费用的集体调价、对于互联网金融发展的集体排斥，种种横向的"默契"行为都表现出银行业垄断行为的"招摇过市"与"肆无忌惮"，而这正是本身违法规则的用武之地。其次，本身违法规则的低成本与高效率弥补了现阶段我国反垄断执法机构的缺点。银行业垄断行为的专业性无形中提高了反垄断执法的难度，而本身违法规则因为不需要进行大量的、系统的经济分析，只要证明行为人存在垄断协议的证据即可认定违法，这在无形中降低了反垄断执法机构对于银行业反垄断法规制的难度。"本身违法规则有利于提高行政、诉讼和判决效率，特别是它们降低了对商业活动进行持续监督及法院做出经济学判断的必需性，法院没有足够的资源和条件做出经济学判断。"③本身违法规则仅强调行为本身的"法定要式主义"，因此只要行为具备《反垄断法》的规定要件，垄断主体就必须承担相应的法律后果。对于我国相对分散且缺乏足够垄断行为规制经验的反垄断执法机构而言，本身违法规则的确立使其取得了"低执法成本"和"高执法效率"的"双丰

①　许光耀：《"合理原则"及其立法模式比较》，《法学评论》2005年第2期。
②　王先林：《论反垄断法中的本身违法规则和合理分析规则》，《中国物价》2013年第12期。
③　[英]奥利弗·布莱克：《反垄断的哲学基础》，向国成等译，东北财经大学出版社2010年版，第67—68页。

收"。再次，本身违法规则的确定性有利于银行业垄断行为的持续规制。本身违法规则暗含了一定时期社会目标的追求，本身违法规则的简单与直接有利于决策层通过反垄断执法机构实现既定的市场发展经济目标。本身违法规则的确定表现在行为要件的确定性以及法律效果的确定性两个方面。法律规则的确定性与严厉性可以对银行业垄断行为的实施者产生震慑力，并且对其行为产生重要引导与激励。这样一来，银行业反垄断法规制本身违法规则的确立不仅有利于当下效果的即时显现，更有利于对银行业垄断行为的长期、有效规制。最后，本身违法规则的确立有利于实现银行业反垄断法规制的私人参与。一方面，法律要件与法律后果的明确"提高了裁判结果的可预见性，有利于推动诉讼当事人庭外和解，从而节约诉讼成本"①；另一方面，从诉讼角度而言，本身违法规则意味着证明责任的降低，一般而言证明责任的分配与实现左右着诉讼进程与诉讼裁判结果，原告方证明责任的降低有利于对银行业反垄断法规制的私人实施产生激励。在只需证明银行业垄断主体存在横向垄断协议的表现时，在反垄断私人诉讼中体现出了对于原告的倾斜保护。

（三）银行业垄断行为的合理规则适用

银行业垄断行为的特殊性同样是合理规则得以适用的理由，它与本身违法规则的主要不同在于对于银行业垄断行为特征的态度：本身违法规则通过简单、直接的规制方法运用回避了银行业特殊性带来的反垄断执法挑战，而合理规则更多是迎难而上，一一破解银行业垄断行为的个性难题。

具体而言，首先，合理规则整体表现出灵活、适用范围广泛的特征，这迎合了银行业垄断行为的复杂性与专业性。银行业垄断行为的专业性客观上提升了反垄断执法机构的规制难度，这对反垄断法规制机构的人员构成和知识结构的专业性提出了挑战。而银行业垄断行为的复杂性是每一类型的银行业垄断行为在实践中"千变万化"，极有可能超越对于现有法律理解与适用的范围。这样一来，内向的专业性与外向的复杂性构成了银行业垄断行为的多元化。本身违法规则从适用之初范围就固定于特定的垄断协议行为，并且伴随合理规则的兴起，本身违法规则的适用领域不断压缩，而合理规则从理论上讲可以胜任任何领域的反垄断法规制。因此合理

---

① 王玉辉：《垄断协议本身违法原则的运用与发展》，《社会科学辑刊》2010 年第 6 期。

规则的确认有利于银行业垄断行为的"各个击破"。其次，合理规则的价值蕴含契合了银行业垄断行为的高辐射特征。如前所述，基于银行业对社会发展和经济发展的重要支撑作用，银行业的竞争与垄断务必要考量对于整体经济运行和社会运转的外部性传导。相比而言，合理规则强调个案正义，主张通过经济分析方法的运用，尊重市场中的竞争规律，追求实质的竞争效果。合理规则通过对银行业垄断行为效果进行全方位分析得出最终结论，也就是说，即使银行业经营者实施了法定要件的垄断行为，也可以因其行为动机和行为后果的合理性得到不同程度的豁免，这有利于在银行业反垄断的过程中剥离金融创新和稳定金融秩序的行为。再次，合理规则并非单一地从市场结构角度认定垄断行为，这符合我国银行业发展的现实国情。"合理性是普通法上一个重要术语，是法官判决案件经常援引的一种法律推理。"[①] 经过几次商业银行改革和银行业市场化进程的推动之后，我国银行业市场结构逐渐由寡头垄断走向垄断竞争，并且日益呈现出竞争态势。从市场结构出发很难断定某一家商业银行或者几家商业银行具有市场支配地位进而对其采取结构性制裁措施，即便采取结构性措施也是不符合中国金融秩序稳定的既定发展方针的。在市场结构之外，合理规则又重视从其他市场因素出发进行垄断效果和垄断地位的推定，以"行为"为中心实现对于市场垄断的规制，这对于中国银行业反垄断法规制不可不谓是"福音"。最后，合理规则的合理性重点表现为执法结果的可接受性。合理规则下的反垄断执法呈现出温和、成熟的模式，反垄断执法的可接受性，尤其是银行业反垄断法规制的可接受性不仅体现为对于当事人的可接受，更体现为对银行业监管机构的说服力。在既有的反垄断法规制与银行业规制的冲突中，反垄断法规制的合理性是其掌握规制话语权的重要砝码之一。

二　合理规则的具体实施：市场界定

合理规则之于垄断行为认定的核心在于市场的界定和市场势力的衡量。既有的反垄断经济学理论为合理规则的适用提供了大量的经济理论支撑，反垄断自身的执法实践也在不断丰富着合理规则的适用内容。但是，银行业的特殊性决定了在其垄断行为规制之中，市场界定与市场势力衡量

---

① 陈兵：《美国反托拉斯法合理规则的源起——以 19 世纪下半叶州判例法为中心的考察》，《法律方法》2011 年第 11 卷。

的特殊性。明确问题的特殊性是我们探讨我国银行业反垄断法规制一般思路的前提条件。

（一）相关市场的理论认知

经济合作与发展组织在《市场界定 2012》的政策圆桌会议报告中指出，"从合并、市场支配地位（或优势地位）到垄断协议，市场界定是支撑基本上所有竞争政策问题的最基本的概念"①。市场首先是一个经济学概念，伴随反垄断经济学的发展，反垄断法规制主要聚焦于"相关市场"（Relevant Market）概念的运用。"对于相关市场而言，其司法探索早于理论研究，随着《谢尔曼法》和《克莱顿法》的推广而逐渐被认知、适用。"② 2009 年 5 月发布实施的《关于相关市场界定的指南》开篇明确了相关市场对于垄断行为规制的重要性：

> 第二条　界定相关市场的作用　　任何竞争行为（包括具有或可能具有排除、限制竞争效果的行为）均发生在一定的市场范围内。界定相关市场就是明确经营者竞争的市场范围。在禁止经营者达成垄断协议、禁止经营者滥用市场支配地位、控制具有或者可能具有排除、限制竞争效果的经营者集中等反垄断执法工作中，均可能涉及相关市场的界定问题。
>
> 科学合理地界定相关市场，对识别竞争者和潜在竞争者、判定经营者市场份额和市场集中度、认定经营者的市场地位、分析经营者的行为对市场竞争的影响、判断经营者行为是否违法以及在违法情况下需承担的法律责任等关键问题，具有重要的作用。因此，相关市场的界定通常是对竞争行为进行分析的起点，是反垄断执法工作的重要步骤。

相关市场对垄断行为认定的重要性主要体现在"开始"和"终结"两个方面：一方面，相关市场界定是垄断行为的规制起点。"在很多种情

---

① *Market Definition*, Competition law & Policy OECD Policy Roundtables DAF/COMP（2012）19, Oct. 11, 2012.

② "相关市场"作为概念首次出现于"美国诉哥伦比亚钢铁公司案"［United States v. Columbia Steel Co., 334 U. S. 495（1948）］中，参见李虹、张昕竹《相关市场认定与发展及对中国反垄断法的借鉴》，《经济理论与经济管理》2009 年第 5 期。

况下，判断和界定相关市场是垄断规制的出发点和基本前提，虽然这一内容并未出现在反垄断法条文之中，但是却蕴含在反垄断法的各主要制度之中。"① 这一起点效应表现在对于各种法定垄断行为类型的适用：在滥用市场支配地位的反垄断法规制中，相关市场是计算市场份额，判断垄断主体具有市场支配地位的重要基础；在垄断协议的规制中，相关市场是判断协议效果是否会促进或者阻碍竞争的基本分析场域；在经营者集中的控制中，相关市场更是判断市场集中度与反竞争效果的前提条件。另一方面，相关市场的认定对反垄断案件结果往往产生决定性影响。从理论上看，市场范围的大小客观上决定着垄断企业市场份额的增减。产品市场和地理市场的放宽与缩减直接决定了垄断企业行为的相关市场范围，进而决定着企业行为的竞争与垄断效果。相关市场界定不当就会引发"玻璃纸谬误"（Cellophane Fallacy），② 使垄断企业逃脱相应的反垄断法律责任。

根据《反垄断法》的规定，相关市场是指"经营者在一定时期内就特定商品或者服务进行竞争的商品范围和地域范围"③，具体而言包含了相关产品市场（Product Market）和相关地理市场（Geographic Market）。④ 其实，不同于我国立法直接将相关市场界定于反垄断法条文之中，更多国家的相关市场概念源于执法实践的汲取。"从当下反垄断立法而言，在相关市场概念做出明确规定的国家多是发展中国家和转型国家"⑤，究其原因在于反垄断法对国外发展经验的承继，以及对反垄断执法自由裁量权的忌惮。对于反垄断法上的相关市场，美国反垄断学者霍温坎普（Herbert Hovenkamp）有着直白却经典的论述，他认为：⑥

《谢尔曼法》第二条谴责对"……贸易或商业的任何部分"

---

① 王先林：《论反垄断法实施中的相关市场界定》，《法律科学》2008 年第 1 期。

② "玻璃纸谬误"是对反垄断法相关市场认定过程中，因技术使用不当而造成的相关市场范围扩大的现象，这一代表现象来源于"美国诉杜邦公司案"［United States v. E. I. du Pont de Nemours & Co., 366 U. S. 316（1961）］。参见李虹《相关市场理论与实践——反垄断中相关市场界定的经济学分析》，商务印书馆 2011 年版，第 266—270 页。

③ 参见《反垄断法》第 12 条，《关于相关市场界定的指南》第 3 条。

④ 产品市场和地理市场是相关市场的两个基本范畴，除此之外特殊商品与服务仍要考虑相关时间市场和相关技术市场。

⑤ 时建中、王伟炜：《〈反垄断法〉中相关市场的含义及其界定》，《重庆社会科学》2009 年第 4 期。

⑥ ［美］赫伯特·霍温坎普：《联邦反托拉斯政策：竞争法律及其实践》，许光耀、江山、王晨译，法律出版社 2009 年版，第 87 页。

（Part）进行垄断化的行为，而依《克莱顿法》第七条，如果合并导致"在美国的任何地方"，削弱了"任何类型（Line）的商业活动"中的竞争，则是非法的。法院必须确定哪些"Part"或"Line"中的商业受到损害威胁。

可以说，反垄断法执法与司法发达国家的实践为相关市场的明晰提供诸多方法选择。"从早期的同质产品认定法、需求替代认定法、附属市场理论、商品群理论、供给替代认定法到近期的假定垄断者测试法和临界损失分析法"①，相关市场的认定在美国反垄断执法实践中经历了较为理性的历史演变。从总体上来讲，相关产品市场认定最具代表的方法仍然是需求替代分析法与假定垄断者测试法。相关产品市场界定的重要因素在于商品与商品之间基于功能的可替代性。商品的功能决定了商品或服务能够给消费者带来何种程度的满足，功能不同是区分商品或服务的重要维度。测量市场中产品可替代性的工具是需求方面的弹性衡量。相关市场的需求分析法正是基于产品功能的差异，以需求替代性为标准，通过相关价格弹性的分析得出商品或服务的相关市场范围。需求替代认定法是美国反垄断执法较早使用的相关市场认定方法之一，它从根本上把握住了相关市场认定的核心：产品需求的可替代性，客观讲是一种较为科学的相关市场认定方法。但是需求替代分析也存在着很大的不足，经济学研究显示，不同产品的需求价格弹性是不同的，也就是说，需求替代法发现了相关市场认定的关键环节，但是并不能将这一环节进行量化以取得精确的相关产品市场，其结论仅仅是相对科学、合理的相关产品市场有极大的可能放大了相关产品市场的范围。假定垄断者测试法（The Hypothetical Monopolist Test），即 SSNIP 测试法（见图 2-1），② 是由美国司法部首创性应用于反垄断执法实践中，并在世界各地受到广泛认可和运用的相关市场界定方法。SSNIP 测试法的科学性体现在"替代分析的全面性、垄断原理的贯通性以及市场外延的明确性"③等方面。内嵌经济学分析的相关市场分析法固然存在着

①　参见丁茂中《反垄断法实施中的相关市场界定研究》，复旦大学出版社 2011 年版，第 11—45 页。

②　SSNIP 是 "Small but Significant Not-transitory Increase in Price" 的英文缩写，意为小且显著地非临时提价，因其为假定垄断者测试法的核心表达，故常用来指代假定垄断者测试法。

③　参见丁茂中《反垄断法实施中的相关市场界定研究》，复旦大学出版社 2011 年版，第 33—36 页。

诸多假设与应用前提，因而得出的结论仍然是相对的，并且在某些情况下同样存在着"玻璃纸谬误"。

相关地理市场的界定同样可以运用上述需求替代分析与 SSNIP 测试法。除此之外，我们仍需厘清相关地理市场中需求替代的特殊性。一般而言，造成相关地理市场需求替代，抑或产品地域性的因素主要包括了产品自身的特殊性质、产品价格中的运输成本占比、消费者偏好与流动性以及贸易壁垒。

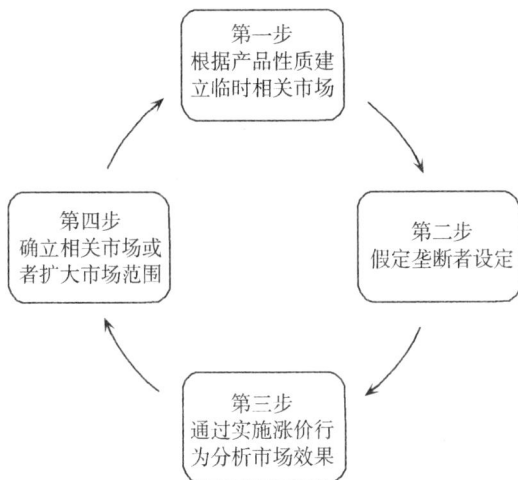

图 2-1　SSNIP 测试法操作流程

综合以上关于相关市场基本内容和认定方法的介绍，我们不难看出相关市场是一种事实的认定，主要仰仗于经济分析，是进行法律认定的前置条件，并且存在着极大的不确定性。我国反垄断立法关于相关产品市场的界定充分吸收了需求替代分析的精髓，以需求替代为基准明确了界定相关产品市场和相关地理市场的考量因素，[①] 并对 SSNIP 测试法的使用思路进行了初步的释明。[②]

（二）银行业相关市场认定的一般问题

银行业相关市场认定首先应当明确银行业产品与服务的类型与性质。货币银行学一般认为，商业银行的功能和作用主要在于信用中介、支付中

---

① 参见《关于相关市场界定的指南》第三章第 8 条、第 9 条。

② 参见《关于相关市场界定的指南》第四章。

介、信用创造和金融服务四个方面，而在每一个方面都可能衍生出相似或各异的产品与服务类型。《商业银行法》规定了我国境内商业银行可以从事的 14 项业务范围，这些产品与服务构成了商业银行的产品与服务关联市场。不可否认，这一市场的范围是极其宽泛的，其实从银行业的服务本质出发我们可以将银行业的产品与服务分为基本业务和特殊业务，基本业务包含了负债业务和资产业务，主要体现在商业银行基本存贷功能的发挥，而特殊业务则以中间业务为代表，主要是依靠收取手续费盈利，无须占用己方资金的中介业务。

从银行业相关产品市场来看，银行业产品的替代性取决于市场本身的开放程度。具体而言，银行业产品与服务的可替代情形可以从两个方面进行探讨：其一，金融管制与金融开放。金融管制与金融开放的重要区别在于利率管制和服务类型管制两个方面。在金融管制的前提下，银行业市场内产品同质化倾向严重，银行业市场主体的增加会加剧银行业的竞争态势，银行与银行之间可替代性较高，但是相关产品市场较为明确。而在金融开放的前提下，利率自主定价，银行业市场内产品成多元化趋势，从信贷服务本身而言消费者会面临更多相近的选择，因此产品与产品之间的可替代性相对较高，相关产品市场外延较大。其二，业内替代与业务替代。业内替代与业外替代区别的关键区别在于金融政策的选择，即混业经营与分业经营政策。首先，银行业自身的业务范围包括了对于证券、保险领域的中介承销，这一业务本身与证券公司和保险公司存在极强的可替代性。其次，在分业经营的前提下，银行、证券和保险之间存在严密的"防火墙"，以间接融资为代表的银行业具有自身业务的独特性，其有关信贷服务的相关市场也限制在银行业市场之内。最后，在混业经营的前提下，信贷、理财等银行业传统业务的交叉与衍生，提高了产品的可替代性，客观上促成了银行业相关市场的放大，加大了认定的难度。综上所述，如果我们将混业经营视为一种金融市场成熟和开放的表现，那么金融管制的放松会扩大银行业相关产品市场的范围，金融管制本身会使银行业的相关产品市场较为清晰。

从银行业相关地理市场来看，地域性也因金融管制而变得较为明显。首先，金融消费者的偏好与交易成本决定了银行业的地域性边界。由于商业银行服务的同质化倾向严重，金融消费者选择服务的偏好在于"就近原则"，在此前提下"舍近求远"并不符合经济人理性。此外商业银行机构本身存在着物理覆盖的边界，从地域性上讲，"舍近求远"对于二者而言都是一种提高交易成本的非理性行为。其次，金融牌照管制客观上有利于相关地理市场的明晰。商业银行本身从地域性上分为地方性银行、区域性银行、全国性银行和国际性银行，这种分类仅仅表明了商业银行的主要服务客户群，对于银行业相关地理市场认定的效用有限，因为地方性银行的向外拓展已经成为一种趋势。但是这种拓展与机构设置的前提在于金融牌照的有效管制，金融牌照的配置会考量某一地区银行业的供给状况以及同一家银行业务的物理辐射范围，这样一来容易形成客观上的"市场划分"，有利于划定相关地理市场。最后，银行业经营者自身也偏好于清晰的地域性划分。在逐利的动机下，银行业经营者出于交易成本的考虑会较为合理地分布自身机构的上浮与下沉，并且金融集群已经成为城市功能区发展的一种倾向，这样一来地理市场的范围相对清晰。除此之外，更为重要的是，银行业跨地域间的服务往往存在额外的费用征收，这些费用的设置也为相关地理市场的判断提供了依据。

（三）美国银行业相关市场的认定经验

2008 年 10 月，经济合作与发展组织发布题为"零售银行的竞争与规制"的圆桌政策会议报告，在该份报告中由美国司法部反托拉斯局主笔的关于美国银行业竞争与规制的研究内容指出了美国银行业反垄断执法中关于相关市场的认定思路，具体内容如下：[①]

　　　　由于银行没有提供统一服务价格的限制，反垄断部门审查银行并购与银行业监管机构的不同之处在于其着重细分产品市场。反垄断审查应适用上文提及的横向并购指南。反垄断调查组不仅对银行针对个人及中小企业的所提供的不同种类的零售产品进行审查，而且也考察银行团体提供的大额贷款以及诸如托管、商户卡、信用卡及次级贷款等非银行借贷业务。鉴于相关产品市场的确定一般较为简单，因此大多数并购案件审查关键在于恰当地界定相关地域市场。

　　　　美国联邦储备银行对全美的银行市场区域的划分界定是银行地域

---

①　*Competition and Regulation in Retail Banking*, Competition Law & Policy OECD Policy Roundtables DAF/COMP （2006）33，Oct. 27，2008.

市场的出发点。假如 RMA 区域（*Ranally Metro Area，RMA*）① 位于美联储对银行市场的划分的一个区域内，则我们只将分析在 RMA 区域范围内达成的并购交易所引发的后果。相反，假若美国联邦储备银行划分的银行市场是跨州、县或者被较大的地理障碍（如山川、河流）分隔，则需从更加细分地域市场（比如按县）来审查该交易。

产品市场的分析是反垄断调查中界定地域市场的基础。通常来说，银行零售业务的地域市场是根据其客户居住和工作的区域来划分。国家人口统计署（Census Bureau，CB）收集的居民上班旅程数据（Journey to-work Data）② 或许对地域市场的界定有所助益。对于银行小额信贷的客户而言，其通常会选择位于其营业地点附近的银行。我们一般会将这样的小范围的本地市场作为地域市场——通常就是 RMA 区域或者是一个县域。相较而言，为大型企业提供贷款的银行来说，其相关地域市场的范围通常比提供小额贷款银行的相关地域市场要广。采访当地的银行从业者，偶尔调查当地银行客户，都将有助于界定相关地域市场和了解本地银行市场以及银行市场内外的竞争的状况。同样，根据《社区再投资法》（*Community Reinvestment Act，CRA*）所搜集的数据可用来界定银行相关地域市场。

美国银行业相关市场的认定经验主要来源于有关银行合并的反垄断执法实践。时任美国司法部反托拉斯局高级经济顾问 Gregory J. Werden 曾撰文指出，"美国司法部每年大约要评审 600 余件银行合并案件，并且不包括在地区法院提起诉讼的案件"③。实际上，美国的反垄断法从开始并不适用于银行业，"1963 年，最高法院判决了反垄断法适用于商业银行业的第一个案件，两项重要决定的做出改变了反垄断法对银行业的适用状况：首先是第一次将银行合并纳入《克莱顿法》第 7 条的规制范围之内；其

---

① RMA 全称为 Ranally Metro Area，意为"蓝德麦克纳利全球定位系统城域"，一种根据使用方法界定的地图区域，与最新版本的《兰德麦克纳利的商业地图和营销指导》（*Rand McNally's Commercial Atlas and Marketing Guide.*）的经济数据相关联。

② Journey to-work data 是指作为人口普查组成，一项关于民众通勤行为的描述数据。

③ Gregory，J. Werden，"Perceptions of the Future of Bank Merger Antitrust：Local Areas Will Remain Relevant Markets"，*Fordham Journal of Corporate and Financial Law*，Vol. 13，No. 4，July 2008，p. 582.

次是明确了《克莱顿法》和《银行合并法案》（*The Bank Merger Act*）的关系"，[1] 这一案件正是"美国诉费城国民银行案"[2]，它奠定了之后对银行业相关市场认定的整体走向。

从银行业相关产品市场来看，"美国诉费城国民银行案"中执法机构提出了运用"商品集群"（Cluster Market）划分银行业相关市场的观点。这一观点的主要缘由在于：首先它肯定了银行业产品划分的复杂性，认可其对于执法带来的难度；其次它对于银行业产品的特征做了把握，即从基础的存贷业务着手，以其为基础建构"一揽子"组合；最后在费城国民银行案的年代，银行业金融创新不足，产品类型单调，因此从商品集群着手分析银行业相关市场具有一定的科学性和现实合理性。[3] 实际上，最高法院的判决体现出关于银行业产品市场认定的三个层次的思想：[4] 一是"商品集群"观点的提出；二是对于次级市场分析的拒绝；三是拒绝将储蓄机构纳入产品市场之中。[5] "在商业银行合并中，传统的产品市场认定理论包括了将商业银行传统意义上提供的所有商品和服务，具体而言包括信贷产品、接受储蓄和支票存款服务以及提供信托服务，这一理论至今仍然被美联储（the Federal Reserve）使用。"但是伴随金融创新的推进，银行业市场类型日益多元化，产品的替代情形与从前大不相同，"商品集群理论"受到了严重的冲击，"取而代之的是接受了将传统的银行商品服务集群分解为若干个次级市场的理论，特别强调了中小企业商贷市场"[6]。

从银行业相关地理市场来看，Brennan 法官在判决中指出：[7]

从评价合并的竞争效果来讲，我们认为上诉人的营业区域并没有

[1] Keith A. Pisarcik, "Antitrust and Bank Regulation: Was the Clayton Act on Hold during a Time of Crisis?" *Duquesne Business Law Journal*, Vol. 14, No. 1, Winter 2011, p. 55.

[2] United States, Appellant v. Philadelphia National Bank, 374 U. S. 321（1963）。

[3] Tim McCarthy, "Refining Product Market Definition in the Antitrust Analysis of Bank Mergers", *Duke Law Journal*, Vol. 46, No. 4, February 1997, p. 868.

[4] Daniel J. Mahoney, " 'When Bank Mergers Meet Antitrust Law, There's No Competition.' Why Antitrust Law Will Do Little to Prevent Overconsolidation within the Banking Industry", *Annual Review of Banking Law*, Vol. 14, 1995, pp. 310–315.

[5] 这一观点主要体现在"美国诉康涅狄格国民银行案"中，参见 United States v. Connecticut National Bank, 418 U. S. 656（1974）。

[6] Tim McCarthy, "Refining Product Market Definition in the Antitrust Analysis of Bank Mergers", *Duke Law Journal*, Vol. 46, No. 4, February 1997, p. 868.

[7] United States, Appellant v. Philadelphia National Bank, 374 U. S. 321（1963）。

准确地描绘出"部分区域"（Section of the Country）。大额借贷客户的银行业务很多发生于原始注册地之外，小额借贷客户的银行业务大多遵循就近原则，而中间规模客户的业务范围在两者之间。……因此，相比而言某些银行业务本质上体现出明显本地性。在银行业，以每个客户的经济实力/规模为基础来评判相关地理市场意味着需要找到一个可行的平衡（折中的方案）：一个公平折中的框架，避免极端。如果将市场范围划定过宽，此种情况下界定市场范围，就只考虑银行最大的客户，该情况下并购对整个竞争影响意义不大；或者如果认为被上诉人都在不同的市场，因为只考虑规模/实力最小的消费者，这样的市场界定又会太窄。我们认为费城市区四县，州法律似乎认可其作为一个允许费城银行进行分支拓展的有意义的银行社区，这一区域大致包含了既不是非常大也不是非常小的银行客户。比起或大或小或不同的区域，这是一个对于评价合并而言，较为合适的"部分区域"。……我们依照某一事实形成了这一结论，即三家联邦银行机构将这一银行拥有办公设施的区域视为"有效竞争领域"，不仅联邦存款保险公司（Federal Deposit Insurance Corporation，FDIC）和美国联邦储备银行（Federal Reserve Bank，FRB）如此，上诉人提交到货币监理署（the Comptroller of the Currency）审批的合并报告亦是如此。但是审计官在他的声明中同意了合并，认为"从竞争影响考量，三个不同层面的有效竞争区域被包含在内。他们是国民经济核算的分区、费城的本地区域以及周边地区"。

由此看来，本地市场原则（Local Market）是"美国诉费城国民银行案"后确认相关地理市场的首要原则。极端的相关地理市场认定对于市场的竞争效果维持无益，法院认为应当选取较为狭窄的地理市场认定。银行业相关地理市场需要考虑的首要因素是商品与服务获取的便利性。从交易成本出发，"无论是个人客户还是公司客户都愿意光顾位于当地社区的银行"[①]。其次，法院将本地市场解释为"商业现实"（Commercial Realities）。银行业的特点在于其存款的可竞争市场半径仅仅在几英里范围之内，并且小客户尤其如此，而小型贷款正是美国司法部进行银行合并审查

---

① 饶粤红：《论反垄断视野下美国银行业相关市场的界定——兼评美国的经验、反思及启示》，《国际经贸探索》2009 年第 6 期。

的重要环节。最后，银行业地理市场判断的本地原则遵循既有的关于银行业的发展传统。美国银行业发展初期体现出鲜明的区域化特点，跨州经营的严格现实使得本地市场成为一种银行业传统。跨州经营限制取消之后，"本地市场原则作为对原有体制在经济分析中的体现，不仅未受到影响，反而在银行业反垄断执法实践中愈发占据重要地位"①。

三　我国银行业垄断行为认定的一般思路

我国银行业垄断行为的认定思路应当在借鉴国外反垄断实践发展经验的基础上，从自身国情出发，明确规制层次与规制的一般原则。

（一）银行业垄断行为认定应当以合理规则适用为主，慎用本身违法规则

无论是合理规则还是本身违法规则，将垄断行为置于合理原则之下进行审慎判断是银行业反垄断法规制的应有之义。我们必须清醒地认识到，虽然合理规则与本身违法规则在银行业的适用都有着独立的效果优势，但是一分为二地看，它们同样存在着不同程度的局限性。对于本身违法规则而言，单纯依靠经验判断无法应对现实发展的新情况与新问题，缺乏灵活性是其首要适用局限性。此外，本身违法规则的肆意适用很有可能对于市场中的创新行为与合理行为进行错误的打击，某种意义上形成"规制"失灵，形式上维护竞争的反垄断措施本身不利于市场的实质竞争与可持续发展。对于合理规则而言，市场专业领域垄断行为的合理认定意味着大量与反垄断相关的人力、物力成本的投入，这样一来无形中增加了执法成本，这或许是追求"真理"过程中必须付出的代价。然而，更需要指出的是，在合理规则的适用过程中，市场界定方法的局限性以及执法者先天的知识局限使得执法结果具有相对性。从理论上讲，"合理"与"真理"之间总会存在着一条天然的界限，我们只能根据既有成形的方法与市场经济发展既定目标给出相对合理的反垄断裁决。从本身违法规则和合理规则的转变过程来看，不同时期的经济理论支撑以及不同行业的发展前提预设左右着垄断行为认定规则的选择。因此，无论选择哪种规则，都应当遵循基本的实践发展情况。对于我国银行业垄断行为的法律规制而言，其首要

---

① 程然然：《论银行业反垄断的相关市场界定》，《安徽工业大学学报》（社会科学版）2010 年第 2 期。

解决的问题在于反垄断执法结果的可接受性。我国目前尚处于反垄断立法与执法发展的初级阶段，反垄断法社会威信力的确立，尤其是在既有执法体系中的确立尚需时日。因此，从反垄断法发展而言，任何行业的垄断行为规制应当注重结果的社会可接受与行业可接受。为了确保结果的可接受性，合理规则的适用成为一种必要。但是，考虑到我国银行业垄断行为的复杂性与严峻性，本身违法规则仍有适用的余地，因此应当树立慎用本身违法规则的观念。慎用本身违法规则一方面意味着不放弃对于规则的适用；另一方面意味着规则适用的审慎性。本身违法规则的适用可能会在极端时期或者极端事件的处理之中产生更为"合理"的效果。

（二）银行业的相关市场认定应当着眼认定结论的发展性与科学性

对于银行业的发展而言，金融创新势必带来产品服务类型和服务范围的突破。产品类型的多元化以及服务范围的延展性势必对银行业相关产品市场和相关地理市场的认定带来新的难度。伴随金融分业经营向混业经营的成熟化过渡，产品替代情形极有可能呈现在不同的金融行业之间，而非仅仅局限于银行业之中。对于我国银行业现有的发展冲击来看，互联网的崛起以及对于基础金融服务的参与也必将对银行业相关市场的构成产生实质性的影响。互联网企业依托大数据平台，在既有的客户群之上探索对诸多传统行业的改造路径，在"互联网+"的政策背景下，互联网金融是被给予较多关注的重要一环。互联网企业不仅在传统金融服务基础上寻求服务品质与类型的创新，而且积极参与到银行业市场进程之中，首批审查通过的五家民营银行，就有两家来自互联网企业的兴办。如其他行业一般，银行业互联网市场势力的加入势必造成产品服务形式和服务类型的变化，[①] 客户需求的差异化满足促成银行业产品市场的分层与细化，加之产品之间可替代性增强，如此一来相关产品市场认定难度增加。互联网企业经营以及互联网产品营销往往是借助网络平台，而网络平台往往是全国性乃至全球性的，"一份产品销全国"的思维客观上放大了产品的地理市场，无形中对于垄断行为的认定增加了难度。

有鉴于此，笔者认为我国银行业垄断行为的认定应当遵循发展性与科学性相结合的原则。具体而言，包括以下三个方面：首先，银行业的相关

---

① 从互联网企业参与到出租车客运的诸多事件中，我们可以窥一斑而知全豹。互联网企业的加入，使得原有质量低、产品类型单一的出租车市场瞬间燃起了新意。顺风车、拼车、快车、专车等相关产品的出台丰富了出租车行业的产品类型，满足了消费者的差异化需求。

产品市场应当着眼于产品供给方式与消费者偏好，合理划定有效竞争区域。"美国诉费城国民银行案"中"商品集群"理论的提出正是基于对银行业产品供给和消费者行为偏好的考量。随着银行业发展变化，产品的供给方式与消费者偏好势必会随之产生变化，但是这两个产品市场认定的基本维度应当是值得肯定的。从这两个基本维度出发，着手于产品的可替代性分析，可以得出符合当下银行业市场的相关产品市场。其次，银行业相关地理市场的划分应当遵循行业发展的既有规律，坚持本地市场原则的适用。我国银行业机构的设置一方面有着较为严格的审批机制，因此从供给替代分析而言存在着客观的难度；另一方面，既有金融机构的设置往往都遵循了交易成本规律，秉承了服务便利的设点规则，同一品牌银行机构与机构间地理市场较为明确，并且金融机构集群化现象极为明显。因此，我国银行业的发展，尤其是垄断行为的规制应当遵循本地市场的原则，并主要运用需求替代分析方法确认相关地理市场。最后，银行业相关市场认定应当重视不断提升认定方法的科学性，与行业规制机构一道促进相关基础数据的完善。美国银行业反垄断执法的步步为营立基于既有行业数据体系的完善以及反垄断执法机构与行业规制机构的配合。确保数据的客观性和真实性有助于银行业反垄断执法机构较为真实、合理地掌握市场状况，进而做出有说服力的裁决。我国商业银行基础信息以及银行业市场状况信息资料的不断完善有助于为银行业垄断行为相关市场认定提供资料支撑。

（三）银行业垄断行为认定应当尊重银行业的行业特征，适时调整认定方法

不同于欧美国家市场型主导的金融市场发展路径，我国银行业发展带有鲜明的管制依赖属性，银行业的管制性是银行业垄断行为认定中必须考虑在内的市场基本特征。换言之，很多适用于欧美银行业反垄断执法的认定方法很有可能在具有管制属性的中国银行业失效，或者面临着改变与调整。以 SSINP 测试法的使用为例，《关于相关市场界定的指南》明确了 SSNIP 的基本思路与实际问题，但是这种方法自身具有使用的局限性，这种局限性体现在"SSNIP 往往不适用于以非价格为主要竞争力的商品"[①]。对于银行业市场而言，价格至少可以表现为费用和利率两个方面，而在这

---

① 丁春燕：《论我国反垄断法适用中关于"相关市场"确定方法的完善——兼论 SSNIP 方法界定网络相关市场的局限性》，《政治与法律》2015 年第 3 期。

两个方面都面临着自由裁量的法律与管制障碍，也就是说利率市场化取得实质性突破的阶段，SSNIP 测试法对于银行业相关市场的适用具有局限性，即其很难以找到可供测试的价格，而美国《1992 合并指南》已经认识到 SSNIP 的这一局限性。① 因此，在我国银行业市场化的发展演变时期，我们需要适时根据市场情形对垄断行为的认定方法进行调整，并且有必要在现阶段树立一种"重经济垄断行为，轻行政垄断行为"的认定思路。从社会舆论的期待而言，《反垄断法》的出台更多承载了反行政垄断的希冀，但是就《反垄断法》自身的价值禀赋和现阶段的实施状况而言，银行业反垄断法规制认定应当重点从经济垄断行为着手。当然，行政垄断行为之"轻"并不意味着对其忽略与放任，反而是强调对其认定的谨慎性与合理性。

第三节　银行业垄断行为的主体言说

主体适格是法律适用的一个基本前提，同样也是反垄断法规制开展的前提。反垄断法垄断行为主体特征立基于市场秩序规制法律制度行为主体的一般特征，对于银行业而言，主要因其特殊的行业属性而具备了不同的表现形式。"目前中国商业银行市场的竞争，是中小银行与大型国有银行之间的竞争"②，银行业垄断行为主体的特殊性在一定程度上决定了行为的特殊性，不同类型不同程度的政府参与和政府干预对银行业垄断行为法律规制提出了各异的要求。对银行业垄断行为主体的考察不仅仅局限于潜在行为主体的类型化分析，还需要对利益相关主体的特征与需求展开针对性分析。行为实施主体和利益相关主体两方面的分析可以较为直观地向我们展现银行业垄断行为主体的基本特征。

一　垄断行为主体的反垄断法理解

从《反垄断法》规定来看，"经营者""交易相对人""行业协会"

---

① "在一个地域内，一个无须服从价格管制并且追求利润最大化的企业，作为这些产品在当前和今后唯一的生产者或者销售者，在所有其他产品的销售条件保持不变的情况下，它可能会进行一个数额不大但很重要且临时性的涨价"，参见丁茂中《反垄断法实施中的相关市场界定研究》，复旦大学出版社 2011 年版，第 37 页。

② 刘旸：《银行业竞争与稳定——基于中国商业银行的研究》，中国金融出版社 2012 年版，第 117 页。

"行政机关""法律、法规授权的具有管理公共事务职能的组织""消费者"构成了除反垄断执法主体外，与垄断行为密切关联的法律主体。从性质和特征出发，我们可以将《反垄断法》上的垄断行为主体分为实施主体和利益相关主体两大类。

（一）反垄断法上的经营者

经营者，作为一个具有明确内涵的法律主体概念，是我国市场秩序规制法律制度的一个基本主体概念。除《中华人民共和国产品质量法》和《中华人民共和国食品安全法》因其立法目标和立法内容的要求对经营者进行了进一步的细分以外，其他市场秩序规制法律均将经营者作为"从事商品生产、经营或者提供服务的自然人、法人和其他组织"（见表2－3）。① 国外竞争法的主体在表述上与我国立法略有不同，例如在美国早期反垄断立法中，《谢尔曼法》与《克莱顿法》都用"人"（Person）的表述来表达反垄断法所规制的主体；② 欧盟多使用"企业"（Undertaking）来指代竞争法的规制主体；③ 而日本竞争法（《日本禁止垄断法》）将垄断行为实施主体界定为"从事商业、工业、金融业及其他行业的事业者"。④

表2－3　　　　　我国市场秩序规制法律制度中的经营者表述

法律名称	实施日期	具体条文
《中华人民共和国反不正当竞争法》	1993.12.1	第二条　经营者在市场交易中，应当遵循自愿、平等、公平、诚实信用的原则，遵守公认的商业道德。…… 本法所称的经营者，是指从事商品经营或者营利性服务（以下所称商品包括服务）的法人、其他经济组织和个人
《中华人民共和国价格法》	1998.5.1	第三条　本法所称经营者是指从事生产、经营商品或者提供有偿服务的法人、其他组织和个人 第六条　商品价格和服务价格，除依照本法第十八条规定适用政府指导价或者政府定价外，实行市场调节价，由经营者依照本法自主制定

① 参见《反垄断法》第12条。

② 《谢尔曼法》开篇规定："Every person who shall make any contract or engage in any combination or conspiracy hereby declared to be illegal shall be deemed guilty of a felony..."《克莱顿法》开篇同样规定，"It shall be unlawful for any person engaged in commerce..."

③ 《欧共体条约》第81条规定："... all agreements between undertakings, decisions by associations of undertakings and concerted practices which may affect trade between Member States..."

④ 尚明：《反垄断——主要国家与国际组织反垄断法律与实践》，中国商务出版社2005年版，第320页。

续表

法律名称	实施日期	具体条文
《中华人民共和国产品质量法》	2000.9.1	第四条　生产者、销售者依照本法规定承担产品质量责任
《中华人民共和国消费者权益保护法》	1994.1.1	第三条　经营者为消费者提供其生产、销售的商品或者提供服务，应当遵守本法；本法未作规定的，应当遵守其他有关法律、法规
《中华人民共和国食品安全法》	2009.6.1	第三条　食品生产经营者应当依照法律、法规和食品安全标准从事生产经营活动，对社会和公众负责，保证食品安全，接受社会监督，承担社会责任

需要指出的是，经营者是反垄断法实施主体的一种代称，并非是对实践中主体类型的限定，意即只要法人、其他组织和个人做出了《反垄断法》禁止的行为，伴随《反垄断法》适用而来的正是对其经营者地位的承认。反垄断法不同于刑法，需要对主体的性质做出明确的界定与细分，从理论上讲它一体适用于市场经济中的任何领域与任何行为。换言之，无论是一般行业还是特殊行业，行业主体都可能成为《反垄断法》上的经营者。综合来看，《反垄断法》中"经营者"的一大主体特征在于经营者营利性的理性认知。在一般市场秩序规制法律制度中，经营者的首要特征在于营利，即通过提供商品、服务获得交易对价，如此一来非营利组织被排除于市场秩序规制法律制度之外。然而，对于《反垄断法》立法本身而言，经营者界定得越宽泛越有利于扩大其适用范围。从《反垄断法》的立法要求来看，垄断行为的类型有很多是与不具备营利性的组织相关的。"我国《反不正当竞争法》将'营利性'明确规定于经营者概念之中，这就导致了司法实践中将非营利性组织和非营利性行为排除在不正当竞争范围之外"[1]，这种做法对于竞争法发展本身是极为不利的。因此作为一种经验吸收，《反垄断法》并未对经营者的营利性作出限制，这就有利于《反垄断法》对特殊行业的适用以及特殊问题的解决。

（二）反垄断法上的利益相关者

利益相关者是一个较为明确的管理学概念，它是指与决策和行动相关的一切主体，在此我们借用这个概念表示与反垄断法实施，尤其是受垄断

---

[1]　张毅、姚宝伟：《反垄断法中的经营者释义》，《中国工商管理研究》2014 年第 12 期。

行为影响的利益相关主体。"反垄断法作为市场经济运行中基础性法律规范，其必然要保护一定利益，即反垄断法必然具有自身的法益。"① 就反垄断法涉及的利益而言，一个较为直接的考察路径在于立法目标。《反垄断法》开宗明义，指出"为了预防和制止垄断行为，保护市场公平竞争，提高经济运行效率，维护消费者利益和社会公共利益，促进社会主义市场经济健康发展，制定本法"。从立法目标来看，反垄断法在市场竞争维护和社会发展促进两个层面具有预设的价值目标，因此其利益范畴也应当存在于这两部分场域之中，而《反垄断法》规定中的"交易相对人"和"消费者"也正好契合了这两部分的法益。反垄断法上的交易相对人既可以是横向市场的同业竞争者，又可以是纵向市场中的交易相关主体，无论为何交易相对人都应当是具有独立性质的交易个体，其本质仍然表现为相关市场中的竞争者。而消费者是市场秩序法律规制中的一个较为普遍的"交易相对人"，作为交易相对方群体化地存在于法律规定之中。消费者权益保护是反垄断法实施的一个间接目标，消费者福利考察亦是反垄断执法机构的重要标尺之一。因此，不同行业、不同问题中的消费者是与垄断行为判定的重要利益相关主体。

综上所述，反垄断法的主体概念基本延续了市场秩序规制法律制度主体的一般特征，并在实施主体营利性方面略有突破。实际上，反垄断法主体的特殊性从法条本身很难进行归纳，因其特殊性主要还是体现在具体行业之中，亦即不同行业迥异的发展情况赋予了反垄断法垄断行为实施主体与利益相关主体的不同蕴含。因此，反垄断法的主体分析应当立足于具体的行业之中，对于以银行业为代表的特殊行业而言更是如此。

二 银行业垄断行为实施主体审视

《反垄断法》规定了经营者、行业协会以及行政机关不同层次的潜在垄断行为实施主体，而银行业垄断行为的实施主体也不外乎这三个层次。

（一）银行业垄断行为实施主体之经营者

银行业的经营者主要是指银行业金融机构，根据银监会的监管口径来看，银行业金融机构数量日趋平稳（见图 2-2），类型化逐渐凸显包括了

---

① 金善明：《反垄断法法益研究：范式与路径》，中国社会科学出版社 2013 年版，第 117-118 页。

政策性银行、大型商业银行、股份制商业银行等 20 种细分类型，就我们重点关注的商业银行而言，主要包括大型商业银行、股份制商业银行、城市商业银行、农村商业银行以及村镇银行五大类别。

从理论上讲，在垄断行为规制时代，任何银行业经营者都有可能成为垄断行为实施的主体或者参与的主体，这些潜在的银行业垄断行为实施主体的特征在于：

首先，我国商业银行面临较为严苛的金融准入，都有不同程度的国有控股与参股。依照《银行业监督管理法》和《商业银行法》的有关规定，银行业市场尤其是商业银行市场存在着极为严苛的准入壁垒，金融牌照具有相对意义的稀缺性。伴随金融准入而来的是大规模的国有资本参与银行业运作，虽然商业银行的多次改革实现了股份制运作和政企分离，但是政府与银行之间往往存在着千丝万缕的联系。伴随民营银行准入的放开，巨大的银行业市场体量将会得到一定程度的释放，银行业市场竞争会随着开放而不断加剧，银行业的垄断行为也会因更多竞争者的冲击变得更为凸显。

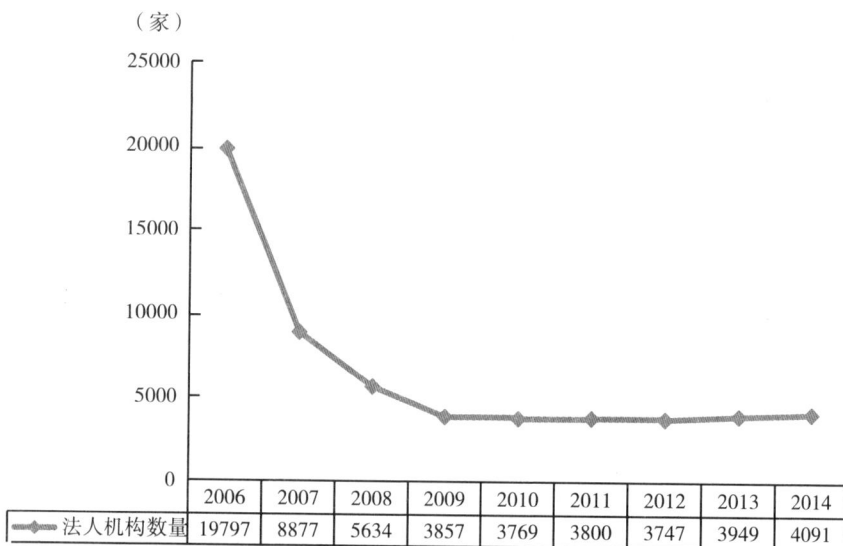

（家）

	2006	2007	2008	2009	2010	2011	2012	2013	2014
法人机构数量	19797	8877	5634	3857	3769	3800	3747	3949	4091

图 2-2　2006—2014 银行业金融机构数量一览

数据来源：2006—2014 各年度银监会统计年报。

其次，我们应当重点关注大型商业银行的垄断行为，也就是说，相对而言大型商业银行更具有实施垄断行为的潜力。以工、农、中、建、交五大银行 2014 年年报为准，国有资本在大型商业银行的持股比例均占据控制地位（见表2-4）。从我国商业银行发展历史以及银行业监管政策导向来看，大型商业银行不仅是对社会发展提供金融支撑的重要保障，同样也享受到了得天独厚的"垄断主体"的市场地位。大型商业银行的嫌贫爱富、以大欺小时常遭致社会舆论的诟病。并且，当下的诸多垄断行为都毫不吝啬地指向了大型商业银行的肆意作为以及行业监管主体的不作为。因此，银行业反垄断法规制有必要对这类主体进行重点关注。

表2-4　　　　　　　大型商业银行2014年主要股东持股情况

中国工商银行			中国建设银行			中国农业银行		
股东名称	股东性质	持股比例（%）	股东名称	股东性质	持股比例（%）	股东名称	股东性质	持股比例（%）
汇金公司	国家	35.12	汇金公司	国家	57.03	汇金公司	国家	40.28
财政部	国家	34.88	香港中央结算(代)	境外法人	30.46	财政部	国家	39.21
香港中央结算	境外法人	24.51	淡马锡	境外法人	5.79	香港中央结算(代)	境外法人	9.04
平安人寿	其他内资	1.27	国家电网	国有法人	1.08	社保基金理事会	国家	3.02
工银瑞信基金	其他内资	0.3	宝钢集团	国有法人	0.8	平安人寿	其他内资	1.48

中国银行			交通银行		
股东名称	股东性质	持股比例（%）	股东名称	股东性质	持股比例（%）
汇金公司	国家	65.52	财政部	国家	26.53
香港中央结算（代）	境外法人	28.29	香港中央结算（代）	境外法人	20.08
The Bank of Tokyo-Mitsubishi UFJ, Ltd.	境外法人	0.18	香港上海汇丰	境外法人	18.70
香港中央结算	境外法人	0.09	社保基金理事会	国家	4.42
全国社保基金一〇八组合	其他内资	0.07	首都机场集团	国有法人	1.68

最后，我们应当警惕以互联网企业为代表的新兴势力对于银行业市场的垄断式冲击。"有了互联网就有了无穷无尽的可能性，它为非金融领域革命铺平了道路，为过去的传统非银行也带来了金融机会，过去它们被旧的金融系统所抛弃。"[1] 互联网技术的成熟带动了互联网企业对于诸多传

---

[1]　[英] 西蒙·迪克森：《没有银行的世界》，零壹财经译，电子工业出版社2015年版，第92页。

统领域的冲击，并且互联网领域的反垄断与反不正当竞争问题在近几年持续发酵，相关学术研究已成显象之势。互联网自身的网络化与侵略性天生地赋予其垄断的基因，在国外无论是互联网企业还是互联网平台都是反垄断执法机构的重点关注对象。在我国首批批准试点的五家民营银行中，其中就有两家涉及互联网企业的直接控股。就垄断势力的走向而言，我们不仅要关注银行业市场内部的垄断行为和银行业向外产融结合过程中的垄断力外泄，更应关注外部垄断势力尤其是业已成熟的互联网垄断势力对传统金融领域的侵入。互联网金融的爆发式增长势必会在新金融与传统金融之间产生市场争夺的摩擦，这就需要反垄断执法机构树立一种前瞻性的执法理念，既关注现有银行业领域的垄断行为，又要对将来银行业市场的垄断行为有所预估。

（二）银行业垄断行为实施主体之行业协会

行业协会首先是一种特殊的、鲜明的经济法主体，其特殊性集中表现为自治权的享有。一般认为，行业协会具有规章制定权、监管权、惩罚权、争端解决权以及起诉权等自治权，① 行业协会自治权的实现使其成为市场经济中不可忽视的主体力量。从生成方式的不同，我们将行业协会划分为自上而下的政府主导型行业协会，由内而外的市场主导型行业协会以及作为妥协产物的中间型行业协会。"行业协会从根本上是一类以经济或经济利益为主的社会组织，市场的逻辑仍然或应然为主导"②，伴随着行业协会市场化改革的推进，"政行分离"后行业协会势必会拥有更大程度的自主权。"我国行业协会是政府在形成市场和退出市场中的产物，因与政府关系不同而在社会转型中形成了不同类型，反垄断法应当有针对性地分别予以规制。"③ 从行业协会的设立初衷而言，其天然地具有限制竞争的倾向，作为行业对内的管理者以及行业对外的"代言人"，维护行业利益，促进行业发展是其不变的宗旨。"在充分肯定行业协会自治的前提下，应当对行业协会的社会责任承担做出明确"④，当这种责任上升到法律责任就应当得到反垄断法的关切。实践中，存在着大量行业协会限制竞争行为的表现，"我国行业协会介入垄断协议的比例高于国外，2007 年这

---

① 参见鲁篱《行业协会经济自治权研究》，法律出版社 2003 年版。
② 易继明：《论行业协会市场化改革》，《法学家》2014 年第 4 期。
③ 张江莉：《我国转型时期行业协会的反垄断法规制》，《法商研究》2008 年第 5 期。
④ 鲁篱：《行业协会社会责任与行业自治的冲突与衡平》，《政法论坛》2008 年第 2 期。

一比例高达 87.5%"①。从各国反垄断实践来看，对于行业协会垄断行为的规制通常"运用'补充标准'或'术语解释'的方式将其纳入规制范围，并采用了'实质高于形式'的规制原则"。②

从我国银行业具体发展情况来看，中国银行业协会（China Banking Association，CBA）和中国支付清算协会（Payment & Clearing Association of China，PCAC）是我国银行业特色鲜明的两种行业协会，前者是在银监会主管下的银行业自律组织，而后者是在央行主管下的支付清算服务行业自律组织。由此看来，中国银行业协会和中国支付清算协会都属于自上而下的政府主导型行业协会。两大行业协会最近一次得到舆论的广泛关注还要归因于银行业的乱收费问题。在社会舆论声讨我国银行业不合理收费问题滋生之时，中国银行业协会对银行业服务费用进行自主调查，及时公布相关数据，并通过发布《关于加强银行服务收费自律工作的六点共识》号召改革银行收费制度，强调收费自律。与此相适应，中国支付清算协会同样在银行业定价问题中发挥了监督引导的作用。但是两大行业协会的"亲力亲为"并未获得社会舆论的一致认可，其政府管制属性和行业协会的本质使调查结果的真实性和客观性受到质疑，现实措施对不合理收费局面变革无助，仍然被认为对银行业实质垄断的维持。对于银行业反垄断法规制而言，反垄断执法机构不关注行业协会为促进行业竞争做过什么，而关注它对行业内的垄断行为起到了何种的作用。因此，舆论的质疑与行业协会的政府属性使我们有必要对于行业协会内主导下的垄断行为进行必要的关注。

"银行业自律组织一般指银行业协会或者同业公会，是在市场经济和金融体系发展完善的过程中，为适应银行业金融机构权益保护、竞争协调、自律监督等的需要，由一定区域内的银行业金融机构本着自愿平等的原则，通过订立、加入公约或章程的方式形成和发展起来的。"③ 我们或许可以对银行业行业协会做出如下划分：宏观型行业协会以及功能型行业协会，中国银行业协会即是宏观型行业协会，负责整个银行业市场的自律

① 叶明：《行业协会限制竞争行为的反垄断法规制》，博士学位论文，西南政法大学，2008 年。

② 盛杰民、焦海涛：《论中国反垄断法对行业协会的规制》，《重庆大学学报》（社会科学版）2008 年第 4 期。

③ 潘波：《银行业监管权研究——行政法语境下的理论与实践》，中国法制出版社 2012 年版，第 167 页。

工作，而功能型行业协会从金融机构细分的功能着手，寻求行业的便利与联合。可以说，功能型行业协会比宏观型行业协会更贴近行业协会的应有属性，因其更具有存在的必要性，并且确实发挥着减少行业交易摩擦，促进行业交易效率的功能。同理，功能型行业协会更值得反垄断执法机构进行重点关注。以中国银联（China UnionPay）为例，"它是中国银行卡联合组织，通过银联跨行交易清算系统，实现商业银行系统间的互联互通和资源共享，保证银行卡跨行、跨地区和跨境的使用"①。从性质来看，它是由央行批准，80多家境内金融机构共同发起成立的股份制金融服务机构，由此看来中国银联是独立的企业而非政府部门。从本质上讲，中国银联是一种功能型的行业协会，金融机构基于银行卡支付清算的便利而形成的一种行业结合。自成立以来，中国银联在境内银行卡市场一家独大，其市场支配地位显而易见，而由央行批复通过的《中国银联入网机构银行卡跨行交易收益分配办法》也为中国银联享有高额垄断利润提供了合法依据。中国银联在其业务发展之初就凸显其垄断本色，② 近年来伴随着国际银行组织与国内第三方支付平台的发展，中国银联打响了对内和对外两场"垄断利益护卫战"。③ 2012年世界贸易组织裁定中国银联作为交易结算服务的垄断供应商对外资银行卡供应商构成了歧视行为。④ 2015年4月22日，国务院发布了《关于实施银行卡清算机构准入管理的决定》，此举被认为是境内银行卡清算业务市场的放开，有条件地向境内外组织开放银行卡清算市场。在可预期的市场竞争中，如果有效规制垄断行为，提供良性的市场环境是反垄断执法机构需要予以关切的领域。有学者指出，"应

---

① 《中国银联概况》，2015年8月，中国银联（http：//corporate.unionpay.com/infoComIntro/info CompanyIntroduce/zhongguoyinliangaikuang/file_ 3945122. html）。

② 在发展之初，中国银联在与银行卡业务相关的发卡市场和接单市场都进行了"垄断式"占领。在发卡市场，基于合作关系，中国银联向交易相对人收取了"名目繁多、细之又细的各种非交易类和交易类费用，例如入网费、测试费、BIN费用、品牌服务费等"。而在接单市场，中国银联更是强势推动线下POS支付市场的占有率。参见董璐茜、李斌《银联：角色错位，业务越位》，《新财经》2013年第7期。

③ 从对外来看，由于中国银联不放开境内银行卡清算渠道，排挤海外银行卡组织，作为对等，国际银行卡组织Visa要求全球会员银行对中国银联进行封堵，中国银联与Visa之间的利益争夺体现出我国银行卡市场的内部封闭以及对外发展的局限性。从对内来看，"中国银联强制'收编'第三方支付机构，要求其必须介入清算系统"，并且国内银行卡收费问题一直是舆论批判的靶心。参见王磊《银联：坐地收钱的垄断帝国》，2014年3月，网易（http：//view. 163. com/special/reviews/unionpay0317. html）。

④ 值得一提的是，在相关裁决中世界贸易组织否决了美国关于中国银行具有市场支配地位的申诉。

当坐实中国银联的'股份制公司'地位，使其与其他普通金融机构一样接受央行与法律的监管，并要规范银联的权利和义务，防止银联滥用市场支配地位"①。笔者认为，无论是经营者还是行业协会，我们均有必要对中国银联以及国内银行卡支付清算市场进行反垄断法规制。

（三）银行业垄断行为实施主体之行政机关

"法律在本质上是对专断权力行使的一种限制，因此它同无政府状态和专制政治都是敌对的"②，反垄断法规制对象由经营者扩展到行业协会，再到行政机关，体现出了反垄断法适用范围的扩展，以及实践中行政垄断问题的严重性。反行政垄断是将行政机关纳入反垄断主体规制范围的核心缘由。"由于行政垄断能给个人、企业或其他组织带来经济利益或行政利益，因此，行政垄断的存在必然会招致个人、企业或其他组织对行政垄断本身的追求。"③ 作为主体，行政机关对于限制市场竞争效果的实现既可以是主导，又可以是助推，而其共同点在于行政权力的滥用。"银行作为一个商业机构，它决定贷款给谁会出于很多商业方面的考虑，如果按当地政府的安排向某家企业贷款的话，从长期来看对企业和银行都不见得是好事。"④ 作为我国银行业垄断行为实施主体的行政机关大体包括两大种类：一是行业监管机关，即不当的监管行为客观上助推了相关银行业金融机构市场支配地位或者限制竞争行为的实现，并且对相关主体的垄断行为"视而不见"。在我国主流银行业金融机构普遍具有"国字号"背景的前提下，代表国家的行业监管机构很难从圈定的角色中跳出，因此有必要通过第三方独立的反垄断执法机构介入银行业的市场竞争。二是地方政府，即地方政府对于本地银行企业的利益维护与进入壁垒设置，这也是我们通常理解的"地方保护主义"。按照分类银行可以分为全国性银行与区域性银行，近几年以城市商业银行和村镇银行为代表的地方银行发展势头迅猛。城市商业银行的股东结构决定了其"城市特征"，它们与地方政府存在的千丝万缕的联系，并且从建立动机来看就承担着投融资的地方性社会职能。虽然城市商业银行基本完成了股份制改革，正如大型商业银行与行

① 杨东：《中国银联有没有垄断?》，《经济观察报》2014年8月29日。
② ［美］E.博登海默：《法理学：法律哲学与法律方法》，邓正来译，中国政法大学出版社，第246页。
③ 郑鹏程：《行政垄断的法律控制研究》，北京大学出版社2002年版，第106页。
④ 吴敬琏：《为化解融资难开药方》，《新经济导刊》2012年第9期。

业监管部门的"藕断丝连",城市商业银行在发展中很难摆脱地方影响,并且这种影响往往是地方对于银行发展的"保驾护航",集中表现为本地信贷资源的排他占有、政策倾斜等,因此有必要对地方政府主导下的地方银行发展给予反垄断关切。其实无论是行业监管机关抑或地方政府,行政机关成为反垄断法规制主体的原因在于商业银行对地方政府的"俘获",更重要的在于银行本身对于社会经济发展的支撑作用。银行业的基础投融资功能迎合了地方政府对于地方发展的资金需求,而银行业出于稳定对于高风险的回避,也促成了"维稳"导向下的"监管俘获"。

三　银行业垄断行为利益相关主体

银行业垄断行为的利益相关主体包含了市场和社会两方面的主体,即市场中的同业竞争者以及作为社会公共利益维护的金融消费者群体。

(一)银行业垄断行为利益相关主体之同业竞争者

反垄断法保护竞争而非竞争者是"布朗鞋业公司诉美国案"中的经典判词,[1] 而后一直被认为是反垄断法的价值目标。该价值保护蕴含了两层意思:一是市场竞争秩序是反垄断法首要关注的、竭力维护的社会区域;二是反垄断法并非不保护竞争者。"'保护竞争而不是竞争者'被误读,通过将其还原到原始文本之中、联系上下文来考察其真正含义后,并不能得出'不保护竞争者'的结论"[2],并且相关市场内的同业竞争者始终是市场效果衡量以及反垄断裁决作出的重要考量。从具体类型来看,作为垄断行为利益相关者的同业竞争者至少包括了具有产品替代性的中小银行、小微金融机构以及民营银行等。

同业竞争者始终是反垄断法在判断垄断行为时的一个重要维度,并且在以银行业为代表的垄断行业之中,对于同业竞争者的倾斜维护有助于反垄断法的实施与推广。首先,在垄断行业市场开放与管制放松的浪潮中,市场主体的多元化是行业发展可以仰仗的竞争实现路径。垄断行业的一大特征在于既有行业主体单一化、唯一化,引入竞争某种程度上意味着引入竞争者,而多元竞争者的加入势必与既得利益者展开利益争夺,如何为他们提供一个竞争导向与创新导向的市场环境是反垄断立法与执法的应有之

---

① Brown Shoe Co. v. United States, 370U. S. 294, (1962)。

② 吴宏伟、谭袁:《保护竞争而不保护竞争者?——对主流反垄断法观点的审视》,《北方法学》2013 年第 4 期。

义。其次，在垄断行业中新进竞争者与既有竞争者实力对比差距明显。在垄断行业的市场转型中，与其说新进主体与既有主体相互竞争，不如说是新进主体寻求竞争而既有主体排斥竞争——这一结果是符合经济人理性推敲的。并且，新进市场主体无论是规模体量还是业务能力都与既有市场主体存在明显的差距，如果缺乏实质平等的竞争环境很难实现主体多元化带动市场竞争化的目标。正如当下我国银行业市场现状一般，在某些领域我们集聚了客观的金融机构数量，但是主体规模化并没有实现主体多元化，市场的过度竞争反映出经营业务的受限以及产品创新动力不足，造成这种现象的原因一方面来源于政策监管的限制；另一方面可能是既有行业垄断主体的排斥。最后，银行业同样存在着一定程度的"基础设施"，同业竞争者如何平等地介入是反垄断法的重要规制领域。从银行业自身的经营属性来看，同业竞争者"自立门户"的难度与成本是相当大的，它必须要立基于传统银行业发展平台。美国反垄断法中的"基础设施"条款从本质上讲是对契约自由的一种限制，"它为企业设定了一种业务，即企业不得拒绝其他企业以适当的条件进入自己的网络或其他基础设施"①。基础设施往往存在于公用企业，而银行虽然并非严格意义上的公用企业，但是也存在着诸多与银行业业务开展相关的基础设施，例如支付清算系统、征信系统等。这些基础设施或者是由国家主导建设，或者是由主流银行业金融机构发起设立。实现同业竞争者尤其是新进竞争者对基础设施的平等介入是十分有必要的。

（二）银行业垄断行为利益相关主体之金融消费者

金融消费者是银行业反垄断法规制中不可忽视的利益相关主体，在促进消费者福利的反垄断执法导向下，金融消费者的福利实现是反垄断法不变的追求。从金融投资者到金融消费者，角色转变的背后是金融市场价值观的颠覆与重构。从世界范围而言，金融市场的成熟发展带来了金融产品与服务的多元化，但是作为产品与服务交易相对人的金融消费者身份的全面认知源于金融危机之后的金融监管改革，2010 年美国《多德—弗兰克

---

① 姚保松：《美国反垄断法基础设施条款对我国的启示》，《河南师范大学学报》（哲学社会科学版）2009 年第 4 期。

法案》的提出在全球范围内引发了关于金融消费者保护的大思考。① 国际金融危机的发生同样对我国学界与行业监管机构产生了警醒效应,关于金融消费者的研究文献层出不穷。然而,在现实中真正挖掘了我国金融消费者潜力的,抑或让更多的人成为金融消费者的事件还要归属于互联网金融的推广。金融危机让我们认识了金融消费者,而互联网金融让我们成为金融消费者。银行业作为金融市场中的基础产业必定拥有着最为广泛的金融消费者群体,这些消费者群体的存在扩大了银行业经济体量之时,也势必要维护其正当合法权益,受到法律保护。

按照我国消费者权益保护法的一般理解,消费者一般只涉及个人消费者,机构消费者被排除在消费者权益保护法适用范围之外。但是,对于金融消费者而言,我们有必要将机构金融消费者与个体金融消费者统一归入金融消费者监管保护体系之中。从金融消费者的类型划分来看,我们可以从消费者规模出发将其分为大型企业、中小企业(含小微企业)和个体消费者三大类。实际上,从信贷可得性和金融消费者保护角度出发,区分大型企业和中小企业的关键在于企业规模经营下的信贷资质,即大型企业主要以国有企业和具有较强信贷资质的大规模企业为主,而中小企业在银行业市场中相对处于弱势地位。近年来,我国大量提倡的小微金融发展恰恰印证了现有金融市场对于中小企业信贷需求的供给不足和供给排斥。因此,中小企业和个体消费者应当一体纳入金融消费者的保护体系之中,针对其在银行业市场的弱势地位,针对性地实现金融消费者应有的权利。

具体来看,银行业金融消费者的弱势地位主要体现在信息不对称与供给排斥两大方面。信息不对称主要因商品与业务的专业性而产生的,金融危机发生后的金融消费者保护主要是针对这一点做出,并且极力通过监管改革提高金融产品的信息透明程度与可知悉程度。供给排斥主要是由于银行业经营者自身营利导向所致的一种"嫌贫爱富"的现象,主要基于经济人理性而客观上导致对于弱势机构消费者和个人消费者的交易排斥。近年来在世界范围内受到广泛推广的普惠金融正是对于供给排斥的针对性矫治。从银行业反垄断法规制来看,信息不对称同样加剧了反垄断法规制的难度,而供给排斥则是反垄断法重点规制的细分行为类型之一。除此之

_____

① 《多德　弗兰克法案》是后危机时代美国金融监管变革的导向性文件,在其指出的三大措施中,设立金融消费者保护局,将金融消费者作为金融监管变革的核心成为国际社会效仿的对象。

外，对于银行业垄断行为的规制势必会对金融消费者产生间接的利益传导。因此，重视金融消费者的利益相关者地位，是反垄断法规制有效展开的前提保障。

四　银行业垄断行为主体一般结论

银行业垄断行为主体的特征主要体现在实施主体的"国家属性"以及利益相关主体的"社会属性"，具体而言我们可以得出以下三方面的结论：

（一）不同程度的国家参与是银行业垄断行为实施主体的基本特征

国家参与，是指国家通过占有股份或者主导设立的方式实现对银行业金融机构的主体参与。其实无论是银行业金融机构还是银行业行业协会，在我国发展之初都遵循了国家主导设立的进路，在商业银行先后完成股份制改造之后，国家逐渐以持股人这一市场化的方式参与到银行业金融机构的实际运作之中。不同于一般行业较为独立的法人运作，国家参与属性是银行业垄断行为实施主体的一大基本特征。除此之外，银行业主体的国家参与还体现在以金融准入管制和金融过程监管为代表的政府干预。我国银行业的管制属性集中体现在全面、严格的政府干预，基于金融市场风险防控，稳定导向下的政府干预直接造就了银行业发展中的政府导向大于企业导向：金融机构常规经营行为与创新激励都被严格控制在政府干预之下。换言之，银行业金融机构经营过程中的服务导向也会不同程度地受到政府干预，丧失一定的自主性，如此这般就直接加大了银行业反垄断法规制的难度。

（二）银行业金融机构的所有制不应构成垄断行为豁免，并且政府干预应当一定程度上接受反垄断法规制

在银行业反垄断命题的相关研究中，政治经济学学者通常认为银行业的公有制属性某种程度上构成了银行业反垄断的理论障碍。[1] 反垄断的公有制障碍集中表现在竞争政策不能过分凌驾于产业政策之上，并且在特定的时期竞争政策应当让位于产业政策。对银行业实施国有化是一种出于国家安全维护和社会秩序稳定的考虑，但是市场化是银行业发展不可逆的趋

---

[1]　参见杨大光《中国银行业反垄断问题研究》，经济科学出版社 2004 年版，第 179—188 页。

势。即使是国有企业也不应成为反垄断法上的特权主体，更何况股份制改造后银行业主体更加具有独立性与自主性，因此，国有资本控股与国有资本参股的事实不能构成银行业金融机构垄断行为豁免的要件，亦即企业的所有制结构并不构成垄断行为豁免的要素。除此之外，政府干预作为银行业经营者政府属性的另一大来源更应受到反垄断执法的关注。前文指出，我们应当区分银行业垄断行为实施主体行为的经济属性与行政属性，以经济性垄断行为规制为主，以行政性垄断行为规制为辅。但是我们必须认清主体行政属性引发的银行业行政垄断行为的大量存在，而这些行为是反垄断执法所不能回避的。无论是具有行政制度依赖的银行业经营者还是主导实施垄断行为的政府都应纳入反垄断法的规制范围之中。

（三）银行业反垄断是将主体的社会责任推进为法律责任，尤其是竞争法意义上的法律责任

20 世纪末，具有现代意义的企业社会责任（Corporate social responsibility，CSR）思潮的形成和企业社会责任运动的开展改变了人们对于企业尤其是"大企业""特殊企业"的传统认识。企业社会责任逐渐由单纯的"经济责任"转换为"经济责任、法律责任、伦理责任和得自主决定其履行与否的责任（慈善责任）之和"。[1] 银行业作为金融产业的支柱行业具有极强的社会属性，因此同样承担着满足差异化金融需求、扩大金融供给覆盖、维护消费者合法利益等企业社会责任。并且，我国银行业金融机构的国有化属性以及银行业严格的民间资本准入使得社会舆论更加重视银行业金融机构企业社会责任的实现。在银行市场化的推进过程中，伴随银行业股权结构改革，其独立性与自主性的增加并不等价于企业社会责任的消弭与削减。银行业的"民定"垄断地位与特殊的行业属性仍然构成其企业社会责任归责的重要缘由。然而，"作为一种道德义务的推广，任何企业社会责任的推进都将经历道德义务制度化、道德义务法律化和道德义务通识化的目标层级转化"[2]，在这一过程中适时地将企业社会责任转换为法律责任更有利于其落地与实现，而银行业垄断行为的规制正是将银行业

---

[1] Archie Carroll, "Stakeholder Thinking in Three Models of Management Morality: A Perspective with Strategic Implications", in *The Corporation and Its Stakeholders: Classic and Contemporary Readings*. Edited by Max B. E. Clarkson, University of Toronto Press, 1998, pp. 139- 170. 转引自卢代富《国外企业社会责任界说述评》，《现代法学》2001 年第 3 期。

[2] 刘乃梁：《政府主导下的企业社会责任的时代进路——基于我国转型期的探索》，《经济法论坛》2013 年第 1 期。

金融机构应有的社会责任落实为竞争法上的法律责任。"反垄断法律责任的明确价值在于体现补偿性、重视效率性、强化威慑性、突出惩罚性、反映公平性和彰显自由性。"[①] 市场中的竞争主体应当平等地享有竞争的权利，不受他人的干预与干涉，经济自主权与平等竞争权构成现代市场经济竞争主体的两大基本权利。反垄断法通过对滥用市场支配地位、垄断协议、具有限制竞争效果的经营者集中以及行政垄断行为的规制实现对竞争主体经济自主权和平等竞争权的规制。银行业的社会属性决定了无论是银行业经营者、银行业协会或是政府都对同业竞争者和消费者承担着不同程度的社会责任，对于银行业垄断行为的规制正是从这些纷繁复杂，模糊不清的社会责任中剥离出具有竞争法意义的法律责任。

第四节　银行业垄断行为的类型探讨

银行业垄断行为的类型探讨是既有法定类型下结合银行业特征的融合分析，可以说，是从垄断行为法定化走向垄断行为特殊化的过程。"竞争需要三个条件：第一，必须存在足够多的企业或者产业的潜在进入者；第二，这些企业不能缔结合谋的私下契约；第三，加入一家企业获得了主导地位，它不能滥用这种地位。"[②]《反垄断法》详细列举了主要规制的三种类型的垄断行为，具体包括了垄断协议、滥用市场支配地位、经营者集中，每一种法定的类型化行为在银行业的特殊语境下都会呈现出不同的表现形式与外部性，并且现实中都存在着较为突出的个别问题。本书因篇幅限制不能穷尽每一种垄断行为类型下细分行为的分析，仅就银行业垄断行为法定类型的一般表现，银行业适用特殊性和突出问题进行初步地介绍与阐释。

一　银行业垄断行为之垄断协议

（一）垄断协议的一般规定与规制现状

垄断协议是《反垄断法》规制的第一类垄断行为，并且也是法律渊源众多的一类垄断行为。2010 年 12 月，国家发改委与国家工商总局依照自身反垄断职能先后发布《反价格垄断规定》与《工商行政机关禁

[①] 丁国峰：《反垄断法律责任制度研究》，法律出版社 2012 年版，第 67—74 页。

[②] ［法］让-雅克·拉丰：《规制与发展》，聂辉华译，中国人民大学出版社 2009 年版，第24 页。

止垄断协议行为的规定》，对价格垄断协议和垄断协议的法律适用作出比《反垄断法》更为详尽的细化。反垄断立法的细化动因直接源于反垄断执法的需要，这从一个侧面表现出垄断协议的严重性与根本性。依照《反垄断法》第 13 条的规定，垄断协议"是指排除、限制竞争的协议、决定或者其他协同行为"，"从各国垄断协议的相关立法情况而言，排除、限制竞争在垄断协议认定中无疑有着举足轻重的作用，这是垄断协议的根本特征或要害所在"①。从垄断主体所处经济层次出发，我们一般将垄断协议区分为横向垄断协议与纵向垄断协议，前者即《反垄断法》第 13 条列举的与同一经济层次竞争者之间达成的垄断协议，而后者则是《反垄断法》第 14 条列举的纵向交易中与交易相对人达成的垄断协议。从垄断协议的发起主体来看，行业协会是除一般经营者外一种较为特殊的非营利协议主体，与此同时这也是各国在垄断协议规制中的重点关照对象。

在欧美反垄断立法中，垄断协议更多地被描述为一种具有目的性的协同行为。例如，美国《谢尔曼法》将垄断协议表述为"以契约、托拉斯抑或其他形式的结合与共谋"；《欧盟运行条约》则表述为"事业件协议、事业团体决议以及一致性行为"。因此，垄断协议的主要特点在于主体的多元独立、意思表示一致以及目的追求中的排除、限制竞争，与此同时这也构成了垄断协议的认定标准。然而，反垄断执法实践最为关键、最为困难的正是排除、限制竞争效果的认定。在美国反垄断法实施之初，垄断协议的规制主要是横向垄断协议，而对纵向垄断协议多采取豁免态度。如前所述，在"北太平洋铁路公司诉美国案"后，四类垄断协议被界定为本身违法规则的适用范围，而合理规则可以适用除此之外的一切垄断协议。反垄断经验主义路径促成了具有明显限制、排除竞争的横向垄断协议作为一种"核心卡特尔"（Hardcore Cartel），利用本身违法规则重点打击规制，而纵向垄断协议主要通过区分价格垄断协议与非价格垄断协议进行针对性规制。从《工商行政管理机关禁止垄断协议行为的规定》来看，我国垄断协议的认定思路也是主要考虑市场行为一致性、意思表示联络以及行为的合理解释，② 有学者将这一垄

① 王健：《垄断协议认定与排除、限制竞争的关系研究》，《法学》2014 年第 3 期。
② 除此之外还包括相关市场结构状况、竞争状况、市场变化状况、行业状况等，参见《工商行政管理机关禁止垄断协议行为的规定》第 3 条。

断协议违法性认定思路细化为六个步骤的分析模式。① 除此之外，《反垄断法》还对垄断行为的豁免情形进行了规定，更为实质性地促进和保护市场竞争。

从我国反垄断法的实践来看，垄断协议是我国反垄断执法机构较早着手的实施领域，并且形成了一定的执法成果与执法经验。从横向垄断协议，尤其是从国家工商总局在 2013 年 7 月底发布的 12 起垄断案件来看，② 行业协会无疑对行业内垄断协议的形成起到了至关重要的推动作用。毫不夸张地讲，行业协会已经成为行业内垄断行为尤其是垄断协议行为实施的发动机，如何应对行业协会发起的横向垄断协议行为是我国反垄断执法的一大关键性命题。从纵向垄断协议，尤其是从白酒、奶粉行业的个别关照到汽车行业的一系列执法，我国反垄断执法机关对于纵向垄断协议的执法不仅与世界纵向垄断规制潮流相适应，其执法效果也被全世界所瞩目。从汽车产品分销到汽车零部件供应，我国纵向垄断协议反垄断法规制逐渐走向全面化、系统化。

除此之外，我们仍应清醒地看到，无论是纵向垄断协议还是横向垄断协议，相关的判决与执法都遭到了部分学者的批判与质疑，③ 这集中于法律条款的理解以及执法方式的考量，社会舆论也在一直呼吁具体执法细则的出台，期待反垄断执法的常态化。对于垄断协议的规制，反垄断立法与执法都还有很长的路要走。

---

① 即市场行为影响、协议主观目的、经营者市场地位、积极效果评价、行为实施必要以及综合衡量。参见李剑《论垄断协议违法性的分析模式——由我国首例限制转售价格案引发的思考》，《社会科学》2014 年第 4 期。

② 同期发布的 12 起垄断案件分别为：江苏省连云港市建筑材料和建筑机械行业协会混凝土委员会组织本行业经营者从事垄断协议案，江西省泰和县液化石油气经营者从事垄断协议案，河南省安阳市旧机动车经营者从事垄断协议案，辽宁省建筑材料工业协会组织本行业经营者从事垄断协议案，湖南省永州市保险行业协会组织本行业经营者从事垄断协议案，湖南省张家界市保险行业协会组织本行业经营者从事垄断协议案，湖南省常德市保险行业协会组织本行业经营者从事垄断协议案，湖南省郴州市保险行业协会组织本行业经营者从事垄断协议案，浙江省江山市混凝土经营者从事垄断协议案，浙江省慈溪市建设工程检测协会组织本行业经营者从事垄断协议案，四川省宜宾市砖瓦协会组织本行业经营者从事垄断协议案，云南省西双版纳州旅游协会、西双版纳州旅行社协会组织本行业经营者从事垄断协议案。

③ 参见李剑《横向垄断协议法律适用的误读与澄清——评'深圳有害生物防治协会垄断案'》，《法学》2014 年第 3 期；韩伟《论纵向垄断协议规制的完善路径》，《价格理论与实践》2013 年第 4 期；李剑《论垄断协议违法性的分析模式——由我国首例限制转售价格案引发的思考》，《社会科学》2014 年第 4 期。

（二）银行业垄断协议的一般表现

按照垄断协议主体经济层次的不同类型划分，我们同样可以据此对银行业垄断协议展开探讨。对于任何行业来言，横向垄断协议的效果表现为对内和对外两方面的行为一致性，形成某一行业或者某一区域内的"合力"。一般而言，横向垄断协议的每一种表现方式都会因行业市场的特殊性而产生不同程度的"变异"。但是，金融市场本身与产业市场有着不同的市场构造与衍生元素，因此银行业垄断协议的表现也略有不同。对于银行业而言，横向垄断协议的最突出表现在于"固定或者变更商品价格"，而与其他行业不同之处在于特殊的市场价格表现形式，即费用与利率。在利率市场化时代，具有竞争关系的金融机构可以通过垄断协议对市场利率进行控制以谋取垄断利润，2013 年年底欧盟向花旗、德意志、巴克莱等银行开出的高达 17 亿欧元的天价罚单正是因其非法操纵了伦敦银行同业拆借利率，而 2015 年 5 月中旬，花旗、巴克莱、摩根大通等六家银行同样因合谋汇率行为向反垄断执法部门认缴高达 58 亿元的罚款。作为另一种银行服务定价方式银行费用的横向协定也时常发生于银行业之中，银行业经营者之间会通过价格协同行为控制相关市场内服务费用的高水平以确保自身从服务中获取盈利。2015 年年初美国某法院重启了"对于维萨卡和万事达的反垄断诉讼，其指控理由在于这些公司协同抬高了 ATM 交易手续费"①。除去价格固定行为之外，联合抵制交易也可能成为银行业横向垄断协议的一种表现形式。银行业经营者与交易相对人之间的交易一般发生于固定的场所之中，场所的设置是出于交易便利的考虑，并且这种场所往往是由官方或者传统行业机构之间自发设立的。类似于"基础设施"，自发形成的某种交易场所极易形成交易联盟，对外拒绝新经营者进入场所之内，无形中提高新经营者的市场交易成本。欧盟反垄断执法机构在 2013 年认定"包括汇丰控股、摩根大通、美银美林、巴克莱、高盛及花旗集团在内的 13 家银行因担心交易所加入衍生工具交易业务造成收入减少，而共同阻挠交易所进入有关市场"②，此举正是经营者之间通过横向的协同产生的排斥、限制竞争的效果。

---

① 《美法院重启对维萨卡和万事达卡的反垄断诉讼》，2015 年 8 月，中国经济新闻网（http：//www.cet.com.cn/yhpd/yhk/1606083.shtml）。

② 《欧盟指控 13 家银行涉及 CDS 市场垄断操作》，2013 年 7 月，和讯（http：//bank.hexun.com/2013-07-02/155703162.html）。

对于纵向垄断协议而言，一方面，银行业不具备一般产业的纵向结构特征，因此很难从纵向产业链中寻求交易相对人；另一方面，银行业的纵向展开表现为分支机构的下设。当下我国银行业机构的发展模式多采用"总分行制"，即在总行之下设立分行、支行等分支机构，这种网点设置虽然需要消耗大量的成本，但是从根本上有利于银行在更广泛的范围内开展金融业务，赢得更广阔的客户群体。从实体法上看，分行与支行并不具有独立法人地位，其法律效果最终均由总行承受。[①] 这样看来，银行业总分行结构与纵向一体化有着极为类似的形成机理，"纵向管理的模式使得垄断银行集团在行政和业务上听从上级银行的管理，分支机构所在地银行业的影响力很小"[②]，从反垄断经济学来讲，总分行设置容易实现银行的规模化经营，进而形成市场结构的纵向一体化，但是纵向一体化排他决策的排斥竞争效果会因下设机构的附属性而豁免，因此这并非法定意义的纵向垄断协议。因此，我们认为，银行业的纵向垄断协议规制在银行业市场内部并不存在，但是不排除存在于产融结合领域。

我国垄断协议执法之于银行业垄断协议反垄断法规制的示范性在于重点关注银行业行业协会主导下的具有排除、限制竞争的垄断协议行为。如前所述，我国银行业行业协会多具有官方背景，并且承担着某种程度上的行业管理职能，就我国银行业行业协会的现有运作来看很难有实力形成对既有银行业机构产生影响力和控制力的决策。同时，我们也指出应对个别功能领域的"类行业协会"组织予以关切，例如中国银联。除此之外，近年来我国产生了大量的具有"类行业协会"性质的银行联盟，这种情况多限于中小银行机构，例如农商银行发展联盟、农商银行合作平台等。这些银行联盟或具有地方性质或同为中小经营者，这种"抱团取暖"的行为从竞争促进角度来讲可以适用《反垄断法》第 15 条关于垄断协议豁免的规定，为其提高经营效率提供宽松的市场执法环境。

（三）银行业价格联盟的反垄断法规制

价格联盟是我国银行业市场发展中较为突出、具有代表性的涉嫌排

---

① 《商业银行法》第 22 条规定："商业银行对其分支机构实行全行统一核算，统一调度资金，分级管理的财务制度。商业银行分支机构不具有法人资格，在总行授权范围内依法开展业务，其民事责任由总行承担。"

② 张萍：《利益集团博弈与金融制度壁垒研究——基于中国银行业开放的考察》，知识产权出版社 2013 年版，第 39 页。

斥、限制竞争效果的垄断协议行为。从社会舆论的一致声讨到学者专家的建言献策，作为银行业市场价格表现形式之一的服务费用几乎成为银行业垄断的最佳注脚。

银行业费用问题的表现是多种多样的，我们需要明确的是，银行业经营者针对服务收费是具有合理性和合法性的。一方面，银行业经营者为交易相对人提供金融服务并获取相应对价，这是市场经济和商品经济运行的一个基本交易法则。银行业金融机构不是非营利性组织，营利性是其作为经济人的最高追求，因此，银行收费这一行为本身无可厚非。另一方面，银行业经营者针对所提供的服务收取对价费用是有明确法律依据的。《商业银行法》第 50 条规定，"商业银行办理业务，提供服务，按照规定收取手续费"，并且银监会和国家发改委根据《商业银行法》的授权在 2003 年颁布实施了《商业银行服务价格管理暂行办法》，明确按照政府指导价与市场调节价并行的方针设立商业银行定价的基础准则。因此，商业银行收费行为本身是合法、合理的。那么如此依法合理的正常市场经济行为为什么会招致社会舆论的一致讨伐呢？问题产生的关键原因还要"归功"于商业银行自身的不合理与非法行为。

这些不合理与非法行为体现在两个方面：一是擅自新设收费名目。小额账户管理费、取款手续费、挂失手续费以及短信提醒费等都是近年来舆论曝光出的"默默无闻"的新增收费项目，在某调查中，有 87% 的民众认为银行存在变相增加收费的情况，将近 90% 的用户认为这些收费项目损害了客户的利益。① 除此之外，饱受乱收费问题折磨的不仅包括个体客户，2014 年国家发改委在对全国银行收费问题大排查之后指出，信贷过程中普遍存在着银行乱收费问题，而这一问题集中表现在贷款环节巧立名目、变相收费，此举在增加银行利润的同时无疑加重了企业的融资成本。② 从法律规制角度来看，银行业乱收费问题主要是违反价格法和行业价格设置规则的基本规定，因此从规制范畴来讲属于价格规制与行业规制，作为价格主管部门的国家发改委和作为行业主管部门的银监会是首要

---

① 参见《关于银行乱收费的调查》，2015 年 11 月，东方财富网（http://poll.eastmoney.com/Html/Result6349.html）。

② 有报道称，"某股份制商业银行深圳华侨城支行于 2013 年 6 月、7 月向某企业发放贷款，在发放前后向企业收取三笔财务顾问费共计 270 万元；另一家股份制商业银行对一笔 5 亿元的贷款明确要求，'每年按贷款余额的 3% 收取并购顾问费'，实际共收取 1500 万元"。参见江国成、杨毅沉、王晓洁《企业如何被银行"潜规则"》，《人民日报》2014 年 8 月 5 日第 9 版。

的规制机构。二是协同调整收费标准。根据《商业银行服务价格管理暂行办法》的规定，"保本微利"是银行业市场价格自主设定过程中遵循的原则，并且价格的调整职能由商业银行总行完成，分支机构并无擅自调整收费标准的权利。① 这样一来，权力的上移意味着主体的浓缩，最终这些变动权集中于总行。而从整个市场而言，中小银行的总行是不会擅自提高收费标准的，因为这无功于市场竞争，不符合经济人理性，并且对整体市场价格水平不会产生实质性影响。因此，商业银行价格收费的调整权力，尤其是提高收费标准的权力集中于主流的大型商业银行总行之间，这就降低了横向协同的成本，换言之大型商业银行具有实施价格联盟的先天动机和后天基础，而事实也正是如此。2009 年，农行、建行、交行与工行先后调整个人金融业务收费标准，多数调整内容为上涨收费标准，并且部分项目涨幅达到 100%。② 无独有偶，2010 年 7 月中、农、工、建四大商业银行再次默契地统一上调 ATM 同城跨行手续费。③ 而 2014 年值得关注的一个类似价格联盟的协同行为在于"四大行"联手打压余额宝，相继下调支付宝用户月支付限额以及单笔支付限额。

从银行业价格联盟的行为特点来看，首先，银行业市场的横向协同行为并没有延续我国其他行业领域中的行业协会特色，行业协会在价格联盟的形成中并没有扮演重要角色。虽然以中国银联为代表的功能型行业协会存在着横向垄断的嫌疑，但是我国具有官方背景的行业协会实际上对于银行业经营者的经营行为并不存在实质影响力。在几次银行业乱收费问题的社会讨论中，银行业行业协会或声明费用上调合法合规，④ 或提出乱收费问题严重并提出自律要求。⑤ 立场的摇摆不定直接影响了银行业协会对内对外两方面的话语权与威信力。其次，银行业价格联盟行为逐渐由显性走向隐性。从早期大张旗鼓地协同涨价到后期低调默契的集体抵制，银行业价格联盟从行为表现上更趋"理性"，但是行为的横向垄断实质并没有发

---

① 参见《商业银行服务价格管理暂行办法》第 8 条、第 9 条。

② 参见《银行服务收费集体涨价》，2009 年 6 月，腾讯网（http://hb. qq. com/zt/2009/yhstzj/）。

③ 参见魏士廪《ATM 跨行取款手续费涨价难逃"协同垄断"之嫌》，《中国经营报》2010 年 8 月 2 日第 9 版。

④ 参见《银行业协会称 ATM 跨行取款收费上调合法合规》，2010 年 7 月，南方周末（http://www. infzm. com/content/48128）。

⑤ 参见刘诗平、刘琳《中国银行业协会对银行服务收费提六项自律要求》，2010 年 12 月，新华网（http://news. xinhuanet. com/fortune/2010-12/15/c_ 12884260. htm）。

生变化。最后，银行业价格联盟形成的重要原因在于既有市场垄断结构的助推。在我国银行业市场化尚未取得根本性突破之时，银行业市场传统的垄断结构不仅造就了大型国有商业银行的"傲慢与偏见"，而且"国字号"背景也极易促成银行业经营者之间的协同。实际上，四大国有商业银行始终面临舆论垄断压力的核心问题在于其营利本位与社会本位的不可调和，这一分歧源于不同群体对于国有资本参与银行经营的不同理解，社会舆论本身是希望国有资本的参与可以激发出商业银行更多的社会服务属性，而实际上商业银行却凭借这一属性锻造了垄断行事思维。从依法获得垄断势力到依法实施垄断行为，大型商业银行应当逐渐进入竞争法律的视野。

从事件发展的纵深来看，我国银行业服务费用问题的法律规制应当将焦点从"乱收费"向"乱涨价"过渡。针对"乱收费"问题，前述监管主体实施了一系列监管措施：2011 年 3 月，银监会、央行和国家发改委联合下发《关于银行业金融机构免除部分收费的通知》，从保护金融消费者权益出发免除 34 项服务收费；2014 年 2 月，银监会和国家发改委修订出台了《商业银行服务价格管理办法》，对于银行业服务定价与调价做了更为详尽的规定；2015 年年初，媒体披露国家发改委截至 2014 年底，"已经针对银行业乱收费问题对 150 家分支机构实施经济制裁 15.85 亿元"[①]。但是，看似全面、彻底的行业专项治理并没有触及病患之根本，亦没有形成反响强烈的社会效果。并且银行业经营者的政策软执行也会无形中减损了行业治理的效力。[②] 因此，笔者认为，针对银行业价格联盟行为应当着力构建反垄断法规制，通过本身违法规则的适用，加大惩罚力度，以期实现银行业治理与社会效果的"双丰收"，走出制造垄断的监管主体进行反垄断的悖论。

二　银行业垄断行为之滥用市场支配地位

（一）滥用市场支配地位的一般规定与规制现状

"做大做强"是每一个具有经济人理性的企业家较为朴素的企业发展目标，同时这也契合了规模经济理论的现实要求。市场支配地位，通俗地

---

① 安蓓：《收费检查罚了银行近 16 亿元》，《北京青年报》2015 年 2 月 25 日第 7 版。

② 例如，《商业银行服务价格管理办法》减免了部分业务的手续费，但是银行在执行过程中并不主动执行或者主动告知客户，而是要求客户主动向银行提出申请。

讲就是企业规模足够大、盈利水平足够高以及对市场的控制能力足够强。种种方面的极致要求注定在正常的市场竞争中，取得市场支配地位之艰难。客观地讲，每个行业都会存在着佼佼者，但不一定每个行业都会存在具有市场支配地位的经营者。从一个侧面来理解，市场支配地位是企业自主经营权充分实现的一个过程，那么问题就在于，为什么反垄断法要对企业的市场支配地位进行关注呢？"垄断经济的出现时经济法制社会化的最为重要的原因……由于经济实力的足够强大，垄断组织拥有可以支配市场的优势地位，必然带来垄断组织对优势地位的'滥用'。"[①] 从结构主义到行为主义的反垄断法规制变迁给出的答案是市场主体可以通过合法经营取得市场支配地位，但是不能通过其支配地位实施排斥、限制竞争的非法行为，如若如此即构成滥用市场支配地位的反垄断法规制行为类型。[②] 从滥用行为对竞争所产生的效果出发，我们一般按照欧盟竞争立法精神将滥用市场地位分为排斥性滥用和剥削性滥用：排斥性滥用行为的效果主要针对交易相对人，而剥削性滥用行为的效果则波及同业竞争者、潜在竞争者、消费者乃至市场外的上下游相邻市场，即是一种更为赤裸的竞争排挤行为。实质上，正如排斥与限制竞争效果一般，两种类型的滥用市场支配地位行为并非具有严格的界限，有可能一种行为同时包括了两种效果类型。

　　无论行为类型如何，滥用市场支配地位行为的法律认定归根结底要遵循严格的要件主义。从认定要件来看，滥用市场支配地位的认定一般包括了主体、行为和结果三方面的要件因素。首先，行为主体应当具有法律和经济上的双重独立性，并且具有法律认可的市场支配地位；其次，行为主体实施了市场支配地位的滥用行为；最后，行为具有损害竞争的效果。具体而言，我国反垄断立法从实体和程序两个方面给出了认定滥用市场支配地位行为的基本思路。从实体规定来看，《反垄断法》明确列举了滥用市场支配地位的行为类型、认定考量因素以及市场支配地位推定情形。除此之外国家工商总局 2010 年发布的《工商行政管理机关禁止滥用市场支配地位行为的规定》又对拒绝交易、限定交易等行为类型进行了细化，并

---

　　① 王涛：《变迁时代的经济与法（1600—1911）》，中国方正出版社 2011 年版，第 142—143 页。

　　② 值得一提的是，我国反垄断立法之际，将滥用市场支配地位的行为从第三章移到了准则，一方面体现出滥用市场支配地位作为垄断行为的根本性；另一方面指出市场支配地位合理性与行为违法性的区分原则。参见史际春等《反垄断法理解与适用》，中国法制出版社 2007 年版，第 138 页。

且较为详细地阐明了认定市场支配地位的考量因素与推定情节。从程序方面来看，与滥用市场支配地位相关的重要规定是最高人民法院 2012 年公布的《关于审理因垄断行为引发的民事纠纷案件应用法律若干问题的规定》确立了滥用市场支配地位的举证责任分配，即由原告承担市场支配地位的举证责任。①

从司法裁判来看，截至 2015 年 8 月，以北大法宝搜索标题含"滥用市场支配地位"的案件共计 14 件，其中民事案件 1 例，知识产权案件 13 例。在这其中最为引人关注的则是互联网领域的"3Q"大战。②《反垄断法》实施以来，我国有关滥用市场支配地位的反垄断执法工作主要由国家工商总局负责。截至 2015 年 8 月，在国家工商总局已发布滥用市场支配地位案件执法公告 4 例。③ 从已发布的竞争执法公告中我们不难发现四类案件都涉及舆论一般提及的"垄断性行业"，并且主要包括了公用行业和处于国家管制的烟草行业。可以说，这一系列的执法竞争公告直接表明了垄断行业的垄断行为同样处于反垄断执法的规制之中。从法律认定来看，竞争执法机关主要结合具体证据从市场支配地位认定、交易附加条件、正当理由以及行为效果方面着手认定。

（二）银行业市场支配地位的认定难度

相比于其他行业，我国银行业市场支配地位的认定因银行业市场的变化、主体要件法定以及银行业管制特征而具有相当程度的认定难度。具体来看：

首先，市场份额是市场支配地位认定过程中的一个重要考量因素，但并不是唯一因素。银行业与烟草等垄断行业的区别在于其市场内部的经营者数量是非常可观的，并且在某些市场环节、某些地域存在着过度竞争的现象。并且，随着银行业市场化进程的推进，民营银行的大量加入势必会

① 《最高人民法院关于审理因垄断行为引发的民事纠纷案件应用法律若干问题的规定》第 8 条，"被诉垄断行为属于反垄断法第十七条第一款规定的滥用市场支配地位的，原告应当对被告在相关市场内具有支配地位其滥用市场支配地位承担举证责任。被告以其行为具有正当性为由进行抗辩的，应当承担举证责任"。

② 即北京奇虎科技有限公司诉腾讯科技（深圳）有限公司等滥用市场支配地位纠纷案。

③ 即广东惠州大亚湾溢源净水有限公司滥用市场支配地位案（2014 年第 13 号）、内蒙古自治区烟草公司赤峰市公司滥用市场支配地位案（2014 年第 16 号）、江苏徐州市烟草公司邳州分公司滥用市场支配地位案（2014 年第 18 号）、辽宁省烟草公司抚顺市公司滥用市场支配地位案（2015 年第 7 号）。

对传统市场结构产生影响。在银行业市场之中，存在着规模大小之分，存在着经营者新旧之分，但是伴随发展而来的是现有主体市场份额的冲淡与稀释，意即随着竞争者的不断加入，市场竞争化程度的不断提高，银行业市场支配地位的市场份额认定路径逐渐变成一个伪命题。并且，即使在当下去判断市场份额我们也很难确定哪些主体在相关市场内居于市场支配地位。当然，在市场份额路径之外仍然存在着市场控制能力、经营者财力技术条件、交易关联和市场准入壁垒等考量环节。但是，客观来讲市场份额是一个相对量化的考量因素，如果我们将视野投入其他考量因素之中势必会面临着难以量化，抑或量化标准不统一导致认定结果不同的规制困境，困境的存在无疑会减损社会对反垄断法规制银行业滥用市场支配地位行为的期待效果。因此，综合起来看，银行业市场支配地位的考量因素具有极大程度的不确定性，认定存在着难以量化的规制难度。

其次，在关于银行业垄断的"民间审判"中，工行、农行、中行、建行一直被视为一种"垄断联盟"，因政策优势而成为市场支配地位的获得者，我们认为这一认定思路值得推敲。滥用市场支配地位的实施主体要件首先在于法律上和经济上的独立个体。股份制银行改造以来，"四大行"无论是法律意义还是经济意义都是独立的个体，即使业务存在关联、都存在不同程度的国有资本控股，但是这些并不构成竞争法意义上归责依据。在滥用市场支配地位的规制面前，它们仍然是独立的法人主体。此外，当行为主体为两个以上时，反垄断法关于市场支配地位的认定具有明确的推定情节。① 根据《反垄断法》的规定三个经营者合计市场份额占3/4推定其占有市场支配地位，而根据数据统计五家大型国有商业银行的市场份额连年下跌，2006—2013 年间最高峰值仅为 55%，距离反垄断法的规定仍然很大的距离。因此，"四大行"的垄断地位很难得到反垄断法上的"认可"。

最后，滥用市场支配地位的行为特征在于"滥用"，在具体的行为细分中表述为"没有正当理由""不公平""不合理"等字眼。需要明确的是，在滥用市场支配地位的规制中，目前我国的《反垄断法》并不涉及主观归责的问题，行为认定的重要方面在于主体适格与效果适格。但是，作为主观要件的正当理由可以作为具有市场支配地位的经营者的免责要

---

① 参见《反垄断法》第 19 条和《工商行政管理机关禁止滥用市场支配地位行为的规定》第 11 条。

件。从我国并不完全开放的银行业市场来讲，银行业市场支配地位经营者的正当理由可能存在两方面的可能性：一是金融政策行为的合理豁免，即市场支配地位主体基于与政府的高度关联，利用政府行为将滥用行为转嫁为政策执行行为，这样一来问题就上升到竞争政策与产业政策的冲突层面；二是银行业行为的专业性豁免，即市场支配地位主体基于特殊的发展事由掩盖其真实目的。两方面正当理由可能性的存在更为规制银行业市场支配地位制造了难题。

（三）"银行业反垄断第一案"的再思考

在实践发展中，最为引人注目的滥用市场支配地位案件是发生于2009年的"银行业反垄断第一案"，该案具体案情如下：①

> 重庆西部破产清算公司（以下称西部公司）工作人员肖女士称，9月1日，公司开出一张4.9万元的现金支票，让她到开户行建设银行南坪支行提现，却被银行拒绝。原因是，西部公司没有交纳账户管理费。据了解，银行对存款余额达到50万元以上的法人客户，没有收取账户管理费，只对50万元存款以下的法人用户收取。另外，当天取款金额超过5万元的，银行要按千分之一的比例收取手续费。为了避手续费，他们每次取款金额都不超过5万元。如果要取10万元的话，就得分3次。肖女士称，由于觉得银行要求交纳账户管理费的规定太离谱，公司至今也没有交纳账户管理费，也没有去提现。9月8日，该公司向法院提起诉讼表示建行重庆南坪支行涉嫌用自己的优势地位强制收取账户管理费和取现手续费、拒绝交易、差别待遇等，已经违反《反垄断法》的第17条的规定。要求被告赔偿100元损失并承担本案一切费用。建设银行重庆市分行计财部张经理称，这些费用的收取标准都是总行制定，并报请国家发改委和银监局批准的。所以，收费都是合法的。

仅从本案出发，"重庆建行案中原告的几个诉讼理由均没有《反垄断

---

① 新浪财经：《建行遭遇银行业反垄断第一案》，2008年9月，新浪网（http://finance. sina. com. cn/money/bank/jhfld0912. shtml）。

法》上的根据"①。本案中，代理律师依据《反垄断法》第 17 条提起诉讼，而此条正是滥用市场支配地位的相关规定。从这个意义上讲，我们暂且不考虑涉诉银行是否具有市场支配地位，亦不考虑银行行为本身对于原告权益的侵犯，仅就滥用市场支配地位认定过程中最为重要的结果要件就可以"轻易"地否决原告的诉请。滥用市场支配地位认定的重要环节在于行为法定排斥效果的产生，而在"银行业反垄断第一案"中，涉诉银行仅仅可能对交易相对人某一方面的权益产生了影响，其行为对于市场竞争产生排除和限制效果。并且，在"四大行"市场支配地位难以认定的前提下，认定建行一家的市场支配地位更是难上加难。除此之外仍需注意的是，涉诉银行已经通过媒体辩称其具有收费的合法性与合理性，即使其基于市场支配地位行使滥用行为也是具有"正当理由的"。因此，本案如果作为反垄断案件，必然得不到《反垄断法》意义上的法律根据。

我国银行业经营者，尤其是大型商业银行经营者一直具有社会舆论意定的市场支配地位，这种意定的缘由一方面在于大型商业银行的高利润，坐享垄断红利；而另一方面或许是在于其"为富不仁"。从表现类型上看，银行业的滥用行为体现为拒绝和相对人进行交易以达到排斥、限制竞争的效果，也体现为在金融产品服务中不合理地搭售、倾销以及附加其他不合理条件等行为。目前，我国银行业滥用市场支配地位的行为类型主要表现为"限制开立银行存折、限制小企业开户和对于个人住房抵押贷款指定银行行为"②。实际上，诸多银行业滥用市场支配地位的行为归责都是经不起法律推敲的，对于滥用市场支配地位的误读一直弥漫于我国反垄断实务界之中。我们认为，银行业滥用市场支配地位的行为认定应当注意三方面的问题：

其一，我国银行业市场支配地位认定存在难度，应当谨慎归责。滥用市场支配地位是一种具有特定反垄断法意义的法律行为，同时也是一种具有结构性特点的垄断行为，与市场结构的关联决定了其认定与规制的难度。目前我国滥用市场支配地位的竞争执法多限于具有垄断行业特征的管制行业，而对其他行业（包括银行业）而言，市场主体的多元化与市场

---

① 郑文通：《我国反垄断诉讼对"滥用市场支配地位"规定的误读》，《法学》2010 年第 5 期。

② 饶粤红：《我国银行业滥用市场支配地位的反垄断法分析》，《政法学刊》2009 年第 3 期。

竞争的多样化无形中增加了经营者取得市场支配地位的难度。因此，市场的复杂性和行为的低概率使得执法机构需要以一种谨慎的态度认定相关性行为。

其二，当下被社会舆论认可的"银行滥用市场支配地位行为"实际上可以通过私法途径进行有效规制。在市场结构规制的框架之外，仍然存在着诸多经营者不合理行为的规制路径。限制中小客户开户、不合理收费等行为虽在现有反垄断规制体内得到支持，但是我们可以从合同法、反不正当竞争法、消费者权益保护法等途径寻求权益保护。社会大众对于银行业的诸多声讨基本上基于金融消费者弱势以及信贷排斥两个方面，但是金融消费者的弱势地位与银行业经营者的市场支配地位不必然存在着联系，消费者权益保护法可以为消费者提供更为实质性的权益保护，而信贷可得性与信贷合理性是一个较难调和的矛盾，银行业较为严格的、具有合理性的信贷审查机制往往会将小微金融个体排斥在主流金融体系之外，这一问题的解决仍然需着眼于金融规制，而非反垄断法规制可承受之重。

其三，可以考虑通过引入市场相对优势地位理论，实现对银行业垄断行为的反垄断法规制。从理论上讲，银行业仍然存在着滥用市场支配地位的可能，我们不能因为当下市场支配地位的认定难度而失去了对于这种垄断行为类型的警醒，因此有必要考虑如何建立一种更适合银行业市场竞争机制促成、更适合维护市场秩序的认定维度。"反垄断法禁止滥用市场支配地位行为已成为各国的共识，但滥用相对经济优势地位行为是否也会受到反垄断法的规制则存在不同的意见"[1]，在我国反垄断立法之初也存在着支配地位与优势地位的争辩。[2] 毋庸置疑，相对优势地位确实存在着适用空间的局限性，但是对于银行业这种特殊的垄断行业而言，相对优势地位的适用不失为一个权宜之计。"反垄断法规制相对优势地位必须遵循一定限度，尤其强调滥用行为的消极后果必须超出交易双方之间，对相关市场竞争造成限制或损害消费者利益"[3]，而一般来讲这一限度正是特殊企业因特殊原因取得了市场优势地位，这与我国银行业的行业特征较为相似。相对优势地位本身可以视为一种合同法与竞争法的结合理论，体现在

---

① 孟雁北：《滥用相对经济优势地位行为的反垄断法研究》，《法学家》2004 年第 6 期。

② 有学者从资产专用性、法律认定、理论适用等方面对相对优势理论提出了质疑，参见李剑《相对优势地位理论质疑》，《现代法学》2005 年第 3 期；李剑《论结构性要素在我国〈反垄断法〉中的基础地位——相对优势地位滥用理论之否定》，《政治与法律》2009 年第 10 期。

③ 焦海涛：《反垄断法规制相对优势地位的基础与限度》，《时代法学》2008 年第 3 期。

市场交易对于市场竞争的限制性影响。当下银行业与国有企业存在着较为普遍的客户锁定，而这种锁定主要来源于企业在两个相关市场的优势地位以及国有资本背景的高度契合，相关优势地位理论将这种锁定和契合阐释为"依赖性"和"渠道转换可能性"。[1] 执法标准的适度下调有利于特殊时期市场竞争环境（例如银行业市场化）的塑造与促成，避免了"意定"垄断行为于法无据的尴尬局面。因此，我们可以通过相对优势地位理论的应用更好地实现对于银行业垄断行为的规制。

三 银行垄断行为之经营者集中

（一）经营者集中的一般规定与规制现状

经营者集中，顾名思义是原本具有独立性的经济个体集合为一个经济主体，经营者集中的动机包含了规模经济效应和资产经营一体化的追求、市场资源的整合以及问题企业挽救等，总体上来说是追求低交易成本与高经济效率。作为垄断行为类型的经营者集中与其他垄断行为的不同之处在于它是一种事前的反垄断法规制行为，即在经营者集中尚未发生之前，通过对其行为所产生的市场效果，行使批准或否决的权利。这种事前属性反映在反垄断法之中则是较为详尽的实体要件与程序要件。《反垄断法》第四章详细列明了经营者集中的类型、申报程序、审批程序以及市场效果认定与豁免因素。一般认为经营者集中包括合并、股权控制以及以合同方式控制等行为方式，而且重中之重在于"控制"效果的达成，而经营者集中的反垄断法规制正是对控制权市场效果的规制。反垄断法对于经营者集中的关注要点在于集中行为对市场竞争环境的整体影响，即行为是否具有反竞争的效果，"而这种反竞争效果存在于横向集中与纵向集中过程中的单边效应与协同效应"[2]。综观各国反垄断法规制实践都形成了关于经营者集中反竞争效果认定、抗辩与救济的一整套实体与程序要件。从经营者集中行为的反竞争效果的实质审查来看，执法机构主要从经营者集中前后的市场份额变化、集中协议的行为设定以及集中行为实施后的市场进入障碍等方面进行考量。总体上看，"经营者集中的肯定因素包括产业政策、

---

[1] 参见徐士英、荣中华《相对市场优势地位理论研究》，《经济法研究》2007 年卷。

[2] 单边效应即集中行为发生后，经营者可以单方面地排除和限制竞争，而协同效应是指集中行为客观导致竞争者数量减损，进而通过企业"合作"排斥竞争。参见韩伟《经营者集中附条件法律问题研究》，法律出版社 2013 年版，第 11—14 页。

规模经济与网络效应、技术变迁等维度，而否定因素主要在市场进入与买方力量两个维度"①。从经营者集中行为的反竞争效果的程序审查来看，反垄断执法机构一般为经营者集中的申请者设置了抗辩程序，而抗辩理由主要来源经济效率的有效提升、企业破产的救济以及社会公共利益的整体考量。

经营者集中是我国反垄断执法机关较早着手并且率先进入常态化的垄断行为规制领域。作为拥有经营者集中法定审批权的商务部反垄断局先后颁布《经营者集中申报办法》《经营者集中审查办法》《关于经营者集中申报的指导意见》《关于经营者集中简易申报的指导意见（试行）》《关于经营者集中附加限制性条件的规定（试行）》等相关执法指南，定期向社会发布经营者集中审批信息，促进了我国经营者集中审批执法制度的完善。从作为垄断行为认定关键环节的反竞争效果认定来看，我国主要通过市场份额（市场控制力）、市场集中度、进入壁垒、技术因素、消费者影响以及国民经济发展等多个维度进行审核，② 并形成了无条件批准、附加限制性条件批准和禁止批准三种处理模式。③

（二）银行业经营者集中的政策选择

银行业的经营者集中行为常被学界表述为"银行并购"，从学术研究上看这一命题具有极强的独立性与特殊性。可以说，学界对于银行并购问题的关注早于银行业垄断问题的研究，并且在该银行并购的研究方向下形成了大量研究成果。除此之外，银行业之于国家安全与经济秩序的关键效用、银行业市场自身的专业性使得银行并购命题超脱于银行业垄断问题之外，呈现出研究的独立价值。以银行并购为例，银行业的经营者集中同样包括合并、股权收购以及其他方式的类型划分。从行业跨度来看，银行并购还包括了银行业内部的并购与银行业外部并购两种。银行并购之于反垄断的特殊性在于银行业自身得天独厚的资金优势促成的银行业潜在垄断行为能力，此理与前述银行业反垄断法规制本身相通。从欧美发展实践来看，银行业经营者集中的法律认定受主流经济政策影响较大。反垄断法之

---

① 韩伟：《经营者集中附条件法律问题研究》，法律出版社 2013 年版，第 17—19 页。

② 参见《反垄断法》第 27 条。

③ 自授权实施经营者集中审核以来，商务部定期发布无条件批准的经营者集中案例，并且已经形成了按季度发布执法公告的惯例。2009 年 3 月，商务部在可口可乐收购汇源一案中首次做出了禁止经营者集中的决定。除此之外，仍存在大量附加条件批准的执法案例。

于银行并购先后经历行为豁免、一般适用、严格限制与放松规制的执法力度变化。由此看来，与其说银行业经营者集中的反垄断法规制，不如说银行业经营者集中的政策性控制。从最新的发展来看，金融危机的发展、恶化使得美国银行并购大有逃离反垄断集中审查规制之势，出于危机治理，美国司法部多对银行并购案例采取宽松、放行的态度。这一举措虽然遭到了部分反垄断学者的质疑，但是其背后的理论支撑仍在于整体经济运行形势，尤其是金融市场整体稳定态势的维持。因此，一国经济形势、金融市场的发展变迁决定了银行业经营者集中的反垄断法规制政策选择。

对于我国而言，首先值得注意的执法实践在于 2009 年商务部会同央行、银监会、证监会和保监会发布实施《金融经营者集中申报营业额计算办法》，本办法适用主体范围包括银行业金融机构，并且明确了银行业金融机构营业额的相关计算标准。[①] 我们认为，此举包含了两个层面的政策意义：其一，银行业经营者集中适用于《反垄断法》关于经营者集中的相关规定，银行业金融机构并非《反垄断法》的适用除外选项，与其他行业一道平等适用《反垄断法》；其二，特殊行业的特殊措施表现出我国经营者集中审查机构认识到了金融行业经营者集中的特殊性，这在某种程度上体现出经营者集中审查中的个案分析原则。就国内有关经营者集中执法实践来看，银行业金融机构参与的经营者集中多体现为境外银行业金融机构对非银行业实体的收购参与，现有案例鲜有关于境内银行业金融机构之间的集中申报。但实际上，仍有大量境内商业银行合并行为没有经过商务部经营者集中的事前审核。2012 年，"史上最大金融并购案"宣告收官，深圳发展银行完成与平安银行的吸收合并，在这一合并过程中并未涉及向反垄断机构申报（见表 2-5）。2014 年 12 月，"银监会批复同意河南多家银行合并重组设立中原银行有限公司"[②]；2015 年 4 月，"媒体披露南昌银行拟与景德镇商业银行合并组建江西银行，此举得到了地方银监部门的首肯"[③]。

---

① 《金融业经营者集中申报营业额计算办法》第 3 条规定，"银行业金融机构的营业额要素包括以下项目：一、利息净收入；二、手续费及佣金净收入；三、投资收益；四、公允价值变动收益；五、汇兑收益；六、其他业务收入"。

② 刘艳：《河南多家银行合并重组成立中原银行获批》，2014 年 12 月，经济观察网（http://www.eeo.com.cn/2014/1217/270279.shtml）。

③ 马传茂：《重组江西银行：南昌银行合并景德镇商行，上半年挂牌》，2015 年 4 月，凤凰网（http://finance.ifeng.com/a/20150407/13611199_0.shtml）。

　　由此两案我们不难看出，在地方性商业银行的经营者集中过程中存在不同程度的政府干预，可以说政府导向是促成合并的主要动因。另外，相关经营者集中均未进入经营者集中的反垄断审查机制之中，而是由行业规制主体主导审核。由此看来，目前我国银行业经营者集中的事前规制尚处于行业规制向反垄断法规制的转轨时期，主要审批权仍然在行业规制部门。伴随银行业市场化进程的推动，市场竞争将得到更大程度的释放，而银行业经营者之间的集中行为也会成为部分银行业经营者做大做强的一种战略选择。目前我国银行业经营者集中反垄断审查的主要障碍在于行业规制的冲突，缓释竞争执法权与行业规制权的冲突是确立反垄断机构银行业经营者集中主导权的前提要件。

表 2-5　　　　　　　　　深圳发展银行吸收合并平安银行进程①

时间	事件
2009 年 6 月 12 日	中国平安公告将最多认购深发展 5.85 亿股，并受让美国新桥投资集团持有的深发展 5.2 亿股；交易耗资不超过 221.27 亿元
2009 年 6 月 29 日	深发展拟向中国平安定向增发股票的议案仍获得 93.5% 以上的赞成票通过
2009 年 8 月 7 日	中国平安的战略投资深发展 H 股增发事宜获得其股东大会通过
2009 年 12 月 25 日	中国平安宣布推迟入股深发展相关协议的最后终止日期，将股权收购的最后终止日由原先的 2009 年 12 月 31 日变更为 2010 年 4 月 30 日
2010 年 4 月 29 日	深发展与中国平安之间股权收购协议附录一"截止日"改为 2010 年 6 月 28 日
2010 年 5 月 26 日	深发展董事会审通过《关于聘任理查德·杰克逊（Richard Jackson）先生为深圳发展银行股份有限公司行长的议案》
2010 年 6 月 28 日	深发展非公开发行 A 股股票申请获得证监会核准。深发展向中国平安发行 37958 万股股份
2010 年 6 月 30 日	因拟筹划与中国平安控股子公司平安银行两行整合的重大无先例资产重组事项，深发展停牌
2011 年 1 月 19 日	深发展和中国平安同时公告，深发展董事会审议通过深发展吸收合并平安银行方案并同意两行签署吸收合并协议

（三）"大到不能倒"的反垄断法反思

　　"大到不能倒"（Too Big To Fail，TBTF），又称"大而不倒"，即"银行机构的规模大到整个社会不能承担其破产的程度，一个银行的破产

---

　　① 《深发展将更名为平安银行》，2012 年 2 月，腾讯财经（http://finance.qq.com/zt2012/sfzgm/）。

会拖垮整个金融系统"①。在美国银行业的发展长河中，大银行扮演着重要的推动角色，而作为事物的对立面，大银行的破产与重整也不断挑战着美国监管层的智慧。"大到不能倒"一直是困扰美国银行业发展的瓶颈问题，金融危机发生后，这一问题又显得格外突出，纽约时报专栏作家安德鲁·罗斯·索尔金在危机过程中大量走访，成书《大而不倒》将此次金融危机中的银行业困境尽现眼前。② "作为普通市场主体，银行业金融机构无论是在金融常态环境还是在金融危机背景下，都不愿意终止其市场主体的身份和资格；但金融危机时，过分允许已经发生风险和出现经营危机的银行业金融机构继续存在，无疑是让风险滞留于市场。"③ 我们所言及的"大到不能倒"的大型银行业金融机构首先应当立足于银行业市场化的语境之中，其次政府对于银行业的发展抑或对于银行业市场优势地位的促成是问题的另一个方面。在银行业市场化进程中，银行业经营者通过经营者集中、产品创新等多种合法途径实现"做大做强"是受到法律保护，追求低交易成本、高经济效率，对于市场份额的客观占有不构成法律规制之依据。然则，如若大型金融机构因经营不善面临破产危机，或因整体经济形势下行而面临重重困境，在其"倒"与"不倒"抉择中，银行业作为社会金融服务之根本，其行业内部巨擘之殇势必招致政府的关注。为了预防大型银行业金融机构破产之社会弊端，政府多采取倾力挽救之措施以确保其"不倒"，如此一来，银行业金融机构因社会而"兴"，又因社会公共利益之"不倒"，发展逻辑的"低风险性"极易引发银行业金融机构的道德风险危机与系统性风险传导。

具体而言，"大到不能倒"引发了如下问题：其一，银行业规模经济的理论质疑。对于规模经济效应的追逐存在于现实社会的每一个行业之中，银行业的规模经济追逐体现为大量银行并购的出现。"对于银行业是否存在规模经济，经济学家、监管机构和银行业管理者未能形成统一意

---

① 赵园园：《银行业反垄断法适用问题研究——以银行业结构规制为视角》，复旦大学出版社 2012 年版，第 14 页。

② 参见 [美] 安德鲁·罗斯·索尔金《大而不倒》，巴曙松等译，中国人民大学出版社 2010 年版。

③ 张雪强：《银行业金融机构市场退出法律制度研究》，法律出版社 2014 年版，第 169—170 页。

见。"① 如果界定合理的银行业市场规模，如何在金融安全与金融效率之间取得权衡是后危机时代行业监管亟须面对的问题。从"大而不能倒"的问题出发，银行业规模经济确实存在着极大的负外部性。与此同时，我们还需要注意的是，规模经济理论同样是反垄断法规制由结构主义向行为主义转向的重要理论前提。由此一来，规模经济理论的银行业质疑，势必会引发结构主义规制的"复辟"，银行业经营者集中反垄断法规制何去何从成为一个重要的问题。其二，大型银行业金融机构的客观存在有碍市场竞争环境延续。大型银行业金融机构具有高市场份额本身虽然不具有法律归责之依据，但是仍然存在滋生不公平、有违市场竞争基本法则行为之可能。大型银行业金融机构的责任意识缺失和逐利意识泛滥恰是系统性风险产生的温床。金融衍生品过度开发，市场投机行为滋生，金融消费者权益保护意识淡薄都对既有稳定的金融市场秩序产生威胁。其三，金融规制失灵、俘获现象大量存在。亚当·列维京教授在概览金融危机期间相关文献后指出，"关于金融危机书籍的教训是：我们几乎是在错误地争论金融规制。学者与政治家们提出了错误的问题。应当接受多大程度的俘获或者俘获如何形成是讨论的应有之义"②，而"大到不能倒"同样说明了规制失灵与金融规制俘获的现实存在。对于银行业并购的过度首肯，对于银行业不违法行为的过度放纵，终酿成"大到不能倒"之难题。

银行业市场之"大到不能倒"问题的关键不在于银行业经营者取得市场支配地位之后的潜在行为，更重要的是对经营者集中反垄断法规制政策的警示。金融危机期间，欧盟仍然保持着对于银行业经营者集中较为谨慎、严格的态度，而美国则快速、简捷地通过对破产银行的吸收合并申请。美国银行业经营者集中政策之缓和主要是为了应对金融危机发生后避免因破产问题而导致的社会动荡，但是在其后续的决策之中我们不能发现银行业经营者集中审核尺度收紧的趋势。《多德—弗兰克法案》提出了强化金融监管权力，破解"大到不能倒"之困境，其措施包括允许对大型金融机构分拆以及禁止使用纳税人资金救市等措施。除此之外，"沃尔克规则"的采用也使得金融机构的行为受到了更大程度的限制。从《多

---

① 王勇：《美国'大而不倒'银行反垄断规制变革及启示》，《金融与经济》2014 年第 12 期。

② Adam J. Levitin, "The Politics of Financial Regulation and the Regulation of Financial Politics: a Review Essay", *Harvard Law Review*, Vol. 127, No. 7, May 2014.

德—弗兰克法案》的颁布实施我们可以预测到未来一段时期美国银行并购反垄断中政策又将回归严格、谨慎的本色。

我国银行业市场虽未经历银行并购浪潮，但是仍然有必要树立金融效率与金融安全兼顾的原则，不断探索完善的银行业经营者集中审查制度，以应对市场充分开放之后的银行业市场集中与竞争。"让银行维持足够小的规模，让社会可以承受起破产带来的代价，是防止未来救助并彻底摒弃'大到不能倒'思维的关键性一步"①，银行业经营者集中制度的完善至关重要。结合国外银行业经营者集中的实践变革，我们认为我国银行业经营者集中完善应当从以下几个方面着手：其一，强化商务部对于银行业经营者集中的审查权，确立反垄断法对于银行业经营者集中的适用。从目前来看，商务部具备开展经营者集中事前审查的能力，但是银行业经营者集中的专业性又对商务部执法团队提出了挑战。虽然银监会作为行业规制机构对于银行业市场的了解与把握较为翔实，但是作为法定垄断行为类型的经营者集中仍需银监会极力配合商务部完善相关事宜审查，并且应以商务部为主要执法主体。其二，不能因行为规制模式而放弃结构主义规制，银行业同样需要事前地控制经营者集中。如前所述，行为主义规制模式本身并不排斥结构主义规制方法，"大到不能倒"问题的产生正是对反垄断结构主义规制的警示。银行业市场结构的变动有其市场发展自身的规律，非为反垄断规制机构或者行业规制机构所能违反规律而干预之。但是，对于经营者集中这种对市场竞争存在潜在威胁的行为，反垄断执法机构应当依职权认定行为是否具有反竞争效果，从侧面维护市场结构的稳定性与竞争性。其三，不断完善银行业经营者集中相关制度。我国银行业经营者集中尚处于初级阶段，仍有大量制度空白需要通过不断的执法实践进行弥补。我们可以通过借鉴国外发展中资产剥离制度完善银行业经营者集中的附条件批准制度。

本章小结

《反垄断法》的实施为各行各业垄断行为的规制提供了基础准则，《反垄断法》的行业规制正是在基础准则之上，结合行业发展规律与行业

---

① ［美］彼得·D. 希夫：《国家为什么会崩溃》，刘寅龙译，中信出版社2013年版，第108页。

市场特征，进行针对性的执法实践探索。实施七余年来，《反垄断法》在各垄断行为类型都取得了一定的成绩与执法经验，这为银行业垄断行为法律规制的开展奠定了基础。本章通过从我国反垄断立法体系出发，对于银行业垄断行为的认定思路、主体逻辑以及客体类型进行了分析，其论述目的在于证成《反垄断法》可以适用于银行业，并且对于银行业垄断行为的有效规制具有可期待性。当然，我们仍应清醒地认识到，银行业的"特殊行业"性质为反垄断立法和执法提出了诸多的挑战。银行业垄断行为主体的行政属性，银行业垄断行为类型的复杂性都为反垄断法规制的开展制造了不同程度的困难。现有较为初级的反垄断执法能否及时调试，有效应对银行业反垄断法规制仍是一个待解命题。

第三章

银行业反垄断法规制的问题审视

从语词渊源来看，较为确定、较为系统的规制界定主要源于规制经济学中的政府规制理论，伴随政府规制理论引入法学研究尤其是行政法学研究，规制被赋予了更为广义、更为丰富的理论内涵。英国著名公法学者安东尼·奥格斯教授在《规制法学形式与经济学理论》开篇指出，"'规制'一词如今频繁地出现在各种法学与非法学的文献上，它不是一个专业用语，相反，它是一个含义广泛的词汇"①。规制语词的广泛理解意味着跳出了既定的政府规制理论范畴，并且在银行业垄断规制的研究命题下更加凸显其法学属性，而这种理解较为趋近于法律实施的概念范畴，即我们可以将规制理解为主体依照法律展开的实施行动。法理学一般认为法律实施包含了执法、司法、守法和监督四个基本环节，这同样也可以成为我们言及的法律规制的概念外延。法律规制与法律实施的些许不同之处可能在于法律规制体现出更强的微观性和针对性，并且突出政府在规制活动中的方法应用与绩效评价。

毋庸置疑，规制问题是规制活动中产生的相关问题，这些问题既可以是实践中现实遭遇的，又可以是经验中或然潜在的，还可以是理论上必然存在的。因此，实践中的问题、经验中的问题以及理论上的问题构成了本章银行业反垄断法规制的问题言说域。之所以如此，其根源在于我国相对初级的反垄断法规制体系和发展缓慢的银行业反垄断法规制。"在西方民主社会，人们对市场力量实现效率抱有极大信心，并由此试图借助竞争法以'人们所理解的公共经济利益'为目的，对垄断和寡头性权力的行使

---

① ［英］安东尼·奥格斯：《规制：法律形式与经济学理论》，骆梅英译，中国人民大学出版社 2008 年版，第 1 页。

加以规制和限制。"① 在诸多银行业垄断现实问题面前，银行业反垄断法规制因其"不作为"或"少作为"造成了实践问题的简单与集中，但是《反垄断法》实施以来其他行业的反垄断执法实践可以较为清晰地展现出我国既有的反垄断法规制特点，在此基础上我们可以对银行业的反垄断实施进行适度的展望。除此之外，从理论问题和经验问题着手是借鉴他国反垄断法规制经验、构建系统的银行业反垄断法规制体系的必要环节。

本书虽然跳出了既有规制的经济学内涵，但是我们可以从既有的相关成果中，确定我们对银行业反垄断法规制问题的审视维度。公共规制经济学认为，"公共规制是现代市场经济国家政府为了弥补市场功能缺陷、增进社会福利和提升市场效率，通过法律威慑的公共管理"②，从这一概念界定中我们可以发现，一个常规的规制应当包含规制目标、规制主体、规制方法以及规制效果等评判维度，而规制问题应该内嵌于这四个维度之中。从规制到法律规制，问题审视维度的变化主要在于规制目标中的权利义务设置以及规制方法中的法律至上与程序主义。因此，对于银行业反垄断法规制而言，我们依旧可以从规制目标、规制主体、规制方法和规制效果四个方面进行问题审视，以期发现对银行业反垄断法规制系统建构有着至关重要作用的关键环节与利益链条。

第一节　银行业反垄断法规制问题之目标虚化

《反垄断法》为我国行业反垄断实践的开展业已确立了明确的、宏观的规制目标，然而以银行业为代表的特殊行业垄断行为规制却不能单纯地进行目标移转，行业发展的特殊性决定了反垄断法规制目标在厘定价值不变的前提下有所调整。缺乏明确的规制目标容易使我国银行业垄断行为反垄断法规制陷入一种目标虚化的困境，这种虚化现象在既有的其他行业垄断行为规制中也有体现。反垄断法规制的目标虚化导致反垄断法规制机构对银行业垄断问题不知所措，并且不利于获得银行业金融规制机构的认可与配合，反垄断法规制的独立性与权威性因目标虚化产生减损。

---

① ［英］迈克·费恩塔克：《规制中的公共利益》，戴昕译，中国人民大学出版社2014年版，第17页。

② 王雅丽、毕乐强：《公共规制经济学》，清华大学出版社2011年版，第1页。

一 法律规制目标的一般理解

立法者将一定的主观目的嵌入法律文本之中形成了法律的立法目的，而法律规制的目标正是这些抽象立法目的的具体化、个别化和阶段化。从这个意义上看，规制目标本身具有一定的主观属性。规制目标是区分法律类型，划分法律系属的重要考量因素：不同的部门法承载了不同的规制目标，而规制目标的趋同使得法律归于同一法律系属之下。例如反垄断法、消费者权益保护法以及产品质量法因其宏观规制目标均在于市场经济秩序的有效运转，因此同属于市场秩序规制法律系属之下，而因其微观规制目标各异又具有了不同的法律价值禀赋。规制目标的确立是有效展开规制活动的基本前提，同时也是发展规制系统的逻辑起点。

(一) 法律规制目标的特点

具体来看，法律规制目标的设计往往具有以下特点：其一，法律规制目标从宏观着眼，一体适用于规制领域。"这个世界充满了风险，我们只是规制其中一部分而非全部风险"①，但是，"风险能促进决策并使得人类行为可能更具有责任心"②。规制目标的设计一般选取宏观视野，从大处着手明确规制对相关主体、法律关系和法律事件可能产生的总体影响。正如立法者不能事无巨细地预见所有现实中可能存在的法律关系与法律事件一般，规制目标同样不能对每一个具体的个案事实提出规制主张与规制期待，只能通过宏观、抽象提炼后的规制目标为个案事实提供原则性指导以及规制活动的要点和边界。因此，法律规制目标的设计本身力求抽象、宏观，以期对微观规制活动进行正确、合理的指引。除此之外，因其宏观、抽象的客观事实，无论是立法目的还是规制目标都不是可以援引的直接裁判依据，但是在市场秩序法律规制法律中，尤其是在技术性抑或主观认定方面依赖性较强的法律中，规制目标会潜移默化地对规制结果产生实质性的影响。其二，法律规制目标着眼于违法行为的预防与制止。在成熟的法律规制系统之中，主观猜想均不构成究责的缘由，规制活动只能依照主体实施的相关行为展开。法律规制关注的是行为本身的违法性，通过违法行

---

① [美] 史蒂芬·布雷耶：《打破恶性循环：政府如何有效规制风险》，宋华琳译，法律出版社 2009 年版，第 1 页。
② [英] 珍妮·斯蒂尔：《风险与法律理论》，韩永强译，中国政法大学出版社 2012 年版，第 4 页。

为的事前震慑与事后惩处实现法律的立法目的。可以说，行为是最为基础的规制单位和规制标的，法律行为的层叠交织构成了市场经济各个领域的衍生范式。法律规制始于潜在违法行为的客观存在，终于行为属性的最终认定。其三，法律规制目标一般会涉及相关主体利益的考量。不同的法律存在着不同的法律主体，即使是同一的主体会因所处法律关系不同而具有不同的法律角色。主体是行为的实施者，其必将成为相关法律责任的承担者，并且主体的行为活动势必会对相关主体的活动产生促进、限制或其他有益、无益的影响。法律规制的目标在于促进主体活动的利己与利他相结合，其底线在于不对他人合法权益的享有产生影响。作为利益衡平的工具，法律规制势必承载着维护相关主体权益的重任。其四，法律规制目标服务于某种相关的载体环境。法律存在于一定的社会场域之中，规制以法律存在的场域为基础，其目标设计暗含对于场域维护与促进的应有之义。作为经济法的重要组成部分，市场秩序规制法律立足于市场经济秩序的完善，以竞争法、消费者权益保护法、产品质量法等为代表的市场秩序规制法律虽然是针对市场经济秩序的部分环节的针对性规制，但是它们承载着市场秩序稳定、持续发展的规制目标，并且不同程度地践行着促进经济效率，建构经济秩序的政策性目标。一定的载体环境为法律规制提供了生存的空间，而法律规制势必服务于相应的载体环境，并努力促进政策性、经济型目标的实现。

（二）法律规制目标的认知

法律规制的目标不应当仅仅是单纯的、抽象的宣示性规定，应当从多方面对其内涵进行灵活的把握。"我们越来越需要对制度选择及其对法律的影响有更好的理解……越来越多的选择以及对相互联系的日益清楚的认识，让我们不得不面对一个越来越复杂的世界，或者至少是让我们越来越认识到这个世界的复杂性。"[①] 首先，法律规制目标需要从宏观到微观层层推进，层层拓展，不断丰富其应有之义。在宏观规制目标的预设边界下，微观的规制活动不仅要贯彻宏观规制目标的基本理论，而且要根据具体规制行为、规制对象的特征灵活设定规制目标，法律规制目标应当努力建设一种纵向延伸的目标体系，如此一来，规制目标的落实与细化使其可

---

① ［美］尼尔·K. 考默萨：《法律的限度——法治、权利的供给与需求》，申卫星、王琦译，商务印书馆 2007 年版，第 196 页。

以更好地引导规制活动。其次，规制目标不能脱离规制实践，目标超前或者落后都无法达到既定的效果，应当在适当把握规制领域现实情况和规制需求的基础上，合理设定规制目标。对于任何行业的法律规制都是循序渐进而非一蹴而就的，"休克式"疗法既不适用于市场经济发达国家，更不适用于经济转型国家。再次，法律规制目标的实现应当注意因时因地地变通。法律规制目标不可能是一成不变的，对于市场秩序规制法律尤其如此，市场经济的高速发展为市场秩序规制法律提出了很多新的问题与新的挑战，在既定宏观规制目标的合理边界下我们有必要因时对微观规制目标进行调试。除此之外，不同行业具有不同的发展特征，对处于社会转型和经济转型的中国而言，行业问题之复杂非宏观规制目标所能掌控，应当根据不同的行业发展特征适当降低目标的达成力度，以求"曲线救国"与"缓兵之道"。最后，法律规制目标仍应落脚于主体权利维护和义务实现。"权利—义务—责任"是法律固有的问题分析框架，同时也是规制目标的应然务实之处。权利可以视为利益的法律表达，它要求相对方承担对等的义务，并且为损害权利和漠视义务承担必要的责任。将"权利—义务—责任"框架植入法律规制目标之中是对其法律属性的最佳诠释。

二　反垄断法规制目标的实然把握

（一）反垄断法规制目标的宏观推导

从过往的研究来看，反垄断法的规制目标走过了从对抗到协调，从单一到融合的过程，不同的经济理论基础和不同的历史节点形成了关于反垄断法规制目标的各异理解。从总体上看，我们可以把反垄断法的规制目标归结为三种维度：第一，对于市场竞争的维护。"反垄断法保护竞争而非竞争者"的经典论断是对反垄断法保护竞争立法与规制目标的最好诠释。垄断行为的社会危害性首先在于市场经济的大环境之中，在阻碍创新、减损消费者福利、妨碍经济民主等多重负外部性效应下，最为根本的仍然是对市场竞争机制与竞争环境的破坏。竞争，是市场发展与进步的首要规则，优胜劣汰之中市场在平等主体中往往会选择最具经济效率的经营者。然而，在市场失灵发生之时，如何对市场竞争进行针对性的规制成为反垄断法的价值禀赋。无论市场经济发展状态为何，竞争都应是反垄断法的首要规制目标。第二，对于经济效率提升的促进。经济效率的提升是市场良性竞争的必然结果，往往表现在市场的低交易成本与资源高效率配置。经济效率是反垄断经济学学者较为推崇的规制目标，并且业已存在以波斯纳法官为代表的大量关于"唯效率论"的表述中。从反垄断经济学相关理论我们不难看出，经济效率是作为市场竞争的重要评测维度，并且在某种程度上可以将其视为市场竞争的代名词。唯效率论认为促进经济效率的提升是反垄断法的唯一目标。市场的竞争机制自身对商品质量与服务改善具有正向的激励作用，经济效率体现在交易成本，技术水平和资源配置效率等各个方面。从唯效率论出发，即使市场中存在垄断，但是这种垄断为市场带来了经济效率就不会引发反垄断法规制，反之如果垄断造成了经济效率的减损就会招致反垄断法规制。第三，对于消费者权益的保护。消费者权益保护是否作为反垄断法的规制目标一度是一个争议性的命题。市场竞争维护与经济效率促进已然是反垄断法规制需要秉持的基本向度，消费者权益保护是否为反垄断不能承受之重呢？并且消费者权益保护有着自身较为独特的法律价值，集中体现于消费者权益保护法的相关范畴之中。我们认为与其说消费者权益保护是反垄断法不能承受之重，不如说消费者权益保护是反垄断法规制的间接目标，并且这种间接目标逐渐成为与市场竞争维护和经济效率促进比肩的第一顺位规制目标。消费者权益保护与市场竞争和经济效率二者都有着勾连的关系，波斯纳认为"垄断定价是消费者面对着错误的选择：他因为看起来比较便宜而选择的产品，实际上需要占用更多的社会稀缺资源进行生产，所以在垄断的情况下，消费者的需求是以高于必要水平的成本得到满足的"[1]，垄断行为对市场竞争和经济效率破坏产生的高成本最终还是由消费者买单。如此一来，消费者权益保护并非是反垄断法规制的无心插柳，而应当成为其主要规制目标之一。

《反垄断法》关于规制目标的设计体现出多元化的特点，综合市场竞争维护、经济效率促进和消费者权益保护三大主流规制趋势。[2] 在此之外，我国反垄断法规制目标还包括以下亮点：其一，垄断行为的预防和制止是反垄断法规制的基本要求，这也意味着我国采取行为主义的反垄断法规制理路，从行为着手实现对其他宏观规制目标的维护。其二，对社会主义市场经济健康发展的促进是反垄断法被寄予的宏观经济性目标，这是由我国基本国情以及经济市场发展需求所决定的。其三，将社会利益作为反

---

① ［美］理查德·A. 波斯纳：《反托拉斯法》，孙秋宁译，中国政法大学出版社 2003 年版，第 13 页。

② 参见《反垄断法》第一章"总则"。

垄断法规制的目标,明确反垄断法的社会属性与社会本位。综合来看,垄断行为规制是规制实践的必要起点,对于政策性经济目标的实现则是反垄断法作为工具所应体现出的价值追求,而社会公共利益是每一部法律必然追求的价值标准,我国的反垄断法规制目标仍应从市场竞争、经济效率和消费者权益保护三个维度进行理解。

(二)反垄断法规制目标的现实虚化

前述市场竞争、经济效率与消费者权益不仅是反垄断法规制目标的三大维度,更是垄断行为认定过程中的评价维度。在具体的垄断行为规制中,这些宏观的规制目标经反垄断经济学理论阐释,形成了市场竞争度、市场效率指数以及消费者福利等一系列量化评测指标。但是,这一看似简单的由宏观规制目标向微观规制实践的转化在我国遭遇了目标虚化的困境。《反垄断法》实施以来,我国反垄断法规制机构展开的社会影响最大的规制活动要属汽车行业的反垄断执法,巨额罚单的"前赴后继"引发了社会舆论的强烈关注。在汽车行业的集中反垄断法规制冷却过后,我们应当清醒地看到,虽然罚单彰显了反垄断法规制机构的治理决心,并且汽车行业的"暴风式"规制得到了社会舆论的一致叫好,但是汽车前市场与汽车后市场的市场竞争机制仍未从根本上得到建立,汽车消费者尤其是汽车后市场消费者仍未享受到真正的价格福利。从规制目标语境来看,汽车企业垄断行为得到了初步的制止,但是距离实现市场竞争机制、汽车市场效率和汽车消费者福利这三个目标仍有很长一段距离。当然,我们需要认识到每一个行业的反垄断非一朝一夕之功,市场竞争机制的建设也非反垄断法规制所能单独承受之重,不能单独依靠竞争法的事后规制。但是,造成规制目标未能有效实现的关键原因可能在于我国目前的反垄断法规制重在高压震慑,而非引导建设。进而言之,规制目标作为评价工具并未细化到规制活动之中,并最终导致了宏观目标的虚化与未实现。

三 银行业反垄断法规制目标的现实语境

各个行业反垄断法规制目标虽然都受到立法目标的约束,但是依据行业特征的不同而存在不同程度的变通,银行业亦是如此。目前,由于我国并未切实开展针对银行业的反垄断法规制,反垄断法规制目标的考量职能从既有法律指向、执法机构表态以及社会舆论期待等方面着手,尽可能地汇总出银行业垄断行为反垄断法规制目标。

（一）反垄断法的推导

如前所述，市场竞争维护，经济效率促进与消费者权益保护是反垄断法的宏观规制目标，银行业反垄断法规制在这三个维度都面临着新的语境和新的问题。首先，从维护市场竞争的规制目标来看。当下政府主导的银行业市场化进程的重要目标在于提高银行业市场的开放程度，引入竞争机制。反垄断法规制目标与行业发展的政策目标相契合，从反垄断法价值出发，银行业反垄断法规制应当立足于为银行业市场化保驾护航。其次，从提升经济效率的规制目标来看。如何提高银行业市场效率是一个极为复杂的问题，因为对银行业市场本身而言，效率、与安全公平都存在着不同程度的冲突。银行业的特殊属性决定了其发展应当在安全基础之上追求效率，并且不因追求效率而丧失应有的公平。金融学学者往往通过对银行业市场集中度的观测评价市场效率与市场公平，而以行为规制为主的银行业反垄断法规制一般需要借助行业规制对垄断行为的效率属性进行判断。最后，从保护消费者权益的规制目标来看。投资者的"消费者"角色发现是近年来国际金融规制变革的一个主要方向，金融危机后各国都针对性地开启金融消费者权益保护的浪潮。作为消费者概念的目标承接，金融消费者的权益维护应当成为银行业反垄断法规制的目标之一。

（二）规制动态的分析

目前，我国虽然不存在突出的、系统的对银行业实施的反垄断法规制，但是立法、司法和执法的系列动态可以反映出内嵌其中的银行业反垄断法规制的潜在目标。从立法动态来看，2009 年商务部发布《金融业经营者集中申报营业额计算办法》，对银行、保险、证券等金融机构的经营者集中纳入反垄断法规制体系之中。此举通过经营者集中行为的事前控制，对市场竞争产生威胁的不良集中进行有效规制，维护市场的竞争机制。从这点我们不难看出，银行业反垄断法规制相关法律规定的出台体现出对市场竞争维护和市场经济效率的规制目标追求。从司法动态来看，"银行业反垄断第一案"虽然最终草草收场，但是通过最高人民法院 2012 年出台的司法解释来看，我国司法系统同样秉承了"正确审理因垄断行为引发的民事纠纷案件，制止垄断行为，保护和促进市场公平竞争，维护消费者利益和社会公共利益"[①] 的规制目标，银行业亦是如此。从执法动

---

① 参见《关于审理因垄断行为引发的民事纠纷案件应用法律若干问题的规定》第 1 条。

态来看，原央行行长周小川指出，"银行业垄断的说法是站不住脚的"①，此言论被舆论解读为依赖银行业监管机构反垄断的规制路径不能。然而，在反垄断法实施元年的疾风骤雨之后，在谁将成为反垄断法下一个靶心的社会讨论中，国家工商总局和国家发改委负责人均表示，将对银行业垄断进行稳定调查和关注。由此看来，银行业市场垄断行为的预防与制止仍然是反垄断法规制机构的重点规制目标之一。

（三）社会舆论的期待

"安全曾是传统金融监管法制所追求的最重要目标，不过，20 世纪 70 年代以来伴随金融自由化理论及'放松监管'的政策调整，人们反思监管法制的结果之一却是将关注的视野首先投向了效率。"② 社会舆论对于银行业垄断问题的关注主要基于银行业发展和金融消费者保护两个方面，因此可以就此推断相关的规制目标包含了两个方面：一方面，打破行业垄断，促进银行业市场竞争。银行业市场的高度垄断一致被社会舆论诟病，银行业的巨额利润与高成本服务也一直是舆论的靶心。随着反垄断法规制的价值逐渐被社会发现，《反垄断法》的出台实施被社会舆论视为打破行业坚冰的一把利器。另一方面，维护金融消费者利益，提高银行业市场信息透明度。金融消费者的弱势地位来源于与银行业经营者之间的极度信息偏在，银行业商品与服务的专业性加重了金融消费者的理解负担，如果没有充分的信息透明与释明，随机投资不仅会给金融消费者带来损失，更容易助长金融衍生品的肆意发展，最终导致系统性风险的生成。《反垄断法》的出台适逢国际金融危机后金融消费者保护浪潮，因此其同样被寄予了制止垄断行为，维护金融消费者权益的规制目标。无论哪个方面，社会舆论都期待通过银行业垄断行为的制止与预防，实现银行业市场竞争和金融消费者权益的保护。但是，从另一层面来讲，银行业反垄断法规制被社会舆论寄予了过高的期待，并且与当下银行业反垄断法规制实践发展相比，这种规制期待是存在明显的落差的，不免落入了反垄断法规制万能主义的窠臼。

综合以上三点来看，银行业垄断行为的反垄断法规制目标体现出极强的辅助性特点——在市场竞争、经济效率以及消费者权益保护每一个领域

---

① 参见周小川《金融危机中关于救助问题的争论》，《金融研究》2012 年第 9 期。
② 盛学军等：《金融全球化背景下的金融监管法律问题研究》，法律出版社 2008 年版，第 30 页。

都是作为行业规制的辅助与补充。由于银行业反垄断实践开展缓慢，其规制目标仍然处于宏观宣示的阶段。

四　银行业反垄断法规制目标的虚化效应

相比于其他已被反垄断法规制"染指"的行业，银行业规制目标的虚化因其行业特征而格外凸显。规制目标虚化已经成为阻碍银行业反垄断法规制开展的一个先决因素。

（一）银行业多元利益相关主体定位多元，导致规制目标分散

银行业反垄断法规制目标虚化的一个主要表现在于对反垄断法规制的期待高于实际，走进了法律万能主义的误区。法律万能主义与法律虚无主义是关于法律效用讨论的两种极端观点，法律万能主义顾名思义是依靠法律效用的发挥实现可预期、可期待的各种目标。反垄断法规制的万能主义体现在与反垄断法规制相关的不同利益主体，尤其是金融消费者、中小行业竞争者乃至整个社会舆论希望通过一部法律的实施，实现多年来市场经济中"旧病未除"的金融市场垄断。法律不是万能的，反垄断法亦然，赋予反垄断法制止垄断行为、维护市场竞争与消费者权益的使命本无可厚非，但是对行业自身发展关键性问题的根除实非反垄断法所能负担之责任。无论是银行业还是其他行业，反垄断法规制的目标意义所在并非建设行业、重构行业或者变革行业，而是辅助行业发展和引导行业升级。当然，一般行业的反垄断法规制可以产生改变行业营销模式，促进行业市场竞争度的效果，但是作为传统垄断行业的银行业而言，多元主体的多元主张只会使规制目标过于全面，进而分散反垄断法规制应有的目标导向。不合理的规制目标期待容易引发对既定规制目标的肆意放大，同时还会对反垄断实践活动展开不合理的评价，并最终影响反垄断法规制的实际效果。对于银行业的反垄断法规制而言，我们不能过多地将不合理的规制期待增加于规制目标之上，应当着手坐实经验主义路径下反垄断法规制应有的价值禀赋，并且在一定的时期内确定某一种为核心规制目标，以期实现银行业反垄断法规制的实效性。

（二）银行业反垄断法规制逻辑不明，引发规制目标自我消弭

从宏观到微观，银行业反垄断法规制目标的细化与落地面临着诸多适用困境，这种银行业反垄断法规制目标体系内部的冲突与逻辑不明，消弭了对宏观规制目标的理解。首先，从保护银行业市场竞争来看，对于银行

业市场化进程的推动与维护应当成为反垄断法规制的要点，但是银行业市场化本身的发展话语权集中于政府与行业规制机构，反垄断法规制的断然介入势必会引发竞争政策与产业政策之间的冲突。其次，金融消费者的保护来看，如何界定银行业的金融消费者以及确认金融消费者的权利边界是应当着手解决的问题。"危机前，消费者与金融机构之间的关系是直截了当的……就在不到一年的时间里，消费者与供应商之间的简单关系戛然而止，且充满了紧张的气氛。"[①] 能否将被主流金融排斥的小微个体（例如小微企业）视为金融消费者通过反垄断法规制进行一体保护是一个值得深思的问题。消费者权益保护法往往将机构排除在消费者概念外延之外，但是反垄断法垄断行为的相对主体并不区分个人与集体。将小微个体归入金融消费者目标一体保护还是将小微竞争者保护另起炉灶，这涉及规制目标的明确问题。除此之外金融消费者拥有何种权利，是否能将《消费者权益保护法》中的相关法定权利借用到反垄断法规制中也是一个规制难题。最后，从银行业市场的经济效率促进来看，银行业的经济效率掌控往往处于金融安全、金融稳定的总体行业规制目标之下，反垄断法规制中的唯效率论适用同样会受到行业规制的抵触。

（三）反垄断法规制与金融规制目标趋同，造成规制目标的外部挤压

从规制目标而言，反垄断法规制与银行业金融规制的冲突并非表现为规制目标的冲突，而是表现为规制目标的趋同。《银行业监督管理办法》明确银行业监督管理机构的规制目标在于"促进银行业的合法、稳健运行，维护公众对银行业的信心"，以及"保护银行业公平竞争，提高银行业竞争能力"。[②] 由此看来，建立和维护市场竞争机制首先是银行业金融规制的应有之义。放眼国际，后危机时代金融消费者保护浪潮的直接推动者大多是各国银行业市场监督管理机构，我国金融消费者保护局同样设置于银监会之下，以维护银行业金融消费者权益、提高市场信息透明度为己任。银行业市场效率提升同样被行业规制所关注。原中国银监会主席尚福林指出，"应大力推动银行业盈利模式转变，挖掘管理、定价、风险和服务四个方面的效益，转变银行业发展方式，提高

---

① ［荷］雷吉·德·范尼克斯、罗杰·佩弗雷里：《重塑金融服务业——消费者对未来银行和保险业的期待》，中国工商银行城市金融研究所译，中国金融出版社2014年版，第33页。

② 参见《银行业监督管理法》第3条。

信贷资金配置效率"①。综合来看，银行业可能存在的垄断行为因其对银行业稳定及银行业市场竞争机制的不良影响同样会进入银行业金融规制的视野之中。据此，反垄断法规制的三大宏观目标保护市场竞争、提高经济效率和维护消费者权益都在银行业金融规制中得到了充分的体现。银行业系统、严密的审慎监管作为一种特殊的规制方式，本身就融合了反垄断法规制、消费者权益保护以及反不正当竞争等多种规制目标。反垄断法规制与银行业金融规制的目标趋同，一方面表明银行业的总体规制目标受产业政策影响较大，银行业的发展和规制话语权集于行业规制机构；另一方面，反垄断法规制虽然具有自身的独特性，但是在宏观规制目标方面与行业规制不存在明显的差别，如此一来从逻辑而言反垄断法规制本身难以得到银行业金融规制的认可与配合，并且银行业金融规制机构本身具有先天的信息优势。规制目标的趋同使得银行业反垄断法规制受到外部挤压。

（四）银行业垄断行为反垄断法规制跟进缓慢，造成规制目标公信力减损

法律规制的及时与有效是树立规制公信力，诠释规制目标的最佳方式。然而，银行业垄断行为的反垄断法规制受制于多方面的因素，至今规制实践发展缓慢。在社会中弥漫着大量关于银行业垄断结构与垄断行为声讨之时，反垄断法规制的跟进缓慢与社会舆论的过度期待形成鲜明对比。造成银行业垄断行为反垄断法规制缓慢的原因可能在于：第一，《反垄断法》实施不久，相关规制系统尚未完全构建，并且在垄断行业监管方面不具备规制经验。2008 年实施的《反垄断法》经过多年蛰伏直到 2013 年才真正开启规制元年，虽然现实中的大量反垄断法规制活动得到了社会的认可与支持，取得了良好的社会效应，但是无可否认我国反垄断法规制仍然处于一个初级探索阶段。对传统垄断行业的反垄断法规制如同行政垄断规制一般，是《反垄断法》得以立法运行的社会舆论逻辑起点。然而，如何形成适应传统垄断行业特征的针对性规制，反垄断法仍需要较长阶段的探索。因此，银行业反垄断法规制缓慢的首要原因在于反垄断法规制自身的不成熟，微观活动难以对宏观规制目标进行有力的诠释。第二，银行业垄断问题的复杂性为反垄断法规制的开展制造了较大的难度。银行业发展长期的政府主导形成了发展中的路径依赖，银行业垄断行为的行政属性

---

① 参见尚福林《新常态下的银行业改革与发展》，《中国银行业》2015 年第 2 期。

往往会使反垄断法规制陷入两难的境地。并且，银行业相关市场、垄断行为认定本身需要极其专业的信息认知，这一点对刚刚起步的反垄断法规制机构而言也需要一定了解与应对的时间。最后，银行业反垄断法规制与金融规制的冲突性从根本上抑制了反垄断法规制的独立性。银行业长久以来的高度监管使得呈现在反垄断法规制面前的银行业好似铜墙铁壁一般，难以深入其中。银行业反垄断法规制行为的跟进缓慢不利于现有规制目标的实现，甚至会使社会舆论产生对反垄断法规制的怀疑，减损反垄断法规制的公信力。

第二节　银行业反垄断法规制问题之权力冲突

权力冲突是从规制主体维度审视银行业反垄断法规制问题的集中体现，与此同时，权力冲突也是反垄断法规制中的一大根本性命题，尤其是在其适用于垄断行业之时。"除反垄断法执法权力本身的配置以外，反垄断法执法权力与其他公权力之间的关系也会直接影响到反垄断法的实施效果；中国垄断行业的治理传统并不支持反垄断法的实施。"[1] 银行业反垄断法规制的开展必然会面对反垄断法规制与银行业金融规制之间的权力冲突问题。这种冲突既表现出规制主体之间的不同禀赋，又表现出竞争政策与产业政策的先天矛盾，同时也凸显了政府与市场关系的阶段性演变。从权力来源到权力载体，再到权力实践，银行业反垄断法规制与金融规制的冲突表现在权力运作的方方面面。银行业市场发展固有的制度依赖，行业规制失灵以及反垄断法规制自身的不完善成为权力冲突的主要原因。

一　反垄断法规制与行业规制冲突的理论阐释

（一）反垄断法规制与行业规制的区别

反垄断法规制与行业规制从本质上讲都是国家干预市场的方式，一定程度上体现出国家对于市场发展的主观愿景，然而，反垄断法规制与行业规制在很多方面存在着的区别：

首先，反垄断法规制与行业规制的规制目标不同。毋庸置疑，反垄断

---

[1] 叶卫平：《反垄断法实施的文化视角解读》，载王晓晔主编《竞争执法能力建设》，社会科学文献出版社2012年版，第229页。

法规制的目标是通过《反垄断法》的行业适用，规制垄断行为，维护市场竞争机制，进而保护消费者权益，促进市场的健康发展。相对而言，行业规制的规制目标更加全面、具体，它着眼于整个行业市场的建构与完善。需要指出的是，在不同时期行业规制的具体目标不同，这种不同尤其体现在对于市场竞争机制的态度上：在行业发展的初期，行业规制既有可能出于行业体系完善与保护的理由排斥市场竞争机制，行业规制作为政府主导市场的工具对市场的发展进行全面的控制；而在行业市场成熟之后，行业规制则倾向于放松与退出，逐步引入市场竞争机制，依靠市场自身的调节能力，实现行业的可持续发展。因此，反垄断法规制与行业规制既存在着本质的区别，又因行业自身的发展程度存在着不同程度的排斥与融合。

其次，反垄断法规制与行业规制的规制能力不同。规制能力表现出规制的优势与着力点，反垄断法规制的能力主要体现在对市场竞争程度的判断和垄断行为的认定上。对于各个行业而言，反垄断法规制都是一种特殊的规制，因为它专注于对于市场竞争有损的垄断行为规制。相反，行业规制则是一种普遍规制、常规规制，它存在于行业发展的各个阶段，并且是一种全能型规制。因此，行业规制的能力体现为对于行业的充分了解，即具有其他规制无可比拟的信息优势与专业优势。因此，反垄断法规制的能力体现为行业竞争促进的专业性，而行业规制的能力则是对于市场信息的专业把握。

再次，反垄断法规制与行业规制的规制能动性不同。除去经营者集中的事前规制外，反垄断法规制本身的行为规制导向使其规制时间多表现为事后，从规制能动性上来看是一种被动式介入，而行业规制的规制时间贯穿行业市场发展的各个阶段、各个环节，是一种持续性规制。因其行业建构与完善主观规制目标的设定，因而，从规制能动性上看更多地体现为主动介入。并且，从规制频率来看，行业规制发生的频率远远多于反垄断法规制，这也再次印证了行业规制的普遍性和反垄断法规制的特殊性。

最后，反垄断法规制与行业规制的规制风险不同。"如果法律作为社会控制的一种方式，具有强力的全部力量，那么它也具有依赖强力的一切弱点。"[①] 行业规制普遍性的一个侧面在于行业规制机构与行业主体之间

---

① ［美］罗斯科·庞德：《通过法律的社会控制》，沈宗灵译，商务印书馆1984年版，第10页。

存在着直接的利益关联，因此权力寻租与规制俘获成为一种潜在的规制风险。"从《反垄断法》的角度审视，监管者与被监管者高层人员的互换与交流，会在彼此间趋于形成'一体化'的认同感和利益格局，使监管者在针对某些被监管者采取反垄断执法措施时，不但难以保持客观公正的立场，反倒有可能沦为庇护垄断行为的'保护伞'。"[①] 行业规制机构的独立性与权威性会因寻租与俘获的存在而遭到减损。相比而言，反垄断法规制则更具独立性，政府俘获与权力寻租风险发生的概率较小。

（二）反垄断法规制与行业规制的冲突领域

反垄断法规制作为一种后发规制可以与任何行业规制产生不同程度的冲突，因此其冲突作用领域应当是受到行业规制的各个领域。但是反垄断法规制与行业规制的冲突因作用领域不同而衍生了不同的意义。我们认为，可能存在着以下三种反垄断法规制与行业规制的冲突领域：

其一，因行业规制不成熟而产生的与反垄断法规制的冲突。行业规制不成熟主要表现为行业规制政策与措施对市场竞争机制的先天排斥，或者是对于市场竞争机制的理解不足。当然，行业规制不成熟可能是规制者出于行业建构的整体考虑，而不成熟行业规制与反垄断法规制的冲突多出现于社会转型期。作为社会转型的推动与关键环节，经济转型的一大要义在于变行业发展的政府主导为市场主导，尊重市场规律，重构市场的竞争机制。对于处在社会转型的中国而言，不成熟行业规制引发的和反垄断法规制的冲突尤为明显，汽车行业的反垄断即是明证。我国汽车分销领域存在的纵向垄断现象大多依照商务部发布的《汽车品牌销售管理实施办法》，也就是说，车企的行为是一种"依法垄断"的行为，并且这种行为是得到行业规制认可的。[②] 如此一来，汽车行业反垄断法规制本身就是对于行业规制以及背后产业政策的一种挑战与颠覆。汽车行业的不成熟、排斥竞争的规制终究会与反垄断法规制相冲突，并且会因反垄断法规制而面临变革的境遇。

其二，因行业规制不当而产生的与反垄断法规制的冲突。行业规制不当即行业规制权的不正当、不合理行使，集中表现为行政垄断领域。对行

[①] 李俊峰：《中国反垄断行政执法的资源、意愿与威慑力》，载王晓晔主编《反垄断法实施中的重大问题》，社会科学文献出版社2010年版，第354页。

[②] 参见刘乃梁《汽车分销协议的垄断传导及其规制》，《广东财经大学学报》2015年第2期。

政垄断的规制可以说是我国《反垄断法》一大舆论期待，反行政垄断的核心正在于行政权力的不合理滥用，因此两种规制之间的冲突是难以避免的。

其三，因行业规制路径依赖而产生的与反垄断法规制的冲突。行业发展对于规制的路径依赖集中体现在自然垄断行业和政策性垄断行业，一方面自然垄断行业因其社会公共服务属性往往处于较为严格的政府主导发展之下，行业规制抑或行业规制主导下的企业形成市场的独占，准入、价格等关键市场因素都处于行业规制的严格管控之下；另一方面，政策性垄断行业同样因其资源的稀缺性、行业的社会安全属性均存在着独立规制主体进行市场规制，行业市场同样存在着极为严苛的准入机制与价格管控机制。综合来看，自然垄断行业与政策性垄断行业的行业规制是系统的、全面的，同时又是经过长时间的演变业已在行业发展中形成了相应的路径依赖的。伴随垄断行业管制的放开，尤其是市场可竞争业务的放开，以维护市场竞争机制为主的反垄断法规制的介入势必会与既有的行业管制产生冲突。

综合来看，反垄断法规制与行业规制的冲突区域是广泛的、多元的，但是我们应当对因行业规制路径依赖而产生的规制冲突进行重点应对，同时这也是银行业反垄断法规制与行业规制冲突的集中表达。不完善与不正当的行业规制与反垄断法规制之间与其说是冲突，不如说是反垄断法规制对于行业规制的超越、引导和变革。当然，我们不能否认，三种潜在的冲突区域可能在特殊的情况下存在交叉，现实中的规制冲突可能比理论推导结论更为复杂。

（三）反垄断法规制与行业规制的冲突层次

反垄断法规制与行业规制的权力冲突并非是浮于表面，而是有其深层次的缘由。具体来看，我们可以从三个维度理解反垄断法规制与行业规制的权力冲突：第一，从微观层面来看，反垄断法规制与行业规制的权力冲突表现为规制主体的冲突。规制主体尤其是执法主体之间，反垄断法规制与行业规制存在着极大的冲突。两种类别的执法主体拥有不同性质的执法权，对于行业的垄断行为而言，行业规制主体因其规制的全面性无疑拥有执法权限，而垄断行为也会因涉嫌影响市场竞争机制、市场经济效率以及消费者权益而进入反垄断法规制主体的视野。无论是自然垄断行业还是政策性垄断行业，行业规制主体业已成为发展的路径依赖，反垄断法规制主体的后发介入势必会对行业规制主体的相关规制活动效力产生影响，而行业规制主体对垄断行为的主动规制又会引发反垄断法规制主体权威性的降低。第二，从中观层面看，反垄断法规制与行业规制的权力冲突表现为竞争政策与产业政策的冲突。竞争政策和产业政策分别是反垄断法规制与行业规制的权力来源，竞争政策即通常意义理解的竞争法，尤以反垄断法为典型代表，而产业政策是政府关于产业运作、发展的集中意思表达。竞争政策与产业政策的冲突体现在"理论依据、资源配置机制、作用对象以及干预方法和措施等诸多方面的差异"①。除此之外，竞争政策与产业政策的冲突程度还取决于一国的经济发展水平以及国家干预的政策导向。第三，从宏观层面看，反垄断法规制与行业规制的权力冲突表现为政府主导与市场主导的发展导向冲突。如前所述，反垄断法规制与行业规制从本质上讲都是国家干预经济的一种方式，二者不同之处在于反垄断法规制更加彰显国家干预的市场主导，而行业规制则徘徊于政府主导与市场主导之间。无论是反垄断法规制还是行业规制，其规制起点都是对于市场失灵的克服，相比而言，行业规制面对的是更大程度的市场失灵问题，而反垄断法规制专注于事关市场竞争的失灵问题，由此一来，二者的规制标的存在着一定的交叉。除此之外，反垄断法规制还承担着对于政府失灵，以及行业规制失灵的克服任务，如此反垄断法规制就会与行业规制发生正面交锋，或者说反垄断法规制可以称为"规制的规制"。因此，这样看来，反垄断法规制与行业规制的冲突源于国家干预经济政府主导向市场主导的宏观方向过渡；反垄断法规制作为一种市场主导的、后发的国家干预经济形式势必会与传统的、政府主导的国家干预经济形式产生冲突。但是，需要明确的是，这种冲突会随着行业规制自身由政府主导向市场主导过渡，即垄断行业放松管制的趋势而逐渐减弱。

二　银行业反垄断法规制与金融规制的权力冲突表现

银行业反垄断法规制与金融规制的权力冲突承继了传统理论对于反垄断法规制与行业规制的一般结论，并且因其政策性垄断行业的特征表现出个性的一面。具体来看，银行业反垄断法规制与金融规制的冲突表现在权力来源、权力实践以及权力载体三大方面。

---

① 参见刘桂清《反垄断法中的产业政策与竞争政策》，北京大学出版社 2010 年版，第21—22 页。

（一）权力来源：《反垄断法》与银行业规制相关法律的适用冲突

银行业反垄断法规制与金融规制分别源于反垄断法与银行业规制相关法律，前者主要体现为《反垄断法》，而后者主要表现为《商业银行法》和《银行业监督管理法》，由此反垄断法规制与银行业规制的冲突在权力来源层面主要表现为法律适用的冲突。从法理学基本研究结论来看，法律效力层次的明确存在着三条基本规则：第一，上位法优于下位法，这是明确法律效力层次的基本准则。《反垄断法》《商业银行法》《银行业监督管理办法》均由全国人大常委会公布实施，从效力层次上看均属于"法律"，因此它们相互之间不存在上位法和下位法之分，属于同一位阶的法律。第二，特殊法优于一般法，这是识别法律效力层次的特殊规制，它是关于同位阶法的适用规则。反垄断法规制与银行业规制的交叉点在于垄断行为，同时这也是《反垄断法》与《商业银行法》《银行业监督管理法》的交叉点。从银行业反垄断法规制来讲，如果《反垄断法》《商业银行法》《银行业监督管理法》都存在着相关规定，那么《反垄断法》是作为垄断行为规制的普通法，而《商业银行法》《银行业监督管理法》应当是银行业反垄断法规制的特殊法，因此后者优先适用于前者。但是，"特殊法虽然优于普通法不是并不高于普通法，相比而言普通法原理更具普遍原则，有时甚至更高级，在特殊法未作规定、规定不明或者规定有矛盾冲突的情况下，就需要将反垄断法适用于行业垄断问题"①。具体来看，《商业银行法》与《银行业监督管理法》关于市场竞争维护仅仅在总则部分做出了原则性规定，缺乏具体的行为认定方式以及相应的罚则，而《反垄断法》在这些方面更加突显其专业性、系统性与普遍性。因此，特殊法虽然优先于普通法，但是这一规则不必然排斥普通法的适用。第三，新法优先于旧法，这同样是识别法律效力层次的特殊规则，它是出于避免法律"新陈代谢"过程对同一事项不同规定而引发的适用冲突。从颁布时间来看，《反垄断法》无疑是新法，并且三部法律在市场机制维护的规制目标趋同不存在实质性冲突，因此，此条规则并不存在适用的条件。综上所述，法律效力层次认定规则可以较好地解决反垄断法规制与银行业规制在"法律"层面的适用冲突，但是这一前提在于反垄断规定的具体、翔实。

---

① 史际春：《资源性公用事业反垄断法律问题研究》，《政治与法律》2015 年第 8 期。

　　除此之外，反垄断法规制与银行业规制冲突的一大潜在可能还在于《反垄断法》配套规定与银行业监督管理机构颁布的法规文件之间的冲突。如果《反垄断法》与银行业监管法规发生冲突，那么《反垄断法》作为高位阶法律应得到适用，但是如果是同位阶的行政法规则会存在一定的冲突。以银行业"乱收费"问题为例，银行业经营者依照银监会与国家发改委发布的《商业银行服务价格管理暂行办法》享有一定程度的定价权与调价权，[①] 现实中商业银行的协同调价行为既可能招致行业规制机构的处罚，又会因其协同性而进入反垄断价格垄断规制视野。此时规制的区别表现在行业规制机构重在个体的调价行为，[②] 而反垄断法规制更加注重之间的协同行为，对于同一类行为，两种规制的关注点不同。如果两种规制同时进行，那么势必会出现"重复执法""多头执法"的问题，如果按照特殊法优于普通法的适用规则，行业规制又不能完全对协同行为进行有效规制，如此一来，反垄断法规制与银行业规制就面临着冲突。

　　（二）权力实践：合理垄断与不合理垄断之行为区分

　　对于一般行业而言，合理规则是判断市场垄断行为的认定规则，从这个意义上讲，垄断行为可以分为合理垄断与不合理垄断。垄断行为的合理理由包括了技术创新、促进效率以及实现社会公共利益等。[③] 但是对于以银行业为代表的垄断行业而言，合理与不合理的界限主要在于行为的依法授权以及反垄断法适用除外。合理垄断顾名思义是具有合理理由的垄断行为，这种合理理由表现为行为的合法性与政府主导。银行业规制行为本身是具有合法权源的，银行业监管机构对于银行业市场的控制主要体现为对于市场利率的厘定，以及相关金融市场活动的要式主义。银行业市场监管过程中大量的审批权无不流露出规制主体行为的垄断属性。然而，这种垄断行为首先是依法授权的，其次是出于银行业市场秩序和市场安全的合理考量。合理垄断之于反垄断法的思考在于，虽然这些行为本身不符合反垄

---

　　① 《商业银行服务价格管理暂行办法》第9条，"实行市场调节价的服务价格，由商业银行总行、外国银行分行（自主报告的，由其上报告行）自行制定和调整，其他商业银行分支机构不得自行制定和调整价格。商业银行制定和调整价格时应充分考虑个人和企事业的承受能力"。

　　② 根据《商业银行服务价格管理暂行办法》第16条的规定，价格主管部门的处罚依据并不包括协同行为，而是从个体视角出发规制擅自制定属于政府指导价范围内的服务价格的、超出政府指导价浮动幅度以及不按照规定明码标价三类行为，并且即使通过兜底条款对协同行为进行处罚，其处罚力度也不会达到反垄断规制的同等程度。

　　③ 参见《反垄断法》第15条关于垄断协议豁免的规定。

断法的规定，但是其市场垄断地位的获得具有合法性和合理性，银行业规制主体的行为本身排除适用于反垄断法。不合理垄断是银行业经营者或者银行业规制者不具备合法性和合理性的垄断行为，这是一种较为典型的应当受到反垄断法规制的市场垄断行为。从另一个侧面来看，反垄断法规制本身何尝不是与既有银行业规制行为的冲突。实际上，合理垄断与不合理垄断行为的区分是反垄断法规制对行业规制的让步与妥协，从本质上反映出反垄断法对于垄断行业的适用障碍，集中表现为反垄断法的豁免与反垄断法的适用除外。《反垄断法》能否适用于银行业，银行业规制行为能否得到《反垄断法》的豁免，这些问题都集中表现出反垄断法规制与银行业规制之间的权力冲突，或者说是银行业规制对于反垄断法规制的排斥，当然这种排斥可能具有合理性和合法性，也有可能不具备合理性和合法性。

（三）权力载体：反垄断法规制机构与银行业规制机构的对比

反垄断法规制与银行业规制权力冲突的载体集中表现为反垄断法规制机构与银行业规制机构之间，实际上，我国反垄断法规制机构与银行业规制机构的冲突集中表现为双方实然规制能力与应然规制期待的强烈错位。从应然规制期待来看，反垄断法规制应当成为银行业垄断问题治理的一把利刃，并且社会舆论期待其成为引导银行业市场化进程，维护银行业市场化成果的规制方式。然而，反垄断法规制机构与银行业规制机构在实然层面存在着巨大的能力差别。一方面，银行业规制机构的优势体现为其长时间行业规制过程中得以仰仗的权力配置模式以及权力运行机制。具体来看，银行业规制机构的权力导向集中表现为行业监管权，银行业的金融监管权在纵向和横向两个方向均存在系统、全面的配置方案，"并且通过对银行业市场活动的广泛规制经验形成了富有成效的有关权力运行的决策、执行、服务与协调机制以及有关权力监督的行政监督、人大监督、司法监督和社会监督机制"[①]。如此一来，银行业规制形成了集中、专业并且富有效率的权力运作模式。相比而言，我国"三位一体"的反垄断法规制机构体系则表现出弱势一面，就反垄断法规制实践发展来看，与其说"三位一体"不如说是"三权分立"，横向规制权力被分散在各大规制机

① 参见潘波《银行业监管权研究：行政法语境下的理论与实践》，中国法制出版社 2012 年版，第 141 页。

构之间。反垄断法规制权力的纵向分配也因规制机构自身改造不完善而呈现出地方规制主体不统一的情况。① 除此之外，缺乏必要的运行与监督机制一定程度上扩大了权力分散引发的对反垄断法规制专业性与权威性的质疑。

综合对比来看，对于银行业垄断行为的规制，反垄断法规制的现实境遇是"心有余而力不足"，反垄断法规制机构自身的权力分散使得反垄断法在银行业的适用与规制优先性成为一个伪命题。法律效力的形成必须借助完善的法律规制结构，与此同理，法律规制的有效展开务必仰仗规制机构的系统设立。从规制实施的有效性来看，银行业规制相比反垄断法规制之于市场垄断行为的规制更具有优势，但是如前所述，银行业自身不免存在着政府俘获、权力寻租等政府失灵风险。

三 银行业反垄断法规制与金融规制的权力冲突缘由

银行业反垄断法规制与金融规制权力冲突主要源于各自规制方式运作实践中的外部性溢出。长期以来，银行业的制度变迁早已形成了政府主导下的路径依赖，金融规制成为银行业市场稳定发展难以脱离的既定工具。在银行业市场化进程中，金融规制缺位与俘获等失灵现象的存在使得人们对通过反垄断法规制推动银行业发展成为一种期待。最后，既有反垄断法规制体系的自我缺失又造成了反垄断法规制专业性与权威性的消弭。可以说，规制能力与规制现实的不同境遇造成了银行业反垄断法规制与金融规制的权力冲突。

(一) 银行业金融规制的路径依赖

路径依赖 (Path Dependence) 在发展之初仅仅作为一项技术实验，并且率先应用在技术演进之中，而作为一种法经济学的系统方法论最早由诺斯 (Douglass North) 提出并推广，主要运用在制度变迁的原因阐释之中。路径依赖，顾名思义是指一旦进入了某条路径，就会在此路径下不断前进，并且很难进去其他路径。从制度变迁角度来看，路径依赖常被理解为是一种制度发展过程中的"物理惯性"，一旦我们选择了某种制度变迁方式，那么这种变迁方式就会对制度的发展产生主导影响，并且很难摆脱

---

① 例如在个别地方"三定方案"反垄断法规制机构尚未成熟之时，地方物价局承担了价格联盟和价格歧视行为的规制职责。

这种影响。由此看来,路径依赖的两大特性在于制度发展过程中的自我强化与锁定:自我强化既可能是制度的良性运转,也可能是制度的恶性循环,而锁定表明制度变革的巨大难度。法经济学研究结论显示,利益集团和沉没成本是造成制度变迁路径依赖的两大原因。路径依赖理论"强调历史与实践的重要性,提倡制度的自我固化作用,并且重视人的有效理性和较高的制度转换成本"①,是我们观测制度变迁的一个良好途径。

我国金融制度变迁"具有鲜明的强制性、渐进式和滞后性特征,政府主导供给无疑是金融制度变迁中不能回避的路径依赖"②。在金融市场政府主导与市场主导两条既定路径面前,政府主导供给一方面是迅速建立金融市场体系的必然之举。现代社会的可持续发展离不开体系完善功能健全的金融市场体系,通过政府运作可以实现短期内银行业市场的稳定与发展。另一方面,政府主导供给有利于持续性地克服银行业发展中不稳定性与高风险性,通过有效的政府干预实现银行业市场发展的监控与监管。银行业市场制度变迁的政府主导对银行业反垄断法规制产生了如下启示:第一,银行业规制具有唯一性与权威性。银行业市场制度变迁路径强化主要体现为政府主导属性的增强,具体可以体现在政策的执行力、规制主体的调控能力以及规制结果认可度等方方面面。因此,按照路径依赖理论的推演,银行业市场的政策主导程度会不断加强,行业监管力度与监管手段不断强化,行业规制成为银行业发展难以摆脱的动力辅助机制,行业规制的唯一性与权威性由此树立。第二,银行业市场和金融规制排斥反垄断法规制。路径依赖的一大表现在于路径锁定,即路径选择之后很难再转换到其他路径之上。政府主导供给的路径依赖并非仅仅体现为银行业市场主体的锁定,还包括规制者的锁定,以及社会认知的锁定。政府主导发展路径的变革势必受到银行业市场内外两方面的舆论压力。制度变革本身是需要巨大的转化成本的,先前制度变迁的发展会产生大量的"沉没成本"。除此之外,银行业市场内部极易形成利益集团,这些利益集团的形成不仅会沿着既定路径促成推动力,也会对制度变革产生抵抗力。由此看来,即使从理论上看,银行业垄断行为的反垄断法规制更加彰显其独立性,但是这种规制优势不能完全抵消银行业制度变迁过程中的路径依赖效应。路径锁定会使得反垄断法规制作为一种后发的、新的、陌生的规制方式遭遇排斥,

---

① 时晓虹、耿刚德、李怀:《"路径依赖"理论新解》,《经济学家》2014年第6期。
② 张宝祥:《中国金融制度改革的路径依赖》,博士学位论文,吉林大学,2004年。

而既得利益集团也会希望在既定路径上强化行业规制，反垄断法规制因此会遭遇两种层面的排斥。第三，选择金融规制作为银行业垄断行为的克服之法更具可操作性。金融规制之所以可以作为银行业政府主导路径依赖的表现得益于法律法规等正式规则的授权与效力累积，而在制度形成的后期发展也要得益于利益集团的潜在推动。由此来看，行业规制的长久运作不仅形成了系统的、明确的权力运作流程——包括正式的与非正式的——而且更为关键的是取得了规制相对人与规制场域的认可与信任。从银行业反垄断法规制来看，路径依赖的启示在于银行业的问题始终要交给银行业自身来解决，通过行业监管机构规制垄断行为是一种符合制度变迁路径特征的方式抉择。

（二）银行业市场化下的规制失灵

银行业市场化已经成为世界各国金融市场发展不可逆的趋势之一。银行业市场化不仅是一种发展模式的经济表达，更是对与银行业市场发展的相关要素提出了新的要求与挑战，在这些相关要素中银行业规制首当其冲。银行业市场之于行业市场规制最大的希冀在于规制转型，集中体现在放松规制和规制升级，同时这也迎合了公共事业领域规制改革的世界浪潮。从本质上看，放松管制与规制升级都内嵌于对于市场发展规律的尊重：前者要求政府逐步退出市场，将市场的发展主导权回归市场本身；而后者则强调规制方法与规制手段的竞争导向与灵活导向。银行业垄断行为的既有事实从规制评价角度来看反映出政府规制失灵。政府规制失灵包含了信息不对称、寻租、利益集团、规制俘获等多种表现形式，它表现出政府对于市场干预的低效与反效。对于银行业反垄断法规制而言，最值得关注的应当是规制俘获。"美国政府一直相信'最少的监管就是最好的监管'，相信市场主体的理性，可是，正如经济学中的合成谬误，理性考虑的结果往往却是非理性的繁荣。"[1] 金融危机期间，美国金融市场的大量不合理行为归结为金融规制系统的不完善，但是有学者通过对当前文献研究综述，总结出金融规制系统的不完善正是来源于政府规制俘获。[2] 对于垄断行为的银行业金融规制而言，与政府俘获、规制失灵相关的一大命题在于银行业规制机构的反垄断悖论，即由制造垄断的人反垄断。银行业垄断行为的出现与泛

---

① 彭兴庭：《金融法制的变迁与大国崛起》，法律出版社2014年版，第59页。

② See Adam J. Levitin, "The Politics of Financial Regulation and the Regulation of Financial Politics: a Review Essay", *Harvard Law Review*, Vol. 127, No. 7, May 2014, p. 1992.

滥是伴随规制机构不作为和放纵而来的，对于被俘获的行业规制机构而言，其决策的标的已经由社会公共利益变更为利益集团的行业集体利益。如果我们过分仰仗通过行业规制机构规制垄断行为，无异于将垄断行为的认定权交予间接促成垄断行为的人，具有"经济人"属性的规制机构的有效规制行为在此时并不具有可期待性。从目前来看，我们虽然无法判断我国银行业市场是否存在规制俘获的现象，但是可以肯定的一点在于银行业市场的垄断行为有着不同程度的或直接或间接的政府参与。我们有必要对银行业市场可能出现的规制失灵与规制俘获作出预防，出于对反垄断悖论的克服，更加超脱、更具有独立性的反垄断法规制更加值得期待。实际上，银行业反垄断法规制的可期待理由与公用事业放松管制浪潮下的反垄断法规制期待理由相近。"随着基础部门逐渐引入竞争，政府在放松管制的同时，为确保有效竞争的实现，还需要重建规制"①，反垄断法规制作为一种市场型规制、竞争型规制在更多领域可以被视为一种新型规制方式，应当在行业市场化、竞争化的发展进程中发挥自身的护航作用。

（三）反垄断法规制系统的自我缺失

在银行业金融规制与反垄断法规制的权力冲突中，反垄断法规制的不作为或者作为滞后成为自身规制权威性、社会舆论可期待性减损的重要缘由。一般而言，规制的作为与不作为表现出规制机构对于事件的一种基本态度，但是我们有必要通过这种态度表现深究其更为深层次的原因。我们认为，反垄断机构对银行业垄断行为反应迟缓的一个重要原因在于反垄断法规制系统的自我缺失。反垄断法规制系统的自我缺失集中表现为规制权力的分散。"我国反垄断执法体制的两大弊端在于'过于分散'和'皆为配角'"②，分散与集中原本是规制权力运行的两种可选择的路径，但是我国反垄断执法的权力不仅分散，而且在各自成熟的规制机构中处于附属地位，这样一来反垄断法规制有极大可能陷入一种被搁置的危机：反垄断法规制的权威性并未因权力分散吸收既有成熟规制系统的规制经验，反而缺乏了自身的系统性。除此之外，反垄断法规制权力的分散也使得规制标准的统一变得极为困难，无形中增加了反垄断内部统一的协调成本。并且，现存诸多领域的垄断问题为反垄断法规制机构带来了极大的规制压

①　常欣：《放松管制与规制重建——中国基础部门引入竞争后的政府行为分析》，《经济理论与经济管理》2001 年第 11 期。

②　于立：《垄断行业改革与反垄断执法体系的构建》，《改革》2014 年第 5 期。

力，缺乏人员与专业性保障，反垄断法规制的权威性受到减损。此外，反垄断执法机构的不完备也表现出我国宏观反垄断法规制系统的构建不完善，集中体现为规制主体与规制方法多元化的跟进迟缓。一方面，我国反垄断法规制系统过度依赖执法，忽视了司法应有的作用。我们不应该把规制权力的理解停留在行政执法一端，毋庸置疑执法和司法是国家主导下两大规制方式。我国反垄断司法体系面临着较之执法体系更大的专业性问题，私人诉讼的有效开展欠缺足够的程序性保障，健全垄断诉讼机制非最高人民法院司法解释一日之功。另一方面，在公主体之外，让更多的以私人和社会团体为代表的私主体参与反垄断法规制是规制多元化的应有之义。综上所述，反垄断法规制系统先天的不完善为其后天运作留下隐患，并且这种隐患在应对以银行业为代表的垄断行业之时尤为凸显。

第三节　银行业反垄断法规制问题之方法困境

银行业反垄断法规制的实践困境主要源于规制方法的局限性，表现在面对银行业问题的调试不足以及反垄断法"先天"不确定性的克服不足。垄断行为的特殊表现为银行业反垄断法规制，尤其是规制方法与规制技术的应用提出了诸多富有挑战的命题。反垄断法规制中传统的结构主义与行为主义规制方法难以单纯地桥接到银行业垄断行为的规制之中，并且规制层次与规制体系的发展单一加剧了反垄断法规制在银行业适用的难度。总体来看，银行业反垄断法规制并没有充分发挥反垄断法不确定性的本质趋利一面，当下更多的表现出不确定性的表象一面：银行业反垄断法规制面临着一种"内忧外患"的实践困境，规制方法的不完善首先成为"内忧"的始作俑者，而后反垄断法规制的"无计可施"又对银行业反垄断法规制的权威性与独立性产生减损效应，最终导致了反垄断法规制"无从下手"。

一　银行业对反垄断法规制提出的挑战

不同行业都会因其行业的特殊性对反垄断法规制提出或多或少的挑战，相比而言，一般行业对反垄断法的挑战多为技术性层面，普遍表现为垄断行为的定性与定量方面，例如相关市场界定的把握，市场垄断力量的衡量以及可豁免因素的具体考量等；而银行业对反垄断法规制的挑战既包含技术性层面又包含系统性层面，并且在系统性层面表现出更多地对于反垄断传统规制的颠覆与冲击。

（一）专业性层面

银行业的专业性表现为特殊的市场主体职能以及特殊的市场运行机制。从专业性层面来看，银行业同样在定性与定量两个方面对反垄断法规制提出了的挑战。从定性来看，这种挑战集中体现为银行业垄断行为的认定，以及银行业的相关市场认定的特殊性。SSNIP 测试法作为一种普遍的相关市场认定方法并不能简单地适用于银行业相关市场的认定，银行业产品市场本身呈现出商品集群化的特征，将单一商品作为标的考量相关市场不符合银行业产品普遍的货币融通性质。银行业地理市场认定并非简单的行政领域或者交易成本划分，而是需要更多相关行业数据体系的佐证，以期划定客观的"本地市场"。除此之外，在银行业垄断行为的认定过程中，每一种法定垄断行为类型都呈现出不同的表现形式，并且对既有反垄断法规制认定思路产生冲击。例如，我国银行业市场特殊的主体架构使得市场支配地位认定存在着巨大的难度，有必要考虑引入市场相对优势地位理论；银行业价格联盟行为与一般行业突出的行业协会主导不同，隐形特征极为明显；银行业经营者集中也存在着诸多特殊认定规则。除此之外，更值得一提的在于当垄断行为的实施主体扩展到行政机关，银行业市场的行政垄断会彰显出更多的复杂性与冲突性。并且，伴随银行业转型与银行业市场化推进，市场竞争的加剧有可能带来垄断行为的井喷，亦有可能使各种垄断行为变得更趋隐性，如此一来无疑对反垄断法规制"雪上加霜"。从定量来看，"量化标准问题已经成为我国反垄断法研究的重要问题之一，而量化标准的难以确定与统一，已成为制约我国反垄断法有效实施的因素之一"①。量化问题可以简单地理解为定性问题的标准化表达，它涉及了垄断行为认定与处罚的方方面面。从法律实施的角度，我们也可以将量化理解为垄断行为的证据支撑问题。银行业反垄断法规制的量化务必要求具备充分的行业数据支撑以及专业人员的团队支撑。这对较为初级的反垄断执法系统来讲，不可不谓是个挑战。

综合定性与定量两方面的专业性考虑，银行业相比其他行业对反垄断法规制的挑战主要表现为规制主体与规制客体之间更大程度的信息不对称。信息经济学认为，不完全的信息造就了不完全的竞争，因此信息的搜

---

① 刘伟：《反垄断法中的量化问题研究》，法律出版社 2012 年版，第 1 页。

寻与识别对市场经济中的私人而言具有巨大的作用，信息不对称与不完全往往使有限理性的经济人无法做出最优的决策。与此同理，在存在明显信息不对称的前提下，同样作为有限理性的规制主体无法做出最优的规制决策，并且规制机构的有限理性很有可能导致金融秩序与社会秩序的"集体非理性"。毋庸置疑，信息不对称存在于反垄断法染指的所有行业规制之中，但是银行业因其垄断行业与金融行业属性加剧了规制主体与规制客体之间的信息不对称。

（二）系统性层面

如果说专业性挑战仅仅涉及规制技术与规制方法的调试，那么系统性挑战则从根本上动摇着反垄断法规制行业适用的根基。作为一个规制系统，反垄断法规制当然有其独立的存在价值，但是这种存在价值有可能会在特定时期让步于特定的行业规制，同样也会因自身系统的不完善导致价值目标的虚化，银行业对反垄断法规制的冲击正是如此。首先，银行业垄断行为的复杂性对分散的反垄断执法系统造成冲击。银行业垄断行为并非是"标准化"的法定垄断行为，其复杂性体现在一种行为会涵盖多种法定表现形式，例如在银行业价格联盟之中就会涉及滥用市场支配地位和垄断协议两种法定行为类型。除此之外，行为背后的合法性与合理性也会加重行为的复杂性，超出现有规制系统所能承受之范围。目前我国"三权分立"的反垄断执法体系能否应对银行业垄断行为的类型跨越性确实要打上一个大大的问号。其次，银行业对反垄断法规制裁决的可接受性会存在不同程度的质疑。银行业的反垄断法规制不仅仅是针对银行业经营者的垄断行为，更重要的是其规制效果会辐射到诸多利益相关领域，这些利益相关领域既包括了作为主体形式呈现的行业规制者、同业竞争者以及金融消费者，同样还包括更为宏观的金融秩序与社会秩序。因此，反垄断法规制裁决因银行业垄断行为效果的高辐射而吸引了更多的关注，而这些关注可能成为反垄断法规制开展的动力，同样也会成为其开展的羁绊。反垄断法规制裁决能否得到业内的认可、会对既有秩序产生何种程度的影响，这在无形中增加了银行业反垄断法规制的压力。最后，垄断行为的政府属性对反垄断法规制的独立性产生影响。银行业反垄断法规制面临的一大抉择在于垄断行为中政府行为与市场经济主体行为的分辨与识别。除此之外，对于垄断行为中政府因素的规制把握也是银行业反垄断法规制中一个较为棘手的问题。如何对银行业主体行为进行剥离和规制，如何在政府行为的反垄断法规制中进行外部协调事关反垄断法规制自身的独立性。

综合来看，银行业对于反垄断法规制的系统性冲击体现为对现有反垄断执法机构的冲击，主要表现在三个方面：增加反垄断执法机构的执法成本、影响反垄断执法机构的执法效率以及减损反垄断执法机构的权威。银行业垄断行为的专业性以及未来发展可预见问题的严重性无形中增加了反垄断法规制成本，除此之外反垄断法规制自身还存在着大量的信息搜寻与协调成本。银行业垄断问题本身的复杂性决定了反垄断法规制不可能一蹴而就，并且银行业垄断行为的高辐射性容易在反垄断执法期待和执法实践中造成一种落差，这种落差的出现正是执法效率的牺牲，而银行业对于反垄断法规制的种种冲击最终都会体现为反垄断法规制权威性的减损。

二　反垄断法规制方法的银行业适用

一般意义上讲，反垄断法规制方法可以从宏观上分为结构主义规制与行为主义规制两种规制方法。两种规制方法在不同的经济思想指引下形成了特色各异的规制风格，但是无论哪种方法在银行业垄断行为的规制中都存在不同层面、不同程度的障碍。除此之外，从反垄断法规制的宏观方法论考虑，规制手段的狭义理解抑或规制层次的不完善也对银行业反垄断法规制产生阻碍。

（一）结构主义规制方法的银行业适用障碍

相比于行为主义规制方法，反垄断结构主义规制方法更加彰显其主动性与事前性：一方面它是反垄断法规制机构依照市场结构与市场发展形势的主观判断，主动对市场主体结构进行强制性改变；另一方面它并非是垄断行为发生之后的弥补与救济，而是行为意图发生之前的审核与评测。从反垄断法规制实践来看，结构主义规制方法大致可以分为两大种类：一是拆分企业，二是经营者集中控制。"反垄断执法政策初期鲜明地展示出，美国一方面对高效益企业表示尊重，另一方面也对其可能带来产业集中恶性效应感到恐惧，这种心态导致美国反垄断执法政策的扑朔迷离。"① 随着对于垄断恐惧的加深，政府意图通过拆分大企业的做法，防止企业理性行为下的市场非理性以及对于市场秩序和社会秩序的恶性传导。从标准石

---

① Marver H. Bernstein, Regulating Business by Independent Commission 222（1955）. 转引自王玉学：《反垄断的基本规制方法》，《重庆理工大学学报》（社会科学）2012 年第 5 期。

油案到美国铝业公司案，再到 AT&T 的三次拆分，美国反垄断法规制机构将拆分企业的规制方法推向极致。以拆分企业为代表的结构主义规制方法运用有效地打破了行业垄断，并且有助于在自然垄断行业引入市场竞争机制，客观上有利于行业的整体发展。然而，这种过于激烈、过于主动的变革方法在美国经济发展趋于平缓滞后鲜被使用，逐渐让位于行为主义规制，并被认为退出了反垄断法规制的历史舞台。值得一提的是，在微软垄断世纪案中，当事法官曾尝试着对微软进行拆分，这一行为一度被认为是对结构主义规制方法的复辟。结构主义规制方法基于有效竞争理论的吸收以及结构主义理论的认可，① 当下主要应用于经营者集中的反垄断控制。经营者集中在某种程度可以作为一种高级形式的合谋推定，并且经营者集中规制也是对于市场结构因素考量最多的一种规制类型。在美国沃伦法院时代，反垄断法规制机构出于市场集中引发市场结构变动的高度敏感，对经营者集中采取了极为严格的规制标准，而伴随《企业合并指南》的出台，美国经营者集中的审批才略显理性和宽松。从当下而言，经营者集中的结构主义思维主要体现为附条件批准制度的建立和完善，"对特定交易附件结构性条件是对市场结构的直接干预，附加结构性条件将通过改变或修复市场结构，在源头上有效处理集中交易可能导致的反竞争效果"②。

　　银行业中同样可能存在着巨型金融机构，对于巨型金融机构的拆分的根本原因是防止金融垄断的出现。金融垄断从本质上阻碍了金融市场的有效竞争，并且对金融消费者利益和社会公共利益造成了严重的减损。除此之外，拆分巨型金融机构的可行性在于对政府失灵的预防。巨型金融机构通过向社会传导系统性风险引发政府监管部门的关注，但是由于巨型金融机构影响的高辐射性，容易对政府行为产生绑架，在危机发生之时，政府多通过多种救济手段防止巨型金融机构倒闭引发的金融市场动荡和社会秩序不安，由此形成了巨型金融机构"大到不能倒"的境地。另外，对于巨型金融机构的事前拆分行为还有利于缓释政府的监管压力，防止因规制缺位与失位造成的风险漏洞的出现。金融危机之后，在"大到不能倒"的舆论声讨之中，复辟结构主义规制，对巨型金融机构进行拆分成为一种

---

① 依据克拉克提出的有效竞争理论，在完全竞争理想主义的前提下，现实的竞争有效的标准应当是主体众多、无垄断和准入壁垒，在秉承市场竞争优胜劣汰的规律下追求高效率和低成本。在此结论下，如果市场存在了垄断，应当通过拆分确保市场主体数量的充分。

② 韩伟：《经营者集中附条件法律问题研究》，法律出版社 2013 年版，第 51 页。

有力的声音。混业经营与金融控股公司模式的成熟运营造就了美国金融市场诸如花旗、摩根大通、美国银行等大型银行业金融机构。这些巨型金融机构在坐享巨额利润之时，暗含了巨大的风险潜力。金融危机后，《纽约时报》曾刊发题为"大型银行拆分曾不可想象，如今可行"的评论文章，文中指出，"经过无数次的合并与拆分形成了摩根大通、富国、花旗和美国银行四大行，但是没有一条市场规则要求美国的金融市场应该由这四大巨头把控，立法者和监管机构应该通过更为安全的机构运行方式'武装'我们的金融体系……拆分巨型银行或许不是完美的方法，但是确是一个极佳的开始"①。美国达拉斯联储银行主席费舍尔同样表示，美国的大型金融机构已经形成市场势力，应当考虑被拆分掉，② 并且2015年以来，关于美国银行面临拆分的消息层出不穷。③ 作为现实舆论的回应，《多德—弗兰克法案》也直面金融市场中的"大到不能倒"困局，赋予监管机构拆分巨型金融机构的权力。

　　对于我国而言，有业内人士曾主张，"将四大行中的每一家都拆分为三家地区银行，这将极大地增强竞争和改善治理"④，也有学者指出，"可以通过拆分国有大型银行，形成中小银行对中小企业的直接供给，破解温州金融改革难题"⑤，但是我们认为，拆分银行业金融机构在当下我国尚不具备实施的条件：一方面，拆分巨型金融机构不具备明确的法律依据，监管机构同样没有明确的法律授权。另一方面，拆分巨型金融机构的震荡效应并不符合我国金融监管历来的稳定性原则，从整体发展而言，容易产生金融市场的波动，不利于维持金融秩序的稳定。相比而言，我们的着力点应当更多地放在银行业经营者集中的事前控制。银行业经营者集中如果适时进行资产业务剥离无疑考验着规制者的专业性。从现有反垄断实践发展来看，商务部可以称为是目前最为专业化的反垄断执法机构，其在经营

　　① Jesse Eisinger：《大型银行拆分曾不可想象，如今可行》，2011年7月，腾讯财经（http：//finance. qq. com/a/20110728/003425. htm）。相关观点参见《美国应拆分巨型银行》，2010年6月，搜狐财经（http：//business. sohu. com/20100629/n273144170. shtml）。

　　② 参见孔军《联储费舍尔：美国最大五家银行"应该被拆分"》，2012年3月，腾讯财经（http：//finance. qq. com/a/20120301/000627. htm）。

　　③ 参见薛娇《SEC监管趋严 美国银行面临拆分风险》，2015年3月，第一财经（http：//www. yicai. com/news/2015/03/4588475. html）。

　　④ 黄育川：《拆分"大"银行》，《经济导刊》2014年第2期。

　　⑤ 奚君羊：《"拆分"国有大银行为温州金融改革探路》，《广州日报》2012年6月18日F02版。

者集中控制领域已经积攒了足够的规制经验。大量规制实例表明，商务部完全有能力胜任银行业经营者集中的审批工作，但是，更为关键的议题是如何从金融规制机构中"抢"来银行业经营者集中的审批权，并得到金融规制机构的认可。

（二）行为主义规制方法的银行业适用障碍

如前所述，行为主义规制方法相对于结构主义规制方法而言，更加尊重市场发展的规律，是一种更符合时代理性的规制方法革新。就反垄断法规制方法的纵向发展来看，行为主义规制方法首先是一种普遍的、常规的反垄断法规制方法，世界各国均确立了以垄断行为规制为核心的反垄断法规制体系。其次，行为主义规制方法是一种事后的规制方法，即它是在垄断行为产生损害后果之后的一种事后救济方式，或者说它是涉嫌垄断违法行为发生之后的一个事后定性行为。再次，反垄断行为主义规制方法提倡经济分析方法的适用。在相关市场认定和垄断势力的衡量过程中，经济分析方法的运用起到了至关重要的作用。更值得一提的是，每一种反垄断法规制方法都有其背后支撑的经济理论，并且反垄断经济学业已成为一门具有鲜明独立性的学科。无论是滥用市场支配地位、垄断协议还是经营者集中都会涉及经济分析和量化的问题，而某种程度上经济分析的结论决定着最终的反垄断法规制结论。最后，反垄断行为主义规制方法提倡个案分析。对于任何行业而言，反垄断法都不可以进行单纯的推导适用。个案分析体现出行为主义对于市场发展规律的尊重，它不同于结构主义规制的辐射广泛与主动出击，行为主义规制更多提倡回归行业发展的规律，更加提倡政府的"守夜人"角色，反对过于直接地参与到行业的发展干预之中。虽然行为主义规制后果会对某些行业的经营模式产生影响，但是其直接目标是通过行为规制实现市场竞争的维护，而非从本质上改变行业发展的方向。个案分析尊重了垄断行为的行业特殊性，同时也为反垄断法不确定性的存在埋下了伏笔。

就行为主义规制方法的银行业适用而言，适用障碍正是表现在经济分析和个案分析的尺度把握方面。从经济分析来看，在关于垄断行为的认定中，反垄断法提倡经济效率的衡量标准，最为极端地是以波斯纳法官为代表的唯效率论者。虽然这种极端的理论饱受争议，但是不可否认的是经济效率作为反垄断法的规制目标，在具体的反垄断法规制实践中有着重要的影响力。银行业作为国民经济的金融枢纽，长久以来的规制目标在金融安全与金融稳定——它追求的是一种秩序性。虽然效率与秩序不必然发生冲突，但是在反垄断法规制的过程中，如果秉承效率至上的观点，出于鼓励行业竞争、行业创新而对原本秩序性框架下的行为进行规制，这势必会与既有的银行业市场整体发展趋势产生一种矛盾。因此，反垄断法规制的适用势必会受到行业规制的抵触，同时其规制自身存在着不确定风险的对外传导。从个案分析来看，行为主义规制方法本身就意味着巨大的规制成本与专业性要求。反垄断法起初并非涉及市场经济每一个领域，随着某些行业市场竞争与市场开放，反垄断法几乎适用于市场经济的任何领域。然而，适用范围广泛也就意味着反垄断法规制机构将会面临各行各业的垄断行为类型的特殊性表现，而在以银行业为代表的垄断行为反垄断法规制中，个案分析只会比其他行业面临着更多的专业性要求和规制成本。银行业金融规制本身虽然也会秉承个案正义，但是其规制效力往往是一体适用，其规制结果往往会有类推适用的效果。相对而言，规制过程中巨大的信息不对称和协调成本将会对反垄断行为主义规制的展开造成影响。

（三）宏观规制方法狭义理解下的适用障碍

反垄断法规制从本质上讲是公权力对市场经济活动的干预，从狭义上看主要表现为反垄断法规制机构的执法行为。然而，从更好、更全面的反垄断法规制系统建立来讲，我们应当从更为广义的层面理解反垄断法规制。在不脱离公权力介入的前置原则下，应当将反垄断法规制从执法、司法以及其他可能实现的更多方面进行理解。单纯依赖反垄断执法，不仅会增加反垄断执法机构的运作压力，而且容易存在俘获之风险。宏观层面对于规制的狭义理解导致了微观层面规制方法的单一，不利于多元反垄断法规制体系的构建。对于银行业反垄断法规制而言，在反垄断执法与行业监管存在明显冲突之时，在确立反垄断执法主导的前提下，有必要探索一些更具利益中立性、更有利于规制垄断行为的规制形式以促进银行业规制的结构多元化。仅就目前银行业反垄断法规制结构来看，我们认为以下两方面的规制缺位导致了反垄断法规制的适用障碍：其一，执法与司法的对接缺位。在美国若干关于银行业反垄断法规制案件中，其共性在于执法规制介入后的司法最终裁决，可以讲美国法院作为反垄断法规制的重要一环，在反垄断法规制机构与涉案企业之间形成了重要的衡平机制。将司法作为反垄断最终裁判是由美国司法体制所决定的，但是，这并不意味着对大陆法系国家崇尚行政机关治理的执法规制体系有所借鉴。从规制层次上来讲，司法和执法应当是并行的两类反垄断法规制体系。在市场经济执法领域，我国向来不存在执法与司法的对接，并缺乏足够的实践运作经验。鉴于银行业行业监管与反垄断执法的强烈冲突性，我们认为有必要在完善反垄断执法的同时，完善我国反垄断司法制度，鼓励和支持通过反垄断诉讼对银行业垄断行为进行行之有效的规制。并且通过赋予司法的最后裁判属性，对反垄断执法进行有效的监督。但是就目标而言，我国反垄断执法与司法两端都存在着不同程度的局限性，如此一来，银行业反垄断法规制失去了重要规制方法来源。其二，私人实施与公共实施的对接缺位。规制的公权力主导并不意味着对于私人参与的排斥，私人实施是对反垄断法规制的一种有益支撑和补充。单纯意义上私人独自实施的垄断诉讼因其金融消费者的弱势地位往往在诉讼中处于弱势地位，并且我国目前反垄断司法制度并不发达，虽然存在明确的垄断行为司法解释，但是缺乏对于私人实施者必要的保障。因此，从实施实效来看，我们应该提倡私人实施与公共实施的对接而非分立。私人可以通过向反垄断法规制部门检举、提供证据、支持诉讼等多种形式为反垄断执法提供有益的帮助和支持。但是目前而言，我国反垄断执法对于私人实施的吸收明显不足，反垄断执法结构对于社会舆论的整体导向捕捉不足，并且并未唤醒社会民众参与公共实施的意识。银行业垄断问题的解决可以寄希望于金融消费者群体以及行业协会参与到反垄断法规制。

三　从反垄断法的不确定性看银行业反垄断法规制

不确定性是反垄断法自发展以来逐渐被社会认可的一大特征，原本对于不确定性的局限性理解逐渐因反垄断法规制实践的开展而具有了丰富的内涵。银行业的反垄断法规制同样离不开不确定性的反垄断立法发展起点，但是从现有银行业规制系统和规制方法来看，不确定性已经成为银行业反垄断法规制的一种困境。

（一）作为反垄断法特征的不确定性

从根本上讲，法律都具有不同程度的不确定性，"针对同一案件事实，有两个法条赋予彼此相互排斥的法律效果，如此亦将产生解释的必要性"[①]，而反垄断法的不确定性主要表现为立法者的主观局限性与客观不

---

① ［德］卡尔·拉伦茨：《法学方法论》，陈爱娥译，商务印书馆2003年版，第194页。

可预见性。立法者无法在立法之时对现实社会中的种种事件进行事无巨细的规定，同时也难以对未来可能产生的新社会事件作出及时的反应。在执法和司法实践中，法律的不确定性体现为法律解释方法和法官自由心证的主观把握程度。

相比而言，反垄断法具有更大程度的不确定性。首先，反垄断法的法条是高度抽象的。现实中各行各业垄断行为"千奇百态"而反垄断立法则以高度抽象之不变应社会现实之万变。各国反垄断法律在立法之初都呈现出条文数量少，语言措辞精炼的特征。"《谢尔曼法》反映了公众对于控制商业和垄断的态度，但是其规定的只是一个比较笼统的立法意图，而留待法院根据具体案件中的收益和成本的精确平衡来对限制性商业行为进行判断。"① 反垄断立法中存在着诸如"相关市场""正当理由"等自由裁量语言以及诸如"市场份额""竞争效果"等需要专业性评判词语。语言的高度抽象可以称为法律的技术特征，同时这也构成了法律不确定性的必然传导。其次，垄断行为的经济学分析导致结果的不可预测。在垄断行为的认定中，市场份额、市场效果等诸多环节都需要借助详尽、专业的经济学分析，可以说经济学分析结果决定了反垄断裁决的结果。以相关市场为例，相关产品市场与相关地理市场的范围直接影响着最终的垄断行为认定，而界定二者最为相关的理论在于产品价格供需弹性的经济学分析。从更为宏观和纵向的角度来看，反垄断经济分析受政策和经济理论的影响，执法尺度呈现出明显的阶段性变化。不同时期不同的经济理论构成了不同的反垄断执法风格，同时也就形成了历史意义上的"同案不同判"。最后，合理规则的确立与推广。合理规则相比于本身违法规则更趋理性，更加注重对于个案特征的把握。但是这种变革相对本身违法规则的明确、直接而言平添了许多主观因素，即规制机构对于具体案情的主观把握。由此一来，合理规则下的反垄断法规制会比本身违法规则下的反垄断法规制更具有不确定性。

造成反垄断法不确定性特征的缘由主要在于反垄断的政策性导向，主要体现为市场发展理论与市场发展政策的同步协调。学者研究认为，"反垄断法行为规范的多原则少规则、权利与义务的范畴属性以及'目的—

---

① ［美］加里·L. 里巴克：《美国的反省：如何从垄断中解放市场》，何华译，东方出版社2011年版，第7页。

手段'的决定模式决定了反垄断法的政策导向性"①。市场经济中，不同
行业的多元主体必定涉及了多元利益，而在多元利益背后，不同时期不同
阶段体现出不同的价值诉求。辩证地讲，垄断与竞争可以成为一个周而复
始的循环模式，而市场经济的发展尤其是转型国家市场经济的运作往往都
在经历着从垄断到竞争的模式转换，反垄断法所依存的政策竞争导向是否
明确决定了反垄断法的适用范围与规制尺度。因此，宏观政策导向决定和
左右着反垄断法规制，或者说，在工具意义层面反垄断法规制仅仅是国家
干预措施的一种阶段性表达。除此之外，造成反垄断法不确定性的另一个
原因可能在于其"新法"效应。反垄断法本身在市场经济国家的适用不
过是百余年的事件，并且在转型国家的适用更为滞后，因此其必将面对一
个从缺陷走向成熟的过程，作为法律局限意义的不确定性是不可避免的。
另外，从法律可以获得最大程度的支持与认可来看，反垄断立法的"模
棱两可"与"左右逢源"——这种不确定性或许可以为其争取更大的生
存空间与发展余地。

综上所述，反垄断法的不确定性既可以理解为法律的局限性，同时又
可以理解为反垄断法发展的优势性。反垄断法的不确定性特征也得到了学
者和实务界的认可。因此，如何趋利避害，避免局限性层面的不确定性，
增强不确定性特征的优势转化是反垄断行业规制过程中的一个必解之题。

（二）反垄断法不确定性的规制导向

反垄断法的不确定性之所以成为反垄断法的特征，其重要原因在于其
对反垄断法规制实践开展的有力支撑。"《谢尔曼法》的模糊性引起了人
们的担心和不满：关注垄断力量的人感到该法案可能会使企业的反竞争行
为得以侥幸逃脱惩罚，而企业则担心它们无法准确了解哪些行为是违法
的。"② 反垄断法的立法不确定性赋予了规制主体更多的裁量权，如此一
来，反垄断法条文的模糊性与宏观性成为规制实践自由运作的有力保障，
反垄断法规制在不偏离立法准则的前提下，具备了很大程度的独立性。因
此，我们可以毫不夸张地说，反垄断法规制比之反垄断立法具有更为重要
的作用。并且，在反垄断基本立法颁布之后，反垄断法规制实践往往先于
反垄断立法活动，也就是说，反垄断法规制实践是反垄断立法的来源，反

---

① 潘丹丹：《反垄断法不确定性的意义追寻》，博士学位论文，吉林大学，2010 年。

② ［美］迈克尔·D. 温斯顿：《反垄断经济学前沿》，张嫚等译，东北财经大学出版社
2007 年版，第 5 页。

垄断法规制机构对垄断行为规制发布的行动指南与执法公告往往具有比之法律的相近社会影响力。除此之外，我们仍应认识到反垄断法在赋予规制实践巨大自由裁量的同时，也要求其承担其探索规制方法创新的历史使命。反垄断法规制机构与规制方法都需要通过实践发展自身、完善自身，力求与时俱进。

反垄断法不确定性对于反垄断法规制实践开展的具体导向在于：一方面，形成足以应对各行各业垄断行为规制问题的专业化反垄断法规制团队，维护反垄断法规制的权威性。反垄断法作为市场经济一般行业具有普遍适用效力的秩序规制法律，无疑面临着方方面面的问题。根据不确定性的推导，反垄断执法人员承担着更大程度的法律解释与适用压力，不仅包括经济分析方法的取材与适用，还包括各个行业特殊问题的个别应对。充分发挥反垄断法规制人员的主观性是运用反垄断法不确定性特征的较好途径。如果缺乏专业性团队的建构，无疑意味着反垄断法规制缺少了规制手段和规制方法的实践者，反垄断法规制的权威性必然受到减损。另一方面，应当注重反垄断法规制机构以及规制人员独立性维护。立法与执法标准上的不确定性在赋予规制机构自由裁量权的同时，也增加了规制俘获发生的风险。"受行政压力、私人寻租行为和贿赂行为以及地方保护主义的影响"①，反垄断执法同样存在着极大的不确定性，而反垄断法规制的主观性决定了其不可避免地存在着规制失灵和俘获的风险。这些风险对反垄断法规制最为关键的影响是使反垄断法规制丧失其应有的独立性。

综上而言，反垄断法的不确定性之于实践无疑是机遇与挑战并存，如何趋利避害实现对反垄断法不确定性的克服以及对有效运用这种不确定性辅佐规制实践是完善反垄断法规制方法的应有之义。

（三）银行业反垄断法规制的不确定性困境

银行业反垄断法规制的不确定性更多地表现出局限性意义上的不确定性：其一，执法独立性欠缺与银行业反垄断法规制指南缺位导致了反垄断法规制期待的不确定。如果我国银行业反垄断法规制沿用现有法定的"三位一体"的规制结构，那么因规制结构分散所导致的执法独立性欠缺就会成为必然。在依靠国务院反垄断委员会实施行业垄断行为规制不具备现实可行性的前提下，银行业垄断行为的复杂性往往跨越了法

① 聂孝红：《论反垄断法的不确定性》，《公民与法》2009年第9期。

定垄断行为类型化划分，因此，反垄断执法机构之间存在着权力重叠的可能，也就是说银行业垄断行为考验着反垄断执法机构之间的协调机制。从理论上讲，反垄断执法内部权力的分散不利于垄断行业规制活动的开展，反垄断法规制的不可期待无疑减损其独立性。此外，我国目前行业规制普遍缺乏明确的具体的行为规制指南，立法的不确定性导致了特殊行业执法实践的不确定性。虽然银行业反垄断法规制指南理论上源于规制实践的开展，但是将立法活动提前或许有利于反垄断法规制权力与规制过程的进一步的明确，为银行业反垄断法规制注入动力机制。其二，缺少专业化团队导致银行业反垄断法规制权威性减损。目前我国或许存在着垄断行为导向下相对专业、健全的规制团队，但是银行业反垄断法规制考验着既有反垄断法规制团队的专业性。究其原因主要在于无论是国家工商总局还是国家发改委，对于银行业的行为规制都不是其日常运作中的"规定动作"，或者说银行业是其规制工作的一个盲区——较少关注的区域。因此，银行业反垄断法规制的信息不对称对既有反垄断法规制团队造成了极大的专业性影响，同时这也在于银行业金融监管机构的权力冲突中减损了权威性。

通过以上论述，我们可以把银行业反垄断法规制不确定性的生成机制总结为立法的不确定性尤其是立法中关于执法权力分配的分散规定以及行业规制指南的缺失导致了银行业垄断执法的不确定性，并最终导致了具有个性化和反垄断法特征的规制方法的银行业适用迟缓（参见图3-1）。银行业垄断行为的复杂性无疑加剧了反垄断法实施过程中的不确定性，而反垄断法规制独立性和权威性的减损更是放大了反垄断法的不确定性。银行业反垄断法规制仍需要立足探索常规与特色相结合的规制方法，逐渐完善规制方法所需的主客观保障，如此银行业反垄断法规制才是一种可期待的市场经济秩序规制方式。

图3-1　银行业反垄断法规制不确定性生成机制

第四节　银行业反垄断法规制问题之效果预估

规制效果是规制活动的现实影响,具体而言它可以被视为对规制活动、规制目标和规制方法的事后评价。毋庸置疑,规制目标与规制方法的不同选择必然会导致最终规制效果的差异化。规制效果作为一种"事后诸葛亮",可以成为我们思考如何健全规制系统、反思规制目标和升级规制方法的较佳途径。作为银行业反垄断法规制的一个问题导向,我们可以通过现有的关于垄断行为的规制效果对银行业反垄断法规制做出合理的推导,并且在可能存在的规制效果上,推导出银行业反垄断法规制效果的应有之义。

一　我国反垄断法规制的现有效果

从目前我国反垄断法规制实践来看,执法和司法是反垄断法规制的两大常规方式。两种方式通过不同的规制活动形成了不同的规制效果。

对于执法规制而言,垄断行为的反垄断执法权按照法律规定分属国家发改委、国家工商总局和商务部。国家发改委自 2013 年以来相继对奶粉、白酒、黄金等行业分销领域的价格垄断行为进行了查处,并且尤以对汽车行业反垄断惩处受到社会舆论广泛关注,一张张历史性罚单陆续"送达"垄断企业。国家发改委的反垄断法规制效果因罚单金额的舆论效应而被社会不断放大,对于涉案行业市场竞争机制的维护起到了重要的作用。并且,国家发改委在以行业为基础导向的前提下,对涉及的关联行业也进行了相关调查与处罚,例如在汽车行业价格垄断调查中,国家发改委就曾对浙江保险行业协会以及部分保险公司的横向价格垄断协议进行了一并查处。① 国家工商总局同样从 2013 年开始对非价格垄断协议,滥用市场支配地位和滥用行政权力排斥竞争行为进行反垄断法规制。与国家发改委较为明显的行业导向不同,国家工商总局的规制风格更加推崇个案处理,其规制效果虽然并未引起太大的社会反响,但是从发展趋势来看,国家工商总局逐渐关注自然垄断行业的垄断行为以及滥用行政权力限制、排斥竞争的行为——此两点均为反垄断立法之初社会舆论广泛关注的焦点。2015

---

① 参见国家发展和改革委员会决定书［2013］7—29 号。

年以来，国家工商总局先后对烟草行业、电信行业、自来水行业等垄断和管制行业的垄断行为进行查处，总体上讲国家工商总局的反垄断法规制在相关区域范围内起到了促进市场竞争的作用，并且对垄断行业的规制成为其反垄断法规制的"增长点"。商务部反垄断局可以说是最早开始践行和实施《反垄断法》的执法机构，并且形成了较为系统的关于经营者集中申报的实体和程序规定。由于商务部对于经营者集中同样是本着个案处理的导向，因此社会规制效果难以与价格垄断行为相比拟，但是也不乏诸如2009年商务部驳回可口可乐并购汇源之类的焦点案件的发生。总体上讲，商务部较好地实现了对于经营者集中的事前控制，并且每当社会舆论有企业合并动态之曝光，商务部反垄断局都会成为报道中被提及的拥有决定权的执法机构，① 此举在某种意义上说明商务部反垄断法规制已经形成了较好的规制效果，得到社会的广泛认可。

从执法规制的总体规制效果来看，我们认为存在两方面的特征：其一，反垄断执法日趋全面，裁决文书日趋细化。反垄断执法所涉及行业日益多元、丰富，执法机构从实践上践行了反垄断法对于市场经济一体适用的思想，在一定程度上祛除了"欺软怕硬"和"选择性执法"的不良标签，反垄断执法的系统性与独立性得到了一定程度的保障。并且，一个值得关注的趋势在于，无论是国家发改委的行政处罚决定书，还是国家工商总局的竞争执法公告，或是商务部的行政处罚决定书与决定公告，相关执法文书都开始注重裁判理由的说理性与系统性，并且在部分文书中对一些具有争议的理论问题进行了回应，② 这是不同于我国一般行政执法裁决文

---

① 例如在2005年5月关于携程收购艺龙的新闻曝光后，媒体纷纷质疑携程此举是否经过了商务部经营者集中的事前审查，并且作为互联网旅游行业的竞争对手，去哪儿向商务部实名举报携程涉嫌实施垄断行为，认为携程和艺龙在相关市场的份额超过50%，具备了垄断地位，并且存在后续的实施垄断行为的嫌疑。

② 值得注意的是，在竞争执法公告2015年第2号"关于辽宁省烟草公司抚顺市公司滥用市场支配地位行为的处罚决定"中，执法机关对管制性行业的《反垄断法》适用进行了正面的回应："从主体上看，《反垄断法》第七条第一款规定：'国有经济占控制地位的关系国民经济命脉和国家安全的行业以及依法实行专营专卖的行业，国家对其经营者的合法经营活动予以保护，并对经营者的经营行为及其商品和服务的价格依法实施监管和调控，维护消费者利益，促进技术进步。'第二款规定：'前款规定行业的经营者应当依法经营，诚实守信，严格自律，接受社会公众的监督，不得利用其控制地位或者专营专卖地位损害消费者利益。'第一款中的'合法经营'和第二款中的'依法经营'中的'法'，应当包括《反垄断法》。国家要保护的是符合包括《反垄断法》在内的现行法律、法规规定的经营活动，《反垄断法》并未对该行业予以除外。当事人属于国家烟草专卖企业，应遵守《反垄断法》、《烟草专卖法》等现行法律、法规，合法经营，没有主体上的豁免空间。因此，当事人的抗辩理由不成立，其抗辩不是正当理由。"

书的一种大胆的尝试，同时也是对国际反垄断法规制主流趋势的借鉴与吸收，易形成更趋理性、更易接受的规制效果。其二，总体效果呈现出"重罚款震慑、轻合规引导"的特征。现有的规制结论多表现为对于垄断行为的罚款，而更具长远意义和更能表达反垄断法对于行业竞争导向的垄断行为规制指南目前来看仍然是一种奢求。以汽车行业反垄断为例，虽然反垄断法规制如疾风暴雨，但是关于汽车行业经营模式后续发展的规划性文件并未呈现。我们不能奢望反垄断可以对每个行业进行足够的合规引导，但是在一些垄断行为高发行业，反垄断仍有必要对同类的行为，例如产品和服务分销活动做出适宜的行为指引。这样不仅可以更好地塑造市场竞争环境，也可以提高企业行为的可预测性。

对于司法规制而言，引起社会舆论广泛关注的司法案例集中体现在"3Q 大战"。本案在某种程度上可以表达出反垄断司法规制的现实效果。奇虎诉腾讯滥用市场支配地位一案前后历经四年，最高人民法院于 2014 年 10 月作出终审判决，驳回奇虎公司上诉。本案在社会舆论和反垄断学界引发的讨论可以说是前所未有的，长达 7.4 万字的判决书更是创造了中国法院判决的历史。虽然对于该案判决存在着或支持或批判的争议，但是判决书的专业性得到了业界和舆论的一致肯定。本案从根本上引发了正向的反垄断法规制效果，对反垄断司法规制的开展无疑有着巨大的借鉴作用。司法规制与执法规制相比在规制效果上更加凸显个案正义，但是从反垄断案件的特殊性以及国外司法规制的现状来看，司法规制对于行业模式的引导同样具有巨大的影响力，并且这种影响力不亚于执法规制中罚款带来的震慑效用。

二　银行业反垄断法规制的效果推导

我国目前的反垄断法规制实践的既有效果与应然期待形成了银行业反垄断法规制可能产生的两种规制效果。

其一，通过垄断行为规制追求震慑的规制效果。震慑作为一种规制效果，在反垄断法规制开展的初期是非常有必要的。震慑往往在社会范围引起广泛的关注，这有利于反垄断理念与反垄断文化的传播与认同，并且为后期反垄断工作的开展奠定了较好的舆论基础。震慑效果往往与罚款并行，正如国家发改委在反垄断实施元年以来接连不断的历史性罚单一般，这种规制效果不仅在涉案行业内引起强烈反响，同时也在社会范围内引发热烈的讨论。当然，震慑的规制效果本身仍然存在着局限性，从本质上讲它仍然秉承个案正义思维，规制效果的行业辐射和社会影响基本上呈现短期性和区域性的特征。在行业市场竞争机制健全的前提下，对于个别企业垄断行为的惩罚可以有效地维护既有的市场竞争机制。但是，在行业市场竞争机制仍不健全的情况下，对于涉案企业的垄断行为规制或许可能对行业的运作模式产生影响，但是无法从宏观上对行业市场竞争机制起到较为彻底和长期的维护。银行业反垄断法规制追求震慑的规制效果，首先有利于促成银行业反垄断法规制独立性和权威性的宣示效应，通过具体的规制行为明确反垄断法对于银行业的适用。并且，罚款是反垄断执法机构目前法定的、可行的也是具备了一定执法经验的规制措施。与此同时，银行业反垄断法规制震慑效果本身是对社会舆论反垄断法规制呼声的最好回应。仍需要提及的是，通过罚款的震慑前提是对部分银行业金融机构垄断行为的规制，这种个案处理并未从根本上冲击银行业监督管理机构对于银行业市场发展的整体掌控，因此相对而言造成的权力冲突较小。综上所述，从总体来看，追求震慑的规制效果是目前反垄断法规制一个较为可行的，同时也是较为初级和基础的发展路径。

其二，通过垄断行为规制追求合规指引的规制效果。毋庸置疑，反垄断法仅仅是市场秩序规制法律中的一个部分，它承载着维护市场竞争机制、促进市场经济效率和维护消费者权益的使命。然而，我们不能把市场经济中各行各业的市场竞争问题，尤其是行业竞争的促成、推进与成熟的个别发展都寄希望于反垄断法规制，同样也不能仅仅依靠反垄断法规制的实施，促成一些行业市场竞争机制的一蹴而就。但是，对于市场经济中具有同类性质的、具有垄断潜力的行为颁布行为指南，以及对垄断行为实施"重灾区"进行合规指引是欧美反垄断法规制机构的常用之举。① 因此，合规指引是一种更尊重市场规律，更有助十从根本上维护市场竞争机制的规制效果。合规指引往往伴随着法律解释性文件的颁布出台，增加了企业行为的可预测性，同时也为反垄断法规制的实施提供了法律保障。当然，在规制效果趋向长远和根本的同时，合规指引对于反垄断法规制机构的业务水平与系统架构同样提出了专业性的要求。在追求合规指引效果的初

---

① 有学者研究指出，"现代各国反垄断执法机构的主要工作方式已经由'反垄断执法为主'向'竞争推进为主'转向"。参见喻玲《从威慑到合规指引：反垄断法实施的新趋势》，《中外法学》2013 年第 6 期。

期，势必会面临巨大的信息搜寻成本，而这种成本在银行业的反垄断法规制中会更加放大。银行业反垄断法规制对于合规指引效果的追求前提在于反垄断法规制系统的成熟，在对银行业市场发展进行合规指引的同时势必会与银行业市场监督管理机构发生权力冲突。这种竞争政策与产业政策的冲突影响着银行业市场的既有稳定与未来发展方向。就目前而言，银行业反垄断法规制的合规指引效果追求不具有现实可操作性：一方面，一般行为的合规指引因银行业垄断行为的复杂性而在银行业适用过程中存在的一定的障碍；另一方面，针对银行业市场发展的合规指引对反垄断法规制机构的专业性要求甚高。综合来看，合规指引是银行业反垄断法规制更为高级的效果追求，它要求建立在成熟的反垄断法规制系统之上。

三　银行业反垄断法规制效果实现之要点初探

"如果我们用以威胁为后盾之命令来代表所有法律，这个法律的特征就被忽略掉了。"[①] 无论是震慑还是合规指引，反垄断法规制效果的实现离不开规制机构规制活动的有效开展。就目前我国银行业反垄断法规制现状而言，我们认为可以从三个方面寻求突破：第一，重视规制结果的可接受性。银行业反垄断法规制因银行业垄断行为的特殊性涉及方方面面的利益关联主体，规制结果的可接受性在某种程度上决定着银行业反垄断法规制的现实效果。更为重要的是，银行业反垄断法规制可接受性是反垄断法规制机构专业性的直接体现，因此，从执法权力冲突的角度讲，银行业反垄断法规制可接受性决定了反垄断法规制在银行业的适用空间，或者说它是反垄断法适用于银行业的一大保障。银行业反垄断法规制结果的可接受性直接体现为反垄断法规制文书的说理性、证明力与逻辑性。第二，"从零到有，从有到优"的执法完善。在银行业反垄断法规制开展的过程中，应当充分认识到规制效果追求的递进关系。出于执法冲突缓和与反垄断法规制独立性与权威性的保障，银行业反垄断法规制应当首先从无到有，对个别区域的银行业金融机构垄断行为进行个别规制，追求个案规制中的震慑效果。而后，在反垄断法规制系统日趋成熟，银行业反垄断法规制逐渐被银行业市场认可之时，再进行合规指引方面的探索。第三，反垄断法规制评价监督机制的建立。反垄断法规制作为一种国家干预的形式从理论上

[①] ［英］H. L. A. 哈特：《法律的概念》，许家馨、李冠宜译，法律出版社 2012 年版，第27 页。

讲存在着发生规制失灵的风险，因此有必要事先形成对银行业反垄断法规制的评价与监督机制。一个更为可行、更为紧迫的议题在于可以通过反垄断法规制与银行业金融规制协调机制的建立实现对于银行业垄断行为的双重规制效果，并且建立一种交互式的监督机制。

本章小结

　　本章主要从规制目标、权力冲突、规制方法和规制效果四个方面寻找我国银行业反垄断法规制的既有问题以及未来可能遇到的关键性问题。从规制目标来看，银行业反垄断法规制承继了现有垄断行为规制目标的偏离与虚化。在促进银行业市场化，提高银行业市场经济效率和维护金融消费者权益等多元目标的设置下，银行业规制目标已经走入了反垄断法万能主义的窠臼，并且规制目标内部存在着不同程度的冲突与不明确，进而减损了规制目标的集中性。客观上看，这并不利于反垄断法规制在银行业领域的公信力保持。从规制主体来看，反垄断法规制机构与银行业金融规制机构的权力冲突表现出"先天"的不可调和与"后天"的冲突加剧。从微观规制主体到中观竞争政策与产业政策，再到宏观的政府与市场关系，银行业反垄断法规制表现在多个层次。银行业市场发展的路径依赖表明行业规制的重要性与权威性，而反垄断法规制自身的脆弱性与行业规制潜在的俘获风险又对银行业如何实施垄断行为规制画上了问号。从规制方法来看，传统的反垄断法规制方法难以应对银行业垄断行为的复杂性。既有反垄断法规制层次的单一也导致了具有反垄断法特征的规制方法的探索不足。法律的不确定性实际上为反垄断法规制的行业进路提供了自由裁量的基础，但是银行业反垄断法规制并没有有效利用不确定性优势，而是更多地进入了一种不确定性的困境。从规制效果看，在既有反垄断法规制可供选择的震慑与合规指引两种效果进路中，银行业反垄断法规制应当明确一种循序渐进的发展路径，重视银行业规制结构的可接受性，完善与行业规制之间的协调机制。综合本章论述来看，银行业反垄断法规制因银行业的特殊性表现出诸多的问题，在认识问题之时，更为关键的是对银行业特殊性的剖析。

第四章

银行业反垄断法规制的法学逻辑

在"提出问题—分析问题—解决问题"的研究进路下，客观认知银行业反垄断法规制的应然逻辑是探索银行业反垄断法规制问题实然解决路径的一个重要前提。在业已提出的目标虚化、主体冲突、方法困境以及效果评测缺位等银行业反垄断法规制的现实问题中，我们主要从规制理念、权利导向、冲突协调和规制调试四个方面进行问题的进一步分析，当然"提出问题"与"分析问题"之间并非一一对应的关系，而更多存在着一种交叉（见图4-1）。

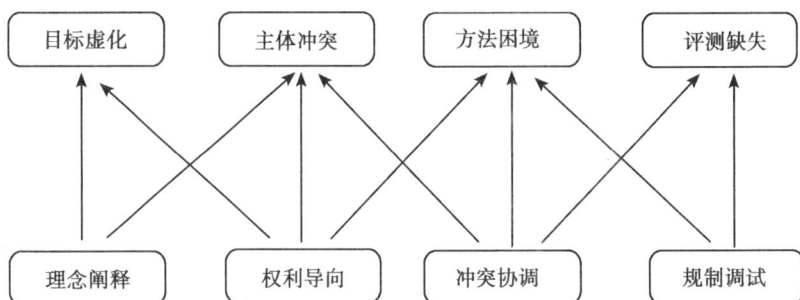

图 4-1 规制分析与规制问题的对应关系

本章的核心议题在于如何建构"好"的银行业反垄断法规制。诺贝尔经济学奖获得者罗伯特·席勒（Robert Shiller）认为，"金融并非'为了赚钱而赚钱'，金融的存在是为了帮助实现其他的目标，即社会的目标，从这个意义上讲，金融是一门功能型的科学"①，然而，为了实现"金融与好的社会"的愿景，我们同样需要"好"的规制。反垄断法规制

---

① ［美］罗伯特·席勒：《金融与好的社会》，束宇译，中信出版社 2012 年版，第 10 页。

作为现代金融市场值得期待的一种规制方式，而在追求"好"的道路上，我们仍应对诸多应然逻辑进行明确。从规制实践的过程来看，好的反垄断法规制尤其是行业规制首先应当明确自身规制所秉持的理念，其次需要通过明确的着力点设定彰显规制的法律属性，再次应当对规制中遇到的根本性问题进行针对性化解，最后在规制实践中不断升华自身，寻求规制方法的创新与应用。反垄断法规制要向银行业市场传导何种理念，银行业反垄断法规制的着力点为何，如何化解金融监管与银行业反垄断法规制之间的权力冲突以及面对银行业市场的特殊性如何调试反垄断法规制是本章极力解决的问题。

第一节　银行业反垄断法规制的理念阐释

理念，作为一种主观预设影响着规制实践活动的发展，然而在规制理念生成的过程中则更多地受到规制客体的客观发展影响。银行业垄断问题治理可以视为反垄断法规制与银行业金融规制的一种交叉，在这种交叉预设下规制理念势必要考量反垄断法规制和银行业市场自身发展两方面的客观因素。依托反垄断法规制，通过各国多年的实践，其规制理念明确体现在市场竞争、经济效率和消费者保护三个方面，而银行业市场监管虽然呈现出阶段性理念变化，但是监管理念越发统一于金融稳定、金融创新、监管变革和金融民主四个方面。银行业垄断问题治理应当在尊重反垄断法规制独立性与银行业市场特殊性的基础之上，寻求有助于规制实践活动开展的规制理念预设。

一　反垄断法规制的理念秉持

相比于规制目标，规制理念更彰显其宏观性。作为一种更高层次的目标追求，规制理念首先应当汲取和吸收既有规制目标的有益养分，其次在此基础上提炼出对规制实践有着宏观指导作用的理念内容。反垄断法规制理念是在承继规制目标的基础上，立基于反垄断法规制的行业导向，充分认知反垄断法规制局限性基础上的一种宏观抽象。

（一）从规制目标看规制局限

百年来，世界各国的反垄断发展实践逐渐将反垄断法规制目标诠释为维护市场竞争机制、促进经济效率和保护消费者权益三个方面。毋庸置疑，反垄断法规制目标伴随着反垄断法规制实践而愈发明确，但是表面明确的规制目标实质上仍然具有不同程度的局限性，或者讲是不确定性。反垄断法条文的先天不确定性在为反垄断法规制带来无限可能之时，同样也加剧了其实质不确定性。而从规制目标来看，反垄断法规制的不确定性也会带来规制目标实现程度的不确定，并且我们不能从根本上排除反垄断法规制对规制目标违背的可能性。① 法律的不确定性通过长期的规制实践逐渐使法律规制具有更多的政策属性，这也就不难理解学者们对反垄断法和反垄断政策的近义理解。但是，从本质上讲反垄断法规制仍然与经济政策指引下的政府宏观调控存在着区别，反垄断法规制仍然秉承了法律规制的特性更多呈现出一种事后救济的特征。规制的事后性与规制的不确定性相结合某种程度上降低了市场经营者的行为可预测性。反垄断法规制因此也就成为规制机构与市场经营者的一场无休止、充满变数的博弈。如果说规制目标，尤其是市场经济秩序法律规制目标是一种雷同的立法宣示，那么规制理念应当更加彰显法域特色——尽管反垄断法规制存在着诸多的变数，但是我们仍应从变量中寻找恒量。

1. 市场竞争：维护还是塑造？

竞争是市场经济得以称为市场经济的一个逻辑起点，灵魂、原点、宗旨等宏观抽象的词语评价足以见得竞争对市场发展的重要意义。维护市场竞争机制是各国反垄断法开宗明义的必然之举，也是众多反垄断法规制目标中最为根本、最为基础的。从反垄断法规制一端来看，维护市场竞争机制是反垄断法可以尽力而为的，其着力点在于通过对垄断行为的规制实现对市场竞争尤其是行业竞争机制的维护。反垄断法规制有着自身极为鲜明的规制方法和较为完善的规制体系以应对不同行业表现各异的市场垄断行为。无论是结构主义规制还是行为主义规制，其最终的落脚点都在于促进市场主体多元化，维护行业的整体竞争态势。但是，如果从维护市场竞争的整体法律建构来看，反垄断法规制并不能视为全部。市场竞争法律维护本身融合了诸多私法契约自治与公法公共规制，反垄断法规制虽以市场竞

---

① 反垄断法规制结果因反垄断法解读的多元性而面临诸多的讨论与质疑，在美国反垄断法规制初期，每一个案件的裁决都伴随着巨大的社会争论，并且这种社会争论不会止于法官的裁决，经济立场的不同导致了争论的持续。并且，随着不同时期主导经济理论的变迁，反垄断法规制理念同样会出现阶段性的波动。反垄断法规制结果与一般法律规制结果相比表现出更多的不确定性。更何况，对于反垄断法规制目标的理解同样是多元的。当诸多的不确定性汇聚在一起，规制实践对于规制目标的背离就会成为一种可能。

争维护为自身价值禀赋，但是其作用范围仅仅在于垄断行为的事后规制。仅就反垄断法和反不正当竞争法的区别来看，反垄断法作为竞争法的一个部分就已经凸显其规制的局域性。如果我们将视线投至市场竞争的塑造，那么反垄断法规制就更难说具有实质性的推进作用。相比于私法与公法对于市场经济的基础性缔造，反垄断法规制的事后性决定了其不可能对市场竞争机制的塑造产生根本的影响。并且，市场竞争机制的塑造一般而言存在市场自发和政府主导两条路径，无论哪条路径都难以在市场竞争形成的初期仰仗反垄断法规制，或者说反垄断法规制不能成为塑造市场竞争的主导者。[①] 从规制目标到规制局限，可以说反垄断法规制"成也竞争、败也竞争"：竞争赋予反垄断法规制生命力，但是与此同时市场竞争的复杂性与阶段性可以使反垄断法规制成为一种常规的规制方式，但是不能使其成为一种唯一的、持续的市场竞争规制方式。

2. 经济效率：至上还是兼顾？

竞争与效率之间是一种正相关的关系，在谈及市场竞争之时，经济效率被提及的概率是相当大的。反垄断法作为一种市场秩序规制法律，某种程度上也是一种经济效率促进法。但是，伴随反垄断经济学的发展，经济效率之于反垄断法与反垄断法规制的导向作用被无限放大。从芝加哥学派对反垄断经济学分析的效率分析改造，到博克的消费者福利论断，再到波斯纳关于反垄断法立法目的的效率阐释，"唯效率论使得反垄断法逐渐沦为单纯的效率促进法"[②]。效率，作为一个鲜明的经济学词汇，在法律的经济分析过程中均占据了重要的地位。确立反垄断法规制的效率导向从表面上是对市场规律的一种奉行和尊重。然而，过多重视经济效率的导向作用，就像经济分析自身一般，会走入一种充满假设，无法与实践接轨的困境，并且会逐渐丧失反垄断法作为法律规制手段的法律属性。经济效率既可以作为一种评测维度又可以成为一种实体范畴，而我们认为，反垄断法规制应当重在经济效率评测工具的挖掘，而非致力于实体意义经济效率的促进。作为一种评测工具，垄断行为对于既有行业经济效率的减损无疑可以构成归责的条件。但是如果单纯考虑经济效率评测，进入一种唯效率论境界就会产生与结构主义规制相类似的境遇，即忽视了市场发展和经营者

---

① 反垄断法规制是市场竞争发展到成熟的一种产物，这也就不难理解为何反垄断法并非与市场经济发展同步，它往往滞后于市场经济的发展。

② 兰磊：《反垄断法唯效率论质疑》，《华东政法大学学报》2014 年第 4 期。

发展的客观情况。经营者对经济效率的减损有时候也是存在一定的必要性的，并且盲目的追求经济效率同样存在着损害长远竞争，促成垄断势力的可能，金融行业即是明证。金融业对于经济效率的追求客观上有利于金融市场对实体经济的支撑作用，但是肆无忌惮的发展同样会造成系统性风险的攀升，高经济效率追求并不能构成潜在的垄断行为的豁免理由，"大到不能倒"的金融业困局正是短期经济效率追逐后的远期低效。从经济效率的实体范畴来讲，通常关于效率和公平的宏观经济统筹中，反垄断法规制或许并非计划之中的促进工具，经济效率的生成更多仰仗经济政策与经济技术的支撑。综上，我们的结论在于，反垄断法规制可以为行业效率提升作出"锦上添花""保驾护航"之举，但是不能"雪中送炭"，同样不能主动生成经济效率。

3. 消费者权益保护：直接还是间接？

消费者权益保护是反垄断法规制的直接目标还是间接目标在学术界是存在争议的。虽然不否认反垄断法对于消费者权益保护的促进作用，但是消费者权益在多大程度上影响反垄断法规制仍是一个需要讨论的命题。有学者认为，"维护市场竞争是反垄断法的工具性目的，而消费者权益保护应当成为我国反垄断立法与规制的终极目的"[①]。前述反垄断唯效率论其本质上可以理解为是对维护市场竞争的一种促进，或者将是对市场竞争起到关键要素的某一个层面的放大，而唯消费者权益论者则是从根本上将消费者权益保护与市场竞争维护进行了本质上的置换。当然，也有学者提出了较为缓和的观点，"反垄断法实施应当与消费者保护协调实施"[②]。消费者权益之所以能够成为反垄断法规制目标，其原因在于反垄断法规制关键环节对于消费者权益的考量。例如在界定经营者市场效果之时，消费者福利是一个重要的参考维度，除此之外消费者可以通过投诉启动反垄断执法，同时也可主动开启反垄断私人诉讼。更为重要的在于，消费者作为产品与服务的最终受让人，市场竞争程度最终决定着消费者福利的享有。也就是说，消费者既是垄断价格最终的买单人，也会是反垄断法规制福利的承受主体之一。相比于消费者权益保护法，反垄断法规制同样具有自身的保护优势，"保护消费者权益应属反垄断法的基本功能，但是其实现有别

---

① 参见颜运秋《反垄断立法目的与保护消费者权益》，《社会科学家》2005 年第 5 期；颜运秋《反垄断法应以保护消费者权益为终极目的》，《消费经济》2005 年第 5 期。

② 参见陈兵《反垄断法实施与消费者保护的协同发展》，《法学》2013 年第 9 期。

于现行消费者保护法体系下的倾斜保护，可细分为直接保护和间接保护，保护既有直接利益，也有反射利益"①。我们认为，虽然反垄断法规制对于消费者保护存在着无可比拟的优势，但是消费者权益保护仍然是反垄断法规制的间接目标，这一观点主要体现在反垄断法规制目标的内部逻辑：在维护市场竞争和消费者权益之间，前者无疑是反垄断法的立法之本，反垄断法规制的逻辑起点，而相比而言消费者权益保护处于一种附随的状态。在经济效率促进和消费者权益保护之间，消费者福利标准从本质上是对经济效率的一种促进，其根本性追求在于消费者剩余最大化而非消费者权益最大化。因此，消费者权益的维护对于反垄断法规制而言，更多地表现为一种"无心插柳柳成荫"的客观效果，而非直接目标。

（二）反垄断行业规制的理念输出

反垄断法规制理念最终都将落脚于行业垄断行为的规制实践，行业规制是我们观测反垄断法规制理念的一个较好的窗口。从以上规制目标反映出的反垄断法规制局限来看，在具体的行业垄断行为规制中，反垄断法规制势必将体现出如下的特征：

1. 独立而非附庸

反垄断法规制的独立性首先当然地体现在自身规制系统的独立性，这种独立性更多意义上近似于一种规制特殊性的表达：鲜明的规制目标，独特的规制方法以及独立的规制机构。而从一种更为接近反垄断行业规制理念的、与附庸相对的独立性而言，反垄断法规制的独立性体现在两个方面：一方面，反垄断法规制独立于行业发展。相比于行业规制与行业经营者之间可能存在的千丝万缕的联系，反垄断法规制作为一种新型规制，局外人规制可以在行业利益纠葛处理方面彰显从容一面。一般来讲，经济学会从造成规制影响的两端寻找影响规制独立性的因素：从经营者一端来看，行业利益集团的形成往往会存在着将经济利益上升为政治利益的强烈诉求，并且会表现在宏观政策和行业规制措施之中；从规制机构来看，规制机构作为规制活动的实施者同样存在着规制失灵的现象，在长久的行业规制实践中，规制机构与经营者之间存在着极大的寻租与俘获的风险。反垄断法规制本身并不必然与某些行业发生长期、持续的规制勾连，相对而言，其发生寻租和俘获的风险相对较小。并且对于监管行业而言，行业经

---

① 陈兵：《现代反垄断法语境中的消费者保护》，《上海财经大学学报》2013 年第 5 期。

营者存在极大的可能对反垄断法规制产生主观上的排斥，这也就更加说明反垄断法规制的独立与超脱。另一方面，反垄断法规制独立于行业规制。反垄断法规制不同于行业规制的完整与全面，它侧重于市场竞争机制的维护，主要通过垄断行为的事后规制实现其预设规制目标。反垄断法规制与行业规制冲突，抑或竞争政策与产业政策产生冲突的根源就在于两种规制选择与政策选择都存在各自的独立性。总体上来看，反垄断法规制的独立性理念有利于其获得更大程度的社会认可与行业认同，某种程度上降低了规制俘获的概率，保障了反垄断法规制的权威性。

2. 工具而非万能

反垄断法规制的工具价值在于其本质上是国家对市场进行干预的一种方式，一种工具选择。从制度隶属来看，反垄断法规制又是市场秩序法律规制的一种重要表现形式。对于反垄断法而言，反垄断法规制是法律实施的一个工具、载体和重要环节。实际上，所有的法律规制都是一种通过公权力介入实现对市场、对社会的一种或直接或间接的调控。在市场经济纷繁复杂的演变中，干预工具不可能是一成不变的，同样也不可能是形式单一的。每个行业都有着自身独特的规制工具，每个市场经济的关键环节也都存在着特殊的规制工具——规制工具的纵横交叉形成了系统的、紧密的市场经济秩序规制网络。反垄断法规制与其他行业规制因各自的独立性而具有了规制的平等性，因法律的不同授权而具备了规制的区域性。它们之间的关系或互补，或融合，或冲突，或对抗，但是无论如何相互之间不能存在着一种完全取代的可能。也就是说，反垄断法规制不能取代行业规制对行业市场竞争机制进行全面的布控，同时行业规制也不可能完全排斥反垄断法规制，拒绝市场竞争的洪流。每一种规制工具在特定的领域都表现出万能主义的倾向，但是相对于更为广阔的市场秩序和规制工具自身的局限性而言，没有哪一种规制是万能的。与此同理，法律规制作为一种制度安排也终究不是万能的，反垄断法规制仅仅是众多干预经济方式的沧海一粟，不能完全等于或者取代立法、政策实施等其他重要干预环节的调控效用。对于我国而言，反垄断法规制作为一种新型的市场规制手段，被寄予了过高的规制期待，客观上容易造成规制目标理解的放大与扭曲。反垄断法规制不是社会转型期行业竞争机制生成、维护和修补的万能工匠，我们需要从反垄断法规制万能主义回归工具主义理念的追求。

3. 规制而非控制

规制和控制从语义上来看，控制追求的是行为的全面与覆盖，它往往包含了多种规制工具与规制方法的运用，更加彰显行为的直接性；而规制则更加追求行为的理性，相比而言，其导向往往是问题而非行业。政府对行业的控制从本质上讲超出了一般的法律范畴，可以理解为一种对行业发展直接的经济控制与行为控制。政府行业控制最为集中的体现正是在于反垄断法意义上的管制行业。从形式上看，管制行业特殊的行业属性与竞争排斥使得政府取代一般主体，或者政府通过单一经营主体的设置实现对行业市场发展的集中掌控。从实质上看，政府对于行业的控制体现在严格的市场准入限制、全面的市场行为监管以及严厉的违规行为惩治措施。政府控制从某种意义上讲即是政府对于市场垄断地位的合法占有。相对而言，政府规制具有一套更加尊重市场规律、更为系统的规制理论。一般而言，现代政府规制理论包含了经济性规制和社会性规制两大种类：前者是关于市场运行经济环节的限定设置，而后者主要处理经济发展中的外部性溢出引发的社会问题。反垄断法规制作为现代规制理论的承继，其主要特色在于：首先，它是依法展开的市场规制行为，反垄断法对规制主体进行了较为明确的授权；其次，反垄断法规制秉承行为导向，从限制竞争的垄断行为出发，力求维护行业市场的竞争机制；最后，反垄断法规制归根结底是一种事后的救济方式，因此，反垄断法规制的特色也注定了其规制的局限性——它不可能实现对于任何行业的控制。因此，反垄断行业规制并非意图对行业实现控制，更多是一种事后的，关于市场竞争机制的"被动"调试。

4. 助推而非主导

任何行业的发展都有其自身不可逆的规律，即便是管制行业也不能长时间完全处于政府控制之下。当政府控制演变为行业规制，行业发展的更多主动权寄希望于自下而上地倒逼以及自上而下地布控。反垄断法规制之于行业发展的重要意义在于助推有利于市场竞争机制形成的政策、措施与行为。反垄断法规制参与到行业发展的前提，尤其是参与到管制行业发展的前提在于承认市场中存在的失灵现象以及行业规制过程中存在的政府失灵现象。反垄断法规制通过对主体行为市场效果的评测，对行业整体发展规律的把握，最终形成关于垄断行为的裁决，助推市场竞争理念的行业推广。规制目标的聚焦、规制方法的创新与规制程序的演进为反垄断法规制提供了生存空间。然而，在反垄断行业规制的过程中，同样存在着不同程度的信息不对称。每一行业的反垄断法规制开展都存在着巨大的认识论意义上的信息搜寻与获取成本。这种信息不对称不仅影响着反垄断法规制的质量，并且决定了反垄断法规制并不能主导行业的发展模式。

二　银行业发展的传统与未来——基于监管理念的演变

"由于有不少大型金融机构发起这些投资工具并保留其主要的风险成分，以及保留这些金融产品的主要风险成分，因此人们开始对关键市场参与者（包括雷曼兄弟、美国国际集团和美林）的安全性、稳健性和信用可靠性产生忧虑，这对市场产生了负面影响，金融危机亦随之爆发。"[①]银行业市场监管作为银行业金融规制的主要表现形式，随着世界各国实践的发展已经形成了较为统一的理念变迁。每一次金融危机的发生都存在着不同阶段不同程度的监管失位与缺位，每一次金融危机过后都会伴随着金融监管理念的讨论与调试。从 20 世纪 70 年代的拉美债务危机，到 20 世纪 90 年代的亚洲金融危机，再到 21 世纪初的金融危机，金融发展的周期性考验着世界各国的监管手段的应变程度。从这一变化中，尤其是全球金融危机之后的金融监管理论与实践的最新发展可以勾勒出既有金融监管理念的发展向度。我国金融市场历来秉持金融稳定至上的监管理念，这也使我国在历次危机中"全身而退"。在经济全球化和金融市场国际化的不可逆浪潮之下，我们有必要融合国际最新的监管理念，调试我国金融市场，尤其是银行业市场的监管理念。

（一）后金融危机时代的监管理念变革

1. 金融危机与金融监管

金融危机的发生印证着经济发展的周期性规律，从制度因素考量，我们认为金融危机的发生至少存在着两个必要的前设要件：一是对于金融核心论的认可与实践；二是金融市场监管的失灵。金融核心论基于金融对实体经济和社会发展的巨大影响作用，强调通过金融市场的建构与运作实现经济指标、资源优化配置以及经济稳定的宏观目标，以及放大货币功能、发挥利率杠杆作用、发挥银行业资本市场作用的微观目标。在我国，邓小平同志关于"金融核心论"的思想演进一直被我国金融

---

① 李国民：《美国金融危机的成因与教训》，中国经济出版社 2010 年版，第 17 页。

学界奉为圭臬。① 金融核心论思想的实践转化体现为金融市场更为开放、更为自由的发展，通过金融市场的自由竞争实现金融功能的效用最大化，而金融自由与金融开放的理念与新自由主义思潮下的放松管制（Deregulation）思想不期而遇。新自由主义理论诞生于19世纪，它的衍生前提在于国家干预思潮的泛滥。新自由主义理论崇尚追求主体的"积极自由"，在法律的基本框架内实现权利的享有与结果的平等。对于金融市场监管而言，"新自由主义瞄准金融市场效率维度，对30年代以来的金融监管提出了挑战，在金融深化和金融自由化的理论发展下，缓解了金融机构在利率水平、业务范围和经营地域选择等方面的限制，梳理了金融监管的创新与竞争导向"②。从中我们不难看出，新自由主义强调金融监管机构的"守夜人"特性，提倡金融市场竞争机制的内部生成与外部维护。当自由化理念不断冲蚀着金融监管的规制属性，金融市场与金融监管的双失灵现象已经成为一种必然，虽然金融自由下的市场竞争创造巨大的发展体量，但是金融市场发展带来的高风险并没有得到及时的遏制，金融市场无疑会走入周期性困境，金融危机的发生终将无法避免。

2. 后金融危机时代的监管变革

金融自由和放松管制在全球金融市场的蔓延某种程度上带来了局部区域金融危机，在拉美和亚洲等新兴金融市场中，自由化主张的泛滥造成金融监管未能有效地对金融风险进行及时的把控与规制。2008年，从美国次贷危机到全球性金融危机的爆发使金融监管承受了前所未有的异议与声讨。后金融危机时代，金融监管的整体变革方向由既有的放松监管变为强化监管，金融学学者在"系统性风险与宏观审慎监管、顺周期性、资本充足率与杠杆率、期限转化和流动性、薪酬激励机制、金融安全网措施和问题机构处置机制、信用证券化和信用衍生品市场、信用

---

① 邓小平同志关于"金融核心论"的理论内涵在于："金融是整个社会再生产的核心；金融市场是现代市场体系的核心；金融是国民经济综合反映的核心；金融是经济调控的核心手段之一；金融是经济监管的核心。"参见万映忠《"金融核心论"探析——纪念邓小平同志诞辰100周年》，《西南政法大学学报》2004年第4期。

② 何诚颖、赫凤杰、陈薇：《后金融危机时代中国金融监管的演变和发展》，《经济学动态》2010年第7期。

评级机构以及金融监管理论基础"等多方面就金融监管理论变革展开讨论。[①]

从他国金融监管实践探索来看，发达国家均对自身的金融市场监管体制进行了不同程度的修补与重置。美国历来主张金融业发展的市场导向，但是金融市场"双线多头监管"的局限性一直受到舆论的诟病，[②] 并且在混业经营蓬勃发展的美国资本市场，[③] 这种监管模式自然也就存在着更多的局限性。金融危机发生之后，美国逐渐推广目的导向监管模式，并且提倡金融市场的全能化监管，通过新监管机构的设置和监管机构职能的强化实现对于金融市场风险的可控。全球性金融危机发生以前，英国历来奉行原则导向监管，原则导向监管本质上仍然是一种放松管制思想的体现，主要依靠金融监管机构主观能动性的发挥实现对金融市场发展的有效调控。但是原则导向监管本身对立法体系和执法机构提出了更高要求，金融监管有效性与金融立法完善性、金融监管机构专业性和权威性形成了正向的勾连。金融市场系统性风险的先天复杂与后天累积使得英国金融监管机构难以承受巨大的监管压力。2011 年英国政府出台《金融监管新方法：改革蓝图》，"通过新的监管模式安排、新的监管机构设置强化了宏观审慎监管"[④]。从国际金融市场监管理念变迁来看，G20 金融峰会为后危机时代的金融监管变革奠定了基本的基调（见表 4-1），"凸显改革国际金融体系和国际金融机构，加强国际金融监管合作的决心和信心……防止类似金融危机的重演"[⑤]。

[①] 谢平、邹传伟：《金融危机后有关金融监管改革的理论综述》，《金融研究》2010 年第 2 期。

[②] "双线多头监管"是指《格拉斯—斯蒂格尔法》确立的美国金融体系分业监管模式，"双线"即指联邦州府和州政府纵向的监管权设置，而"多头"是指即银行、保险、证券与期货各个行业分别设立相应的监管机构。

[③] 在大萧条之后，《格拉斯—斯蒂格尔法》的颁布确立了美国金融市场的分业监管模式，但 1999 年《金融服务现代化法案》混业经营模式得到了认可，但是分业监管模式并没有进行相应的演变。监管相对于现实发展的落后，某种程度上引发的监管失灵的普遍存在。

[④] 廖凡、张怡：《英国金融监管体制改革的最新发展及其启示》，《金融监管研究》2012 年第 2 期。

[⑤] 路妍：《金融危机后的国际金融监管合作及中国的政策选择》，《管理世界》2011 年第 4 期。

表 4-1　　　　　　　　　　金融危机期间的 G20 金融峰会一览

时间	举办地	主要议题	中国观点	共识成果
2008 年	华盛顿	金融危机问题应对	1. 各方应采取紧急措施，加强国际金融监管，稳定市场信心，保持全球经济增长； 2. 要对国际金融机构进行改革，使之更加适应国际经济形势的变化； 3. 各国都应该负起责任，在实行宏观经济政策时要考虑对其他国家，尤其是发展中国家的影响； 4. 不能因为金融危机减少对发展问题的关注	强调在世界经济和国际金融市场面临严重挑战之际，与会国家决心加强合作，努力恢复全球增长，实现世界金融体系的必要改革
2009 年	伦敦	全球经济挑战应对	1. 进一步坚定信心； 2 进一步加强合作； 3. 进一步推进改革； 4. 进一步反对保护主义； 5. 进一步支持发展中国家	1. 恢复经济信心和经济增长，复苏就业市场； 2. 修复金融体系以复苏贷款市场； 3. 加强金融机构以重建信任； 4. 融资和改革国际金融机构，以克服当前危机和避免未来危机； 5. 促进全球贸易和投资，摒弃贸易保护主义，巩固经济繁荣的基础； 6. 增进全面的、绿色的以及可持续性的经济复苏
2009 年	匹兹堡	保持经济复苏与金融体制改革	1. 坚定不移刺激经济增长； 2. 坚定不移推进国际金融体系改革； 3. 坚定不移推动世界经济平衡发展	1. 继续实施经济刺激计划； 2. 各方共同反对贸易保护主义； 3. 提高发展中国家在 IMF 份额； 4. 增加发展中国家在 IMF 投票权； 5. 改善银行资本数量和质量； 6. 争取通过气候谈判协议

　　对于银行业市场而言，更为引人关注的是金融危机后巴塞尔协议的调试。巴塞尔协议作为全球银行业市场最具号召力金融监管指南，一直影响着各国金融监管模式的发展与变迁（见表 4-2）。但是，巴塞尔协议引导下的资本监管模式被学界认为是此次全球金融危机的始作俑者，"尽管次贷危机实际上是发生在旧的资本协议框架之下，但新资本协议的缺陷仍然十分突出"①。资本监管模式下，"监管套利、信贷紧缩与亲经济周期三种金融效果的融合成为金融危机的诱因之一，并且促使其向实体经济传导金

---

① 巴曙松：《金融危机下的全球金融监管走向及展望》，《西南金融》2009 年第 10 期。

融系统性风险"①。"新协议在制定与实施的过程中对相关利益方的妥协及'软法'的地位会降低其预期的监管作用"②，但是从客观上讲，巴塞尔协议Ⅲ一定程度上迎合了强化金融监管的后危机时代规制理念。

表4-2　　　　　　　　　　巴塞尔协议内容变更概览

类别	颁布时间	基本内容
巴塞尔协议Ⅰ	1988年	1. 银行资本分级：核心资本与附属资本； 2. 风险加权制；3. 目标标准比率
巴塞尔协议Ⅱ	2001年	1. 最低资本要求；2. 监察审理程序； 3. 市场约束机能
巴塞尔协议Ⅲ	2013年	1. 上调资本金比率；2. 增设"资本防护缓冲资金"； 3. 提出逆周期资本缓冲区间

3. 后金融危机时代的理念演变

后金融危机时代，各国形式各异的监管变革实践流露出趋同的金融市场监管变革理念，这些处于演变中的理念在于：

其一，更加注重金融稳定。"从本质上看，政府与金融稳定的关系还是一个古老的命题，即政府与市场的关系。"③ 金融市场系统性风险的生成不仅造成了金融市场的不稳定，也使得局域的金融市场危机演变为社会发展危机。从英美等国的规制实践来看，金融监管变革的初衷在于促进金融稳定与金融安全，尽最大的努力防止下一次金融危机的发生。强化金融监管的题中之义正是在于金融市场安全网络与金融市场稳定机制的构建，从生成金融危机的各主要市场环节入手，力求通过市场细节的监管修补实现金融市场的长治久安。

其二，更加谨慎金融创新。毋庸置疑，金融创新是金融市场发展的不竭动力，伴随金融不断深化，金融创新在广度和深度都会取得质的突破，但是金融创新务必在一定的可控范围之内。肆意的放松管制，在带来金融创新发展之时，也极易滋生系统性风险，最终导致金融市场的整体性倒

---

① 黄宪、王露璐：《反思金融危机中的巴塞尔协议——基于金融理论界长期批判的跟踪》，《国际金融研究》2009年第9期。

② 游春、邱元：《〈巴塞尔协议Ⅲ〉：开启银行业监管的新纪元?》，《金融发展研究》2011年第3期。

③ 何德旭等：《中国金融稳定：内在逻辑与基本框架》，社会科学文献出版社2013年版，第280页。

退。"当市场陶醉在'金融创新改变了经济发展的周期性规律'美梦中时，危机便悄悄来临。"① 过度放松与过度严厉均非应对金融创新的可取之道，金融创新需要的是一种宏观审慎下的灵活监管，金融监管不能过度拘泥于既有的规制体系，反而应当主动预测金融市场的发展，对可能产生风险的区域"防患于未然"。

其三，更加重视监管变革。金融危机后，欧美各国都不同程度地对本国的金融监管体系进行了较为彻底的变革，强化宏观审慎监管原则的重塑成为各国应对金融危机难题的必然选择。通过新型监管机构的设置实现金融监管职能的强化；通过监管法规的颁布出台重塑金融监管目标、固化监管变革成果，在监管职能与监管目标得到强化之时，金融监管的科学性也得到了不同程度的提升。以混业经营、对冲基金为代表的新型金融市场势力逐渐被纳入既有金融监管体系之中，而银行业市场的发展逐步走向稳健，金融监管的国际合作日益加深。除此之外，我们仍应重视到，金融监管归根结底是一种法律制度安排，金融监管的法治化理念逐步在世界范围内得到认同。

其四，开始践行金融民主。金融危机期间，大国责任与发展中国家保护成为相对应的国际社会热议的金融市场变革命题，在国际层面如何实现发展中国家与发达国家金融市场决策权的平等可以视为金融民主的表现。更为重要的是，伴随普惠金融理念的推广，金融民主更多表现在微观层面的信息透明与弱势扶持。金融市场的专业性在金融机构和金融消费者之间形成了信息鸿沟，盲目的金融消费者时常会发生误解而成为金融市场福利减损的最终承受者。金融危机后，如何保护金融消费者合法权益成为金融监管变革的一个重要向度。2009 年美国通过《金融消费者保护局法案》，从既有的监管机构中抽离、整合出独立的金融消费者保护局，全局布控金融市场的消费者权益保护；无独有偶，英国政府也在后危机时代的相关法案中明确了金融消费者权益保护的重要性，"必须出台保护消费者的新方案，确保金融消费者理赔的便捷高效，而且为了确保消费者能迅速、有效地得到赔偿，规定允许消费者采取集体行动以获取赔偿"②，为金融消费者权益维护提供了实体与程序上的双重便利。除此之外，对于金融弱势领

---

①　皮天雷：《金融创新与金融监管：当前金融危机下的解读》，《西南金融》2009 年第 6 期。

②　袁忍强：《金融危机背景下的金融监管及其发展趋势》，《法学杂志》2012 年第 7 期。

域的定点扶持也演变为金融民主理念下小微金融个体平等获取金融服务权利的一体保护。

(二) 我国金融市场监管的一般理念

从中华人民共和国成立初期的监管探索，到改革开放初期的行政监管运作，再到 80 年代金融分业监管态势的过渡，最后市场经济体制以来"一行三会"分业监管模式的最终确立，我国的金融市场监管伴随社会对金融业认识的不断加深、对金融市场化运作的逐渐认可而走向成熟。"银行业是我国金融系统的主体，国有商业银行又是我国银行业的主体，因此要维护我国金融系统的稳定性，必须维持我国银行业的稳定，尤其是国有商业银行主要集散节点的稳定。"[①] 总体上来讲，我国金融监管抑制秉承金融稳定与金融安全至上的监管理念，具体表现在：

第一，监管与管制相分离。金融监管与金融管制虽然都隶属于金融行业规制的大范畴，但是我们认为二者从本质上存在区别，金融管制是通过强制性措施事先对金融市场准入、业务范围、市场价格等金融市场运营的关键环节进行条件设定，它是更为彻底、更为根本的国家意志的客观展现。而金融监管是对金融市场运作过程中，主体行为的过程性监管，它是一种尊重既有管制条件与尊重市场发展规律相结合的规制措施，通过对金融市场主体行为的"修补"与"引导"实现金融规制目标。以银行业为例，银监会成立的主要动因正是基于金融监管职能与金融管制职能的分离。我国金融市场的管制措施的根本导向在于稳定与安全，而监管职能之分离并非是这一导向之削弱，而是通过监管权的明晰，更好地促进金融稳定政策的上行下效。并且，通过独立监管机构的设置实现与金融管制措施的互动与制约，确保金融稳定大业不因单方面的规制失灵而丧失发展的主动性。

第二，"机构+行为"监管导向的确立。在金融危机监管反思中有学者指出，"在正在进行的监管及其目标、实现和执行的讨论中，一个重要的话题一直没有得到重视，更不用说解决，这就是'机构中心主义'"[②]，机构是金融监管法律的核心，但是在机构之外我们仍应着眼于其他监管元素。我国金融监管体系的展开原则在于主体与行为的差异化认同，基于市

---

① 张韶辉：《我国金融体系的系统性研究》，中国经济出版社 2011 年版，第 205 页。

② Anita K. Krug, "Escaping Entity—centrism in Financial Services Regulation", *Columbia Law Review*, Vol. 113, No. 8, December 2013, p. 2041.

场主体、金融机构性质不同，我国建立了"一行三会"的分业监管模式，并且在金融市场每个监管方向之中多采取行为监管导向：立足于对金融机构市场运作中具体行为的监管，尤其是对金融机构产品与服务的个别监管。机构监管是金融监管中较为常见的监管措施，机构与行为相结合可以确保金融市场的细分行业领域的风险可控与秩序稳定。

第三，对于金融创新的谨慎态度。"实体经济与银行体系之间密切的互动关系可以有不同的表现形式，主要包括实体经济与银行体系之间的良性互进关系、恶性互退关系、实体经济与银行业体系发展程度不一而产生的相互背离关系以及这些关系之间的动态转换的表现形式。"[1] 社会发展离不开金融市场的支撑作用，金融市场的发展离不开金融效率的提升，而提升金融效率的最佳途径正是金融创新。但是，金融创新与金融稳定似乎存在着"先天"的冲突，创新可以是在既有秩序基础之上，也可以是旨在冲破现有秩序的产品、技术与制度革新。在金融创新需求与金融稳定理念的冲突下，我国金融监管架构更多地站在了金融稳定理念一边，对金融创新行为采取了较为谨慎，乃至较为严苛的态度。加之我国金融市场尤其是银行业市场发展过程中较强的监管路径依赖，金融稳定的监管理念不断压缩着市场中自下而上的金融创新生存空间。

第四，金融监管政策的延续性保持。从金融监管的"大一统"时代到分业监管时代，金融监管政策一直没有脱离金融稳定与金融秩序导向，政策的延续性为我国金融市场的稳定提供了良好的制度生存环境。自开始确立分业监管模式以来，我国的金融监管机制没有从根本上发生过变化，虽然伴随世界金融市场发展趋势对监管理念进行过调试，但是这都并不影响金融稳定理念对金融监管的持续性影响。

(三) 我国金融市场监管的理念融合

秉承稳定理念的金融监管为金融市场的发展带来了有利的环境铺垫，但是与此同时也为金融市场尤其是银行业市场的可持续发展提出了难题。稳定导向监管下，金融市场的发展活力并没有得到充分的挖掘，金融创新的政策抑制也使得银行业市场发展过于仰仗自上而下的政府主导。从本质上讲，虽然银行业市场部分领域的竞争得到释放，但是银行业市场整体因金融管制和金融监管并没有形成足以为实体经济带来更多、更为有效支撑

---

[1]　陈华强、何宜庆：《银行体系与实体经济》，中央编译出版社2013年版，第132页。

的银行信贷市场。信贷资源的供需失衡直接导致了金融对实体经济正向传导作用的限制。不可否认，我国能在数次金融危机中全身而退得益于稳定导向的金融监管。但是在经济全球化的国际大形势与金融市场开放的国内大背景下，我国应当思考如何借鉴别国金融危机中的经验教训，合理吸收当下国际金融监管探索的有益养分。具体来看，我国银行业市场监管应从以下三个方面寻求理念融合。

1. 稳定与创新的融合：金融法治化

关于金融稳定与金融创新，中国与世界走出了两条极为不同的演进道路，可以说转型初期的中国金融市场与金融危机前的发达国家金融市场分别表现出二者关系处理的极端化：我国秉承稳定至上，金融创新受到了严重的抑制；而国外市场则在金融深化与金融自由的思潮下放松金融监管，给予金融创新足够的空间。金融危机之后，金融稳定与金融创新的融合是摆在中国和世界面前的首要难题。从极端推崇到理念融合，我们需要对金融稳定与金融创新的关系进行再思考。金融稳定与金融创新从更深层次来讲是厘清金融监管与金融创新的关系，国内外金融市场的发展实践证明对金融创新产生促进与制约的关键在于金融监管的宽严程度。从此次全球性金融危机来看，金融创新对金融监管的主要挑战体现在混业经营样态下多元化的金融市场要素融合挑战着传统的以机构监管为主的分业监管模式，有鉴于此，理论界与实践者都倡导通过金融监管模式的变革实现对金融创新风险的有效控制，而功能监管理念是后危机时代舆论热议的监管变革方向。[①] 进一步讲，金融监管与金融创新的问题实质则更多地表现为边界问题，即市场的边界与政府的边界，抑或权利的边界与权力的边界。而如何确认边界、划定边界的重要出路在于金融法治化的有效推进。金融法治化包含对金融市场立法、执法、司法与守法的一系列权利与责任诉求，通过事先的立法确权与有效的法律规制实现监管权力的明晰，最终实现对金融创新风险的有效控制。金融危机之后，主要国家的金融监管实践变革都奉行了"立法先行"的理念——均通过法案的出台明确方向，固化成果。金融监管权力的强化与细化均较为完整地体现在立法文本之中，由此看

---

① 参见杨惠《机构监管与功能监管的交错：美国 GLB 法案的经验》，《财经科学》2007 年第 5 期；黄韬《我国金融市场从"机构监管"到"功能监管"的法律路径》，《法学》2011 年第 7 期；王兆星《机构监管与功能监管的改革》，《中国金融》2015 年第 3 期；廖凡《金融市场：机构监管？功能监管？》，《金融市场研究》2012 年第 6 期。

来，金融法治化是确保金融监管变革有效性的必然保证。

2. 管制与开放的融合：金融市场化

对于任何市场来讲，强管制措施会对市场、行业的稳定带来正向的激励，金融市场亦是如此。严格市场准入、统一的市场价格设定以及其他相关市场关键要素的限制将我国金融市场塑造成铜墙铁壁一般的"内部市场"，稳定自当无须再言。然而，金融深化的发展离不开金融市场的开放与自由，在这种不可逆的市场发展规律下，管制改革成为一种必然。金融市场化业已成为我国金融市场发展最为紧迫的现实问题。对金融市场化最为根本的诠释在于金融市场竞争机制的有效运转，而这一机制的生成离不开市场主体的多元化，市场主体发展的意思自治以及充分的制度空间。因此，金融市场化的理念达成离不开金融开放与金融自由的目标实现，而目标实现的关键在于发展枷锁的"松绑"，即管制放松。当然，必须指出的是，放松管制并不意味着金融市场国家干预的彻底退出。金融危机产生的一个原因在于放松管制浪潮下，金融规制机构并未对金融创新引发的风险给予及时、有效的把控。金融行业的特殊性决定了国家干预的必然性，放松管制引入市场竞争机制仍然需要金融规制对市场发展进行有效的应对。这种应对自然包含保持金融监管的必要强度，除此之外，更应重视依靠市场的方法解决市场的问题，引进更为适应市场化发展的新的规制手段。

3. 效率与权利的融合：金融民主化

毫不夸张地讲，金融消费者的角色发现可以称为金融危机的一大"贡献"，也是后危机时代反思金融监管变革的一个重要完善向度。从"投资者"到"消费者"，角色转变的关键在于权利的特殊化以及监管的特别化。"事实证明，金融市场有时完全沉浸在那样一种希望、贪婪和恐惧的非理性情感中"[①]，金融监管机构已经意识到，金融市场的主体不仅仅包括金融机构，要对作为金融商品和服务最终承受者的消费者进行有效的保护。一般意义上，市场的消费者往往具有弱势地位，与此同时这也是消费者权益保护的立法前提。金融行业的专业性加剧了金融机构与金融消费者之间的信息不对称，金融消费者比之一般行业消费者具有更大程度的弱势地位。金融消费者权益维护的上位理念正是金融民主——通过消费者权利诉求的满足，实现金融市场的结果平等。但是，金融民主的意义远不

---

① ［挪］拉斯·特维德：《金融心理学》，周为群译，中信出版社 2013 年版，第 39 页。

止如此，除了结果平等的追求，还包括了权利的平等化享有，亦即平等接受金融服务的权利。金融发展与金融创新归根结底是金融效率的创造与升华，而金融效率的提升难免会造成金融市场的优胜劣汰，市场竞争如此原本无可厚非，但是金融服务的社会性与普遍性决定了金融发展不能仅重视效率而忽略了公平与民主。金融排斥理论认为，社会中存在着一些金融弱势领域和金融弱势群体，他们不具备进入金融市场的能力并且也没有被提供适当的金融普遍服务，农村金融领域与小微企业融资正是其中之意。"关于银行金融机构布局与存款相关性的问题在学术界已经达成了共识，一个地区拥有的银行机构和人员越多，一般而言越有利于动员储蓄，提供更多的金融工具和更便利的金融服务"①，在金融效率导向下，信贷资源的配给完美地体现出资金流动的逐利特质，"嫌贫爱富"成为金融机构维持金融效率的一种必然选择。小微企业往往因自身的局限性被排除在正规金融体系之外，农村金融领域也因其"先天"的资质缺乏成为金融市场被遗忘的角落。近年来，普惠金融浪潮的兴起正是号召金融服务的普遍化，提倡对小微金融领域排斥问题的针对化解决方案。实际上，普惠金融本身正是追求一种效率与权利的融合。对于我国而言，小微企业融资与农村金融发展一直是政府面对的重要问题之一。近年来，互联网金融的蓬勃发展释放了基层社会难以想象的金融服务空间。金融民主理念下，如何将金融市场效率与平等获取金融服务的权利、金融消费者的权利维护相结合，是我国金融监管变革必须面对的问题。

三 银行业反垄断法规制的功能预设

银行业反垄断法规制应当在保持自身规制独立性与特殊性的前提下，寻求与银行业发展理念的融合、促进。具体而言，我们可以从以下三个方面探索银行业反垄断法规制理念：

（一）法治理念下的权力优化配置

无论是规制、监管还是管制，政府干预行为的展开都应当秉承法治理念。对于银行业规制而言，法治理念集中表现在金融监管权横向与纵向的合理配置。"金融监管体制的核心是如何在不同监管主体之间分配监管

---

① 卢颖、胡春涛、白钦先：《中国金融资源地区分布差异性研究》，中国金融出版社 2014 年版，第 104 页。

权，其实质是监管权的配置问题。"① 金融危机中，金融监管权横向的硬性配置以及协调机制的缺位造成了对金融创新系统性风险的规制缺位。无论是规制、监管还是管制，政府干预行为的展开都应当追求权力的优化配置。在法律不完备的理论框架之上，剩余执法权的配置效果决定了金融市场最终的监管效率。② 银行业反垄断规制的首要功能定位在于优化银行业市场的权力配置，这种优化具体体现在：第一，规制的独立与制约。金融危机过后，金融监管权力的强化并不意味着可以对市场机制进行肆意的破坏，金融监管权的合理配置同样不意味着金融规制俘获与失灵概率的归零，反垄断规制可以对金融监管权力的有效行使起到监督与制约的作用。从规制属性来看，反垄断规制作为一种"圈外人"规制，有其不可比拟的独立性，这种独立性确保了银行业反垄断规制的客观。在银行业市场化的背景下，金融业规制不再是监管机构"一家独大"，反垄断规制的有效介入可以在局域形成权力的监督与制约，这从本质上践行了金融法治化理念。第二，权力盲区的适度填补。金融深化与金融创新会为银行业市场监管带来不同程度的权力盲区。伴随金融市场化发展，银行业存在虚拟和实体两种资本流向，前者即为混业经营，而后者通常表现为产融结合，二者统一于金融控股模式的发展浪潮之中。2002 年以来，我国金融控股集团从最初的 3 家试点，逐步扩张到 50 余家，其中银行控股型金融控股集团和产业融合型金融控股集团成为发展的主流。主要银行业金融机构纷纷通过金融控股试水混业经营，优势国有与民营企业集团也通过产业融合进军金融市场。无论是混业经营还是产融结合，金融控股模式通过强强联合实现金融资本与产业资本的勾连，市场垄断地位与优势地位的相互渗透伴随不同市场、不同层次企业间的收购与合并逐渐强化。在这个过程中，原有较为分立的金融市场监管体制就会出现权力盲区，而反垄断规制此时可以通过对相关市场主体间经营者集中行为的事前控制，防止市场垄断势力的相互渗透，确保关联市场的竞争性，进而弥补金融监管主体的不足。

　　银行业反垄断规制定位权力优化配置的要点主要体现为两个方面：一方面，建立权力与权力的协调机制。在法治的话语体系之下，"其运行与

---

　　①　段志国：《金融监管权的纵向配置：理论逻辑、现实基础与制度构建》，《苏州大学学报》（哲学社会科学版）2015 年第 4 期。

　　②　参见许成钢《法律、执法与金融监管——介绍"法律不完备性"理论》，《经济社会体制比较》2001 年第 5 期。

操作的各个环节彼此衔接、结构严整、运转协调"①,不同的规制衍生出不同的规制权力类型,权力的介入与优化,必须通过有效协调机制的事前设定"定纷止争"。反垄断规制权与银行业监管权从本质上存在着区别,各自都存在着不同的权力渊源。就银行业市场竞争维护而言,《中华人民共和国商业银行法》和《中华人民共和国银行业监督管理法》仅仅做出原则性的规定,②而具备"国有经济占控制地位的关系国民经济命脉和国家安全"属性的银行业也并非绝对排除《反垄断法》的适用,尤其是在与金融管制不相抵触的银行业竞争场域。因此,在反垄断规制和银行业监管权源立法同位阶的前提下,应当通过法律适用的基本规则,解决权力的冲突。并且,通过权力互动机制的完善,实现银行业监管稳定性、持续性和反垄断规制独立性、辅助性之间的衡平。另一方面,探索权力与权利的实现机制。"法治经济是以权利为本位的经济"③,反垄断规制权参与到银行业市场发展从广义上是为了维护银行业市场竞争机制,但是从狭义上看其实是为了实现利益相关主体的合法权利。竞争效果,作为反垄断规制追求的一种市场价值禀赋,其客观表现应当呈现为相关主体相关权利的实现,这既包括竞争者又包括消费者。与此同理,银行业监管权在某种意义上也是确保银行业金融机构自主经营权与发展权的有效实现,后危机时代以来金融消费者的权益保护更是成为各国金融监管的重要使命。从主体权利实现角度而言,在不涉及金融管制与金融安全的一般市场领域,反垄断规制可以有效介入市场维护主体权利。例如,区域间银行业金融机构的费用协同、利率操控和信贷绑定均可以通过反垄断规制的介入实现消费者权益的维护;④ 银行业金融机构的自主并购行为也可以通过反垄断规制的事前审查,为银行业监管机构提供专业的、有效的市场竞争分析。

---

① 张文显:《建设中国特色社会主义法治体系》,《法学研究》2014年第6期。

② 《商业银行法》第9条规定,"商业银行开展业务,应当遵守公平竞争的原则,不得从事不正当竞争";《银行业监督管理法》第3条第2款规定,"银行业监督管理应当保护银行业公平竞争,提高银行业竞争能力"。

③ 刘红臻:《解读法治经济及其建设》,《法制与社会发展》2016年第3期。

④ 2012年5月,北京律师董正伟和陈东曾向国家发改委提交反垄断举报信,痛陈商业银行有组织地实施协同垄断协议行为,构成价格垄断,矛头直指银监会。律师在举报信中要求,"发改委对工、农、中、建、交五大行和邮储银行的18项相同收费项目和标准开展反垄断执法,责令停止违法收费行为,并依据《反垄断法》处以上一年度营业额10%以下罚款"。参见姜樊《律师举报六大国有银行价格垄断》,2012年5月,新华网(http://news.xinhuanet.com/local/2012-05/24/c_123181928.htm)。

具体而言，银行业反垄断法规制的实践导向在于：第一，促进《反垄断法》在银行业的有效实施。银行业不应成为《反垄断法》实施的盲区，在尊重必要银行业市场管制的前提下，《反垄断法》有必要对银行业市场进行必要的规制。并且，伴随银行业市场化的发展，《反垄断法》的银行业适用只会显得越发重要。如前所述，《反垄断法》的银行业适用不存在根本上的理论障碍，自然垄断行业反垄断法规制的开展证明《反垄断法》可以在垄断行业实现有效的运转，国外银行业市场的发展实践也证明了银行业市场机制的建立离不开反垄断法规制的有效运用。银行业反垄断法规制法治理念的第一要件正是在于对立法的肯定与无条件适用。第二，反垄断特殊规制方法的银行业适用。反垄断法规制作为一种成熟的、系统的市场经济秩序规制制度，形成了自身特殊的规制方法。从普遍意义上看，关于市场效果经济分析方法的使用可以较好地判断银行业相关市场的竞争状态，进而对垄断行为做出合理的规制；从特殊意义上看，反垄断法规制通过经营者集中与竞争倡导方法的事前运用，合理有效地引导市场竞争机制的建立。特殊规制方法的银行业适用应当成为银行业反垄断法规制实施的重要向度。第三，银行业反垄断法规制成果的法律固化。法治理念不仅包括既有法律的有效实施，还包括法律实施经验的反思与固化，此点对于反垄断法规制尤其重要。反垄断法的不确定性为反垄断法规制的开展提供了足够的自由裁量空间，这从表面上是有违法治精神的，降低了主体行为的可预测性，反垄断立法体系需要逐渐从不确定性走向确定。反垄断行业指南是反垄断行业规制的一个较为鲜明的法律固化的表现。在汽车、银行等反垄断高危和特殊领域，反垄断法规制机构通过规制实践的开展，颁布出台行业反垄断法规制指南不仅可以提高主体行为的可预测性，也对反垄断法规制权力的具体运用设定了边界，从根本上诠释了法治理念，弥补了局限意义上反垄断法的不确定性。

（二）辅助理念下的发展趋势主推

就银行业市场发展而言，金融监管是最根本的国家干预方式，反垄断法规制作为一种市场经济秩序的普遍干预方式在银行业市场更多表现出一种辅助性，即从功能上看反垄断法规制是作为对金融监管的一种定向补充。因此，银行业反垄断法规制本身有必要树立一种辅助理念。从理念层面看，反垄断法规制应当通过自身规制特色与规制优势的发挥助推银行业市场发展整体理念的实现。目前而言，金融法治化、金融市场化与金融民主化是我国银行业市场发展最为集中的理念表达，而反垄断法规制在这三个方面都会产生助推效应。

首先，从反垄断法规制辅助金融法治化来看。金融法治化之于规制的要点在于金融监管权的边界明晰，金融危机过后，金融监管权力的强化并不意味着可以对市场机制进行肆意的破坏，金融监管权的合理配置同样不意味着金融规制俘获与失灵概率的归零，反垄断法规制可以对金融监管权力的有效行使起到监督与制约的作用。从规制属性来看，反垄断法规制作为一种"圈外人"规制，有其不可比拟的独立性，这种独立性确保了银行业反垄断法规制的客观。从行为导向来看，滥用行政权力排除、限制竞争行为是我国反垄断法主要行为规制类型之一，对于银行业行政垄断行为的规制可以有效地对规制失灵的现象进行治理。在银行业市场化的背景下，金融业规制不再是监管机构"一家独大"，反垄断法规制的有效介入可以在局域形成权力的监督与制约，这从本质上践行了金融法治化理念。

其次，从反垄断规制辅助金融市场化来看。21世纪以来，央行逐步放开外币利率、贷款利率和存款利率管制，利率市场化进程稳步推进。2014年银监会重启民营银行引导政策，在全国范围内试点运作民营银行，2015年6月银监会发布《关于促进民营银行发展指导意见》，明确了民营银行的设立原则以及相关准入条件与监管举措，民营银行运作逐步走向正轨。银行业价格变革、降低市场准入以及以存款保险制度和银行业清算市场整体开放为代表的配套制度的完善，充分表明我国银行业市场化进程业已成为不可逆的发展趋势。反垄断规制与银行业发展统一于银行业市场竞争机制的建构，伴随金融市场化进程的推进，既有秉持"垄断思维"的银行业金融机构的行为模式亟待调试，并且市场主体多元化的形成也会产生诸多的利益冲突。银行业反垄断规制一方面着眼于既有行为的事后救济，即通过对滥用市场支配地位和垄断协议行为的个别规制，实现对于整体市场竞争机制的维护；另一方面也会通过经营者行为的事前调整防止垄断势力对市场竞争机制的侵袭，即通过银行业并购行为的事前审查，分析相关市场竞争效果，确保经营者集中的效率导向，降低集中行为引发的反竞争效果。从总体上来讲，反垄断规制是在一般行业已经证成的、适合市场竞争机制维护的"市场化"规制方法，金融市场化进程的进行同样不能离开反垄断规制的"辅佐"。

最后，从反垄断规制辅助金融民主化来看。金融民主化包括了金融消费者权益维护和弱势金融群体平等接受金融服务权利两个方面。反垄断规制与金融民主化统一于消费者权益的维护，垄断行为规制中消费者福利标准的树立同样有利于银行业市场金融消费者的权益维护。具体而言，从反垄断规制视角审视造成金融非民主，抑或弱势群体金融排斥现象存在的潜在原因为：第一，银行业市场优势地位的滥用。银行业经营者市场优势地位获得后，信贷资源配给在遵循效率导向的同时，也会因银行业主体的"国家成分"而倾向于对大型国有企业的"对口服务"，进而忽视了对于小微金融群体金融服务的一体提供。① "银行与国有企业之间的关系仍处于'剪不断、理还乱'的状态……对于非公有制企业，由于其相对规模小、资信差，在国有金融机构收缩及审慎监管思维下，国有商业银行一般不愿与民营企业发生业务关系，且在贷款收不回来时，国家是不负责任的。"② 市场竞争机制的缺失某种程度上导致了信贷资源配置的扭曲，进而对小微金融群体产生排斥现象。"近些年来，正规金融给予非国有部门的金融支持在不断增加，仍难以满足这些企业的资金需求；此外，尽管我国已陆续推出为中小企业融资提供服务的'中小板'和'创业板'，但其筛选机制非常严格，能够成功融资的企业只是庞大数量中小企业中的极小部分。"③ 反垄断规制的银行业介入应当着眼于商业银行垄断行为的规制，促进和维护商业银行市场竞争秩序的形成。第二，市场准入的不当设置。小微和农村金融领域一直是我国政府进行金融政策调控的重点领域，并且形成以村镇银行、小额贷款公司为代表的、以机构物理下沉为特征的"机构观"改造路径。诚然，金融机构数量的上涨一定程度上缓解小微和农村金融领域的金融排斥，但是"只贷不存"、经营地域限制和民间资本的激励不足造成机构市场竞争力缺乏，陷入可持续发展危机，新型农村金

---

① 2008年6月，福州市民李某因银行VIP客户无理插队将银行诉至法院；同年9月，在"银行业反垄断第一案"中，中国建设银行重庆分行因涉嫌拒绝交易、强制收费被客户诉至法庭；同年7月，深圳市民潘某因银行业擅自调整小额账户标准诉至法院；2014年《人民日报》批评了银行业网点强制要求2万元以下小额存贷款只能去ATM机办理的消费歧视规定。参见吴秋余《银行，不能存钱还干啥》，《人民日报》2014年5月5日第18版。

② 黎四奇：《我国银行法律制度改革与完善研究》，武汉大学出版社2013年版，第375页。

③ 杨华、匡桦：《非正规金融：根源、运行及演进》，北京师范大学出版社2012年版，第49页。

融机构市场准入政策面临竞争性质疑。① 从竞争法视角出发，我们可以通过公平竞争审查制度的有效开展，发挥反垄断执法机构的审查和监督职能，确保有关银行业市场准入规定的竞争性和合理性，有效推进金融民主进程。

（三）独立理念下的替代解决

独立理念强调反垄断法规制的银行业适用不仅仅表现为配合与辅助，还要重视自身规制特色的发挥，也就是保持银行业反垄断法规制的独立性与权威性，不因辅助而附庸，不因新型规制而丧失了应有的独立性。"我国银行业垄断问题并不主要是由于国有银行限制竞争行为造成的，而是国家干预、管制的结果"②，"政府管制经常不合理地为企业反竞争行为提供便利"③，替代解决功能强调反垄断规制作为一种规制选择，应当在银行业市场的发展中与既有的金融行业规制形成有效的功能互补。银行业反垄断规制的替代解决一方面应当立基于银行业市场竞争机制的宏观构建，着眼于微观个体的垄断行为，运用业已成熟的反垄断规制方法实现对于银行业市场的干预与调控；另一方面，银行业反垄断规制应当审时度势，不断寻求与金融行业传统规制方式的互补与替代。总体上讲，金融市场发展以及金融监管体制演变的重要阶段，都需要反垄断规制作为一种金融市场规制的替代性解决方案及时对现有趋势进行回应。具体来看，我们可以从两个方面理解反垄断规制的替代性。

第一，银行市场放松管制与反垄断法规制介入。市场的开放与自由的追求不仅仅表现在一般行业，垄断行业同样表现出极强的市场化演进趋势，银行业亦不例外。银行业市场的开放从法律层面分析是市场准入资格的放开，同样也就意味着作为银行业市场管制关键一环的准入规制的放开。除此之外，市场运行与市场退出也相应减少了制度的捆绑与权利的束缚。此时，反垄断法规制介入的替代性意义在于对既有市场垄断势力的规制与银行业新市场竞争的倡导与维护。"大多数的放松管制都是技术变化

---

① 参见王煜宇、刘乃梁《新型农村金融机构的制度障碍与法律完善》，《西北农林科技大学学报》（社会科学版）2016 年第 2 期。
② 漆丹：《我国银行业竞争推进制度研究》，《法学评论》2015 年第 2 期。
③ 张占江：《管制领域反垄断执法的基本考量维度及其适用》，《法商研究》2015 年第6 期。

的结果"①，而银行业放松管制的制度意义大于技术意义。银行业市场的开放不是一蹴而就的，它势必会招致既得利益集团的阻碍，这些往往并非寻常金融监管政策所能应付，并且金融监管本身存在着极大的俘获可能性。既有银行业经营者对于新进经营者的"默契"排斥行为，相关银行业市场基础设施的准入条件限制都会使银行业市场化步履维艰。在对银行业市场结构调整不具备客观可能性之时，作为一种对策性解决方案，反垄断法通过垄断协议行为的规制，打破既有经营者之间的"联盟"与"默契"，通过自然垄断行业规制必要设施理论的经验类推，应对银行业市场关键市场要素的"实质不开放"进行有效的规制。在银行业市场化运行趋于稳定后，反垄断法规制更可以凭借行为导向的个别规制，实现市场竞争机制的矫正与维护。

第二，银行市场监管强化与反垄断规制介入。金融危机后，各国都相继采取了更为严格的金融监管措施，金融监管强化在世界范围内得到了理念认同。"市场经济是充满竞争的契约经济，金融市场的各主体从自己的利益出发，如金融机构与普通企业、个人的利益博弈，会导致金融机构竭力创新金融吸收更多的消费者和投资者，而普通企业和个人受利益的驱动又产生非理性的跟从。"② 金融监管强化主要源于三方面的需求：金融监管职能的转变、金融消费者权益保护以及金融危机问题的应对，而反垄断规制在这三个方面都表现出替代性解决的价值。首先，从金融监管职能转变来看，监管模式的改革与监管权力的强化成为大势所趋。从机构监管到功能监管，金融监管日趋合理，越发尊重金融市场的发展规律。③ 实质上，反垄断规制本身正是以市场竞争功能的实现为导向的"功能规制"。目前，我国金融市场监管尚不能较好地应对金融混业经营形势，功能性监管模式的形成仍需时日。此时，反垄断规制通过着眼于市场竞争功能，以"相关市场"替代"功能市场"对金融市场的竞争性问题进行替代解决，避免功能性监管缺位造成的监管失灵，而在功能性监管体系成熟之后，反垄断规制仍可以以其独立规制价值对功能性监管的开展进行竞争视野下的

---

① ［美］赫伯特·霍温坎普：《反垄断事业：原理与执行》，吴绪亮等译，东北财经大学出版社 2011 年版，第 238 页。

② 周昌发：《金融调控法律制度论》，法律出版社 2013 年版，第 31 页。

③ 参见黄韬《我国金融市场从"机构监管"到"功能监管"的法律路径——以金融理财产品监管规则的改进为中心》，《法学》2011 年第 7 期。

建议与监督。其次，从金融消费者权益保护来看。"社会经济的发展使消费者问题成为普遍性的社会问题"[1]，"现代金融法所关注的一大焦点即是保护金融消费者利益，这不仅缘于维护金融业稳定发展的需要，更重要的是因为实现金融消费者之利益体现出金融和金融市场发展的目标与动力。"[2] 金融监管消费者保护导向的确立前提在于金融消费者与金融机构之间的信息鸿沟，但是除去信息鸿沟之外，即使在信息相对充分的情况下，金融消费者权益仍然有可能因交易相对人市场垄断地位的获得而面临福利的减损。在国家发改委针对商业银行乱收费问题的集中整治中，2013年10月到2014年年底累计实施经济制裁15.85亿元，[3] 这也从侧面反映出金融消费者在权益受到侵害之时的被动和弱势。相比而言，反垄断规制通过对银行业市场优势地位主体和垄断协议主体的行为规制可以实现比预期常规金融监管更为显著的消费者权益保护效应。并且，反垄断规制作为一种独立于银行业市场的规制手段，于维权发起一端，可以获得金融消费者更多的信任。最后，从金融危机问题应对来看。金融危机期间，银行业最为典型、最为集中的问题在于银行业金融机构"大到不能倒"。这一问题的形成根源在于较为宽松的经营者集中审查，而问题的最终解决仍要回归经营者集中的审查权分配。2011—2015年，中、工、农、建"四大行"先后进入"全球系统重要性银行"名单，中国银行业巨大的市场体量与潜在的系统性风险使多元监管成为一种必要。反垄断规制已经对经营者集中形成了较为成熟的规制模式，我们应当将银行业经营者集中的审批权确立在相关反垄断规制机构的职权范围之内。并且，仍需注意的是，在银行业经营者集中的事前控制中，金融监管部门应当与反垄断规制密切配合，确保市场信息的交流顺畅。更为重要的是，反垄断规制应当保有自身的独立性，保有竞争政策的独立性，不过多受到金融市场监管政策变化的影响。

第二节　银行业反垄断法规制的权利导向

权利，作为法律关系内容的重要组成部分，应当成为任何法律规制的

---

① 董文军：《平等视野中的消费者权利解读》，《法制与社会发展》2007年第2期。
② 杨东：《金融服务统合法论》，法律出版社2013年版，第38页。
③ 参见安蓓《收费检查罚了银行近16亿元》，《北京青年报》2015年2月25日第7版。

发展向度。反垄断法与反垄断法规制素以市场竞争机制维护为己任，推崇市场竞争效果的经济学分析。"当大量的个体有权创立组织来开展广泛的经济、政治和社会活动时，一个权利开放秩序才算确立。"①反垄断法规制从本质上是一种法律规制，其法律属性不应过多让步于经济学分析，应如同消费者权益保护、反不正当竞争、产品质量规制等市场秩序规制手段一般，逐渐树立权利的规制导向。从竞争秩序到主体权利，反垄断法规制目标的落地有利于行业规制实践，尤其是垄断行业规制实践的开展。银行业主体因其特有的行业性质先天地享有具有权力内嵌的经营权利，垄断地位的形成，或者讲银行业垄断问题的出现很大程度上源于既有金融机构的权力化倾向。在社会转型的过程中，银行业市场面临着来自"社会基层"和"弱势领域"极为明显的权利冲突。在巨大的主体权利诉求面前，作为市场竞争秩序规制权力代表的反垄断法规制如何回应成为一个较为关键性的问题。与此同时，权利也成为反垄断法规制权力运作的一个较为准确的着力点。

一　从竞争到权利的反垄断法规制目标转化

银行业反垄断法规制目标的虚化表现在既有规制目标的宏观抽象。从竞争到权利，从竞争秩序维护到合法权益维护是反垄断法规制目标的落地过程。在市场垄断形成的过程中，权利与权力的博弈构成了反垄断的基本内容。

（一）银行业反垄断法规制目标虚化的反思

在传统市场竞争、经济效率和消费者权益的三元目标中，一般行业因其明显的开放和去管制特征而为反垄断法规制提供了充分的施展拳脚的空间，虽然在竞争政策和产业政策之间或多或少存在冲突，但是反垄断法规制仍然体现出一种独立适用和强规制的特征。而当视域投入垄断行业，反垄断法规制会因垄断行业的全面管制而丧失规制目标的独立性，进而产生规制目标的虚化现象。此时，我们需要为反垄断法规制目标寻找新的、合乎反垄断立法价值的注解。从目标层次来看，反垄断法被誉为"经济宪法"或者"市场经济大宪章"，市场竞争秩序的维护无疑是其首要规制目

---

① ［美］道格拉斯·C.诺斯、约翰·约瑟夫·瓦利斯、巴里·R.温格斯特：《暴力与社会秩序：诠释有文字记载的人类历史的一个概念性框架》，杭行、王亮译，上海人民出版社2013年版，第28页。

标。反垄断法规制通过系统的经济学分析界定主体行为的市场效果，通过垄断行为的规制实现既定的竞争维护目标。可以说，在反垄断竞争秩序目标落地的过程中，充满了经济学分析与主观判断，从另一个侧面理解，这也是反垄断法不确定性赋予反垄断法规制的自由裁量权。而实际上正是反垄断法规制的这种不确定性使垄断行业监管主体不敢轻易地允许反垄断法规制介入干预市场秩序，既有享受"政策红利"的市场经营者也不愿意规制主体的变化影响自身的利益获取。市场与规制两方面的主体排斥使得反垄断法规制在垄断行业的实施举步维艰。由此看来，银行业反垄断法规制开展的一个前提在于规制目标的细化与明确。

我们认为，银行业反垄断法规制目标的明晰需要注意两方面的问题：一是竞争秩序等宏观目标如何落地。实际上，反垄断法规制宏观目标的三个方面均内嵌权利诉求：首先，竞争秩序维护涉及对滥用市场支配地位、垄断协议以及经营者集中的行为规制，而对这些规制一个可能的解读在于市场主体平等参与竞争权利的保护；其次，促进经济效率的提升实际上也是为市场主体发展自身提供制度环境依托，可以理解为自主经营权的实现保障；最后，保护消费者合法权益本身就暗含对消费者权利的尊重与维护，并且消费者权益保护大有成为反垄断法规制首要目标之趋势。二是反垄断法规制如何更多地彰显法律属性。经济分析对于反垄断法规制一直处于至关重要的作用，不同时期的主流经济理论对反垄断法规制后果产生了直接的影响，同时也加剧了反垄断法的不确定性。从更为长远的发展来看，反垄断法规制应当更加注重法律规制属性的呈现。当然，法律规制的重视并非是对经济分析的否定，也不是对经济分析的排斥，而是更多从实体和程序上将经济分析模式固化为一种确定的、可预测的规制手段。除此之外，还要为经济分析设定一些法律前提，增加一些法律属性的维度考量，权利正是其中之义。目前，我国银行业发展或者说银行业垄断带来的主要问题是银行业市场化的不充分，而这种不充分更为直接地表现在主体权利享有的不充分。因此，从权利维度入手，探索反垄断法规制逻辑不仅符合反垄断法规制目标细化的要求，更加贴合了银行业市场发展的实际。更进一步讲，反垄断法规制的权利维度可以成为垄断行业反垄断法规制的一个重要突破口。

（二）反垄断法的基本范畴

学者研究指出，"反垄断法的基本范畴不是'权利—义务'而是'权力—义务', 即一般法都是权利、义务的规范体系, 而反垄断法中大量存在的是经营者履行相关市场行为被禁止的义务和权力主体的监督职权"[①]。"权力—义务"范畴的确定直接源于反垄断法基本问题的特殊性, 表现出反垄断法规制权力与经营者义务在反垄断法规制中的影响作用。从权力的内涵来看, 反垄断法规制包括了执法权和司法权两大组成部分: 一方面, 反垄断执法权是反垄断法规制权力的重要组成部分, 执法机构依照法定授权的执法行为是反垄断法规制开展以及反垄断法得以有效实施的保障。另一方面, 司法作为反垄断法规制权的另一端应当被赋予更为重要的规制地位。从国外反垄断实践发展的经验来看, 司法权的行使既可以单向地开启反垄断私人诉讼, 也可以作用执法权行使的必经程序, 无论如何司法权的"最后救济"特性已经成为反垄断法规制不可或缺的最后屏障。"权力—义务"基本范畴的确立首先表明反垄断法规制的国家干预属性, 反垄断法规制权本身是一种政府干预市场经济秩序的根本表现; 其次, "权力—义务"范畴的确立有助于早期反垄断法规制体系的建立与完善。权力导向意味着规制机构设置在反垄断法规制中的重要作用, 因此, 作为一种新型规制手段, 权力导向有助于尽快地建立起反垄断法规制机构, 明确规制权力的运行体系。最后, "权力—义务"的范畴确定实际上可以归结为一种"英雄主义"的干预模式, 依靠规制机构的工具属性, 实现对于市场秩序的干预和调控。

我们认为, "权力—义务"的反垄断范畴认知停留于法律文本表面, 从反垄断法规制发展来看, "权利—责任"可以成为一种新的反垄断范畴的界定。"权力—义务"基本范畴要求反垄断法规制树立一种权利导向, 通过主体权利维护实现反垄断法规制的针对性和反垄断宏观规制目标的细化。"权利—义务"是市场经济秩序规制中对市场主体, 尤其是利益相关主体的规制回归。首先, 市场主体之所以成为主体的前提条件在于相关市场权利的享有, 这种权利的享有首先需要市场交易中对等主体对等义务的承担, 而在对等的权利和义务无法实现的时候, 反垄断法规制负有恢复市场秩序、维护市场竞争制度的责任。由此看来, 权利和责任构成了反垄断法规制的起点和终点。对于我国而言, 社会转型的一个重要表现在于民众权利意识的觉醒, 市场经济主体的权利觉醒不仅停留于自身权利的维护,

---

[①] 潘丹丹:《反垄断法不确定性的意义追寻》, 博士学位论文, 吉林大学, 2010 年。

还包括对于执法权力的问责，因此，权力从根本上讲是对权利的保护，而其最终要受到权利的监督和制约。"权利—责任"范畴的转换更多地体现出反垄断法规制的"集体主义"，即更多的主体参与到反垄断法规制之中，更多的权利成为反垄断法规制的考量因素。"权利—责任"可以视为"权力—义务"的一种进一步表达。

对于以银行业为代表的垄断行业反垄断法规制而言，行业在自身的发展过程中形成了极为完整、严谨的"权力—义务"框架，反垄断法规制的贸然介入会打破既有框架的平衡，权力冲突在所难免。而在"权利—责任"一端，银行业市场存在着较为鲜明的现实问题：金融消费者的利益保护、市场竞争主体的不当排斥以及金融监管政策的竞争性评估等。这些问题可以成为反垄断法规制的突破口，并且规制标的的明确可以减缓反垄断法的不确定性，使其更好地得到行业和监管机构的认可。

(三) 关于垄断的法权认知

从某种程度上讲，权利与权力的相互作用构成了市场结构演变的缩影。表面上，垄断行为的存在是反垄断法规制开启的起点，而从深层次分析，垄断与反垄断法规制都夹杂了权力与权利之间不同程度的影响。

一方面，市场垄断地位的形成以及垄断行为本身体现出一般权利的权力化倾向。在市场经济中，每个市场个体都具有自由、平等发展自身的权利。然而，市场竞争意味着优胜劣汰，个别主体因其生产效率、技术研发等方面的优势获得了市场的垄断地位，或者因行政授权而先天地享有市场垄断地位。此时，原有普遍的、平等的权利伴随主体市场价格与市场运转话语权的享有而表现出极强的权力倾向。实际上，诸多垄断行为得以实施的本身在于利益的驱动，而从法律角度来看，无论是滥用市场支配地位、垄断协议还是经营者集中，社会忌惮的实际上是权力化的权利——垄断地位的获得使其具备了操纵市场发展，排挤、限制竞争的权利。除此之外，这种权力化倾向不仅体现于横向与纵向的市场竞争关系之中，还会表现纵向管理关系之中：权力化的权利会对市场规制权产生有利于自己的影响，最终造成规制失灵与规制俘获，权利控制了权力。

另一方面，反垄断法规制应当通过权力的运用追求权利的实现，可以理解为"权力的权利化"。反垄断法规制从规制目标来看应当包含对市场主体竞争权利、发展权利以及消费者权利免受垄断行为的损害。从事后救济效果来看，反垄断法规制从宏观市场福利的角度恢复市场竞争秩序应有的权利结构。虽然在反垄断执法中，受损相对人无法获得对价补偿，但是从整体市场福利角度而言，竞争权利得到了恢复。而在反垄断私人诉讼之中，私主体受损的权利则会得到更为直接的利益补偿。因此，反垄断法规制的权力运转在客观上形成了对市场利益相关主体权利的保护。

综上所述，反垄断法规制是运用国家公权力对某种具有权力倾向的权利进行矫正，恢复市场中应有的权利结构。

二　银行业主体的权利预设及其垄断演化

不同于一般行业市场主体权利的普遍性，银行业市场主体因其行业的管制属性而具有了较为特殊的权利，并且这种权利伴随银行业市场从垄断走向竞争，逐步恢复了市场权利的普遍性特征。然而，决定银行业主体权利演变的仍然是市场结构与权力干预。

（一）银行业发展定位及其主体设定

提及银行业，其鲜明的行业特征在于高度的金融管制与金融监管。金融业对于社会发展的支柱作用，使得作为金融业核心的银行业成为支柱中的支柱，其基础性作用不言而喻。一般而言，从垄断角度来看国家对行业进行全面管制的动机包括两个方面：一是自然垄断行业属性；二是关系国家经济发展命脉的关键行业。早期银行业的发展具备了一定的自然垄断特征，但是伴随经济全球化与金融市场化进程的推进，银行业已经远远摆脱了"自然垄断"的束缚。因此，银行业金融市场的基础地位以及对国民经济发展的重要影响使国家管制成为一种必然。除此之外，风险，是银行业发展中不可回避的关键性问题。金融行业与金融体系的脆弱性加之银行业运转过程中可能出现的诸如信用、流动性、经营管理等多重层面的风险，使得金融监管成为银行业发展之必需。金融危机之后，银行业金融机构对于金融市场和社会发展系统性风险的传导为各国政府所忌惮，更是强化了银行业的金融监管。由此看来，银行业主体的发展务必在一定的政府框架之下，其行为本身无时无刻不受到市场监管主体的管理与控制。

与一般规律相符，我国银行业市场主体变迁也呈现出政府主导的路径依赖。我国银行业主体的发展定位与设定集中体现在关于商业银行的历次改革之中。改革开放之后，我国逐渐由计划经济时代高度集中的中央银行体制向二级银行体制过渡，工、农、中、建"四大行"自主经营分别从央行分离出的工商信贷储蓄、农业金融业务、外汇业务和固定资产贷款中长期投资业务。"四大行"较为详细的业务划分使得相互之间并不存在实质上的竞争，虽然发展中经历了自主经营权的加强，但是改革开放初期"四大行"仍然可以视为代理央行行使某一领域的管理职能。1993 年以来，伴随《国务院关于金融体制改革的决定》和《商业银行法》的颁布出台，逐步明确了"四大行"由业务分立的专设银行过渡到拥有充分自主权的国有独资商业银行，并且明确提出了国有银行改革的基本方向（见图 4-2）。

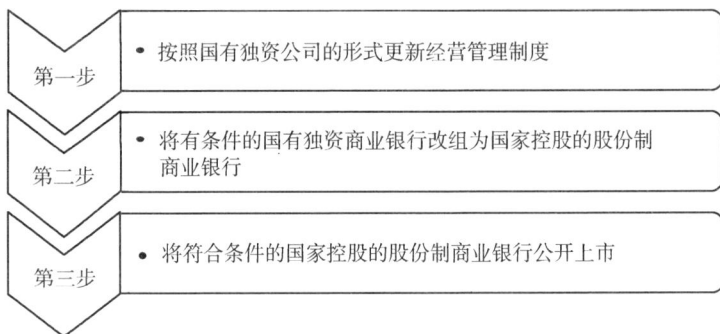

图 4-2 国有商业银行改革三步走

在此阶段，对于商业银行概念的正确把握是有效推进银行业市场主体改革的一大关键要素。值得一提的是，1997 年亚洲金融危机使得"国有企业大面积陷入经营困境，致使国有商业银行不良资产剧增，银行脆弱的资产质量甚至影响到国家经济和金融体系的安全"[1]，"银行业不良贷款大幅上升与宏观经济结构失衡、产能过剩、增速下滑的基本面密切相关，而银行业风控漏洞、过度授信、民间借贷也起了助推作用"[2]。商业银行不良资产剥离以及相关资本金、资产质量和监督制度变革为后续的市场化改革奠定了基础。从制度经济学角度来看，"2003 年以前，商业银行分工的淡化以及资产质量的变革重点在于技术型生产边界的扩展，而股份制改革才是寻求结构性生产边界的移动"[3]。2002 年中央金融工作会议明确了国有商业银行发展的现代企业思路。在国有商业银行股份制改造之前，通过

---

[1] 谢平：《国有商业银行改革三十年》，《今日财富（金融版）》2008 年第 10 期。

[2] 东航金融等联合课题组：《中国金融安全报告（2014）》，上海财经大学出版社 2014 年版，第 12 页。

[3] 刘鹏、温彬：《国有商业银行股份制改革》，《南开经济研究》2007 年第 3 期。

三家政策性银行的设立剥离了国有商业银行的政策性业务。2003 年年底，中国银行和中国建设银行率先进行股份制试点，随后中国工商银行和中国农业银行陆续进行股份制改造，2009 年伴随中国农业银行挂牌，我国国有商业银行股份制改革宣告完成（见表 4-3）。

表 4-3　　　　　　　四大国有商业银行股份制改造一览

中国工商银行	2005 年 10 月 28 日，中国工商银行股份有限公司正式挂牌成立，注册资本为 2480 亿元。中央汇金投资有限责任公司和财政部分别持有中国工商银行股份有限公司 50% 股权 2006 年 10 月 27 日，中国最大的商业银行——中国工商银行在上海和香港两地成功实现 A+H 同步上市，发行募集资金刷新全球 IPO 纪录，标志着工行的股份制改革已经取得阶段性成果
中国银行	2004 年 8 月 26 日，中国银行股份有限公司挂牌成立 2006 年 6 月 1 日，中国银行在香港了联合交易所正式挂牌上市 2006 年 7 月 5 日，中国银行上海证券交易所成功挂牌上市，是我国首家在 A 股市场挂牌上市的大型国家商业银行，创造了中国资本市场有史以来最大的首次公开发行新纪录，同时也成为目前沪深两市中权重最大的上市公司、国内首家 H 股和 A 股全流通发行上市的公司、股权分置改革以来第一家大型公司上市项目
中国建设银行	2004 年 9 月 15 日，中国建设银行股份有限公司挂牌成立，由汇金公司、中国建投、宝钢集团、国家电网和长江电力共同发起设立股份公司，注册资本为 1942.3025 亿元 2005 年 10 月 27 日，中国建设银行成功地在香港联交所挂牌，成为中国四大国有商业银行中首家上市的银行 2007 年 9 月 25 日，中国建设银行正式在上海证券交易所挂牌
中国农业银行	2009 年 1 月 9 日，中国农业银行股份有限公司在北京召开创立大会，其注册资本 2600 亿元。经国务院批准，中央汇金投资有限公司和财政部代表国家务持该股份公司 50% 股权 2009 年 1 月 16 日，中国农业银行股份有限公司正式挂牌成立

　　从制度变迁来看，产权制度的明晰、公司内部治理机制的建构以及相关财务制度的变革使原有的国有商业银行逐渐摆脱"国家干预"特征，成为独立的、自主经营的银行业市场主体，并且相互之间存在的有效竞争意味着银行业市场初步建立。商业银行整体的发展态势逐渐由政府主导过渡到市场主导，市场化发展原则在实践中得到了确认。另外，除去国有商业银行改革之外，政府也意识到市场主体多元化塑造的重要性。城市商业银行的兴建，农村金融机构改革的不断推进以及民营银行准入的放开都证成了银行业整体发展的市场化态势。但是，在良好的发展势头面前，我们必须要保持充分的冷静，因为银行业市场主体的权利并未从根本上得到实现。具体而言，首先，银行业的市场化运作意味着银行业金融管制的放松，进一步解读来看，放松管制是逐步减少权力对主体准入和权利实现的

干涉，为市场新主体的出现、市场基本权利的享有提供足够的自由空间。其次，在目前强监管导向下的银行业市场，市场主体的权利仍然在很大程度上受到了权力的影响。市场主体权利享有的区域、范围和程度都必须在权力的既定框架之内，并且权力主体仍然拥有赋予、限制和终止主体权利的话语权。最后，在市场竞争中，垄断行为的出现会使得主体参与市场竞争的权利名存实亡，权力的缺位使得主体权利不能得到充分的实现。

（二）银行业主体权利的垄断演化

1. 银行业主体的权利属性

银行业主体权利"先天"地具备了权力内涵，具体表现在：第一，银行业的国有属性使其承担了一定的政策性职能，这种政策职能具备权力内涵。从"大一统"到二级制，银行业体制变化初期，四大国有银行形成的动机正是在于央行业务的剥离以及对应领域投融资职能的分离。在股份制改造，三大政策性银行分离四大国有银行政策性职能之前，四大国有银行某种程度上等价于银行业市场的行政机构，其更多代替央行既进行市场运作，又负有监督管理的义务。由此看来，政策性职能的早期赋予是对银行业主体的一种权力配置。放眼社会经济发展的宏观环境来看，银行业的特征在于金融业的基础性，而在具体银行业金融机构与相对人的个别交易中则更多表现为信贷资源配给的优势地位。在发展的早期，国有商业银行从特征上更像是一种代替央行履行某一领域管理职能的行政机构，支撑起进行基础信贷活动的是国家信用。在商业银行的模式得到认可之后，国有商业银行虽然具备了一定程度的独立性，但是这种先天的信贷资源优势依然得到了充分的发挥，个体交易中的信贷审批与配给的话语权和主动权使银行业金融机构在资金融通并不发达的时期占据了优势地位。从整体上来看，个体优势的集聚也使得银行业成为市场信贷发展中的关键一环，并且是掌握信贷审批权力的强势一端。第二，银行业市场较为严格的市场准入制度造就了主体权利的稀缺性。严格的市场准入制度的设计确保了银行业市场秩序的稳定，而这种稳定相对应的代价在于市场的高度封闭。市场的封闭对于既有市场内的经营者无疑是一个利好的消息，当银行牌照成为一种稀缺性资源，传统银行业金融机构客观上形成对市场的整体独占与分享。权利稀缺与社会巨大金融体量相比，"卖方市场"的形成客观上同样造就了银行金融机构交易中的优势地位，银行业金融机构不再拥有单纯的市场主体权利，其权利作用体现在之于相对人不平等的"权力"效应。

第三，信贷审批中的自由裁量成为银行业金融机构市场运行中的权力源泉。信贷配给是银行业金融机构的主要金融功能，也是其主要业务之一。信贷条件的设置首先源于行业法规的基础性设置，其次主要源于银行业金融机构的具体把握。虽然银行业信贷审批的标准是客观的，但是在具体实施的过程中具有很大程度的主观性，从客观条件到主观评价，银行业金融机构实际上是将信贷审批这种银行业经营者的市场主体权利衍生为一种相对于交易人的权力。综上所述，银行业的主体权利因国有属性、行业管制和信贷审批而具备了不同程度的权力倾向。

2. 垄断语境下银行业主体权利的权力导向

如前所述，垄断的形成可以从权利与权力的博弈关系中寻求解读，银行业垄断本身也不例外。首先，权利的集聚是银行业垄断形成的关键要素。银行业主体市场权利类型和权利数量的叠加都会对主体市场垄断地位的形成产生至关重要的影响。银行业主体权利类型的丰富有助于市场话语权的形成，最终形成市场支配地位，而权利数量的叠加表现在垄断协议的权利一致排外以及经营者集中过程中权利合一。无论权利集聚的方式为何，最终的效果都体现为银行业经营者对于市场的控制能力。其次，银行业市场的长时间垄断促成了银行业利益集团的形成，规制俘获可能性的增加使得主体权利与规制权力不断"融合"。最后，商业银行股份制改革之后，银行业经营者独立性的增强并未减弱权利的权力化倾向。虽然股份制改造之后，产权的明晰使得形式上政府干预与银行发展相分离，但是国有控股属性以及"四大行"居于我国银行业市场的重要地位使得政府与其之间仍保持着千丝万缕的联系。如果说政策性职能是一种权力配置，那么政策性职能的剥离并没有伴随权力的同步剔除，究其根本原因在于银行业市场竞争机制的缺位。从权利结构来看，一方面市场主体的稀缺造成的竞争匮乏，根本上权利与权利之间没有形成良性的冲突和制约；另一方面，规制权力本身也没有对新主体权利的实质享有提供有效的制度空间。传统市场权力与权利对新市场主体的双重排斥使得银行业市场竞争机制未从根本上建立。

三　社会转型背景下银行业市场权利冲击

社会转型作为一个严谨的社会学概念，一般从体制、结构和形态三个方面进行解读，而从发生的范围来看包括了社会、经济和政治三个主要方面。银行业的改革与发展正是对经济转型的有力支撑以及对社会转型理念的回应，并且从根本上对政治转型提出了一定的变革需求。"如果缺乏普遍性法律和与生俱来的权利这一类概念，多元利益集团没有必要产生用法治解决社会秩序问题的愿望。"① 在转型与银行业发展的联动变化中，权利作为法律制度的重要一环，构成了既有银行业市场发展冲击的主要元素。

（一）社会转型下的银行业市场

社会转型无论其解读路径为何，具体作用范围为何，从制度角度来看都意味着一定范围内制度的自我调整与自我完善。社会转型需要社会治理和社会文化的制度化构建，经济转型同样需要市场化和法治化的制度衔接。对于处在社会转型期的银行业而言，银行业市场化是其最为关键同样也是最为明确的历史任务，而银行业市场化本身可以理解为是对社会转型理念的一种吸收和融合。开放、民主和法治社会转型赋予中国社会制度调试的指导理念，在此理念下，金融业尤其是银行业的开放、民主和法治建设都彰显其历史和现实的特殊性。开放是社会转型期银行业市场化的一种表象要求，开放意味着市场准入的降低，更多的主体可以参与到原有封闭市场的发展之中。市场参与性的增强有利于丰富市场主体结构，促进市场竞争机制的完善。民主之于银行业既表现为主体多元化后市场主体发展机会的同等享有，又表现为社会基层金融需求的一体满足。垄断结构与垄断行为意味着发展权利和发展机会的不平等，无疑是金融民主的对立面。因此，银行业民主需要建立在市场垄断行为规制的基础之上。而垄断行为的规制，抑或对于银行业开放与民主保障的应有之义正是金融的法治化。无论是反垄断法规制还是行业规制，它们都是法治化框架下对于银行业市场竞争机制调节与维护的规制工具。综上所述，社会转型下的银行业市场需要通过法治化手段的运用，不断促进市场的开放与民主。

进一步讲，社会转型对银行业发展的影响不仅仅停留于理念的输送上，还表现为微观的发展表达，我们认为这一表达集中体现为市场主体的权利诉求。学者研究指出，发达国家社会转型的共性在于，"从私法到公法的法治发展重心转移、国家辅助角色的认可、国家权力格局的均衡以及

---

① ［美］R. M. 昂格尔：《现代社会中的法律》，吴玉章、周汉华译，译林出版社 2008 年版，第 69 页。

公共服务行政导向确立四个方面"①。从中我们不难发现，权力的调整构成了社会转型制度调整的核心内容，而无论是国家角色辅助还是公共行政服务导向，权力变化的维度在于市场发展规律的尊重以及主体权利的保护。权利与权力之间的关系处理构成了转型期制度变化的主旋律，银行业也不例外。转型期银行业市场权利与权力的博弈体现为既有市场主体的权利完善、新进市场主体的权利保护以及权力自身的完善与调试。毋庸置疑，银行业的稳定与发展离不开权力的有效规制，转型期多元主体的多元权利诉求为银行业规制权力设定了完善的目标向度。从市场主体到市场权利，从市场权利到市场规制，市场主体多元权利的实现程度决定了转型期银行业市场的发展态势。

（二）转型期银行业市场纵向权利冲突

纵向与横向一般而言是作为反垄断法行为类型之一的垄断协议的行为细分，它是根据垄断行为作用力范围不同进行的划分。银行业作为提供金融产品和服务的市场同样存在纵横之分，其中纵向指代的是垂直关系下作为交易双方的银行业金融机构与作为交易相对人的金融消费者之间的关系链接。从银行业市场的发展来看，银行业金融机构作为市场的中坚力量，其金融中介、信贷供给的作用得到了发挥，并且银行业市场形成了一种金融机构导向下的监管模式与发展模式的构建。毫不夸张地讲，银行业金融机构是规制者稳定监管政策的唯一考量，同样也是作为规制实践靶心的市场主体。如此一来也就意味着作为市场交易人，乃至是市场福利最终买单人的金融消费者成为被遗忘的主体角色。在此，我们需要对纵向权利冲突意义下的金融消费者进行广义的理解：一方面它是指狭义上的金融消费者，即作为金融商品与服务交易相对人的消费者主体。另一方面，也可以表示既有金融排斥下弱势金融领域未能得到平等金融服务的小微金融需求群体。无论是否处于具体的金融交易之中，他们都因市场垄断行为与市场垄断结构的存在而受到了权力的排挤。

金融危机以来，世界范围内关于金融消费者市场角色的认知促进了金融消费者权利的明晰，与此同时各国监管机构纷纷将金融消费者作为与银行业金融机构地位相同的市场主体给予必要的制度保护。"我国消费者面临的严重的信息失灵问题急需解决，这需要借助于公权的力量建立和完善

① 袁曙宏、韩春晖：《社会转型期的法治发展规律研究》，《法治研究》2006 年第 4 期。

相关的制度体系。"① 从投资者到消费者，普遍意义消费者权利的金融市场类推成为一个发展的共识。在金融消费者保护浪潮下，普惠金融秉承金融民主之理念也成为金融消费者"为权利而斗争"的代表。普惠金融要求金融作为一种社会公共服务应当平等地由社会群众所享有，普惠金融尤其重视农村金融与小微金融领域的金融需求满足，并且通过微型金融机构的实践实现对小微金融领域的特殊机构供给。我们认为，普惠金融的逻辑起点在于弱势金融领域市场主体权利的排斥与漠视，而其极力拓展之核心在于市场主体平等金融服务权利之实现。因此，对于处于社会转型期的中国而言，无论是自身发展问题应对，还是国际发展经验吸收，金融消费者保护与弱势金融需求供给都是亟待解决的问题，两者从被遗忘到被发现，银行业市场主体角色的认可意味着需要对相关基本权利进行有效的制度保护。

从某种意义上讲，银行业市场一直存在着纵向交易关系，但是这种交易关系因银行业稳定的强势逻辑而没有得到行业规制机构足够的重视，行业规制重心一直是银行业金融机构的主体资格与市场风险。转型期银行业市场纵向权利冲突表现在：第一，新主体的权利漠视符合垄断状态下银行业金融机构的效率原则。以金融消费者为代表的市场新主体权利漠视的原因包括金融排斥和规制缺位等方面，但是一个有力的解释是金融消费者的权利漠视是市场垄断下较为"常规"的后果表现，并且弱势领域的主体排斥符合市场主体盈利最大化的经营效率要求，而银行业市场垄断辅之信贷资源优势衍生出银行业金融机构的市场交易优势，金融机构之外主体权利的限制存在更大的可能性。第二，新主体的权利漠视与传统主体的权利充分实现无法使市场实现权利的双赢。在银行业垄断状态下，我们仍然可以在短期内实现银行业市场的稳定乃至市场效率的提升，但是从长期而言，纵向主体间的权利冲突势必会对银行业市场发展产生制约，金融消费者权利保护不足会造成金融市场风险的社会传导，弱势金融领域的照顾不周同样会引发尖锐的社会问题。第三，新主体的权利诉求无法得到满足意味着银行业市场权利结构需要进行调整。市场垄断为银行业市场带来了稳定的权利结构，但是这种权利结构随着新主体的加入，权利的新诉求而受到纵向的冲击。权利的平等享有与共同实现是社会转型对银行业市场发展

---

① 应飞虎：《信息、权利与交易安全——消费者保护研究》，北京大学出版社 2008 年版，第 42 页。

的一大寄托。

（三）转型期银行业市场横向权利冲突

银行业市场的横向权利冲突主要发生在市场平层竞争关系之中。社会转型期，银行业市场的开放与民主会在短时间内形成主体数量的堆积。但是银行业市场经营者数量的攀升并不意味着市场主体多元化的确立。以新型农村金融机构的发展为例，2006 年国家开始推行新型农村金融机构政策，重点推进村镇银行、小额贷款公司以及农村信用互助社三类新型农村金融机构。在"低准入"原则下，村镇银行与小额贷款公司的数量在短时间得到了攀升，而数量攀升解决了一定农村金融供给问题外，也出现了诸多机构数量非理性增长引发的资源配置低下。因此，从主体数量化到主体多元化，一个关键的环节在于新旧主体间能否从权利的形式平等过渡到实质平等。市场准入管制的放开在新旧主体之间形成了市场主体进入和经营的权利平等，新主体可以自由地进入市场，参与到市场竞争之中。然而，权利的形式平等并不意味着实质平等，以市场垄断和监管失灵为代表的排斥行为阻碍着银行业经营者实质权利的享有，并最终造成权利的实质性磨灭。可以说，一定环境供给的缺乏使得权利不具备实现的条件：一方面监管执法能否在新旧主体之间保持统一，决定了权利享有的监管环境供给；另一方面垄断行为规制是否得当意味着权利享有是否具备应有的市场竞争环境。

从实践发展来看，学界与银行业界关于中小银行和民营银行的发展都主张一种个性化路线，即不直接与大型银行展开业务竞争，重点开拓被大型银行忽视的领域和群体，基于此种原则，小微企业、农村金融以及产品创新成为中小银行和民营银行发展的关键。在民营银行准入限制放开之后，新近成立的几家民营银行均宣称不会与大银行展开业务争夺，重点推进互联网领域和小微领域的信贷发展。新进银行的低姿态和对竞争的回避态度从表面上表现出银行业市场并不存在形式上的横向权利冲突，但是我们认为这种发展的回避恰恰表明了现有银行业市场横向冲突的激烈。我国商业银行从业务经营和发展角度来讲普遍具有同质化的特征，商业银行发展中的个性化不足是造成局部市场竞争过度和部分市场无人问津的主要原因。新进主体的业务回避实际上是权利作用范围的一种回避，避免因竞争与既得利益集团产生权利冲突，压缩自身在市场中的生存空间。因此，发展中的权利回避表明银行业市场竞争机制并不健全。除此之外，既有市场中的权利集聚也会对新主体的权利实现产生困境。一方面，既有权利集聚表现在基础设施占有下的排斥行为，例如中国银联对新进主体的封闭与高准入条件设置会使新主体的发展产生实质上的权利受限。另一方面，新主体的后发劣势同样不利于权利的有效实现，表现在资金链条的不稳定，公司内部治理机制不完善以及民间资本的体制排斥等等。民间资本未能实质性地参与银行业发展直接导致了银行业市场的金融牌照停留于"内部分享"，无法真正实现市场的广泛参与。造成民间资本信任危机的主要原因在于监管政策的尺度控制，而造成主体排斥的主要原因正是银行业市场的垄断行为。需要明确的是，市场的竞争不意味着权利冲突的必然性，而是在法定框架内权利的法定实现。权利实质平等下的权利冲突是市场竞争优胜劣汰的表现，而实质平等条件的建立需要对垄断行为与垄断问题进行有效的预防。另外我们也应当注意到，在关于银行业市场竞争与稳定的诸多考量因素中，我们应当对权利的实现程度进行充分的评估。

四　银行业市场权利重塑与垄断问题破解

金融市场发展和金融监管变革的整体趋势都表现出鲜明的权利导向，权利路径可以成为金融市场可持续发展的有效依托。银行业市场在纵向和横向，竞争者市场和消费者市场具备不同的权利结构。在这两个市场之中，银行业垄断问题的破解需要不同的权利思维，不同的规制目标以及不同的规制方法应用。

（一）金融发展的权利导向

银行业市场的垄断问题寻求权利导向的解决路径并非空穴来风，它实际上是对金融市场发展过程中的权利导向趋势的吸收与回应。放眼全球，主要发达国家已经陆续经过金融市场化进程的改造，发展中国家同时正在接受金融市场化进程的洗礼。在金融市场化进程之中，金融法治化作为一个高层次的目标与金融市场化发展的保证越来越得到各国的重视，通过金融法治建设为金融市场化发展保驾护航成为各国政府发展的依归。金融法治化的合理内涵不仅在于金融市场宏观法律规范与法律体系的完善，更在于市场主体权利的具体实现，亦即通过市场主体权利的维护实现市场金融市场发展的秩序维持。从目前全球金融发展来看，金融监管和普惠金融是较为集中体现金融发展权利导向的现实趋势：一方面金融监管在金融危机面临着基于主体权利导向的调试；另一方面普惠金融也以小微金融主体的市场权利实现为基准形成了一系列针对性完善措施。

从金融监管变革中的权利导向来看。"美国数十年来，政策制定者和专业人士一直鼓吹金融创新利好的毋庸置疑……当然许多金融创新在近年来也为消费者和社会带来了福利"①，但是金融创新的肆意和金融监管的疏忽最终导致了金融危机的爆发。金融危机之后，美国《多德—弗兰克法案》的出台可以较为集中地体现出监管措施的变革方向，我们可以将扩大监管权力、设立消费者金融保护局以及"沃克尔规则"采纳解读为"一个核心与两个方向"：首先，"一个核心"是指以金融监管权力的扩大为核心，强调金融发展过程中金融监管机构主观能动性的全面发挥。其次，"两个方向"是金融监管机构监管权力变革的主要方向，同时也是其对金融市场着力改善的方式，即金融消费者权利保护与金融机构权利限制。金融消费者权利保护主要体现在专门性金融消费者保护机构，即消费者金融保护局的设立，而金融机构的权利限制体现在针对"大到不能倒"问题解决的分拆与内部监控措施，以及"沃尔克规则"投机性交易与金融衍生品交易的严格管制。从追求的规制效果来看，金融监管变革立足于金融消费者权利的保护与实现和作为市场主体的金融机构的权利限制。通过纵向关系中主体权利的平衡，实现金融市场秩序的调控。

从普惠金融发展中的权利导向来看，普惠金融理念的全球实践最早源于 2005 年联合国关于微型信贷活动的推广，普惠金融理念的核心可以从字面上理解为金融服务的普遍惠及，即任何人都可以平等接受金融服务。因此，我们可以讲，普惠金融无论是理念还是实践，市场主体金融参与权的实现是其不变的核心。从具体实践来看，普惠金融主要立足于小微个体金融服务的对口扶持，通过小额贷款活动的开展，扩大金融机构的物理覆盖以解决金融市场弱势领域与弱势群体的金融服务供给不足问题。金融危机发生之后，普惠金融理念更是伴随金融消费者保护的世界浪潮取得了前所未有的发展。从权利实现角度来看，普惠金融实际上是将金融消费者的权利内容进行了充分的扩展与补充，使其不仅仅局限于既有金融市场交易中主体平等交易权能的实现，更重要的在于社会群众对于金融服务的普遍接受，尤其是小微领域与农村金融领域。进一步言之，普惠金融将以农民

① Daniel Carpenter, Patricia A. McCoy, "Keeping Tabs on Financial Innovation: Product Identifiers in Consumer Financial Regulation", *North Carolina Banking Institute*, Vol. 18, No. 1, November 2013, p. 195.

金融权和小微金融权为核心的金融参与权渗入既往以平等交易权为主的金融消费者保护之中。

综上所述，无论是金融机构还是金融消费者，权利的赋予、限制与保护可以成为金融监管机构维护金融市场秩序所仰仗的规制方法。权利导向已经成为金融市场发展过程中不可逆的趋势。

（二）银行业市场的权利结构

银行业市场的权利结构因银行业主体的特殊性以及银行业交易关系的特殊性而表现纵向和横向不同的权利关系。从宏观来看，我们可以在两个场域探讨银行业市场的权利结构：竞争者市场与消费者市场。

银行业竞争者市场的权利结构主要表现出一种横向的竞争关系，市场主体的权利多表现为银行业金融机构基本权利的享有和实现。一般而言，银行业金融机构除了具备一般公司法人属性之外，其权利内涵受到了诸多法律的限制，也就是说银行业市场主体权利的享有具有鲜明的国家干预特征。从微观来看，《商业银行法》第3条规定的银行业金融机构的业务范围均可以构成其市场主体基本权利的内容，而从宏观来看，这种法定权利体现为平等参与市场竞争的权利。在竞争者市场，银行业金融机构的主体权利应当被主体所平等享有，这是一种必要的法定形式享有，而在发展的过程中，权利的冲突可以表现出银行业市场优胜劣汰的规律，同样也可以表现为某些主体权利集聚后对于新主体、竞争主体权利实现的抑制行为。另外，竞争者市场权利实现的一个重要因素在于行政权力的干涉，例如小额贷款公司这种类型的银行金融机构因行政权力设定先天地造成市场主体权利的不完善，我们暂且不讨论行政权力的实质设定是否合理，但是这种事前的审批限制行为是具有合理性的。同时，行政权力干涉的不合理行为表现为通过促进一部分主体权利的充分实现，而造成了市场主体权利实现中的不平等，也就是滥用行政权力排除和限制竞争行为。因此对于竞争者市场的权利规制而言，主要规制方向在于现有市场以及未来市场主体多元化下的权利排斥行为。

银行业消费者市场的权利结构主要表现出一种纵向的交易关系，权利结构的客体内容是金融消费者享受银行业金融机构提供的金融产品与金融服务过程中的权利表现。金融消费者是银行业市场不能被忽视的市场主体之一，作为金融商品与服务的最终接受者，处于银行业市场纵向链条末端的金融消费者同样具有一般消费者的弱势特征，并且这种弱势特征会因银行业市场的专业性而逐渐加深。如何缓解银行业市场纵向交易关系中的信息不对称成为金融市场发展的重要议题。不同于竞争者市场突出的平权属性，消费者市场多表现为权利与义务的对等性，以及金融消费者权利的实现需要银行业金融机构履行相应的法定义务，除此之外更需要金融监管机构履行保护职责。从权利表现来看，消费者市场中金融消费者的权利包括了平等交易权和金融参与权两大部分：前者主要表现在消费者一般法定权利的银行业推导，而后者则体现出金融民主与金融市场化思潮下，弱势金融群体的权利维护。

（三）银行业垄断问题破解的权利思维

如前所述，垄断问题本身表现出极为鲜明的权利逻辑，通过权利思维思考银行业垄断问题的破解可以为银行业垄断问题的反垄断法规制提供更多的思路。从权利思维来看，银行业垄断问题的负外部性主要表现在竞争者市场中小银行市场主体权利的实现不充分，以及消费者市场金融消费者权利的保护不足。"金融的目的在于实现分配的公正，在此过程中不应导致经济运转滞胀，也不应产生误导性的恶性刺激因素。"[1] 银行业垄断问题破解的权利逻辑主要通过竞争者市场和消费者市场规制目标的明确，主体冲突的缓和以及个性方法的使用，为反垄断法规制提供改进的方向。

从银行业竞争者市场的反垄断法规制适用来看，反垄断法规制应当着眼于因市场主体实施垄断行为而引发交易排斥行为，反垄断法规制的核心权利导向在于市场主体经营自由权与平等参与市场竞争的权利。竞争者市场层面的根本意义在于赋予银行业市场竞争参与者在平等的法定框架下的发展权利。对于银行业竞争者市场规制中的行业规制与反垄断法规制冲突，应当立足于协调机制的有效建立。竞争者市场是银行业发展的核心市场，与此同时也是银行业管制与监管措施所极力调控的市场层面，由此来看，行业规制作为一种核心规制与传统规制具有充分的规制信息与规制经验优势。因此，反垄断法规制在银行业竞争者市场的适用应当着眼于对行业规制的补充与配合，可以通过反垄断法规制恢复银行业竞争市场应有的权利结构，而不能通过反垄断法规制的实施刻意建构新的市场权利结构。也就是说，银行业市场权利结构的变动权在于行业规制结构，而权利结构

---

① [美] 罗伯特·席勒：《新金融秩序：如何应对不确定的金融风险》，束宇译，中信出版社2014年版，第16页。

的恢复权可以适当由反垄断法规制机构分享。基于该论断，银行业竞争者市场的反垄断法规制应当选择较为缓和的规制方法，重在事后修补，而非全盘布控。

从银行业消费者市场的反垄断法规制适用来看，反垄断法规制应当着眼于银行业金融机构垄断行为引发的交易排斥与利益剥夺行为，反垄断法规制的核心权利导向在于金融市场的平等交易权和金融参与权。消费者保护与消费者福利的提升历来是反垄断法实施的重要目标之一，银行业市场尤其是消费者市场的反垄断法规制应当树立起维护金融消费者权利的理念。金融市场消费者的弱势地位以及金融市场消费者权利实现不充分的严峻形势使得无论是反垄断法规制还是行业规制，都应当及时调整规制措施，维护金融市场消费者的权利。从主体冲突来看，金融危机之后金融消费者保护成为金融监管的主要变革趋势之一，这种变革说明现有银行业金融规制对于金融消费者保护的严重不足，因此作为一种可期待的规制方式的补充，我们可以将反垄断法规制与行业规制的冲突相搁置，并且赋予反垄断法规制机构充分的对因垄断行为引发的金融消费者问题的处理与规制的权力。也就是说，在金融消费者权益保护的既定目标面前，反垄断法规制与金融规制不存在传统与新型、业内与业外规制的差别，基于自身规制的专业性，在不存在重复执法的前提下，实现对金融消费者权利有效、及时的保护。由此，从规制方法来看，反垄断法规制应当采取强硬和传统的措施，实现对银行业市场金融消费者的保护。

第三节　银行业反垄断法规制的冲突协调

行业规制与反垄断法规制之间的冲突是银行业反垄断法规制开展中最为困难的一个问题表征，银行业金融监管、金融管制与反垄断法规制之间的不可调和往往造成了银行业反垄断法规制的举步维艰。与此同时，银行业金融规制与反垄断法规制的冲突表现出行业规制权力与反垄断法规制权力冲突的普遍性一面——它是在反垄断法规制发展过程中较为普遍的一类问题。"有证据表明，行业监管机构通常不太适合保护竞争，不愿承担这项工作，这也因此加剧了人们的担忧。"① 在自然垄断行业和以银行业为

---

① Samuel N. Weinstein, "Financial Regulation in the (Receding) Shadow of Antitrust", *Temple Law Review*, Vol. 91, No. 3, Spring 2019, p. 512.

代表的垄断性行业中，反垄断法规制的现实效果某种程度上取决于反垄断法规制权力与行业规制权力的博弈程度。对于我国银行业反垄断法规制而言，有效处理反垄断法规制机构与银行业市场监督管理机构之间的权力冲突是确保银行业反垄断法规制有效开展最急需明确的问题。"银行监管最突出的表现是政府或经授权的专门机构对银行行使监督管理权力的形式，它是作用于银行领域活动中的一种国家权力，是一种产生于政府干预经济生活中的国家强制力量。"① 银行业垄断行为的规制冲突有着其普遍性和客观必然性，在正确认知现有银行业金融规制发展趋势的前提下，我们可以运用法经济学相关理论，找出规制冲突与破解的理论逻辑。

一　银行业反垄断法规制冲突的普遍性

（一）问题的普遍性

在市场经济的规制体系中，既存在着一体适用的宏大规制措施，又存在着个性适用的行业规制措施。从亚当·斯密的"守夜人"到凯恩斯的"国家干预"，在政府与市场关系的经济思潮论辩中，干预尺度的争议无法掩盖干预的客观必要性，市场规律的客观性和政府干预的适度性愈发达成共识。每一个行业的发展离不开市场机制的有效运转，更离不开行业规制的有效调控。从规制的完善性角度出发，作为国家干预表现形式的行业规制务必是全面的——它涉及行业市场发展过程中的各个环节。反垄断法规制，作为一种宏观的、普遍适用的市场经济秩序规制措施，无疑会在每个行业的适用过程中都面临着不同程度的规制冲突，并且这种冲突在垄断性行业中表现得更为普遍，尤为明显。银行业，作为金融市场的重要组成部分，较之其他行业面临着更为严苛的管制措施。在以金融管制和金融监管为内容的银行业金融规制下，银行业市场体现出高度的国家干预属性，机构、行为、产品等多种监管向度的纵横交错形成了密集的市场规制系统。可以说，银行业金融规制的独立性因银行业自身的社会属性和市场属性逐渐表现出唯一性，进而对其他任何宏观市场经济秩序规制措施产生先天的排斥。虽然反垄断法适用于银行业的理论障碍逐渐消除，但是在具体的规制实践中，反垄断法规制如何穿越行业规制这堵银行业市场密不透风的墙是一个较为艰巨，同时也是较为棘手的问题。

---

① 熊伟：《银行监管权边界问题研究》，法律出版社 2013 年版，第 31 页。

　　(二) 美国的经验

　　问题的普遍性同时也意味着解决实践的多样性,在各国反垄断法规制实践开展中形成多种可供借鉴的规制冲突缓解路径。① 美国作为反垄断法发展的鼻祖,业已形成了较为清晰的权力冲突化解路径。OECD 于 1998 年发布的 "竞争执法与行业规制" 和 2006 年发布的 "零售银行的竞争与规制" 两个圆桌会议政策报告可以较为清晰地展现美国关于规制冲突,尤其是银行业反垄断法规制冲突的化解思路。美国在反垄断法规制与行业规制的冲突化解实践中形成了三种导向:第一,将竞争作为行业规制机构的监管要素考虑,行业规制决策是特定行业行为豁免于反垄断的再规制;第二,将竞争作为行业规制机构的监管要素考虑,但是行业规制决策不能使行业行为豁免于反垄断法规制;第三,行业规制机构不处理竞争问题,反垄断法规制机构实施反垄断法规制。具体来看,美国应对规制冲突的基本特点在于:② 并没有哪个行业的规制者可以成为美国反垄断法的主要实施者。以铁路为代表的极少数行业规制者拥有计算合并对于市场竞争效果影响的主要规制权力,但是并没有哪个行业的规制者能够主导调查和预防以价格垄断为代表的反竞争活动。在某些情况下,行业规制者必须评估规制影响或者在制定行业规制政策之时对反垄断标准和政策进行考量,但是并没有哪个行业规制者对反垄断实施负有首要责任。美国政府相信 D 范式 (即行业规制与反垄断法规制的并行适用) 较好地诠释了受监管大部分行业的广泛现实情况。在司法部、联邦贸易委员会以及私人诉讼的反垄断主流适用趋势之下,极少数行业除合并之外的商业行为豁免于反垄断法。但是,这些豁免都源于行业规制者提出的法规条例的全部或部分被寄予了除竞争之外的实现目标 (例如金融稳定与普遍服务)。

　　由此我们不难看出,美国对于普遍规制冲突的解决之道在于反垄断普遍适用优先,个别行为豁免为例外,并且部分行业行为的豁免必须存在着合理的法律和条例支撑。而在以银行并购规制为主的美国反垄断法规制实践中,银行业规制者与作为反垄断主要规制者——司法部之间的关系,同

---

　　① OECD 在关于竞争执法与行业规制的全球调查问卷中,对竞争执法机构和行业规制机构的关系给出了五个选项:第一,行业规制机构是竞争法的实施者;第二,竞争执法机构是最为根本的经济监管机构;第三,特定行业的适用除外;第四,并行适用,竞争执法机构实施竞争法,行业规制机构实施行业法;第五,竞争执法机构与行业规制机构共同适用竞争法。

　　② *Relationship between Regulators and Competition Authorities*, Competition Law & Policy OECD Policy Roundtables DAFFE/CLP (99) 8, Jun. 24, 1999, p. 261.

样伴随实践的发展呈现出较为清晰的理路:① 不同于其他行业,银行和银行控股公司合并被豁免于1976HSR法案(*Hart-Scott-Rodino Act of 1976*)的合并审查过程。银行业规制机构具有批准和拒绝银行合并申请的权力。至于哪一银行规制机构具有权力取决于产生合并效果的机构类型。……反垄断部门的任务在于复审所有银行合并交易。银行业在很多方面具有特殊性,其中之一正是贯穿银行业运作始终的行业规制体系。除了反垄断部门,银行业规制机构的任务在于评估合并行为的竞争效果。由于双重审查的存在,因此需要高水平的跨部门合作机制的存在。在反垄断部门进行独立的竞争审查之时,我们应当共享银行业规制机构的结论、结论依据以及剥离要求。反垄断部门也会适时向行业规制机构进行询问,要求行业规制机构参与联席会议讨论合并申请。银行和银行控股公司的竞争效果同时被反垄断部门和四个银行业主要责任部门的一个或者多个审查:联邦储备体系理事会(the Board of Governors of the Federal Reserve System)、货币监理署办公室(the Office of the Comptroller of the Currency)、联邦存款保险公司(the Office of the Comptroller of the Currency)和储蓄管理局(the Office of the Comptroller of the Currency)。根据法律规定,反垄断部门必须通过发布竞争因素报告以正式适用。本部门并无递交特定BHC行为报告的法定要求,但是如果行为的竞争性被提及除外。

　　从以上报告记载来看,美国处理银行业规制冲突的大体思路在于:第一,重视银行业市场竞争问题的特殊性。竞争效果双重审查模式的出现既表明美国相关部门充分认识到银行业市场行为的竞争效果对市场发展与市场竞争机制的重要作用,又表明美国对于金融规制系统规制局限性以及反垄断法规制独立性的客观认知。第二,提倡银行业金融规制与反垄断法规制的协作。美国银行规制机构与反垄断法规制部门之间存在着较为顺畅的信息共享制度,以联席会议、咨询等多种方式促进规制机构之间的协作与融合,在银行业发展共识大局的前提下,实现不同规制机构的有效协作。第三,保持规制信息的透明度。双重审查模式本身是在行业规制机构与反垄断法规制机构之间力图实现一种牵制与监督的效应,以降低规制俘获发生的概率。除此之外,规制结果的报告公示更是将银行业反垄断法规制置于社会"阳光"之下,接受全社会的监督。第四,依靠法律法规实现规

---

　　① *Competition and Regulation in Retail Banking*, Competition Law & Policy OECD Policy Roundtables DAF/COMP (2006) 33, Oct. 27, 2008, p.241.

制冲突的有效化解。无论是规制机构之间的协调机制，还是垄断行为规制过程中的具体规制行为都体现出"师出有名"的特征，即都在相应的法律法规指导之下。美国银行业市场的反垄断法规制秉承了其法律先行的法治传统，通过法律制度的完善探索规制冲突化解，并巩固规制冲突化解经验。因此，美国的经验表明，"长期以来，美国人崇尚竞争，反对以垄断或固定价格等方式对市场进行控制"①，银行业金融规制与反垄断法规制的冲突虽然是普遍的，但是二者的协调合作可以建立在相应的制度基础之上，进而促进银行业市场竞争机制的不断发展。

二　银行业反垄断法规制冲突的客观必然性

银行业垄断行为的规制冲突是在诸多客观缘由作用下的必然结果，金融规制的纵向发展、金融规制的既有问题以及我国反垄断法规制的发展现状都对我国银行业金融规制冲突局面产生了催化效应。

（一）纵向发展角度：银行业的规制排斥

不同的规制目标、规制客体与规制方法缔造了不同的规制措施，从市场经济规制体系的构成来看，横向的行业导向规制与纵向的市场要素规制构成了交错的规制网络。从规制的纵向发展来看，规制如同法律一般同样存在着新旧之分，并且新旧规制往往不同于旧法与新法的交替互换，更多地表现为一种冲突与排斥。相比而言，以金融管制和金融监管为核心内容的金融规制是银行业市场更为传统的规制措施。银行业金融规制的设立初衷在于确保银行业市场的稳定性，发挥银行业在社会实体经济发展中的基础支撑作用。因此，从银行业监管性行业属性出发，银行业规制的特征在于：第一，全面性，它涉及银行业市场发展中机构、行为以及产品等组成元素的方方面面，并且包含了对于市场竞争性的维持与促进。第二，主导性，银行业规制作为一种国家意志体现，在其规制措施实践中表达出宏观政策对银行业市场的发展期许，控制着银行业市场的发展脉搏。第三，权威性，金融规制是银行业市场最高的、拥有法定权源的规制方式。综合以上特征，从制度经济学角度来看，银行业发展对于金融规制已经形成了高度的路径依赖，在银行业制度变迁的过程中，体现出较为明显的强制性变

---

① ［荷］亨利·W. 狄雍、［美］威廉·G. 谢泼德：《产业组织理论先驱——竞争与垄断理论形成和发展的轨迹》，蒲艳、张志奇译，经济科学出版社 2010 年版，第 176 页。

迁特征。金融规制的全面性、主导性与权威性通过规制实践的不断开展逐渐演变为一种唯一性，因此，当反垄断法规制以一种新的形式呈现于银行业市场面前时，它受到的必然是排斥。这种排斥的原因一方面在于反垄断法规制有可能打破既有的银行业金融规制的秩序平衡，对银行业市场传导一种不稳定的因素，并且竞争政策的有效实施某种程度上会影响产业政策的实施；另一方面，反垄断法规制的有效开展有可能减损行业规制的权威性，减弱银行业发展对行业规制的路径依赖效应，冲击金融利益集团。

（二）既有问题角度：银行业的规制替代

新规制措施的出现往往是因为市场中出现了既有规制无法进行有效控制的行为。反垄断法与反垄断法规制的兴起，正是基于行业规制对市场竞争机制的维护不力应运而生的。金融危机发生之后，规制失灵成为社会舆论对金融监管的一大诟病。以银行业为代表的金融业规制失灵往往表现在规制俘获，体现在对于"大到不能倒"难题的促成以及金融利益集团的形成。除此之外，以规制俘获为代表的规制失灵从深层次还体现出一种法律的不完备性。法律的不完备性理论认为，"法律的阻吓作用因其内在不完备性而削弱……剩余立法权与剩余执法权的分配直接影响着规制的实效性"①。无论是主动执法还是被动执法，执法权作为一种金融市场有效的规制措施应当以全面、高效为标准。然而，银行业市场垄断势力与垄断行为的泛滥表明现有剩余执法权的分配并不是最优的方案。但是，法律不完备性理论的一个核心论断在于，"监管者是比法庭更具有效性的规制手段"，因此银行业市场的规制失灵启示我们需要寻找更为合理、更为有效的剩余执法权分配方案。反垄断法规制作为垄断行为规制的"常规武器"，在银行业垄断行为泛滥之时是一种必然被提及的规制替代解决方案。但是，在银行业垄断行为由行业规制向反垄断法规制过渡，或者说在行业规制与反垄断法规制无法进行有效协调的前提下，规制冲突是无可避免的，也就是说寻找剩余执法权最优解决方案需要一定的时间成本和协调成本。

（三）对比现状角度：反垄断法规制的局限

造成银行业规制冲突，尤其是规制排斥与规制替代迟缓的一个重要原

---

① ［德］卡塔琳娜·皮斯托、许成钢：《不完备法律——一种概念性分析框架及其在金融市场监管发展中的应用》，《比较》2001年第3辑。

因在于我国反垄断法规制自身的不完备。2008 年到现在，我国《反垄断法》从无到有，从"零实施"到"反垄断实施风暴"逐渐走向成熟。然而，从客观上讲，我国反垄断法规制体系表现出极强的不完备性：① 首先，《反垄断法》条文过于开放，以及行为与行业指南出台缓慢造成了法律实施过程中的法律空白。银行业反垄断法规制尤其是银行业经营者集中具有明显的行业特征，反垄断法规制发达国家往往对这些领域有着特殊的规定。我国《反垄断法》实施不久，对于以自然垄断行业和政策性垄断行为的反垄断法规制仍属于探索阶段，因此法律规范的缺失反映出现有反垄断法规制之于垄断行业规制的举步维艰。其次，外在环境因素的发展加剧了法律的不完备性。社会转型期以来，我国银行业市场环境与市场结构因银行业市场化进程的高速推进呈现出诸多的新局面。原本较为清晰的市场垄断结构随着行业主体数量的增加而失去了合乎《反垄断法》的归责理由。并且，在市场化的洗礼下，垄断主体的行为也会"与时俱进"地表现得更为隐蔽。因此，银行业反垄断法规制的难度因外在环境的变化而变得更为困难、更为复杂。如果反垄断法规制不能适时探索出新的规制手段，那么银行业反垄断法规制会因法律的不完备性而进展缓慢。最后，现有内部的执法权分配不利于反垄断法规制的有效开展。"三位一体"的反垄断执法权力分配虽然形式上将垄断行为的规制进行了合理的横向铺排，但是实际上导致了反垄断法规制权力的分散，进而影响反垄断法规制机构的独立性与权威性。综合以上银行业反垄断法规制中的不完备性，可以得出的一个结论在于，《反垄断法》的不确定性特征倒向了反垄断法规制的不完备性。反垄断法的不确定性在反垄断法发展源流中深刻体现出立法者的有意而为之，即立法者通过赋予反垄断法不确定性以期应对市场经济不断变化发展的垄断问题，而我国反垄断法规制因其局限性将不确定性导向了不完备性一面。

三　银行业反垄断法规制冲突化解的应然逻辑

银行市场的金融规制与反垄断法规制具有各自不同的规制优势，对于这些规制优势的明确是有效化解规制冲突，合理利用规制资源的前提。规制冲突化解并非是将行业规制与反垄断法规制对立，单一地追求最好的规

---

① 根据法律不完备性理论，法律的不完备体现在法律空白、环境因素以及有意设计三个方面。

制，而是通过协调原则明确在具体的时间和场域之下什么是相对而言更好的规制，如何通过两种规制资源的协作实现更好的规制。经济学与法经济学理论关于规制的基本分析可以为我们寻找更好规制提供启示。

（一）规制优势分析

银行市场的金融规制与反垄断法规制静态来看当然具备着不同的规制优势，但是作为规制冲突缓和视角来看，我们更多应当将两种规制置于动态的银行业市场环境演变之中，寻找更为适合银行市场发展实际的规制方式。因此，外部环境的变化对于规制冲突的影响程度以及规制方式的选择起到了非常重要的影响作用。具体而言，我们可以从以下三个方面进行优势分析：

第一，银行业市场竞争环境的变化。从市场竞争程度来看，市场的竞争与否、开放与否决定了反垄断法是否适用于该行业。一般而言，在行业发展的初期，尤其是自然垄断行业和政策性垄断行业发展的初期，市场架构的建设往往需要市场发展要素的高规模供给，在这一阶段，市场竞争目标让位于市场构建目标，也就是说，在垄断行业发展的初期，垄断经营是比市场竞争更为有效的发展模式。因此，在垄断行业发展的初期，产业政策一般优先于竞争政策。当行业自身水平发展到一定程度，经济效率与行业稳定程度的提升伴随着行业可竞争领域的增加，广泛的市场竞争有利于行业资源的合理配置，此时反垄断法伴随着竞争政策优先于产业政策的优势转变而具有了更多的规制适用空间。银行市场的发展同样存在着从垄断竞争向市场竞争的演进趋势。伴随市场化进程的推进，银行业市场竞争水平不断提升，市场主体多元化局面日益呈现，可竞争领域产品与服务的增加为银行业金融机构开展竞争提供了更为广阔的空间。毋庸置疑，金融规制是银行业市场化进程的主导者，但是伴随市场竞争程度的加深，有必要通过反垄断法规制的引入，加强市场竞争层面规制的专业性与权威性，并且通过二者的合作实现银行业市场化的不断推进。

第二，银行业市场发展中的规制需求。银行业市场发展过程中，不同的发展阶段表现出不同的规制需求。金融规制作为银行业市场制度变迁的主导者，无疑在银行业从垄断到竞争的每个阶段都发挥着极为重要的作用，也就是说，银行业的特殊性决定了行业规制的根本性。"金融外部性的特殊性质促使国家始终密切关注着金融的改革发展，保持国家对金融的主导控制的前提下逐步推进改革。"① 但是如同其他垄断行业发展变迁一般，行业内部发展多元化的同时也决定了规制需求的多样化，并且在行业规制失灵成为一种理性必然之时，我们有必要通过多种规制手段的引入实现对于银行业市场化成果的肯定与可持续促进。竞争作为一种市场经济的本质，终将伴随银行业的不断成熟而不断融入。总体上，银行业市场的发展轨迹可以概括为初期的排斥竞争、中期的引入竞争以及后期的维护竞争。在排斥、引入与维护竞争的银行业市场发展不同时期，反垄断法规制作为一种具有鲜明竞争特性的规制方式也会呈现出较为明显的除外适用、一般适用和完全适用的特征。具体来看，银行业发展初期的规制需求主要体现在立足市场秩序建构的金融规制，对于反垄断法规制并不存在实质性需求，因此银行业的排斥竞争使得其并不在反垄断法适用范围之内；在市场发展的中期，银行业处于从垄断向竞争的过渡期，市场秩序与市场稳定导向的金融规制仍是主要需求，在促进竞争的规制需求下，反垄断法规制因银行业市场可竞争领域的出现呈现出需求上升的趋势，主要表现为一般适用的特征；在银行业发展的后期，银行业市场化结构的形成决定了既需要稳定导向的行业规制，又需要市场导向的反垄断法规制维护竞争。

第三，现有开展金融规制的可能性。银行业反垄断法规制的开展可能性包括规制机构设置以及规制方式方法的特殊性。对于规制机构设置来讲，关键的考量因素在于规制机构的专业性和独立性。一方面，专业性要求规制机构有较为完整的人员配备，具备处理银行业垄断问题的人力基础与制度条件。银行业反垄断法规制包含了两方面的专业诉求：一是对于银行业问题处理的专业性，二是对于垄断行为处理的专业性，而金融规制和反垄断法规制分别占据了一端的规制优势。由此看来，从专业性角度出发，规制的融合是处理银行业垄断问题的必然趋势。另一方面，独立性要求规制机构能够中立地、合法合理地处理银行业垄断问题。银行业市场的长期发展极易产生金融利益集团，并且造成行业规制的俘获现象，因此相对而言，反垄断法规制作为一种行业外规制具有了相对更高的独立性。综合来看，专业性和独立性要求的直接目的在于确保银行业垄断问题处理的有效性以及规制机构的权威性。对于规制方式方法的特殊性来讲，行业规制偏向全能型规制，贯穿银行业市场发展的始终；而反垄断法规制则更加

---

① 杨旭：《中国渐进改革中的金融控制——基于金融史视角》，经济科学出版社 2012 年版，第 34 页。

趋近事后救济，即通过垄断行为的定性以及行为后果的定量尽可能恢复竞争秩序。因此，在不同的规制时间与不同的规制方法下，反垄断法规制和行业规制同样存在着融合的必要性。

（二）规制选择分析

规制冲突化解对于决策者而言是一个规制方法选择的过程，作为两种业已成型的规制制度体系，决策者的抉择可以从法经济学理论中寻找答案。一般而言，决策者需要的应当是更为高效的、更为独立的以及更具规制效果的规制手段，从法经济学出发我们可以从交易成本、规制俘获和消费者福利三个层面进行相应的阐释。

首先，从交易成本来看，更低的规制成本有利于提高银行业反垄断法规制的效率。自科斯提出交易成本理论以来，就注定了这一理论不会仅仅局限于简单的市场交易之中，在与市场经济相关的诸多环节之中都体现出一种交易成本的规律。"正的交易费用不仅存在，而且事实上它们在数量上也是非常大的。"[1] 任何市场行为的规制都必然面临着信息搜寻、处理成本和决策成本，银行业反垄断法规制也不例外。相比而言，作为一种新型规制、局外人规制的反垄断法规制比具有普遍性、常规性特征的行业规制具有更多的信息搜寻和处理成本。并且，较高的信息搜寻与处理成本某种程度上也影响了反垄断法规制的高决策成本，这种决策成本表现在反垄断决策与银行业市场发展管制政策和监管政策的"议价"与"协商"成本。竞争政策与产业政策本质上的冲突使得反垄断法规制的开展必然会遭受更多的协商成本，并且这一成本的存在很大程度上源于行业规制的发难，而行业规制因其历史制度变迁的路径依赖展现出无可比拟的规制成本优势。

其次，从规制俘获来看，更低的俘获概率有利于保证银行业规制机构的独立。规制俘获，作为一种政府失灵的现象，集中表现出政府作为"经济人"的有限理性一面。并且，在规制俘获中寻租者与受阻者的"个体理性"最终导致了"集体非理性"。在具有强制性制度变迁的银行业市场发展中，政府的决策虽然主导着银行业发展的进程，但是也极易出现金融利益集团通过左右规制权力的运作，影响着银行业市场的发展。金融危

---

① ［美］埃里克·弗鲁博顿、［德］鲁道夫·芮切特：《新制度经济学：一个交易费用分析范式》，姜建强、罗长远译，上海人民出版社2006年版，第55页。

机过后，规制俘获被认为是一种重要的原因。如果坐拥公权力的政府规制机构不能恰如其分地实施国家干预，那么此时的规制权力就会变质为私人利益的实现工具，市场结构的封闭、市场竞争的排斥都会影响行业的良性发展。因此，规制机构独立性的关键要旨在于降低规制机构的可俘获概率，从这一点来看，反垄断法规制作为一种局外人规制就具有了比之行业规制更为彻底的独立性优势。

最后，从消费者福利来看，更彻底的消费者权益维护有利于银行业反垄断法规制的社会认同。垄断行为从客观效果上造成了消费者福利的减损，产业组织理论学者通过消费者剩余的论述解释了垄断定价如何对消费者福利以及社会总体福利产生关联影响。从规制角度来看，按照奥尔森提出的集体行动的逻辑，监管往往首先是从被监管对象利益出发最终造成了因小失大的利益局面。① 消费者群体作为市场服务的承受者，终会成为被忽视的大部分利益群体。银行业市场规制主要以机构、行为与产品为标的，其规制目标虽然包含了投资者权益的保护，但是并未认识到投资者的金融消费者弱势地位，并且这种规制导向的主要动机在于金融秩序的稳定。金融危机后，保护金融消费者作为一种监管变革的主要向度逐渐为各国所重视，由此看来银行业市场行业规制的消费者福利倾向越发受到重视。另外，消费者福利一直作为反垄断法与反垄断法规制实施的重要目标，并被部分学者认为是反垄断法的唯一目标，消费者保护对反垄断法的意义无须多言。从这一点对比来看，两种规制都在不断融合消费者保护的目标。

综合来看，反垄断法规制具有较高的规制成本，但是在独立性一端具有无与伦比的优势，并且金融规制与反垄断法规制统一于银行业市场竞争秩序的维护和金融消费者的权益保护。因此，选择单一的规制措施或多或少会面临不经济与低效率，如何通过融合机制的建立发挥两种规制措施之长应当是缓解规制冲突的应有之义。

四　银行业金融规制的现实趋势——基于规制冲突的缓和

规制作为一种政府干预市场的形式，随着市场经济的发展逐渐呈现出多元化的趋势。规制的多元化并不必然带来规制冲突，反而会促进既有规

---

① 参见［美］奥尔森《集体行动的逻辑》，陈郁等译，上海人民出版社1999年版。

制的变革与升级。从银行业市场发展的现实趋势来看，反垄断法规制与金融规制的冲突呈现出缓和的趋势，两种各具特性的规制融合业已成为大势所趋。

（一）银行业市场化下的管制放松——再规制的探索

市场化已经成为我国银行业发展不可动摇的一大方向，银行业市场的开放务必仰仗既有金融管制的适度放松。在金融管制放松之后，市场主体的多元化、产品服务以及银行业金融机构之间竞争形势的多样化成为市场竞争水平提升的必然之势。但是管制的放松和市场竞争程度的增加并不意味着既有垄断势力的瓦解以及垄断行为的有效预防。在银行业发展传统的垄断思维下，难免出现新旧市场过渡过程中垄断势力对于市场化进程的阻碍、对于市场新主体的排斥以及最终对于金融消费者利益的侵害。从规制发展的角度来看，银行业新情况与新问题的出现需要对既有规制方式进行思考和变革，"规制革新不是对现有规制进行一味的全部或部分的解除或放松，事实上，其另一个重要方面就是与放松规制密切相关并有机配合的再规制"①。放松管制并不意味着放松规制，更大程度上它是对规制水平提出了新的要求与新的期望。20世纪末以来，经济性规制的放松带来了社会性规制的抬头，企业社会责任、环境保护等一系列社会性规制成为规制放松后的新规制命题。同样，银行业市场化之后，金融管制的放松需要我们寻找更适合银行业市场化的规制手段以确保市场化进程下银行业市场秩序的宏观稳定。银行业市场化的一个关键之所在是尊重市场发展规律之下的竞争提倡，原本具有脆弱性和高风险特征的银行业在日趋复杂的竞争面前如何保有足够的理性发展是需要通过规制来监控、管理和完善的。反垄断法规制作为竞争政策下的有利调控工具，在银行业市场化下的未来市场可以被视为一种有效的规制补充与替代解决方案。从这个意义上来看，反垄断法规制引入银行业是伴随银行业市场竞争开放而来的保障性规制措施，其原意并非是与金融规制发生冲突，而是作为一种规制升级与变革的方向，与金融规制一道共同促进银行业的发展。

（二）金融危机后的监管强化——改良金融规制的契机

"尽管国会通过、总统签署了《多德—弗兰克法案》，但是其中一种金

---

① 肖竹：《竞争政策与政府规制——关系、协调及竞争法的制度构建》，中国法制出版社2009年版，第86页。

融监管面临的重要问题仍然没有提上议程，这就是金融机构频繁的利用杠杆，它对美国金融系统的一个重要效果在于金融机构在某些领域太大了：它使用了太多的债务，制造了太多的信用，这一资产泡沫足以对经济系统传导太多的风险，并且它的雇员和投资者利润雄厚，这都源于高风险的资本增加值。"① 金融危机后，各国普遍加强了各自的金融监管体系，具体措施包括了对于银行业"大到不能倒"难题的破解、金融监管权力的强化以及金融消费者的保护。实际上，在种种已落地的措施中我们不难发现金融危机后监管强化的导向是对市场竞争利益的维护。从微观来讲，这一竞争利益维护体现在通过金融消费者保护目标的明确提高银行业市场的消费者福利；通过市场主体经营与发展的适度限制，将权利回归到合理的、符合市场长远发展的轨道之上。从宏观来看，主要是意图通过金融规制体系的变革实现对于银行业市场既有良性竞争秩序的恢复。可以说，后危机时代监管强化的本质在于改良银行业金融规制，而非在原有基础上进一步树立规制高墙，抑制银行业主体的合理发展。反垄断法规制作为一种竞争特性的规制手段在银行业经营者集中、银行业金融机构价格联盟等垄断行为预防与制止的过程中发挥着重要的作用。我国银行业市场虽然整体体量巨大，但是金融服务整体水平与市场开放水平远未能与国外金融市场发达国家相提并论。但是国外发达市场的经验教训可以为我国金融市场规制的变革提供一个有益的发展方向，这种方向在于在银行业市场化的过程中，我们应当重视对于市场既有垄断问题的解决以及未来可能存在的垄断问题的预防，通过反垄断法规制的引入以期实现银行业市场化的竞争法促进机制。因此，从借鉴国外金融监管经验，改良行业规制的角度来看，银行业市场引入和发展反垄断法规制可以成为我国金融规制体系变革的一个重要方向。

（三）反垄断法规制的常态化——独立性与权威性的塑造

"反垄断法规制和管制通常会被视为替代和互补的关系，原则上它们应当拥有相近的发展目标。"② 相对于传统的金融规制，反垄断法规制不可不谓是一种新型规制，它伴随市场经济的成熟而发展。社会转型期市场经济竞争秩序建立与维护的规制需求使得反垄断法的实施成为一种必然。

---

① Margaret M. Blair, "Financial Innovation, Leverage, Bubbles and the Distribution of Income", *Review of Banking & Financial Law*, Vol. 30, No. 1, Septemper 2010, p. 225.

② Justin Hurwitz, "Administrative Antitrust", *George Mason Law Review*, Vol. 21, No. 5, August 2014, p. 1199.

近年来，我国反垄断虽然取得了一定的规制成果，但是对选择性执法、执法机构分散和执法效果不到位等问题的诟病反映出我国反垄断法规制尚属稚嫩，反垄断法规制的常态化成为业界的一大呼声。反垄断法规制常态化一方面是指行业导向下反垄断法规制的标准性与延续性，重视反垄断法规制的合法与合理；另一方面是指反垄断法规制应当作为市场经济秩序的一种常态化规制工具，强调的是反垄断法规制的独立性、权威性和普遍性。从目前反垄断法规制发展的趋势来看，以烟草、天然气为代表的越来越多的传统垄断行业开始进入反垄断法规制视野之中。从理论发展来看，反垄断适用除外与豁免制度的制度生效要件更趋苛刻。理论和实践两个方面证成了反垄断法与反垄断法规制的普遍性不断提升，反垄断法规制对于市场竞争秩序的调控效果日益显著。银行业不合理收费、排斥交易和串通抬价行为的出现已经招致社会舆论中较为广泛的反垄断呼声，反垄断法规制作为一种规制需求被寄予了为银行业市场化保驾护航的合理期待。国外司法与执法的实践也在不断证成着反垄断法规制可以有效地对市场利率传统、银行业并购和滥用市场支配地位等行为进行规制。此外，伴随新一轮国家机构改革方案的调整，反垄断法规制权的集中不仅有利于推动反垄断法规制的常态化发展，而且有助于其获取更多在垄断性行业规制中的话语权。因此，目前而言，银行业的反垄断法规制并不存在实质性的推进障碍，并且从某种程度上理论和现实的发展为银行业整体行业规制改革制造了一个契机，这一契机的把握正是在于行业规制与反垄断法规制的有机结合。

综上所述，从银行业发展的现实趋势来看，金融规制与反垄断法规制呈现出缓和的趋势，促成这一趋势的原因在于社会舆论对反垄断法规制的合理期待以及反垄断法规制自身逐渐从稚嫩走向成熟。反垄断法规制并非在银行业反垄断法规制方面完全取代行业规制，而是通过协调机制的建立，与金融规制机构一道实现银行业垄断行为的有效规制。

五　银行业垄断治理规制冲突的缓和向度

造成银行业规制冲突的主要原因在于金融规制与反垄断法规制各自规制特征的混淆与不明确，以及银行业行业属性的极端化理解。作为社会实体经济发展的基础行业，以银行业为代表的金融规制固然应当稳定为上，但是除稳定之外，仍有竞争与发展多元、高层次规制目标的存在。因此，缓和银行业金融规制冲突首先需要明确我们为什么要对银行业进行规制、进行监管。在银行业垄断与竞争的博弈面前，我们需要规制的升级与变革实现由强制性制度变迁向诱致性制度变迁的转换，逐步消除不利于市场化进程开展的路径依赖因素。

（一）银行业规制的既有趋势

近年来银行业规制演进主要表现为国际组织与各国金融监管层面的思想与实践变迁。从国际层面，巴塞尔协议Ⅲ在既有资本协议"三大协议"的基础上，对资本要求、杠杆率、拨备率和流动性等方面提出了更为确切、具体的要求。作为全球银行业监管潮流的引领者，巴塞尔协议立足于银行业稳定大局，通过微观规制工具的不断调试力求实现金融全球化下世界金融市场的可持续发展。巴塞尔协议致力于银行业金融机构系统性、流动性风险的防范，针对金融市场领域的新问题不断提出针对性解决方案。从世界主流监管趋势来看，金融危机之后《多德—弗兰克法案》践行了宏观审慎监管的理念，通过金融监管权力的强化，重点对金融衍生品市场、信用评级机构以及对冲基金进行监管。"《多德—弗兰克法案》提供了一种让大型机构可以安全倒闭的机制，这个机制就是对于任何被认为未受充分监督的机构，金融稳定监督委员会均可以通过投票来指定其接受美联储的监督。"[①] 美国金融监管的变革的经验在于，"推动银行回归传统银行，将所有金融参与者纳入规制视野，并且推动监管部门协作，规范对问题金融机构的救助行为"[②]。从我国监管实践来看，自银监会成立以来，我国的金融监管秉承稳定导向，逐步完善宏观审慎监管体系，"下一步，关键是要增强银行监管治理的现代化水平，正确定位政府监管在银行监管中的角色，推动政府监管机构从行业利益代表者向公共利益守护者的转变"[③]。

综合而言，银行业规制的整体发展趋势包括三个方面：第一，稳定是规制开展的首要任务。各国的监管实践与监管权力强化首先证成了对银行业进行规制是有着极大必要的，这种必要性体现为维护银行业市场秩序的稳定。宏观审慎监管理念的提出、应用以及在全世界范围内的普遍实践说

① ［美］本·伯南克：《金融的本质：伯南克四讲美联储》，巴曙松、陈剑译，北中信出版社 2014 年版，第 106 页。

② 周卫江：《美国金融监的历史性变革——评析〈多德—弗兰克法案〉》，《金融论坛》2011 年第 3 期。

③ 许立成、范从来：《中国银行业中的政府监管：演进与逻辑》，《经济与管理研究》2015 年第 3 期。

明维护金融市场稳定仍然是银行业规制的第一要务。第二，银行业市场化是规制的重中之重。如何促进银行业市场竞争的有效开展，如何有效维护市场参与者的基本权益是稳定之外规制机构需要极力达成的目标。在银行业发展的初期，垄断经营可以在较短的时间内满足社会紧缺的金融机构供给需求，而从长远来看，市场的开放和市场竞争程度的提升应当成为银行业发展的应有之义。金融危机一次又一次的发生说明我们的监管并没有对风险进行有效的预防和抵御，但是这并不说明银行业的市场化进程在根本上存在着错误。金融市场的功能和银行业市场化的功效仍然在世界范围内得到了认可。第三，规制的长远目标在于银行业的可持续发展。实体经济的发展离不开银行业有效的信贷资源配置，银行业的基础产业地位决定了其不可能故步自封，踟蹰不前。在金融创新面前，行业规制的态度可以是积极的、可以是审慎的，但是不能是抵触的。在银行业传统业务之外，金融创新的不断涌现同样需要规制手段的创新与升级。银行业的可持续发展有赖于灵活、适度的国家干预措施。银行业垄断行为的出现不可不谓是对其可持续发展的一大阻碍因素，从稳定大局出发，维护市场竞争秩序需要有效的规制手段应对。

（二）行业规制路径依赖破除的必要性与可行性

目前，我国银行业发展呈现出较为明显的强制性制度变迁特征，银行业发展主要仰仗决策层的宏观谋划和监管层的微观规制。从本质上讲，银行业的特殊性质决定了政府自上而下掌控银行业发展进程的必要性。然而，从银行业市场化的整体规制需求来看，我们更多需要从强制性制度变迁向诱致性制度变迁过渡，在保有常规管制和监管干预的前提下，充分发挥银行业市场主体自身的能动性，制造出更多的自下而上的制度变迁机遇。在银行业市场竞争秩序完善之时，理想状态下银行业市场发展的主动权在于银行业主体的创新，而政府充分发挥"守夜人"角色，对可能产生的系统性风险和流动性风险进行必要的规制。由此看来，银行业市场化发展的应有之义为政府规制职能的转变，更多市场自由空间的创新与更有效规制措施的创新是摆在既有监管体系前的关键命题。

从路径依赖的发展趋势来看，路径创造理论与共同演化理论的提出为银行业发展路径依赖的破除指明了方向：一方面，路径创造理论打破了既往路径依赖理论中路径偏离需要外部影响的绝对观点，指出市场主体的能动作用可以成为路径依赖破除的有效方式；另一方面，共同演化理论指出，"路径依赖过程中导致路径依赖强化的因素，同时也可能是导致最后路径依赖突破的因素"①。路径创造对于银行业发展的启示在于应当重视市场内部制度促成机制的深挖，充分发挥银行业金融机构的创新能力、银行业协会的自我规制能力；而共同演化理论则提示我们，政府主动干预下的强制性变迁同样可以在政府的主导下实现诱致性变迁的融合，这一关键正是在于政府规制角色与规制措施的转变。

从实践来看，银行业发展对于公权力的路径依赖在两方面得到了不同程度的缓释：第一，银行业规制权力的行使呈现出鲜明的权利导向。金融危机过后，权利视角下的监管强化可以解读为金融消费者的权利保护与银行业金融机构主体经营权利明确两个方面。银行业市场活动参与者的主体权利明确为监管权力的变革树立了新的指向。银行业监管不仅仅局限于金融机构、金融产品以及金融行为的常规管控，而是更多地融入了私权因素，尊重和维护市场主体在银行业发展中的基本权利。第二，银行业市场开放下传统权力限制的松绑亟须新型权力工具的引入。银行业市场化进程必然伴随着管制权力的放松，如前所述，作为一种再规制的选择，银行业市场亟须一种适应市场化的规制权力工具。因此，实践的发展说明银行业路径依赖已经受内外两方面因素的影响而不断减弱。

第四节　银行业反垄断法规制的调试向度

在大量既有的与可预测的银行业反垄断法规制问题面前，反垄断法规制体系不完善导致的权威性与实效性减弱是值得探讨的一个重要方面。当反垄断法规制本身存在诸多制度层面的诟病之时，银行业反垄断法规制目标的实现、规制方法的运用以及规制冲突的缓和都成为一种奢求。由此看来，"攘外必先安内"不仅是银行业垄断问题处理的原则，更是完善银行业反垄断法规制体系的一大前提，即我们需要首先完善反垄断法规制体系，进而实现反垄断法与反垄断法规制在银行业的有效适用。总体来看，银行业反垄断法规制的调试方向首先应当从反垄断法的法律效力层面推进到反垄断法规制的法律实效层面；其次应当通过更为合理的规制权配置，缓解反垄断法规制的不确定性，使其"趋利避害"由局限一端回归特征

---

① 尹贻梅、刘志高、刘卫东：《路径依赖理论研究进展评析》，《外国经济与管理》2011 年第 8 期。

本质；最后，应当注重反垄断法规制独特性的塑造，充分发挥银行业反垄断法规制的示范作用与突破效应。

一　银行业反垄断：从法律效力到法律实效

相对而言，反垄断法能否适用于银行业更多是一个关于理论和实践的应然探讨，而反垄断法能否在银行业表现出应然的效果则是一个实然的问题推演。也就是说，反垄断法的法律适用与反垄断法的实际效果是一个问题的两个方面，这一问题即是如何运用反垄断法规制银行业垄断行为。从法理逻辑来看，反垄断法的法律适用属于法律效力层面，而反垄断法的实际效果则属于法律实效层面。法律效力与法律实效的概念区分是法律实证主义理论体系下的一大核心命题。凯尔森认为，"法律效力和法律实效是具有不同内涵的两个概念，前者具有法律规范性质，表达人类行为的应然性，而后者具有人类行为性质，表达人类行为的实然性"[1]。哈特认为，"法律效力来自其所属法律体系中的承认规则，但是法律实效比法律效力要求具有更多的被遵守的理由"[2]。从法理先哲的论断中，我们可以较为清晰地得到法律效力与法律实效的区别在于：首先，法律实效的实现源于法律效力的有效设定，即法律首先具有某种应然效力，而后才能具有可期待的实际效果；其次，法律效力是一种法律体系中的身份标识，而法律实效则是社会治理中的效果标识；最后，法律可能因承认、授权而具有法律效力，但是法律实效则取决于具体法律实施活动的开展以及民众的配合与认可。

基于本书的研究结论，反垄断法之于银行业适用的理论障碍与实践障碍逐渐消弭，反垄断法对银行业法律效力是一个毋庸置疑的命题。但是在反垄断法可适用于银行业之外，我们需要探索如何使反垄断法在银行业发展中发挥出应有的法律实效。法律效力和法律实效具有不同的实现条件：前者主要依靠上级法律的授权，表现出法律规范的体系性和普遍性。素有"经济宪法"之称的反垄断法，其立法的独立性自然无须多言，除此之外反垄断法伴随市场经济的成熟发展和市场竞争机制的普遍建立，其适用范围不断扩展，逐步突显法律规范的普遍性特征。在以银行业为代表的传统

---

① ［奥］凯尔森：《法与国家的一般理论》，沈宗灵译，中国大百科全书出版社1996年版，第42—43页。

② 刘叶深：《法律效力理论中的实效性原则》，《北方法学》2013年第5期。

意义上反垄断法的适用除外领域，反垄断法规制在行业市场化进程之中和进程之后逐渐具有了存在的意义，发挥着应有的法律价值。而关于法律实效的实现因素，法学家往往从两个方面寻找答案：法律的服从和法律的执行。法律的服从，即社会大众对于法律的认同、理解与遵守。从银行业反垄断法规制的特殊性来看，法律实效实现意义下的服从包括了社会服从、行业服从以及监管者服从等多层含义：首先，社会层面对于反垄断法的认可是银行业反垄断法规制实效取得的前提，从目前社会舆论对于银行业反垄断法规制的"非理性"呼声来看，反垄断法在社会层面业已取得了相当程度的服从；其次，行业服从源于行业主体本身对于法律的敬畏与尊重，对于长期处于行业监管路径依赖的银行业而言，新市场规制方法的引入以及银行业市场化进程的开展仍需要一定适应的过程，行业主体对于反垄断法规制的排斥主要源于对行业规制的制度惯性；最后，监管者服从是银行业反垄断法规制中较为典型的反垄断法规制与行业规制的冲突问题，行业规制对于新型市场规制的不信任以及长期以来规制的独立性和权威性决定了反垄断法规制发生法律实效的困难程度。法律的执行，即法律实施活动的高频次开展。法律的执行首先有赖于规制实践的开展，其次需要有效的规制方法的运用，最后从根本上讲源于规制权力的合理配置。银行业反垄断法规制的执行同样需要规制权力、规制方法以及规制实践三方面的并行发展。

具体而言，银行业反垄断法规制法律实效的实现可以重点从三个方面着手寻求突破：第一，提高银行业反垄断法规制活动的实施概率，通过实践发展反垄断法规制。我国应当大胆尝试通过反垄断法，运用市场经济规制的思维解决银行业市场化进程中的垄断问题，并且在执法活动广泛开展的基础上，逐渐提高反垄断法规制的常态化。第二，促进行业主体和监管层主体的法律服从意识，实现社会整体层面的守法效果。反垄断法实效的银行业实现主要取决于行业本身的服从程度，因此，应当着手促进行业主体的反垄断法认知，并且协调与行业监管之间的关系，推进银行业反垄断法规制在守法层面的实现。第三，促进银行业反垄断法规制的主体参与多元化。银行业反垄断法规制可以通过主体参与多元化实现更大层次的认可，进而实现更为普遍的服从，为执法活动的开展奠定舆论基础。我们应当既支持行业利益相关者参与到银行业反垄断活动之中，也要充分发挥行业协会在反垄断法规制活动中的协助与支撑作用。

二 反垄断法的不确定性：由局限回归特征

无论是立法还是实施，基于行为可预测与规制权威性之下的银行业反垄断法适用应当是确定的，但是从目前来看，银行业反垄断法规制面临的很多问题与局限可以归结为反垄断法的不确定性。微观规制目标的不明确、特色规制方法的不完善、规制体系冲突以及规制效果的难以捉摸都为银行业反垄断法规制蒙上了层层迷雾。不确定性以一种背离本义的局限性影响着银行业反垄断法规制的进程。从理论溯源来看，不确定性本应是反垄断法的一大特征，因为它赋予了反垄断法规制机构极大的自由裁量空间以应对市场经济变化的复杂实际，也可以理解为不确定性为反垄断法适用空间的拓展以及适用能力的提升提供了一个前提性保障。从学者的主流研究来看，虽然作为一部法律，反垄断法应当逐步削减其不确定性，但是不确定性仍可以作为反垄断法的一大特征。

从现实发展来看，银行业反垄断法规制的不确定性主要源于现有反垄断执法体制的不确定性，具体可以从执法权配置和执法主体能力两个方面进行探讨。一方面，从执法权配置来看，我国目前"三位一体"的配置模式形式上具有一定的周延性和合理性，但是在实际运用当中，尤其是在银行业垄断问题的处理中面临着诸多的不确定性。银行业垄断行为的复杂特征决定了其可能不仅仅表现为某一种类型，而是表现出一种垄断行为的集群特征，在这时，现有执法权的配置就会出现一种内部权力重叠或权力推诿的现象。此外，更值得关注的是，相比于集中的银行业监管权，反垄断执法权的分散无疑增加了行业规制与反垄断法规制冲突的融合成本，多头执法机构的涉及往往会使问题的本身变得更为复杂。另一方面，从执法能力来看，我国现有执法机构的人员配置在很大程度上是在既有市场经济秩序规制机构中的一种"借用"与"共用"，虽然具备独立的反垄断执法团队，但是其在面对垄断行业执法，尤其是银行业执法时的专业性需要打上一个问号。从某个方面来讲，银行业金融规制的唯一性与长期的路径依赖形成的一个前提在于银行业的专业性——大量信息不对称的缓解是开展银行业规制的一个前提。银行业反垄断法规制的有效开展仍然需要解决这一信息不对称问题。综上，从执法权配置和执法主体能力两方面来看，不确定性之于银行业反垄断法规制的一个直接影响在于执法独立性和执法权威性的削弱。

　　从发展的角度来看，银行业反垄断法规制的不确定性改造可以立足于以下几个方面：第一，不断为形成统一的反垄断权力配置模式而努力。我们或许可以把国务院反垄断委员会的设立理解为我国反垄断执法由权力分置向权力统一过渡的一个伏笔，反垄断法规制权力的统一配置有利于提升反垄断执法的独立性和权威性，并且有利于在垄断性行业中发挥更为显著的作用。第二，在权力分置的前提下，建立内部协调机制，降低执法成本。外在的规制冲突已经成为银行业反垄断法规制的一大现实问题，如果反垄断执法机构缺乏内在的沟通的协调，那么反垄断法规制则会面临一种"内忧外患"的境遇。内在协调机制着眼于垄断行为的有效规制，提高反垄断法规制效率。第三，促进银行业垄断执法的量化标准，缓解立法的不确定性。从国外发展实践来看，银行业经营者集中、银行业相关市场的界定都涉及诸多特殊反垄断标准量化问题。具体认定标准的确定、行业适用规范的出台是缓和反垄断不确定性的针对路径。第四，稳步推进专家之治在银行业反垄断法规制中的适用。专家之治的实施旨在通过专业人士的执法参与，尽可能地减缓银行业反垄断法规制过程中的信息不对称。专家之治秉承兼听则明的儒家哲学，是现代市场经济秩序规制中的一个有益的探索。我国目前存在着高层次的反垄断专家委员会，实际上在各个级别、各个案件都可以形成相应的专家委员会为反垄断法规制决策的有效做出提供智力支撑。

三　独特性塑造：银行业反垄断法规制的示范与突破

　　之所以强调银行业反垄断法规制探索的重要性，一个重要原因在于银行业反垄断法规制对于其他行业反垄断法规制的示范与突破作用。银行业反垄断法规制从整体而言是我国反垄断法规制推进进程中较为棘手的部分，银行业的先天特殊性和其作为垄断行业的特殊性为反垄断法规制的开展制造了诸多现实难题。具体而言，银行业反垄断法规制的示范作用首先在于银行业作为一种特殊的垄断行业，作为政策性垄断行业推进反垄断法适用的示范性。相对而言，政策性垄断行业的反垄断法规制比自然垄断行业面临了更多的产业政策和产业规制协调问题，银行业作为一种特征鲜明的政策性垄断行业，可以作为反垄断法规制的突破口。其次，可以为行业规制与反垄断法规制之间的冲突提供一种示范模板。银行业向来具有高度管制性，并且这种高度管制表现为金融管制与金融监管的高强度规制。如何缓和反垄断法规制与银行业金融规制之间明显的"强弱悬殊"，不仅是银行业反垄断法规制开展的重要问题，同时也是每一个垄断行业反垄断法规制都会面对的问题。最后，《反垄断法》实施以来，呈现在公众视野之中的多以竞争执法公告为代表的惩罚性措施，在强制性措施之外的温和措施促进更广泛、更深层次的竞争认同可以被视为一种特殊的反垄断法规制方法。银行业市场的重要性决定反垄断法规制绝对不能以冒进的形式影响金融市场的稳定大局，因此，如何探索独特的规制方法也成为一种行业规制示范。因此，综合而言，银行业反垄断法规制的发展何尝不是反垄断法规制于垄断行业之中寻求独特性之过程。

我们认为，银行业反垄断法规制独特性塑造可以重点从以下几个方面进行突破：第一，规制规则的适度调整。在基本规则之下，反垄断法同样需要根据行业情形的发展实际改变具体的规制规则，例如银行业相关市场的界定、银行业市场支配地位的界定需要从银行业发展实际出发，适度改变业已在其他行业得到充分认可的认定规则。第二，优势方法的独特应用。通过竞争倡导、竞争评估等特色方法的使用，丰富银行业反垄断法规制方法的内涵。第三，规制效果的初步达成。在银行业垄断问题面前，反垄断法规制应当注重及时性，提高规制效率，通过实践的开展达成规制效果。第四，规制成果的最终形成。探索颁布银行业整体行业垄断行为规制指南，提高银行业反垄断法规制的规范性与可预测性。

本章小结

本章在既有总结的银行业反垄断法规制目标、主体、方法和效果等问题之上，从理念阐释、权利导向、冲突协调和调试向度四个维度展开问题分析。总而言之，银行业反垄断法规制逻辑分析的一个关键命题在于如何构建好的银行业反垄断法规制：理论阐释的目的在于摆正反垄断法规制的态度；权利导向的目的在于明确反垄断法规制的核心和着力点；冲突协调则是解决银行业反垄断法规制开展过程中最为关键性的问题，在不损金融监管必要性和特殊性的前提下，寻求规制融合；调试向度则是探讨如何确保反垄断法规制的特殊性与权威性。从理论阐释来看，反垄断法规制的行业适用本身秉持着助推而非主导、规制而非控制、工具而非万能以及独立而非附庸的理论，在金融市场化、金融法治化和金融民主化的银行业市场发展思潮下，银行业反垄断法规制应当树立一种法治、辅助且独立的规制理念，参与到银行业发展尤其是银行业市场化进程之中。从权利导向来看，银行业反垄断法规制的权利路径迎合了社会转型、后危机时代金融监管变革的权利思潮。权利与权力之间的发展变化反映出银行业市场垄断结构的变化进程，将宏观的竞争秩序规制目标落地为具体的微观主体权利，可以通过竞争者市场和消费者市场的细分实现银行业垄断问题破解的权利路径。从冲突逻辑来看，行业规制与反垄断法规制是具有不同规制优势的两种垄断行为规制方法。经过对交易成本、规制俘获与消费者福利等多重法经济学目标考量后，我们认为规制融合是一种理论上的必然趋势。并且，银行业市场化下管制放松的再规制、金融危机后的金融规制改革和反垄断法规制的普遍化趋势都证明了规制融合的必要性与可行性。银行业反垄断法规制体系应当通过行业规制与反垄断法规制的融合，实现银行业市场发展路径依赖的减弱，进而实现垄断行为的有效规制。从调试向度来看，反垄断法规制的不完善作为银行业反垄断法规制进展缓慢的重要原因，应当以实现法律实效为目标，逐步缓解法律的不确定性，挖掘反垄断法规制的特殊性。理论与实践发展中问题明晰的关键在于思考如何通过法律制度建设实现银行业反垄断法规制体系的整体建构。

第五章

银行业反垄断法规制的制度进路

对于我国而言，银行业垄断作为现实与未来有极大可能影响金融市场化进程的问题表现，对其研究归根结底在于如何通过法律实现对垄断行为的有效规制。在盘根错节的理论与现实问题面前，我国银行业反垄断法规制应当落脚规制体系的宏观建构，而这一宏观建构需要明确银行业反垄断法规制的制度禀赋，即制度内涵、权力特征和制度发展的基本逻辑。从应然到实然，我国银行业反垄断法规制体系的建构需要针对性地解决规制冲突、制度不完备和特色规制方法不鲜明等主要问题。银行业垄断的法律规制应当以反垄断法规制为主导，以反垄断法规制与金融规制协调为原则，以垄断行为规制为权力行使导向，力求及时、有效地处理银行业垄断问题，为银行业市场化历史进程的推进保驾护航。

第一节　银行业反垄断法规制的制度禀赋

制度化探索是银行业反垄断法规制发展的必要路径，在进行宏观与微观的制度探索之前，我们有必要在前文规制问题和规制逻辑的研究基础之上，明确银行业反垄断法规制的制度禀赋。银行业反垄断法规制从内涵而言涉及立法、执法、司法和守法等多方面的法律实施环节，体现出综合性的特征，而纷繁复杂的制度梳理，又需要对银行业反垄断规制权的行使明确具体的原则维度。反垄断法规制的制度特征正是关联因素的融合与协调。

一　银行业反垄断法规制的实施维度

银行业反垄断法规制从本质上来看表现为国家政府主导下的法律实施

过程，因此银行业反垄断法规制的制度内涵包含法律实施内容的诸多方面。放眼世界，不同国家银行业反垄断法规制承继各异的法律传统表现出不同的实施特征。基于我国垄断规制现状，在借鉴法律不完备理论之下，我们提出了我国银行业反垄断法规制的实施思考。

（一）银行业反垄断法规制的制度内容

一般而言，法律实施包括了执法、司法、守法和法律监督等多个环节，银行业反垄断法规制从本质上是法律实施的表现，因此从内涵来看它必然涵盖了执法、司法、守法和法律监督等多个相关环节。

首先，执法是银行业反垄断法规制的重要组成部分，体现出市场经济秩序规制的本质特征。规制执法是通过主动与被动、事前与事后相结合实现对银行业垄断问题的全面、高效处理。执法权源于法律的授权，表现出法定性特征，其权力的运作范围和运作流程一般都有着立法实体与程序的具体规定，与此同时，执法权的法律效力体现为执法结果的强制执行力。从银行业的"严监管"特征来看，银行业垄断的规制执法表现为内部衍生与外部新设两种形式：前者即从既有的银行业规制权力体系之中分离形成垄断执法权；后者则是从行业外部引入垄断执法权。无论为何，执法权都是银行业垄断规制的主力军，是确保银行业市场竞争机制的重要工具，而反垄断法规制作为一种成熟的外部规制手段，同样应当重视执法领域的制度构建。

其次，司法也是银行业反垄断法规制的重要组成部分，表现为一种常规、后备武器。司法规制只能是一种事后的、被动的规制救济手段。从各国司法传统来看，普通法系国家市场经济秩序规制中的司法权往往具有最后裁决的功能，执法与司法存在很大程度的对接，而大陆法系国家执法与司法是并行的两种规制手段，各自独立性因素的存在也决定了相互之间缺少必要的连接。我国银行业规制发展本身体现出较强的执法倾向，在银行业市场秩序发展的过程中几乎是司法权零参与。同样，反垄断法规制也表现出"强执法、弱司法"的特征，反垄断诉讼因诸多方面的原因发展较为迟缓。但是作为一种常规的规制手段，我们仍有必要健全银行业反垄断法规制的司法途径，以期实现垄断规制救济的多元化。

最后，从守法和法律监督来看，它是银行业反垄断法规制的间接表现，也就是说它并非垄断规制权行使的直接表现，而是力求通过权力的运作实现的间接效果。具体而言，守法意识和法律监督机制建设本身是一项长期、艰巨的任务，但是从银行业垄断规制而言又是最为根本和基础的。守法和法律监督是银行业反垄断法规制内嵌的文化目标：基于守法，它可以形成市场文化和竞争文化的认同，更便于规制行为的开展；基于法律监督，它是规制法治化的必要制度保障，使规制权力在阳光下运行。因此，从银行业反垄断法规制的制度丰富性来讲，我们需要针对性地拓展守法和法律监督制度。

综上所述，银行业反垄断法规制的制度内容是极为丰富的，但是在法律实施意义之上，银行业反垄断法规制还包括了一定程度的立法权行使。这种立法权的行使表现在垄断规制过程之前或之后的规则制定，主要表现为四种立法形式：第一，行业立法，即对整个银行业垄断规制的整体规制指南；第二，行为立法，针对特殊类型的垄断行为的立法，例如银行业金融机构价格联盟行为、集体排斥行为的垄断规制规则；第三，程序立法，即对规制权行使制定相关的程序规则，例如最高人民法院颁布的《关于审理因垄断行为引发的民事纠纷案件应用法律若干问题的规定》正是对司法权行使的具体程序规则，同样在银行业反垄断执法过程中也可以出台相关程序性规则；第四，标准立法，对与垄断规制相关的特殊行为标准进行规定，例如商务部颁布的《金融业经营者集中申报营业额计算办法》正是对银行业金融机构经营者集中行为审查的具体标准。总体而言，作为银行业反垄断法规制制度组成的立法权实施是一种下位立法权，它不得与上位法发生冲突，并且立法旨意在于对上位法进行补充解释。此外，这种立法是与银行业反垄断法规制的实践相呼应的，从特征上来看，它是一种谨慎的，并非常规的规制权运行方式。

(二) 我国银行业反垄断法规制的实施思考

我国银行业反垄断法规制的实施应当立足于执法、司法、守法和立法等诸多权力涵盖方向，结合我国具体的国情有序推进。具体而言，我们可以从以下几个方面展开思考：第一，执法权是银行业反垄断法规制实施的主力军。法律不完备理论已经充分论证了在存在剩余执法权的情况下，监管与规制优于司法。与此同时，各国的发展经验均印证了垄断规制执法在银行业反垄断法规制中的重要作用。银行业垄断作为市场经济发展中的一个难题应当回顾市场经济规制思维解决，执法作为一种全面的、直接的规制方式应当在银行业反垄断法规制过程中得到充分的运用。第二，应当不断探索司法权在银行业反垄断法规制中的重要作用。从国外发展经验来看，无论是反垄断一元执法体系还是二元并行体制，司法权作为一种保障在银行业反垄断法规制的实施中充当着重要的角色。在美国，司法部虽然有权对银行业垄断行为进行调查，但是最终的裁决权在于法院的司法裁判；在英国，竞争上诉法庭作为一种最后的救济机制确保垄断规制的公正。因此，从银行业垄断规制体系的整体发展来看，司法权与司法体制的完善应当成为我国反垄断法规制的重要组成部分。就目前而言，执法与司法的直接对接不符合我国银行业垄断问题的规制需求，也不符合我国一贯的行政主导传统。但是司法作为一种可以与执法并行的规制措施，在最高人民法院业已出台垄断行为诉讼解释的前提下，可以对银行业垄断行为的私人诉讼进行相关的制度扶持与保障。并且，可以探索将法院裁判作为执法监督的一种重要制度构成。第三，立法权作为一种法律实施的保障应当得到充分的重视。立法对执法机构明确的规制权赋予是确保银行业反垄断法规制权威的前提，立法对于规制权及其运行规则的明确为规制机构建立协调机制提供了法律制度保障。我国银行业反垄断法规制应当衍生出具体的规范制定权能，通过相关法律文件的出台提高银行业市场的行为可预测性与执法程序性。第四，守法塑造可以作为我国银行业反垄断法规制实施的一大特色。相比于国外银行业经济与法治的发展而言，我国在市场文化和竞争文化方面的整体社会认同与行业认同并不强。经济的后发优势并不意味着文化的迅速缔造，我们仍需要思考如何通过有效的规制权实施，通过特殊规制方法的探索实现银行业垄断的"软规制"。

二　银行业反垄断法规制的基本原则

"任何人声称行使制定法上的权力，必须不能超越被授予的权力的界限而行动，这是个基本原则。"[①] 规制行使原则的确立是为了确保规制权在既定的轨道上运行，实现既定的银行业反垄断的利益导向。银行业反垄断法规制的行使原则包括了权力运行的行为导向、价值取向、实施载体和方式方法构建原则等方面。具体而言，我们可以从垄断行为规制、权力行使协调、权力维护权利和制度明确权力四个方面进行探讨。

（一）垄断行为规制原则

垄断行为规制原则是指反垄断法规制的实施以对垄断行为的规制为核

---

① ［英］汤姆·宾汉姆：《法治》，毛国权译，中国政法大学出版社 2012 年版，第 91 页。

心。在反垄断法规制的历史演变中，结构主义和行为主义是两类不同的权力规制模式：前者利用较为强硬的措施，通过对市场结构的直接改变实现市场竞争机制的直接缔造；后者则采取相对常规、缓和的措施，通过垄断行为的规制实现市场竞争效应的传导。如前所述，结构主义和行为主义并无本质上的优劣之分，它是两种不同经济形势和经济理论思潮主导下的历史产物。垄断行为规制原则强调规制权行使的行为核心，而非通过结构的强制改变。垄断行为规制原则的确立是出于对市场经济发展规律的尊重，也是对于既有银行业金融机构发展历史的尊重。银行业市场从垄断走向竞争，从闭塞走向开放，规制权的行使是为了促成市场化进程，而非对大型银行业金融机构进行打压。在尊重市场优胜劣汰规律之时，规制权认可银行业金融机构巨大市场份额乃至市场支配地位的取得，但是不允许其利用支配地位减损市场竞争效应，排挤竞争对象，降低消费者福利。行为规制原则的确立符合银行业市场行业规制历来的行为导向，不直接干预银行业金融机构发展，不强制改变银行业市场结构也可以降低、避免垄断规制权行使对银行业市场秩序稳定的影响。

（二）权力行使协调原则

由于银行业反垄断法规制内涵广泛、涉及规制机构众多，因此协调在规制权行使的过程中显得尤为重要。权利行使协调原则确立的目的在于降低规制成本，提高规制效率。权力行使协调原则大致可以表现在权力内容协调和机构协调两个方面。一方面，从银行业反垄断法规制的权力内容协调来看，与规制权相关的执法、司法、守法和立法等环节之间，相互都存在着协调的必要。国外银行业反垄断法规制实践表明执法与司法之间的对接可以在保障规制权行使权威性的同时，确保充分的救济公平。执法与司法之间必要的牵制可以确保规制权行使的正当与公平。银行业反垄断法规制立法的跟进需要执法与司法实践的广泛开展。以竞争文化培育为主的守法实现更需要执法权的大力配合。另一方面，从银行业反垄断法规制的机构协调来看，执法机构内部之间的协调也尤为必要。银行业反垄断执法在实然层面涉及反垄断法规制与行业规制之间的冲突，冲突的缓和并不意味着肯定一方规制机构而否定另一方规制机构，规制机构之间的协调才是有效行使规制权的关键。在应然层面确立反垄断法规制机构主导银行业反垄断法规制权实施之后，如何在反垄断法规制机构与金融规制机构之间建构协调机制成为关键。除此之外，就我国目前较为分散的反垄断执法机构设置而言，反垄断法规制自身也面临着极大的协调成本。因此，银行业反垄断法规制权的行使面临着从内到外多层次、多方面的协调问题，确立权力的协调原则极为必要。

　　（三）权力维护权利原则

　　对银行业垄断行为进行法律规制的主要理由在于银行业市场竞争机制的维护，但是这种宏观目标反映在微观主体之上正是对权利的维护。银行业垄断行为的发生在行为效果上侵犯了银行业市场活动参与主体的合法权益。当我们寄希望通过规制权进行垄断行为规制之时，其缘由正是希望通过权力的实施保护权利的实现。如前所述，银行业的主体权利在竞争者市场和消费者市场的表现各不相同。在竞争者市场之中，滥用市场支配地位、垄断协议等行为的权利侵犯导向主要是对银行业同业竞争者的排斥行为，降低其合法、平等参与银行业市场交易的权利。消费者市场表现为一种纵向交易，银行业垄断行为在最终效果上减损了金融消费者福利，并且对弱势金融领域和弱势金融群体产生了排斥与歧视。主体权利是规制权在微观层面的一种明确，它有利于客观上逐步实现宏观规制目标。权力维护权利原则不仅仅是为规制权的实施指明方向，而且在协调规制机构内部与外部冲突之时，权利也可以成为一种衡平的标尺。

　　（四）制度明确权力原则

　　用制度明确权力，即通过制度的有效设置为权力的运行提供良好的场域和环境。银行业反垄断法规制的制度需求具有典型的双面性：一方面，需要通过制度设计确保规制机构之间的协调，保证权力机制的有效运行；另一方面，需要通过制度设计明确规制机构的权力和责任，通过必要的规则明示保证规制机构的独立性和权威性。银行业反垄断法规制归根结底是一种国家干预的表现形式，在确保权力体系健全，权力实施顺畅之时，如何防止规制失灵、规制俘获现象的出现也是一个极为重要的命题。在制度明确权力原则之下，我们需要通过实体和程序两方面的制度设计既确保权力实施，又预防权力失位。从银行业反垄断法规制整体系统架构的宏观视野来看，规制权运行的制度可以体现为三个方面：其一，内在反垄断法规制的完善。在以反垄断法为主导的银行业垄断规制中，反垄断法与反垄断法规制的体系完善是有效实施规制权的重中之重。其二，外在法律规制体系的协调。反垄断法主导并不意味着反垄断法唯一，而是在更为广阔的法域和规制机构选择之中寻求协调和融合。建立外在协调机制的必要性源于银行业自身垄断问题的复杂性，其中重点为反垄断法规制与金融规制机构之间的协调制度。其三，特色规制方法的探索。反垄断法规制与其他法律规制都有着自身较为独特的规制方式与规制方法，但是这些方法如何适用于银行业垄断行为仍需要进行制度化调试，以免造成方法和制度移植的"水土不服"。

三　银行业反垄断法规制的发展向度

银行业反垄断法规制体系是以反垄断法规制权的实施、垄断行为的规制和规制制度的建立为基础形成的关于银行业垄断规制的宏观制度框架。在确立了以反垄断法主导银行业垄断规制之后，我们需要以反垄断法规制体系为核心，构建整体的银行业反垄断法规制系统。我们认为，银行业反垄断法规制体系应当具备软硬兼施、多元参与和制度明晰三个方面的特征。

（一）软硬兼施

软硬兼施是银行业反垄断法规制意图通过规制方法的综合运用，实现既定的规制效果。银行业反垄断法规制的软硬兼施实际上追求的是一种"殊途同归"，即以不同的方法、路径实现银行业市场竞争机制和市场秩序的维护，消费者权益的保护以及提高银行业市场效率。软硬兼施的根本缘由在于银行业垄断行为类型在不同市场交易活动中的不同表现，从另外一个角度来看，软硬兼施何尝不是一种对症下药。

关于银行业反垄断法规制系统的软硬兼施特征我们可以从三个方面具体分析。首先，软硬兼施体现出对威慑与引导双重规制效果的追求。对于银行业市场而言，如果其垄断行为得到了反垄断法的关注并且得到了反垄断法规制的"否定"，伴随而来的是罚款、禁令等相关惩罚的做出。按照反垄断法规制的一般规律，罚款往往直接与涉案企业上一年的营业额相关，联想到银行业垄断金融机构的具体市场体量和市场份额，其规制效果不可不谓既对涉案银行又对整个行业起到了威慑的作用。但是，依靠罚款和禁令带来的威慑效果期间毕竟短暂，不可能对银行业发展产生长期的影响。对于正处于市场化过渡的中国银行业而言，既有垄断势力的根除和市场竞争机制的塑造还需从根本上寻找问题破解的出路，这一出路正是对银行业行为进行有效的指引。行为指引相对而言是一种软措施，它通过事前的规制从源头促进市场竞争机制的形成，不仅提高了行为的可预测性，也是一种适合银行业整体发展节奏的规制措施。因此，威慑与引导双重规制效果的追求应当成为软硬兼施后银行业反垄断法规制系统的一大成果。其次，对软硬兼施一个看似更为字面，实质上蕴含深意的理解在于银行业反垄断法规制的硬法与软法的结合。软法是近年来我国法学界，尤其是行政法和经济学学界一个较为时兴的议题，它与硬法的主要区别在于不具有法律约束力，因而不能通过国家强制力保障实施。因此，从本质上讲软法非法，但是从实际效果来看它往往会比硬法产生更深层次的效果。我国银行业市场长期处于硬法治理之下，而行业自律、竞争文化等软法治理一直较为缺乏。因此，软硬兼施的一个重要方面正是在完善硬法规制系统之时，还需注意软法治理路径的探索，以求银行业市场法律规制形态的完整与完善。最后，软硬兼施还表现在合理原则之下建构银行业反垄断的温和型执法。从表面上看，无论是竞争者市场还是消费者市场，一定程度的强制执法是必要的，也是符合市场规制需求的。但是反垄断法规制自身有强制和温和之分，"纵观各国经验，我们不得不承认反垄断制度有时也打击竞争积极性，成为一种恶法"[①]。我们肯定罚款等措施带来的震慑效应，但是从根本上我们应当追求一种银行业市场的温和型规制，具体来看：一方面，应当不断提升银行业反垄断法规制的专业性和权威性，在个案中贯彻合理原则；另一方面，谨防反垄断法规制的开展破坏了银行业既有的稳定市场秩序，造成银行业市场动荡，以至于对实体经济的发展产生影响。

（二）多元参与

银行业反垄断法规制系统的多元参与，顾名思义，是让更多的主体以更多的形式参与到银行业反垄断法规制活动之中。多元参与是银行业反垄断法规制的一种价值回归，一方面是对市场化价值的认同，通过更多市场元素的参与实现市场化进程的推动，并且也从侧面降低了规制成本；另一方面是对社会转型期社会治理创新理念的践行，从法律规制主体之外寻求更多的治理方式，以对法律规制产生辅助效应。相应来看，银行业反垄断法规制系统的多元参与首先体现在规制机构的多元参与。多法域、多领域规制机构的参与需要规制系统通过协调机制的建设形成信息的有效共享，提升整体的规制效率。另外而言，银行业反垄断法规制系统的多元参与从

[①]　朱慈蕴：《反思反垄断：我国应当建立温和型的反垄断制度》，《清华大学学报》（哲学社会科学版）2003 年第 2 期。

本质上还需要更多市场主体的多元参与。应然而言，银行业垄断行为的利益相关者都可以成为规制活动的参与者，它们既可以为执法、司法等规制活动的实施提供信息，又可以成为软规制措施开展的主要受益群体。规制权实现方式的丰富客观上有利于规制系统的高效运转。

（三）制度明晰

无论在何种法律规制体系之中，制度都是依托体系运转的不二载体，制度明晰直接关系到法律规制系统的运行效率与最终规制效果。从规制权的构成来看，银行业反垄断法规制系统应当从立法、执法、司法、守法和法律监督等重要环节进行相应的制度建设。银行业反垄断法规制立法的制度明晰在于规制权的有效分配和实施规则的事前确定；执法和司法的制度明晰在于具体执法与裁判标准、裁判规制的明示与确定；守法和法律监督的制度明晰一方面体现在银行业整体竞争政策实施的规划明晰；另一方面体现在法律监督机构与机制的健全。值得一提的是，我国银行业反垄断法规制系统应当在反垄断法主导的前提下，形成司法和执法的双轨救济路径，并且不断拓展竞争文化层面的制度创新。

第二节　银行业反垄断法规制的权力协调

银行业市场化势必会使银行业市场产生至少三个方面的变化：市场竞争机制的引入、民营化趋势的增强和规制改革力度的加大。从我国银行业市场的发展进程和趋势来看，市场竞争机制的引入仍然需要自上而下的政策干预，银行业市场民间资本的准入也需要管制政策放松之后，存款保险、机构退出机制等配套制度协调完善。因此，金融市场化归根结底是由规制主导，最后引起规制变革的历史性进程。在银行业反垄断法规制系统的建设过程中，权力协调的制度完善是重中之重。银行业反垄断法规制的权力协调不仅仅是反垄断法规制与金融规制之间的简单协调制度构建，而是在明晰规制权运行逻辑基础之上，通过他国经验的借鉴，从整体架构、协调机构设置、竞争执法权配置以及金融监管行为的反垄断审查等一般问题、关键问题和特殊问题的明确最终得到协调制度的应有之义。并且，作为银行业反垄断法规制的制度探索，权力协调同样需要多元的规制方法和规制制度的探索。

一 主要国家银行业垄断规制权的配置模式概览

在各国银行业垄断规制实践中衍生出关于规制权不同的配置模式，在这些规制权的配置经验之中我们可以汲取对我国银行业垄断规制权运作的诸多有益养分。

首先，美国银行业垄断规制是较为典型的反垄断执法机构与银行业监管机构二元并行规制体制。"进行反托拉斯审查时，负责的银行监管机关和司法部考察合并可能产出竞争的国家地域（地理市场）和商业线（产品市场）。"① 司法部和联邦贸易委员会作为美国主要的垄断规制机构，前者具有法定的对反托拉斯案件调查和起诉的权利，后者作为反垄断执法权的主要享有者具有更大程度的行政、立法以及准司法权力。在美国纷繁复杂的金融市场"双线多头监管"模式之下，货币监理署、美联储和联邦存款保险公司构成了银行业市场监管联邦层面下的"三驾马车"。在银行业垄断案件的处理中，上述与反垄断和银行业监管相关的五家机构都在各自职权范围内具有规制权力。本应存在的应然规制权冲突因诸多法律文件和规范性文件的出台而避免，美国银行业垄断规制呈现出多元有序的特征。② 可以说，美国银行业垄断规制权的配置秉承了其一贯的"分权"思路，执法机构之间的多元参与、协调机制的建立，以及执法和司法的有效对接是其配置模式的主要特点。

其次，欧盟银行业垄断规制权分配体现出较为典型的一元执法体制，即通过垄断规制执法权的有效运作，实现银行业垄断问题全面处理。欧盟委员会作为欧盟最主要的竞争执法机构，享有决定、调查、处罚、撤销豁免等多项权力，集立法、执法和司法权能于一身，总揽欧盟地区银行业反垄断事宜。虽然欧盟及其各成员国存在着管理金融市场功能的职能部门，但是金融市场的垄断规制权由竞争执法机构一体享有，统一支配。反垄断执法机构的一元体制有利于从根本上消除执法机构内部的高额协调成本，提高执法效率，并且在最大程度上减少与银行业监管机构之间的协调

---

① ［美］莉莎·布鲁姆、杰里·马卡姆：《银行金融服务业务的管制：案例与资料》，李杏杏、沈晔、王宇力译，法律出版社 2006 年版，第 470 页。

② 2002 年《清理调查程序的协议备忘录》赋予了司法部调查金融服务、保险、证券市场的权力，而联邦贸易委员会在金融危机之后逐步加强银行业垄断执法。在美国银行业垄断主要执法领域——银行并购的审查之中，以《银行并购法》《金融控股公司法》《银行并购竞争评论》《金融服务现代化法》为代表的一系列法律规范和判例明确了并购的管辖权分割。

成本。

再次，英国银行业垄断规制权配置从本质上也属于二元执法的并行体制，即竞争执法机构与银行业监督管理机构共同协作管理银行业市场的垄断问题。20世纪末期，《竞争法》和《企业法》的相继出台确立了英国公平贸易局和竞争委员会的二元反垄断执法机构体制。公平贸易局享有"调查权、作出临时决定及最终决定的权力和广泛的处罚权"，而竞争委员会由报告部和上诉部组成，后改组为报告部，"承继了国务大臣负责的有关合并和市场调查事务"①。英国金融市场监管机构主要是金融服务管理局（Financial Service Authority，FSA），其依照《2000年金融服务和市场法》对英国金融市场进行全面监管。在金融危机发生之后的2013年，金融服务管理局被金融行为监管局（Financial Conduct Authority，FCA）和审慎监管局（Prudential Regulation Authority，PRA）所替代，前者承继了金融服务管理局对于银行业垄断行为的规制职能，主要负责银行业、保险与投资业务的监管，并被业界视为"全世界监管最完善、法律执行力最强的金融监管机构，标榜消费者保护、金融市场维护和竞争促进三大职能"②。根据《2000年金融服务和市场法》的相关规定，在涉及与竞争相关的金融业执法之时，竞争委员会、公平贸易局和金融服务管理局是主要的规制机构，竞争委员会重在提供竞争评估建议，而公平贸易局立足于银行业市场消费者福利免受垄断行为的袭扰。"英国行业竞争监管机构与竞争法主管机构之间不存在领导与被领导的关系，但在业务上存在配合和协调的关系"，除此之外《竞争法》设立了竞争上诉法庭，后经《企业法》发展确立了其"独立专家型审判机构"的规制地位。③

最后，从其他国家的发展实践来看，澳大利亚和新西兰因其国内行业属性的统一化，银行业垄断问题与其他行业问题并无实质性区别，均由竞争执法机构统一享有垄断规制权。意大利则较为特殊地由银行业监督管理机构——意大利银行单独行使垄断规制权。可以说，从银行业垄断规制权发展的整体趋势来看，反垄断执法与银行业监督管理的二元执法并行是一个普遍的趋势。

① 李国海：《英国竞争法研究》，法律出版社2008年版，第234—236页。
② Financial Conduct Authority, "What We Do", http：//www.fca.org.uk/about/what.
③ 李国海：《英国竞争法研究》，法律出版社2008年版，第237—238页。

二 银行业垄断规制权的法域涉及

银行业垄断行为从法域的应然涉及来看，不仅包括反垄断法和银行业市场监督管理相关法律，而且在不同层次之上还包括与行为主体、行为形式和行为后果相关的法域。在应然涉及的诸多法域之中，如何较为有效地实现银行业规制权运作的社会利益需要我们细细揣摩。

（一）法域涉及

银行业垄断行为的法域涉及表现出多层次、多关联法域的特征。首先，垄断行为因其作用领域——银行业市场的管制属性而当然进入以《商业银行法》和《银行业监督管理法》为代表的金融法视域之中。《银行业监督管理法》和《商业银行法》都以维护银行业市场竞争为己任，故而银行业监督管理机构也会通过对市场垄断行为的规制维护银行业市场的秩序稳定。其次，垄断行为的性质决定了其终将受到以《反垄断法》和《反不正当竞争法》为代表的竞争法关注。竞争法是以维护市场经济各个领域竞争机制为己任，但是竞争法作为一门新兴法律领域，其适用范围在初期受到了一定程度的限制。在竞争政策与产业政策冲突较为激烈的自然垄断行业和以银行业为代表的政策性垄断行业，竞争法从除外适用、高度豁免逐渐走向可竞争领域的普遍适用。金融行业竞争执法已经成为一种较为普遍的规制趋势。再次，金融消费者作为垄断行为的行为后果承受一方、垄断行为载体的金融市场交易模式的重要一环，理所当然地使消费者权益保护法成为银行业垄断行为的应然涉及法域。消费者权益保护法立足于消费者的弱势地位，银行业市场的专业性与复杂性在加大交易双方信息不对称之时也加剧了金融消费者的弱势地位，金融消费者角色的认可伴随而来的正是针对性法律保护。复次，作为一种鲜明的垄断行为表现形式，无论在银行业金融机构之间还是金融机构与消费者之间，契约都是一种交易的载体形式，因此规制平等主体之间市场交易契约的合同法成为垄断行为的一个关联法域之一。最后，除竞争法和消费者权益保护法外，还有其他与银行业垄断行为实施相关联的市场秩序规制法律，例如价格法。与价格有关的垄断行为是银行业垄断行为的主要表现形式之一，银行业市场价格调控与价格违法行为规制是价格法的干预核心之一。除以上关联法域之外，当垄断行为具有了一定的社会危害性，这时就会进入刑法的规制视野之中。虽然我国刑法没有明确规定与垄断行为相关的罪名，但是在

《反垄断法》草案出台之初，如何落实反垄断法的刑事责任是学者们热议的话题。① 近年来，"垄断犯罪"也是学者们重点关注的命题之一。② 银行业的重要性决定了垄断行为具备了严重社会危害性的可能，因此刑法也是必须考虑的关联法域之一。

（二）规制权的利益导向

银行业垄断规制从宏观而言应当体现出经济法视域下的利益关切，银行业作为市场经济的重要组成部分，其垄断行为的法律规制已经超越了私法主体之间平等、相对的法律逻辑，而是更多地面向公法、需要适度引入国家干预。由此看来，银行业垄断规制权的行使一方面是超越私法，即将原有单独的契约关系放置于社会整体竞争秩序维护的语境之下进行统筹审视；另一方面是面向公法，即提倡通过公权的介入和规制权的有效实施引导银行业市场告别垄断，走向竞争。除此之外，从根本上讲，具有经济法属性的垄断规制权的一个重要任务在于将垄断行为的社会危害性至少降低到刑法的规制标准之下，从对立面来看，这也说明规制权的行使维护着银行业市场竞争秩序的稳定。

具体而言，银行业垄断规制权至少包括三方面的利益追求：第一，宏观上的整体秩序利益。规制权的首要目标和宏观目标就在于确保银行业整体秩序的稳定，既不能因垄断行为的规制不力导致市场竞争秩序的破坏，也不能因规制权的实施造成对既有银行业稳定秩序的冲击。银行业的特殊性决定了稳定导向下的秩序追求是规制权行使的一大原则，从某种意义上来说也是权力行使的束缚。银行业垄断行为不再是单个或者多个契约关系

---

① 在《反垄断法》酝酿颁布之时，学者们就对垄断罪和垄断刑事责任进行了广泛的讨论：郑鹏程（2003）指出，"垄断具有严重的社会危害性，垄断犯罪化既有理论依据，也有法律依据"（参见郑鹏程《论垄断罪的依据、构成与刑事责任》，《河北法学》2003 年第 2 期）；王健（2006）在结合《反垄断法（修改稿）》的基础上指出，"威慑是反垄断法中最优先，甚至可能是唯一的目标，反垄断应当强化刑事立法"（参见王健《威慑理念下的反垄断刑事制裁制度》，《法商研究》2006 年第 1 期）；陈小燕，许洁君认为，"应在刑法中增加垄断协议罪、滥用市场支配地位罪、行政垄断罪和拒绝反垄断机构调查罪，以防止垄断行为破坏市场竞争机制"（参见陈小燕、许洁君《浅析依法治国视野下的垄断惩治》，《当代世界与社会主义》2009 年第 3 期）。

② 例如杨贺男、张平（2010），蒋岩波、孙浩（2010）对垄断行为的犯罪化、入罪问题进行了探讨（参见杨贺男、张平《滥用行政权力排除、限制竞争行为入罪问题分析》，《政治与法律》2010 年第 7 期；蒋岩波、孙浩《垄断行为犯罪化的司法实现》，《江西财经大学学报》2010年第 4 期）；杜仲霞（2013），谭袁（2013）对反垄断法刑事责任制度进行了细致的分析（参见杜仲霞《我国反垄断法刑事责任之重构》，《法治研究》2013 年第 5 期；谭袁《反垄断法责任制度探讨》，《西部法律评论》2012 年第 4 期）。

之中的相对主张，而是对市场秩序产生重要影响的绝对行为。作为一种超越私法的规制权享有，一个最为直接的体现在于对社会利益和整体利益的关切。第二，中观上的竞争效率利益。通过规制权的实施实现市场竞争秩序维持的一大用意在于银行业市场竞争的出现是金融创新、金融效率和金融发展等金融市场持续进步的动力源头。市场竞争的优胜劣汰规律使得市场主体无不处于竞争的洪潮之中，生存与逐利动机之下的产品和服务创新是银行业市场发展的不竭动力。相比而言，竞争的银行业市场比垄断的银行业市场更具活力，主体结构和商品服务更趋多元化，更容易促进市场效率的提升，为实体经济做出有力的支撑。因此，规制权正是通过垄断行为的预防与治理，实现银行业市场竞争机制的有效运转。第三，微观上的市场主体利益。无论是整体秩序还是竞争效率，规制活动的重心都要回归到微观主体的实际利益。银行业市场活动参与主体众多，从规制权实施的影响来看重点包括市场竞争者和金融消费者两大类，垄断行为的出现不仅破坏了竞争者层面的平等自主经营权的享有，也会对金融消费者的福利造成减损。因此，银行业垄断规制权从微观而言要落脚于具体的主体利益，确保竞争者公平参与银行业市场活动，消费者能够享有应有的法律权益。

（三）以反垄断法为主的规制权实施

银行业垄断规制权虽然涉及法域甚广，但是就规制权实施的可行性和实效性而言，仍需要建立以反垄断法为主的实施体系。究其原因，在于其他法域对于银行业垄断规制的局限性：首先，合同法中关于契约规定的相对性终究无法满足银行业垄断规制权的整体秩序诉求，单一的合同处理无助于整体市场竞争秩序的架构，并且规制成本极大。其次，垄断问题的出现和长期持续本身即证明了金融法规制的缺位和失位，并且依靠银行业规制机构统领反垄断进程会进入一种制造垄断的人反垄断的"悖论"，其规制的独立性和权威性大打折扣。再次，消费者权益保护法虽为消费者权益的针对性保护法域，但是它无法依托银行业特征和金融消费者特征建构针对性的保护体系，对于一些价格违法行为，消费者权益保护机构可以通过建议、协商乃至支持诉讼等手段维护消费者权益，但是对于深层次的垄断协议、市场支配地位等垄断行为，消费者权益保护部门无法形成有效的规制。因此，消费者权益保护的规制可以成为垄断行为规制的辅助角色，但是不能成为主导角色。复次，竞争法之中，反不正当竞争行为法的规制对象和银行业监督管理法的规制对象大体重合，与反垄断法相比更重行为导向的反不正当竞争法更难在银行业市场寻求规制空间。最后，刑法作为一种最后的保障，虽具有无与伦比的规制强制性，但是当刑法规制的出现已经说明银行业垄断行为造成了极大的社会危害性，也间接地反映出其他法律规制的失败。

发展以反垄断法为主的银行业垄断规制权实施，其用意正是在于发挥反垄断法规制应有的独立性、专业性和权威性：第一，相对于行业规制，反垄断法规制作为一种行业外规制具有极强的独立性，充分发挥"局外人"规制的优势；第二，反垄断法规制以市场竞争秩序建设为己任，对滥用市场支配地位、垄断协议、经营者集中等垄断行为业已形成系统的规制经验，具备可期待的专业性保障；第三，国外的实践发展已经证明，无论何种规制权配置模式，反垄断法规制都发挥着或主导或核心的重要作用。反垄断法规制的权威性可以通过反垄断法规制实践的开展逐步得到银行业和社会的认可。就我国国情而言，以反垄断法为主构建规制权实施的用意正是在于建立一种银行业市场化的竞争法推进机制。银行业市场化内嵌了市场竞争机制建设的宏观目标，而反垄断法作为市场经济的"经济宪法"，可以通过垄断行为的预防和规制为银行业市场化进程保驾护航。此外，需要指出的是，反垄断法主导并不意味着反垄断法唯一，规制权的实施仍需要通过规制机构实施协调机制的建立，配合反垄断法规制机构对银行业垄断行为的规制任务，也就是说，其落脚点仍旧在于协调机制和具体制度的建立。

三　权力协调之整体架构

（一）协调的不同层次

银行业反垄断法规制的权力协调因垄断行为效果波及之广、法域范围之大而具有多个不同的层次。按照从宏观到微观、从抽象到具体的认知顺序，我们至少可以从规制权协调、政策协调、目标协调和制度协调四个层面进行剖析。首先，在规制权协调层面，协调机制的主要任务在于协调规制权的冲突，或者说是有效配置银行业垄断规制权。如前所述，在所涉甚广的法律领域之中，我们确立以反垄断法为主导的法律规制体系，因此规制权的一端应当首先确保反垄断法规制机构的权力享有与驾驭整体机制的角色。规制权的协调是协调机制中最为宏观的、最为抽象的，它需要通过政策、目标和制度等多方的拓展来最终表达出其应有的价值。其次，在政策协调层面，一个关键的问题在于竞争政策与金融行业宏观发展政策之间的协调。一般而言，竞争政策与产业政策存在先天的冲突，但是可以统一在市场化进程之中，银行业的发展正是如此。金融行业宏观发展政策一般以稳定为主要价值追求，以发展为长期目标，适度追求市场交易方式和产品服务的创新。而竞争政策要求银行业逐步完善市场竞争机制，把更多的发展主动权交还市场主体，政府更多体现为一种"守夜人"角色。再次，从目标协调来看，这是竞争政策与产业政策冲突在具体规制领域的一种延伸。竞争与垄断是先天冲突的两种市场发展价值体系，在银行业市场稳定的导向下，垄断在银行业发展的初期成为大多数政府的一种政策选择，但是伴随银行业的整体发展竞争性目标逐渐在与垄断性目标的冲突之中占据上风，并且二者的归宿都在于市场的稳定性规制目标，只不过竞争性规制目标追求的是一种内嵌创新、自主和开放的稳定性理念。有关银行业垄断行为的反垄断执法在很多情况下会与金融行业的政策、金融监管机构的行为发生冲突，在这时就需要一个协调机构、一种协调机制的存在来衡平竞争政策与产业政策之间的利益考量。在秩序追求之外，银行业反垄断法规制的目标协调还包括权利冲突的协调，即在银行业金融机构与金融消费者之间、银行业金融机构之间的主体权利协调。一方主体权利的充分享有如何不影响另一方主体的平等享有是构建市场竞争机制的关键性命题。最后，从制度协调来看，不同的规制权属性、不同的政策目标依托导致在不同领域形成了对于相同事项各自独立的规制制度。银行业反垄断法规制协调立足于协调制度的建设，其中最为微观的一方面正是在于通过具体规制制度的协调，发挥各自规制措施的优势。反垄断法规制和金融规制都具备着较为独特的规制制度，另外一个角度执法和司法同样是两种各异的规制制度，如果将它们协调之后为银行业反垄断法规制所用是协调机制建设的一个微观层面。

（二）权力协调的应有之义

银行业反垄断法规制权力协调不应仅仅包含协调制度的单向建设，而应该从规制目标、主导权力和配合义务等多方面进行整体建构。

首先，之所以在此讨论规制目标是因为目标的统一是发展银行业反垄断法规制协调机制的先决条件，也就是说，当规制权的实施、规制机构行为的开展具有一致性动机之时，我们才可以寄希望建构一种协调机制，或者说我们才可以通过统一规制目标的确立，来对现有"各自为政"的规制制度进行协调。我们认为，协调机制的建立应当建立在三个层次的规制目标之上：第一，短期目标在于对银行业金融机构价格联盟、协同涨价和排斥行为进行及时、有效规制，维护市场主体的合法权益；第二，中期目标是在我国银行业市场化进程推进的过程中，确立是否有利于银行业市场化进程推进的价值判断基准，并通过法律规制行为的实施促进市场化进程，巩固市场化成果；第三，长期目标在于银行业的稳定与发展，防止因银行业金融机构垄断行为的实施而向银行业市场、金融市场乃至社会传导系统性风险，造成金融危机，最终影响实体经济的发展。

其次，银行业反垄断法规制的权力协调需要对主导权力进行明确，即明确反垄断法规制机构的协调机构地位。规制的协调落脚点在于权力的分配，确立规制权、规制机构的主次顺序。银行业反垄断法规制协调机制应当确立反垄断执法机构的协调地位，强化反垄断执法机构的协调意识和协调义务。

再次，明确规制机构的配合义务，确保法律规制实施过程中的信息共享与方法支撑。协调机制不是肯定一种规制措施而否定另一种规制措施，而是在确立主导方向的前提下各取所长。规制机构之间的信息不对称，规制机构与规制客体之间的信息不对称是必须要通过建立协调机制来解决的问题。

最后，明确具体的可行的协调制度，将权力协调落脚于具体的、微观的协调制度，并且不断探索适合我国国情的规制方法。

四　权力协调之协调机构设置——基于反垄断法规制主导的思考

反垄断法规制主导下的银行业垄断规制必然要求反垄断法规制机构尤其是反垄断执法机构成为协调机制中承担协调职能的相关机构。银行业反垄断法规制协调机构的设置包含了两方面的发展诉求：一是有关机构结构的设置，即结构内部以何种形式、何种模式出现；二是有关机构职能的赋予，即反垄断执法机构如何发挥好协调职能。

（一）反垄断执法机构：现实与需求

从整体反垄断执法架构而言，我国原有较为鲜明的"三位一体"执法机构设置：国务院反垄断委员会之下有国家工商总局、国家发改委和商务部分别负责非价格垄断行为、价格垄断行为和经营者集中行为的执法处置。从整体上来看,"三位一体"的执法机构设置有较为鲜明的层次性和分权特征,应然层面上对反垄断执法权的运行有助益一面,但是这取决于两个重要方面:一是国务院反垄断委员会的宏观决策职能有效发挥。根据《反垄断法》的规定,国务院反垄断委员会是"组织、协调、指导反垄断工作",统领竞争政策实施、市场竞争评估、反垄断指南发布、行政执法协调等核心工作的首要责任机构。它是高于微观反垄断执法机构的协调机构、决策机构和最终责任机构。因此,国务院反垄断委员会可能不是反垄断法规制活动开展的主力军,但是必须是反垄断法规制活动开展的坚强后盾,并且对相关立法、执法规则的出台负有直接责任。二是分权状态下执法机构协调机制的有效建立。反垄断执法权内部分配的初衷在于借助现有市场秩序法律规制资源和机构优势,在短时间内建构反垄断执法体系。分权虽然是"无奈之举",但是确实有利于我国初期反垄断法规制体系的形成。分权结构的核心并非单纯的权力分配,而是在于如何在权力分置的情况下根据具体垄断案件的特征适时适度地"集中",这种集中正是有赖于协调机制的建立。有效的协调机制可以降低权力运行的成本,提高规制效率。从现实发展来看,现有的"三位一体"更像是"三权分立",一方面国务院反垄断委员会未能发挥有效的领导与协调作用;另一方面,执法机构之间同样缺乏必要的协调机制。

根据《深化党和国家机构改革方案》的要求,国家市场监督管理总局成为"建立统一开放竞争有序的现代市场体系"目标下,整合国家发改委、商务部与国务院反垄断委员会相关反垄断职责的国务院直属机构。无独有偶,在"防控金融风险、保障金融安全"的视域下,银监会也与保监会合并成立中国银行保险监督管理委员会。反垄断法规制权的"归一"客观上有利于缓解前述反垄断规制机构体系的弱势一面,而与此相对的银行业市场规制机构的权力同样得到强化。对于银行业反垄断规制而言,机构的整合虽然在客观上缓和了原有因反垄断法规制机构分散而产生的信息成本,但二者基于权力载体的冲突仍然存在。

我国反垄断法规制的现实结构与银行业反垄断法规制权力协调的需求仍有一定的距离,这种需求体现为反垄断执法协调机构应当可以有效地履行内外协调职能:对内有效协调反垄断执法机构,确保反垄断执法权的有效实施;对外有效协调与相关规制机构的权力冲突,为反垄断执法权的运作创造充分的制度空间。具体而言,银行业反垄断法规制权力协调对协调机构的需求可以体现在三个层次：第一，关于竞争政策和金融市场政策的协调，包括金融市场政策的竞争性审查，竞争决策的金融决策考量程度等都需要协调机构进行宏观、审慎的抉择；第二，反垄断执法机构与银行业市场监管机构的协调，这是最为直接也是表现最为突出的协调需求，协调机构应当着重处理反垄断执法机构与银监会、央行等银行业市场发展进程主导者之间的权力关系；第三，对于金融市场尤其银行业市场化进程的充分了解、推动与维护，协调机构乃至反垄断执法机构最终决策、规制决定的做出应当体现出足够的专业性和权威性，尊重金融市场的发展规律。

放眼国际反垄断法规制机构设置模式，都对反垄断执法权的具体实施进行了较为合理的安排和处置。我们认为，银行业反垄断法规制协调机构的建立仍需寄希望于国务院反垄断委员会职能落到实处。银行业反垄断法规制协调职能的高要求使得微观意义的反垄断执法机构，无论是国家发改委、工商总局还是商务部都不能有效地承担起这一职能。并且，传统机构附加职能的赋予远不及专业机构专业职能赋予所能产生的对于规制权实施的正外部性。进一步讲，考虑到与银行业监督管理机构协调任务之艰巨，反垄断法规制协调机构应当具有高级别特征，也就说其级别不能低于银监会的行政级别，这样才能更好地自上而下地行使规制职能。就目前趋势来看，国务院反垄断委员会基本上是由国务院副总理挂帅，各相关职能部门主要负责人组成，其中银保监会、证监会等金融行业监管部门的副主席都在委员会名单之中。因此，我们有理由相信国务院反垄断委员会的设立考虑到了政策性垄断行业反垄断法规制问题规制的长期性、艰巨性和必然性。国务院反垄断委员会委员的构成也可以说明，在应然层面，委员会既可以有效对反垄断机构内部执法权运行进行必要的协调，又可以较为有效地承担起竞争政策与金融市场政策的协调职能，充当反垄断执法机构与银行业市场监督管理机构之间的融合剂。

（二）反垄断执法机构的司法化改造：独立与权威

任何行业垄断行为的法律规制归根结底都会对规制机构提出独立性与权威性的要求，银行业也不例外。银行业反垄断法规制对于执法机构司法化是存在需求的，国外学者研究显示，金融监管机构规制的独立性缺失是造成金融危机中"大到不能倒"问题的一个重要原因，而银行业"反垄断悖论"的提出也说明金融监管机构在垄断行为的规制之中虽然可以具有应然的专业性，但是已经丧失实然的独立性。作为银行业反垄断法规制的协调机构，其机构能力需求的重要方面在于规制权运作过程的独立和权威，虽然反垄断法规制相比银行业市场行业规制具有一定的独立性和权威性，但是反垄断法规制机构仍然不能根除规制俘获和规制失灵的风险，只能通过制度的完善最大限度地将权力的运行置于"枷锁"和"阳光"之下。并且，银行业金融规制的路径依赖在反垄断法规制不具备独立性和权威性的前提下是很难进行路径变革，并被银行业市场主体所接受。从独立性层面探讨，司法比之执法更具中间性，因此，我们认为银行业反垄断执法协调机构的重要发展向度在于机构的司法化改造，即通过司法程序的效仿和司法独立价值实践的参考对现有反垄断执法机构进行改造。具体而言，这种改造体现在机构人员、权力运行程序以及裁决效力三个方面：其一，司法独立的一个鲜明特征在于法院与法官的机构独立与个体独立，反垄断执法机构如果沿袭行政机构的建设套路难免与相关职能部门产生利益纠葛，因此，在反垄断执法机构的塑造过程中应当重视对机构独立性和人员独立性的保障。无论是美国的联邦贸易委员会还是日本的公正交易委员会，在各自国家的行政机构体系中首先具有较高的行政位阶，其次较之其他行政机构具有更多的独立性与超然性。反垄断执法机构独立性发展的一个极端在于执法机构可以成为与政府比肩的部门，并且最终向宪法和人民负责。其二，行政机构行政权力的运行程序体现出较多的主观性和命令性特征，这种自上而下的权力运行缺乏足够的参与性，并且程序的公正性本身就会受到很多社会舆论的质疑。因此，从执法权运行程序的司法模仿来看，应当注重程序的公正、公开，确保在反垄断裁决作出的过程中关联当事人充分的参与权，并且着重完善司法程序中的回避制度。其三，在保证反垄断法裁决公开透明的前提下，进一步比照司法裁判一审效力进行程序改造，即完善关于裁决的复审、复核、投诉机制，除此之外还包括了与司法程序的实质性对接。

五　权力协调之关键问题：垄断行为执法管辖权配置

（一）现行立法评析

目前我国关于银行业垄断规制执法管辖权的立法主要包含了三个相关条文：

　　《立法法》第八十三条　同一机关制定的法律、行政法规、地方性法规、自治条例和单行条例、规章，特别规定与一般规定不一致的，适用特别规定；新的规定与旧的规定不一致的，适用新的规定。

《银行业监督管理法》第三条 银行业监督管理的目标是促进银行业的合法、稳健运行，维护公众对银行业的信心。

银行业监督管理应当保护银行业公平竞争，提高银行业竞争能力。

《反垄断法》第七条 国有经济占控制地位的关系国民经济命脉和国家安全的行业以及依法实行专营专卖的行业，国家对其经营者的合法经营活动予以保护，并对经营者的经营行为及其商品和服务的价格依法实施监管和调控，维护消费者利益，促进技术进步。

前款规定行业的经营者应当依法经营，诚实守信，严格自律，接受社会公众的监督，不得利用其控制地位或者专营专卖地位损害消费者利益。

在此基础之上，关于银行业垄断规制管辖大致存在两种学界舆论：一是认为应当按照《立法法》的规定，依据"特别法优于普通法"的原理对《银行业监督管理法》优先适用，因此银行业监督管理机构优先享有执法管辖权；二是认为基于《银行业监督管理法》规定的原则与笼统，应普遍适用《反垄断法》，即应由反垄断执法机构履行相应的执法规制职责。我们认为，首先《反垄断法》第7条之规定肯定了以银行业为代表的垄断行业的特殊地位，但是并没有明确将其排除于《反垄断法》适用之外，并且伴随银行业市场化进程的推进，反垄断法规制之必要性更是逐渐呈现。其次，《银行业监督管理法》的原则性规定无助于垄断行为规制活动的开展，并且金融监管并不具有市场竞争机制维护的规制优势，并且出于"反垄断悖论"回避的考虑，应当梳理反垄断执法机构享有的管辖权。最后，国家工商总局曾就商业银行等金融企业的不正当竞争行为管辖权在《反不正当竞争法》意义上的归属进行了较为翔实的答复，其主要观点在于：

《反不正当竞争法》第三条第二款关于"法律、行政法规规定由其他部门监督检查的，依照其规定"的规定，是指有关法律、行政法规对《反不正当竞争法》规定的不正当竞争行为明确规定由其他部门进行监督检查的，从其规定。由于《银行业监督管理法》对金融机构的不正当竞争行为没有具体规定，该法第二条、第三条的原则性规定并不能排除工商行政管理部门依据《反不正当竞争法》对金融机构不正当竞争行为的管辖权。因此，除《商业银行法》明确规定由银行业监督管理机构查处的不正当竞争行为外，工商行政管理部门对金融机构的其他不正当竞争行为和限制竞争行为，包括金融机构的不正当有奖销售、商业贿赂、虚假宣传等不正当竞争行为，具有监督检查权。①

通过以上答复我们可以获得的观点为：第一，《银行业监督管理法》的原则性规定并不必然排除竞争法的适用；第二，银行业监管机构对垄断行为的管辖权以《商业银行法》明示为前提要件；第三，竞争执法机构对竞争违法行为的规制以补充行业规制为原则。因此，《反不正当竞争法》的适用为《反垄断法》提供"类推"样本，反垄断执法机构对金融市场垄断行为应当具有规制管辖权。

（二）反垄断法规制介入金融规制的时机

专属管辖原则（the Doctrine of Exclusive Jurisdiction）和优先管辖原则（the Doctrine of Primary Jurisdiction）是美国处理反垄断执法与行业执法冲突的两大基本原则："前者是指当执法管辖冲突发生之时，若规制立法在制定时已经明示或默示表现其立法目的将超越反垄断法所欲达成的国家政策目标时，行业行为不受反垄断法规制；后者是指法院有权决定暂停反垄断执法程序，交由更具专业性的行业规制机构先行处理或表达意见。"② 在美国反垄断实践的两个既定原则之中都体现出反垄断对于管制行业介入的一种谨慎，以及对于行业规制专业性的尊重。根据原则的推导，反垄断执法对行业垄断行为管辖的前提在于行业法规并不存在相关的详细规制规则，即便存在相关的规则，在放松管制和市场化浪潮之下，反垄断法规制逐渐由补充走向主导，这一缘由正是在于对公共利益的维护。银行业作为高度管制行业，允许反垄断执法介入的理由也正是在于对整体公共利益的

---

① 参见《国家工商总局公平交易局关于商业银行等金融企业不正当竞争管辖权问题的请示的答复》（工商公字［2008］7号）。

② 肖竹：《竞争政策与政府规制——关系、协调及竞争法的制度构建》，中国法制出版社2009年版，第163—164页。

维护，具体到微观层面正是对竞争者和金融消费者的权利维护。

（三）垄断行为执法管辖权的配置

宏观层面的反垄断管辖权配置大致包括两种进路：一是在尊重各自规制优势的前提下，共同管辖，各自行动。这种配置模式看似没有从根本上解决管辖权冲突，但是实质上通过共同管辖权的确立明晰了垄断行为规制的协调机制。二是一方主导，一方配合，存在明显的主要责任与附随责任之分，这种配置模式明确了管辖权体系下的隶属关系，但是从实施角度来看也需要协调机制的确立。首先需要强调的是，无论垄断行为执法管辖权确立何种宏观配置模式，协调机制下的制度探索都成为一种必然。其次，对于我国银行业反垄断法规制而言，执法管辖权的宏观配置应当包括三方面的启示：第一，在明确反垄断法适用到银行业的前提下，针对不同行为类型设置管辖权分配；第二，以发挥规制优势为原则，尊重金融监管的必要性与专业性；第三，通过协调机制的建立明确主导责任和配合义务。有鉴于此，我们在前文相关结论的基础上，对于银行业市场垄断行为执法管辖权的配置提出如下具体方案：

> 从权利维护的市场维度来看。在银行业垄断行为可能作用的两个市场：竞争者市场和消费者市场，我们认为消费者市场的垄断行为规制适宜形成一种共同管辖模式，即反垄断执法机构和银行业监督管理均可以在职权范围内对通过垄断行为减损金融消费者福利的垄断行为进行有效规制，这样一来可以对消费者市场的垄断行为形成足够的打击范围；而在竞争者市场我们认为应当确立反垄断执法机构主导的管辖权配置模式，即由反垄断执法机构以独立身份对排斥、限制交易等银行业金融机构之间的垄断行为进行规制，并且银行业监督管理部门负有配合义务，及时提供相关信息并表达专业意见。如此一来，既可以确保垄断行为法律规制的独立性又可以确保规制的权威性。

从垄断行为的类型维度来看。银行业不同类型垄断行为的特殊性决定了执法管辖权分配的微观差异。在法定的经营者集中、滥用市场支配地位和垄断协议三类垄断行为之中，既有反垄断执法将经营者集中的管辖权单独授予商务部，而其他垄断行为依照是否涉及价格分归国家发改委和国家工商总局，我们认为此种执法管辖分配方式可以借鉴到银行业反垄断法规制之中。具体来看，首先银行业市场经营者集中的事前审批管辖应当由商务部主导执行。自《反垄断法》实施以来，商务部业已对经营者集中形成了系统的法律规范体系，并且作为三个执法机构中最为常态、实施较早的规制机构已经具备了一定执法经验和执法能力。商务部曾经出台与金融市场经营者集中审批相关的具体标准，说明其已经对银行业的《反垄断法》适用有充分的准备。并且从金融危机和银行业的特殊性质来看，银行业经营者集中行为的意义已经超越企业、行业，是一种极易对金融市场和全社会产生风险传导的"高危行为"，因此需要由专业性机构全局布控，对经营者集中行为的市场竞争影响、行业发展影响进行充分、独立和权威的考量。其次，有关价格的银行业市场垄断行为应当秉承区分原则，形成一种共同管辖的权力分配模式。银行业市场价格包括了两大方面：一是商品和服务的基本价格，二是市场利率。无论是价格还是利率，在市场化初期政府掌握了较为充分的话语权，因此出于对金融监管权威性和专业性的尊重应当由反垄断执法机构和银行业监督管理机构共同管辖，并且在涉及利率的垄断行为规制之中可以适当偏向银行业监督管理机构主导。但是，在市场化进程较为顺利、市场竞争较为成熟之后，有关价格垄断行为的管辖权应当侧重于由反垄断执法机构主导。再次，关于银行业市场非价格垄断行为的规制，应当赋予反垄断执法机构管辖权，由反垄断执法机构以较为独立的身份规制金融机构之间破坏市场竞争秩序的垄断行为。从行为导向来看，银行业监督管理机构同样可以凭借其规制优势与规制传统对此类行为进行规制，但是此时确立反垄断执法主导的意义并非在于对银行业监督管理的取代和替代，而是形成一种最后的执法保障与补充，确保垄断行为可以得到独立、权威的法律规制。最后，关于行政垄断的规制，从行政垄断的形成逻辑来看自然应当赋予反垄断执法机构管辖权，但是鉴于行政垄断规制的特殊性以及行政垄断规制本身对于政府行为的影响，应当在独立执法的前提下充分对政府行为和金融宏观政策进行重复的了解和把握，以期做出符合市场发展规律和产业发展规律的执法结果。

六 权力协调之特殊问题：政府行为的反垄断审查

（一）政府行为审查的必要性

政府行为表现为市场经济发展过程中具有国家干预属性，影响市场经济宏观与微观发展的法律法规、政策计划和规制措施等。作为公权力代表的政府行为在与市场竞争相关领域表现为三种作用形式："一是宏观政府行为，即通过法律法规和政策计划等对市场竞争发展作出宏观调控、引导和规划；二是政府为了影响企业的经济活动进行特定经济政策目标的供给；三是通过内部、指示和明令对供应企业竞争行为进行干涉。"① 从我国银行业现实来看，我们认为政府行为对市场竞争的影响可能存在三个方面：一是宏观金融政策对于市场竞争的整体性影响；二是金融监管行为某一领域、某些行为的监管措施对局部和整体市场竞争带来的影响；三是地方政府行为对区域银行信贷资源匹配、银行业发展带来的影响。从反垄断执法机构对政府行为的可规制能力来看，宏观金融政策行为影响着银行业发展的脉搏，其行为效力面向整个银行业，并且有着较为严格、民主和科学的议事程序，因此，宏观金融政策行为本身往往在反垄断执法规制的豁免范围之中。但是，在国际私法和经济法领域经常存在对于国家宏观政策的反垄断审查，此种情况另当别论。金融监管机构对于金融市场的调控行为是依法行使的公权行为，这种公权行为如果涉及对市场竞争机制良性发展的干预，应当有其产业政策发展和产业目标实现的整体考量，并且反垄断执法机构与金融监管机构不存在上下级的隶属关系，相互之间也不必然存在监督与被监督的关系，因此从形式上来看，反垄断执法机构不宜对金融监管行为进行直接的审查。地方政府行为对于银行业市场竞争的干预是一种典型的行政权力滥用引发的限制竞争行为，这是我国反垄断执法规制的一种法定类型，因此反垄断执法机构可以适时进行规制。

综上所述，在银行业发展可能涉及的三类政府行为之中，反垄断法规制机构仅对行政垄断行为有着直接规制的权利，而对宏观政策行为和金融监管行为看似"无计可施"。实际上，对政府行为进行反垄断审查的初衷正是在于对产业政策行为和产业监管行为的一种监督，即通过再规制的方式实现法律监督机制的运作，最终确保市场竞争机制的有效运转。政府因其经济人属性在决策之时不可避免地产生局限性和负外部性，反垄断法规制作为市场竞争相关的专业性规制工具，对于政府行为的审查存在一定的可行性，但是问题在于如何选取适当的时机、运用适当的方法。也就是说，政府行为反垄断审查的恰当运用可以较好地对政府行为产生监督，维护市场竞争机制，但是如果不良运用反而会造成政府行为权威性的减损，

---

① 刘孔中：《公务部门行为适用公平交易法之范围》，《政大法学评论》1996 年第 55 期。

以及政府规制内部的混乱。

(二) 政府行为审查的区分原则

并非所有的政府行为都需要经过反垄断执法机构审查,同样并非所有的政府行为反垄断执法机构都可以进行审查。反垄断执法机构毕竟仅仅是有关市场竞争机制维护的专业规制机构,市场竞争虽然是市场经济发展的重要一环但是并非能与市场经济在语词意义上相互替代。如同银行业市场存在垄断领域和可竞争领域一般,政府行为同样应当树立一种区分原则,即在与市场竞争相关的政府行为中区分哪些可以被反垄断执法机构直接规制,而哪些需要反垄断执法"婉转"地规制。我们认为应当从两个层次进行区分:

第一,区分政策行为和滥用行政权力限制竞争行为。银行业市场中,政策行为虽然表现为一些提纲挈领的宏观法规与文件,但是更为显著的是银行业发展的国家干预制度依赖。可以说,适时出台的金融政策主导着我国银行业市场发展,把握我国银行业市场的稳定脉搏。如果某些政策性文件不利于市场竞争机制的建立,在银行业市场发展的初期反垄断执法机构不宜进行审查,而在业已确立银行业市场化之后,反垄断执法机构的审查就具有了合理性。但是,出于金融规制机构权威性和专业性的考虑,我们认为,这种审查应当表现为一种评估、建议,具体方式应当为规制机构之间的内部交流,不宜形成宏观层面的政策对抗。在我国尚不具备违宪审查制度以及法院不能够成为反垄断执法最终环节之时,政策行为的反垄断审查应当慎之又慎。相对而言,滥用行政权力限制竞争行为是一种微观层面的个别行为,无论行为作出主体为地方政府或是金融监管机构都不影响反垄断执法机构依法对法定垄断行为类型作出规制。滥用行政权力限制竞争行为是一种个案处理的导向,反垄断执法机构的独立和专业特征有利于确保规制机构的公平和权威。并且,行政垄断行为正是促成我国反垄断立法的关键因素,从计划经济体制向市场经济过渡中行政权力不当干预的政策沿袭被社会舆论视为反垄断法存在的一大合理理由,也应当成为规制的重要方向。

第二,在滥用行政权力限制竞争行为的前提下,区分地方政府行为和金融监管机构行为。行政垄断是反垄断法实施过程中具有较大规制难度的行为,同时也是具有中国特色的行为。地方政府行为和金融监管行为在涉及行政垄断时的不同之处在于,前者倾向于通过较为直接的干预性行为,实现既定的信贷资源行政配置、地方信贷市场壁垒等目标，而后者则更多表现为一种专业性行为运作，相比而言，后者的隐蔽性大于前者。两种行为运作可能处于两种不同的利益集团之中：地方政府行为主体主要是地方经济利益主导下的地方投融资利益集团，包括了地方政府、企业和银行业金融机构等，而金融监管行为主要表现为银行业或者银行业某一领域的利益集团诉求表达，以及银行业金融机构对金融监管机构的俘获。在反垄断法规制过程中，对于地方政府行为主导的行政垄断应当进行直接规制，而对于金融监管机构主导的行政垄断行为进行较为柔和的规制。究其原因仍然在于对金融行业规制专业性和权威性的尊重，以及对于金融市场路径依赖的尊重。

综上所述，我国反垄断执法机构对于政府行为的全面审查尚不现实，对于政策行为和金融监管行为应以评估和建议的协调方式为主，而对地方政府行为主导下的滥用行政权力限制竞争行为应当依法进行有效规制。

七　权力协调之制度补充：执法和解

在微软世纪案、谷歌反垄断案等受到全世界广泛关注的典型反垄断法规制案例中，执法和解制度的存在都为最终案件的有效处理立下了"汗马功劳"。执法和解，作为一种特殊的反垄断执法结案方式，被广泛应用于敏感案件尤其是反垄断执法机构与大企业对抗的案件之中。在美国反垄断执法与司法对接的规制模式下，执法和解制度表现为法庭批准和解方案进而作出同意判决，"同意判决不必遵守法律的规定，但它与其他法庭命令一样具有可执行力"[①]。在欧盟和日本，执法和解表现为一种法定的非正式执法制度或者非正式结案方式。总而言之，执法和解是在垄断行为规制过程之中，执法机构与执法相对人通过协商达成关于案件最终处理的一致意见，从而使案件得到最终解决。

执法和解制度主要是出于避免因反垄断法不确定性而引发的反垄断执法的高成本。"在反垄断实践中，以协商为基础的经营者承诺制度在反垄断实践中大行其道的原因在于，实体规则的原则性与不确定性大大减损了反垄断法直接适用的效力，反垄断立法难以对现实中复杂的垄断行为作出

周密规定。"① 它可以理解为是诸多反垄断执法措施之中内嵌的一种非对抗性的纠纷替代解决机制，以一种较为柔和的方式有效地处理尖锐的反垄断纠纷。反垄断执法和解的优势在于可以在低执法成本的前提下，快速、灵活地了解反垄断执法案件。并且，和解相对于执法决定和司法判决而言，可以将更多的法外因素考虑到具体的行为归责与损害赔偿之中，可以为消费者和社会谋求更广泛的实际利益。从成本收益来看，如果和解为反垄断执法机构带来的收益不及执法和司法程序的正当完结，那么理性的反垄断执法机构不会选择如此。同样，多数和解案件表明，和解协议的达成虽然使执法相对人承担更多赔偿额，但是其品牌价值和企业市场地位在和解之中得到了一定程度的保全。因此，和解是实质正义追求下，执法机构与执法相对人的"双赢"。与此同时，反垄断执法和解制度也表达出两方面价值的追求：从社会层面来看，执法和解是一种社会和谐价值与诚信价值的体现，"以和为贵"的结案方式避免了反垄断高压执法对企业乃至行业发展带来的剧烈影响，同时也对企业自身的诚信意识产生了一定的考验。从反垄断法价值来看，执法和解带来了更为广泛的消费者福利，提高执法效率的同时也维护了执法机构的权威。

　　反垄断法上的执法和解实际上是对行政法上行政契约概念、制度的一种借用，因此从制度运作条件而言具有一定的相似性。"行政契约有别于民事合同，在契约目的、契约主体、契约内容及责任分配上具有一定的特殊性"，具体而言，行政契约以公共利益为出发点，是在具有从属关系主体之间，本着意思自由的原则签订的涉及"履行指导义务、损失补偿和强制执行之约定"的协议。② 由此看来，执法和解并非刻意成为每一类垄断行为规制案件的结案方式，而是应当落脚于社会公共利益的维护和执法相对人的意思自愿。

　　反垄断执法和解制度与银行业反垄断法规制的契合之处体现在行业整体秩序维护、金融消费者福利促进和金融监管尊重等方方面面。首先，对于以银行业为代表的政策性垄断行业而言，执法和解是较为理想的结案方式。反垄断法规制对于银行业垄断行为的规制前提均在于行业市场竞争机制的整体维护，公共利益的考虑自当如此。从银行业垄断和银行业垄断金

---

① 蒋悟真：《反垄断法中的公共利益及其实现》，《中外法学》2010 年第 4 期。
② 杭仁春：《行政契约的结构分析——与民事契约相对照》，《江苏社会科学》2009 年第 1 期。

融机构来看，它们因银行业发展的路径依赖具有了不同程度的国家背景，国有控股也好，公权力促成也罢，反垄断执法机构在银行业垄断执法之中为了不与行业利益集团、国家公权代表发生直接的利益冲突，执法和解的柔和特征成为一种刚需。"承诺程序的协商主义特征通过双方的意思自治，以主动的竞争法规则适用方式表现出反垄断应然监管的宣示特征，重在强调未来市场发展胜过既往行为的惩罚。"[①] 其次，从银行业垄断行为案件的效果预判来看，它的社会影响力因银行业的特殊性而越发强烈。如前所述，银行业反垄断法规制的效果包含了震慑与引导两个方面，执法和解不仅能带来相当程度的震慑效果，影响银行业部分领域的行为方式，此外垄断行为处理的"软着陆"也可以寄希望于银行业金融机构的自省，实现引导效果"一石二鸟"之功效是银行业反垄断法规制采取执法和解的不二缘由。最后，执法和解的应用也是考虑到反垄断法规制与金融监管之间的协调。银行业垄断的法律规制可以通过巨额罚单的执法惯例对垄断行为进行规制，但是不宜对银行业市场发展的既有秩序进行过多的干涉。执法和解，作为一种协商基础之上纠纷解决方式，以非对抗、柔和的方式推动着银行业市场化进程，并且金融监管机构可以参与到具体的协商之中为最终行业公共利益的维护提供专业建议，也表现出反垄断执法对于银行业市场行业规制的尊重，避免了二者直接、强烈的冲突。

《反垄断法》第 45 条关于经营者承诺制度的相关规定被认为是我国执法和解制度的雏形，而从本质上看中国式的经营者承诺具备了执法和解的诸多关键性要件：一是承诺内容的透明度，即在决定中明确具体的承诺内容，并且对承诺内容履行的情况执法机构具有监督的职责；二是承诺的程序性，即中止调查的时机选择，以及在经营者未履行承诺内容之时，调查恢复的情形等；三是承诺的实效性，即承诺并非简单的一纸文书，而是在实质上具有法律执行力的，需要——兑现的类执法文书。除此之外，我国银行业反垄断法规制过程中关于经营者承诺制度的运用还应注意以下几点：第一，坚持执法和解的公共利益导向。银行业反垄断执法中，对于一些严重的、明显的垄断行为应当给予及时的制止与规制，执法和解并非反垄断执法的规定动作，而是在确定涉案银行业金融机构自愿且承诺内容具有足够"诚意"的前提下的一种缓兵之计。经营者承诺实施的前提仍是

---

① Niamh Dunne, "Commitment Decisions in EU Competition Law", *Journal of Competition Law & Economics*, Vol. 10, No. 2, June 2014, p. 3.

对于社会公共利益和市场竞争机制更为充分、更为实质的保障。第二，防范经营者承诺制度的不良风险。执法和解制度存在规制俘获、道德风险和滥用等多重风险，首先经济人属性下反垄断执法机构仍然存在着被垄断主体俘获的概率；其次执法和解尤其是协议内容是具有较强主观意定特征的，因此不免存在作为监督机构的反垄断执法机构的道德风险问题；最后执法和解制度的无限度使用最终会对反垄断执法机构的独立性和权威性产生减损效应，不利于威慑效果的最终实现。因此需要对以上风险的出现进行必要的防范。第三，加强对经营者承诺制度的内外监督。出于风险的防范，应当对承诺的内容、承诺的履行状况进行有效的内外监督以保障社会公共利益的有效实现。并且，基于经营者承诺制度的完善，应当严格或加重不履行承诺义务主体的责任，在无法实现引导效果的前提下，加大力度实现震慑效果。

第三节　银行业反垄断法规制的制度完善

以反垄断法为主导的银行业垄断规制体系的确立意味着反垄断法规制将承担着更多的规制义务和责任，与此同时银行业垄断的法律规制需要建立在完善的反垄断法规制制度基础之上。我国目前反垄断法规制尤其是反垄断执法与司法虽然已有较为充分的规制经验，但是仍不能被认为已经步入执法的成熟期。银行业垄断规制的及时和有效需要反垄断法规制的制度完善和相关金融规制配套制度完善。一主一辅两方面的制度发展可以成为银行业反垄断法规制有效实施的必要支撑。总体而言，这种制度完善表现在基础制度、实体制度和程序制度三个方面，涉及规制数据完善、法律规范明确和法律程序依赖等与银行业反垄断法规制开展密切相关的重要环节。

一　银行业反垄断法规制的基础制度完善

基础制度是反垄断执法机构在对银行业垄断行为进行规制之前的一种制度保障，它是通过市场大数据的建立、市场评估机制的事先完善，为反垄断执法机构规制活动的开展提供一种专业性的保障。这种事先的基础工作有利于反垄断执法机构较为清晰、直观地把握银行业市场结构变化以及与垄断行为实施相关的市场现状，通过信息的前置搜寻降低垄断行为规制之时的执法成本，有利于提高规制效率。

（一）银行业市场的大数据完善

无论是金融规制还是银行业反垄断法规制，数据都是规制有效开展的一大保障。银行业市场数据的有效获知与完美呈现可以较为清晰地勾勒出银行业市场集中度、市场份额等关于银行业市场结构、市场规模的重要特征。从结构主义到行为主义，虽然反垄断法规制的重心并非市场垄断结构而是具体的垄断行为，但是市场垄断结构仍然是诸多垄断行为归责的一个前提要件。从反垄断执法意义来讲，数据是一种较为直接的执法证据，它的客观性、真实性和关联性某种程度上与最后的执法结果存在正相关性。反垄断执法对于市场数据是有着直接的需求的：在合理原则之下，任何垄断行为的规制都需要对相关的市场信息进行把握、对行为后果进行有效的经济分析，而经济分析的基础正是在于能够体现行业发展和案件规制所需领域的相关数据。并且，银行业立基于货币银行学，作为一门显学，银行业的现实发展与理论研究都立基于数据分析，可以说作为金融行业代表的银行业自身就具有鲜明的大数据特征。我国银保监会每年定期发布的年报的重点就是在于行业发展数据的公布，从银行业金融机构内部的财务数据统计，到银监会宏观层面的资产负债和相关监管指标数据分析，银行业的发展离不开数据的有效利用。互联网时代以来，互联网企业对于市场的大数据分析，以及仰仗大数据分析对传统行业乃至金融行业产品与服务的升级改造更是得到了全社会的认可。因此，从根本而言，大数据是银行业反垄断法规制基础制度完善的重要方面。

银行业垄断行为法律规制的大数据制度完善主要从三个方面着手：第一，金融基础数据支持，即央行、银监会等银行业市场监督管理机构应当向反垄断执法机构及时供给其职权范围可获知的统计数据与分析数据。以统计数据和分析数据为代表的金融基础数据在银行业市场发展的过程中经由规制机构不断完善统计分析方法已经具备了极强的专业性和权威性，可以为反垄断执法机构了解整体和相关区域的市场规模、市场结构提供有效的帮助。因此，银行业垄断行为法律规制的大数据完善首先在于金融基础数据的共享。第二，竞争执法相关数据完善，即与反垄断执法相关的，作为反垄断经济分析的数据搜集。反垄断执法机构与银行业监督管理机构在数据需求方面必然存在的不同的需求，即使存在相同的需求但是在具体的应用方式——"算法"之上也难免有所不同。我们应当依照银行业执法过程中银行业市场反垄断经济学分析建构起专业的竞争执法数据库，从宏观层面为银行业反垄断法规制的实施提供基础保障。第三，个案执法的数据支撑。大数据制度完善的要旨在于为执法活动的开展提供必要的专业性支撑，但是这种普遍、基础的数据并不能适用银行业市场复杂多变的垄断行为案件，案件的类型与种类不同就会衍生出不同的个案需求。在基础数据满足普遍需求的前提下，应当建立起个案执法数据的支撑制度，即在反垄断机构的个案执法过程中，对于关键性数据的搜集与完善，金融监管机构和其他关联部门应当进行足够的配合，以便利银行业反垄断执法的展开。

　　除此之外，需要我们值得注意的是，银行业反垄断法规制数据制度完善的一个重要方面还可能在于数据的一般可获得与公开性。数据库的建立不仅单纯地拥有执法意义，还拥有更为广泛的实践意义。数据，不仅仅是反垄断执法开展的基础，同样也可以成为反垄断司法制度、反垄断多元实施制度完善的一个重要基础。数据的基础作用决定了在不涉及国家经济安全的前提下，尽可能向公众发布相关数据，这样既可以为反垄断多元规制活动的开展提供基础，也可以增加银行业金融机构行为的可预测性，提高数据的利用效率、数据制度的完善价值。数据的公开、透明也会对反垄断执法机构工作的开展提供一种舆论支撑，从侧面提高银行业反垄断执法工作的可接受性与社会认可程度。

　　（二）银行业市场的竞争性评估

　　竞争性评估，顾名思义，是从市场竞争机制发展出发，运用相关的工具对标的客体进行评测与掌握。竞争性评估的直接意义在于从市场融资规模占比、产权主体结构、银行业市场规模等相关维度，基于数据的搜集和汇总形成银行业发展的竞争性评测。这是一种金融学意义上的评估，是银行业监督管理部门对银行业市场发展现状掌握的主要途径。竞争性评估的另一层意义在于，"要减少政府对竞争的不合理限制，需要对各项法律制度的竞争影响进行评估"[1]，这是竞争法意义上的评估概念。我们认为，无论是金融学意义上的评估，还是竞争法意义上的评估都是银行业市场发展和银行业反垄断法规制所需要事先建立的基础制度。首先，两种评估制度都表现出通过规制权力的主动运作实现对市场发展要素的竞争性程度掌

---

① 张占江：《中国法律竞争评估制度的建构》，《法学》2015 年第 4 期。

握，只不过金融学侧重专业的数据支撑而法学侧重规范性审查。如前所示，对于银行业市场政府行为的审查是反垄断执法机构较为敏感的区域，但是评估——这种"软规制"方法可以较好地实现与相关部门之间立基于市场竞争机制建设的协调工作。其次，银行业市场与竞争性评估的契合在于它是对银行业市场发展路径依赖的一种尊重：金融学评估本质上是一种银行业金融规制的常规措施，而法学评估的规范审查可以理解为是一种"再规制"措施，它的本质仍然在于避免公权力干预银行业市场竞争机制，或者是确保公权力的形式促进银行业市场竞争机制的发展。再次，两种评估制度都可以为银行业反垄断法规制的开展提供专业性保障：金融学评估与基础数据支撑的原理较为相似，为反垄断执法提供数据方面的专业性保障；法学评估则更多地使反垄断执法机构了解银行业市场的产业政策和产业法规，在具体的执法过程中更好地做到竞争政策与产业政策的融合。即使在相关因依法监管行为或者其他依法行为引起的行政垄断规制中，竞争性评估制度预设"先礼后兵"的做法可以在一定程度减少部门和政策之间的摩擦。最后，两种评估制度对银行业市场化进程产生不同程度的推动作用：金融学评估作为一种银行业监管的"常规动作"，其对银行业市场化决策的支撑作用毋庸置疑；而法学评估则更能从政策源头出发，为银行业市场竞争机制"固本清源"。

金融学意义上的银行业市场竞争性评估应由银行业监管机构配合商务部完成，由银行业监督管理机构提供相关统计和分析数据，由商务部完成对市场的竞争性评估。将评估权力赋予商务部的主要考虑因素在于，单纯市场意义的评估可以为商务部经营者集中审查职权的行使奠定基础，也就是说，金融学意义的评估更有助于发现商务部所需规制的垄断行为的"真相"。更为重要之处在于，对于银行业宏观市场和相关微观领域市场机构的把握有利于对"大到不能倒"难题的预防与应对。有学者曾指出，我国应当"参考美国沃尔克规则的标准，限制国有商业银行主要业务的市场份额（存贷款、结算和托管等），要求每家不要超过 10% 或合计最好不要超过 40% 以抑制大银行垄断"[①]。金融危机之后，应对"大到不能倒"难题的做法有两种：一是严格经营者集中审查，二是加强监管，对银行业市场保持足够的监控。商务部作为经营者集中审查的专业机构，可以通过

① 谢平、邹传伟：《中国金融改革思路：2013—2020》，中国金融出版社 2013 年版，第 36 页。

事前市场状态监控的方式，与银行业监督管理部门配合，及时了解市场结构变化，预防银行业金融机构"大到不能倒"难题的出现。

竞争法意义上的银行业市场竞争性评估应当是国务院反垄断委员会的法定职能，《反垄断法》第9条第2款规定国务院反垄断委员会具有"组织调查、评估市场总体竞争状况，发布评估报告"的职责。但是就目前国务院反垄断委员会运行现状而言，很难从实质上履行这项竞争性评估职能。此外，选择某一家反垄断执法机构作为法律规范的竞争性评估机构也不具有现实可操作性。有学者建议形成一种"以反垄断委员会为主，法律制定机构为辅"的竞争评估机制，即由法律规范指定机构主动提交竞争性评估报告，由反垄断委员会进行最终审查，[①] 我们认为具有一定的可行性。从银行业市场的具体运作来看，银行业市场的立法权集中于央行和银监会两大监督管理组织，管理机构的单一、绝对与权威为竞争性评估制度的实施带来了一定的便利。我们认为，在银行业市场法律规范出台之际，由法律制定机构进行专业、客观的"内部"竞争性评估，并提交国务院反垄断委员会进行最后的审查。如此一来，首先可以从形式上搭建起我国银行业市场的法律规范竞争性评估框架，而具体的完善可以在未来的发展中落实到竞争评估报告的要式约束与国务院反垄断委员的严格审查机制建立等方面。

二　银行业反垄断法规制的实体制度完善

银行业反垄断法规制实体制度完善的重要方面在于法律制度的完善，以法律制度设计规范银行业反垄断法规制权运行既符合金融法治化的发展诉求，又在客观上为银行业市场化提供较为稳定、可靠的制度环境。法律制度完善的核心在于通过法律规范体系的建构实现对银行业反垄断执法过程中诸多不确定性和现实局限性的克服，尤其在规制权冲突、执法权实施较为模糊的领域，形成一种"定纷止争"的效果，最终服务于银行业市场化的发展大局。

（一）银行业反垄断法律规范体系的完善

据前文研究结论，银行业垄断行为的法律规制所涉法域甚广，既包括了以《商业银行法》和《银行业监督管理法》为代表的行业监管法律，

---

① 参见张占江《中国法律竞争评估制度的建构》，《法学》2015年第4期。

又包括了以《反垄断法》和《反不正当竞争法》为代表的竞争秩序规制法律，同时还包括《合同法》《消费者权益保护法》《价格法》等其他市场秩序规制法律。广泛的法域涉及在彰显银行业垄断行为复杂性的同时，也为规制活动的开展制造了难度。不同的法律规范下都有着自身独特的规制机构与规制方法，基于银行业垄断行为法律规制的特殊性，我们有必要通过银行业反垄断法律规范体系的完善，统领银行业反垄断法规制活动的开展。相对而言，通过高规格、高位阶的立法指导银行业反垄断法规制活动，统领反垄断规范体系不具有现实可操作性，较为烦琐的立法程序无形中加重了规制成本。反垄断法规制的一个传统在于通过行为指南的发布既引导市场经营者依法实施市场活动，又对垄断行为的规制细则进行一定程度的明确。一般而言，这种行为指南包括行业导向和特殊垄断行为类型导向两类，银行业作为较为特殊的行业，针对较为特殊的垄断行为特征应当颁布适应自身发展的银行业反垄断法规制指南。规制指南应当对银行业垄断行为的规制目标、规制方式、责任效果等重要环节进行宏观规定，在明确规制权属的前提下不仅提高了规制效率，也会增加银行业金融机构的行为可预测性。必须指出的是，指南的发布时间可能存在两种情况：一是在规制活动开展之前，规制机构根据类似行业的执法经验和银行业垄断行为的规制预判形成垄断行为规制指南，这种指南的特点在于宏观，主要对规制目标进行明确，对规制权属进行有效的划分，无法对垄断行为的具体规制进行详尽的立法规定；二是在规制活动开展之后，通过银行业垄断执法活动的经验积累，形成较为系统、较为客观的银行业反垄断法规制指南。我们认为，从我国银行业垄断行为的规制现状出发，银行业反垄断法规制领域存在诸多的不确定性，而这种不确定性是造成银行业反垄断法规制迟迟不能得到实质性开展的重要原因，例如反垄断法能否适用于银行业，反垄断执法机构和银行业监督管理机构之间的关系如何协调，诸如此类的关键性问题都需要通过司法指南进行前置明晰。因此，我们认为，我国有必要立即出台关于银行业反垄断法规制的行动指南，主要对法律适用、管辖权、规制目标等关键问题进行明确。在我国银行业反垄断法规制实践有了足够的发展经验过后，我们可以通过指南的修订或单一指南的发布形成系统的银行业反垄断法律规范建构。

（二）银行业反垄断法规制的量化标准确定

标准化是反垄断执法机构在处理垄断行为规制案件中所希望达到的一

种实然效果。标准是确保执法过程公开、专业和权威的表现，银行业反垄断法规制过程中量化标准的确立表明反垄断执法机构业已对银行业市场垄断行为的特殊性具有一定程度的掌握，并且通过量化标准的明确可以向社会舆论传达一种规制可能性和规制期待性。与此同时，量化标准的确立也可以为银行业市场金融机构的行为提供可靠的指引，增强市场主体行为的可预测性，缓解反垄断执法的不确定性。银行业垄断的主要行为表现形式都伴随着普遍的量化问题，例如银行业市场滥用市场支配地位行为需要对市场支配地位进行深入的量化界定，明确具体的市场边界与市场规模；银行业并购审查之中需要对市场份额的对象选取，目标市场的规模测算进行分析，最终形成对行为市场竞争性影响的量化。总揽而言，量化问题的核心在于对银行业市场经营者行为的"排斥、限制竞争效果"依照科学、合理的标准进行具体的、微观的市场评估。这种行为的竞争性评价大体依照产业经济学理论下的"SCP范式"展开，从市场结构、市场行为和市场绩效着手，在每个维度分别确定若干标准以判断行为是否对市场造成限制、破坏效果。从竞争执法角度来看，垄断行为的量化大体可以从相关市场界定、市场势力衡量和市场效率评估三个方面进行量化标准的思考。银行业市场垄断行为规制的量化问题当然承继了反垄断法规制的一般传统，除此之外，仍有部分领域的量化问题值得我们关注，也是值得思考的银行业竞争政策发展问题，例如银行业主体的产权结构对市场竞争因素的影响、融资机构对于市场竞争度直接与间接的影响等。

　　《反垄断法》对于部分垄断行为的量化问题进行了较为宏观的规定，例如第19条关于滥用市场支配地位的推定情形、第27条经营者集中申报审查情形中关于量化维度的相关规定等。市场经济各个行业的特殊性决定了《反垄断法》不能对垄断行为的量化问题进行较为详尽的规定，但是在银行业垄断行为的特殊处置中应当根据其行业的特殊性与复杂性将量化标准尽可能地明确，以确保反垄断执法的公平与权威。并且，银行业诸多垄断行为量化中的特殊性也对《反垄断法》的宏观量化标准提出了挑战，如前所述，银行业市场支配地位的获得在客观上是一种或然性极小的事件，社会舆论普遍认为具有国家资本背景的"四大行"构成市场支配地位，但是《反垄断法》并未对四个经营者市场支配地位的认定标准进行规定，并且伴随银行业市场化进程的开放"四大行"市场份额不断被稀释，即使类推适用"三个经营者占据市场份额四分之三"的规定，"四大行"不足一半的宏观市场占有也无法构成归责理由。当《反垄断法》无法对"多数人暴力"下民间审判的"垄断行为"进行有效规制时,我们就需要对量化标准进行反思,并且有必要对银行业市场支配地位和优势地位的量化进行明确。除此之外,银行业反垄断法规制的量化推进仍需要处理好与自由裁量之间的关系,也就是说应当适当保留反垄断法的不确定性以确保反垄断执法机构可以充分应对现实的复杂情况。

三 银行业反垄断法规制的程序制度完善

(一) 银行业反垄断法规制程序:既有趋势与独立价值

程序的不明确、不完善是造成我国银行业反垄断法规制进程迟缓的重要原因,某种程度上,银行业反垄断法规制的制度完善可以等价于银行业反垄断法规制程序制度的完善。作为规制有效开展的前提条件,执法程序与司法程序的确立可以为规制主体和规制相对人提供较为明确的行为指引,不仅促进规制权行使的公开与透明,同时也有利于维护执法相对人的法定权益。除此之外,程序制度的完善也可以为一些特殊反垄断执法争议的化解提供必要的方式和路径。例如,我国轰轰烈烈的汽车反垄断执法案件不仅使得历史性罚单成为舆论瞩目的焦点,"选择性执法"也成为国外舆论的争议点所在:接连受罚的国际知名车企是否被中国反垄断执法机构"特殊照顾"受到国外舆论的广泛追问。尽管汽车行业客观上"选择性执法"问题有其内在的必然逻辑,[1] 但是避免社会舆论争议的较好方法在于系统程序制度的完善,将执法权的运行置于阳光之下,执法透明性与公正性的提高可以成为避免不必要争议的可考量路径。

"反垄断法程序化依托于现代社会对程序的特殊需求,根源于垄断及反垄断法的固有特征。"[2] 银行业反垄断法规制程序制度的完善立基于反垄断法不确定性特征的承继,即反垄断法的不确定性将大量的自由裁量权赋予规制机构以应对复杂变换的事实。在反垄断法不确定性特征的指引下,各国反垄断立法均呈现出一种法条抽象主义的倾向,反垄断立法一般

---

① 国家发改委新闻发言人李朴民曾表示:"对汽车及配件的反垄断调查始于 2011 年年底,社会形成反垄断针对外企印象的原因在于执法部门近期集中'披露执法信息'。……奔驰、克莱斯勒等均为高档汽车生产厂商,国内企业在市场上很难与其抗争。"参见邱锐《中国企业或将承压反垄断》,《凤凰周刊》2014 年第 26 期。

② 焦海涛:《论现代反垄断法的程序依赖性》,《现代法学》2008 年第 1 期。

具有普遍性和宏观性特征，大量的立法解释权力被寄希望于规制机构的有效运转，而确保规制机构有效行使规制权的前提正是在于规制秩序的完善。基于前文研究的结论，反垄断执法的司法化改造是应对银行业垄断行为复杂性和特殊性的必要发展向度，执法司法化改造的本质实际上也是运用司法程序完善执法程序，提高执法程序的透明、公开与独立。如果寄希望于通过反垄断执法与司法实现对我国银行业积重难返的垄断问题进行适宜的治理，并且需要在执法舆论、市场舆论和社会舆论之中寻求必要的支持，就必须不断完善反垄断法规制的执法程序。总体而言，银行业反垄断法规制程序完善的独立性价值在于两个方面：一方面是通过程序完善，减少反垄断法的不确定性，确保银行业反垄断执法的独立、专业与权威；另一方面是为规制权的行使设定边界，对反垄断执法产生必要的监督与约束。

（二）银行业反垄断法规制之司法程序完善

司法程序一直是我国反垄断法规制体系的薄弱一环，由于反垄断案件比之民事案件、经济类案件的特殊性，它对法院系统的专业性要求并不差于执法系统。并且在美国等反垄断执法与司法高度对接的国家，法官的专业性、法官对于经济理论和法律解读的不同认知往往会左右案件的判决。司法程序的完善是构建反垄断法规制执法与司法二元规制体系的关键之所在，同时可以为我国执法与司法的对接创造必要的制度基础。"作为最终裁判者的法院，如何在具体的反垄断案件审理中做好对立法理念和反垄断专业问题的精确把握，以及对司法自由裁量权的恰当运用，是反垄断法是否可以实现维护市场竞争立法目标的重要保障。"① 我们认为，银行业反垄断法规制的司法程序完善可以着力于以下三个方面的改造：

第一，证据规则制度的明确。民事诉讼证据规则的原则在于"谁主张、谁举证"，在原被告双方具有较为明显诉讼强弱势地位对比，考虑到证据获取的便利与证明能力，司法程序往往会采取举证责任倒置的规则来确保程序正义的有效实现。根据最高人民法院司法解释的相关规定，我国在垄断行为的反垄断司法规制中仍然以"谁主张，谁举证"为原则，但是也部分认可了举证责任倒置制度。具体而言，在垄断协议规制之时，被告负有相应的举证责任，而在关于滥用市场支配地位的诉讼中，原告需要

---

① 蒋岩波、喻玲：《反垄断司法制度》，商务印书馆2012年版，第154页。

对被告的市场支配地位进行举证，除此之外，反垄断民事诉讼仍然较为坚决地贯彻"谁主张，谁举证"原则。根据法律规定，银行业金融机构之间的垄断协议行为适用举证责任倒置规则，此点毋庸置疑。考虑到银行业市场支配地位认定的专业性和复杂性，我们有必要在银行业金融机构滥用市场支配地位的规制中也建立起举证责任倒置制度，或者说模仿举证责任倒置的制度特征，完善相关配套制度。举证责任倒置通过对被告一方银行业金融机构的证明责任的加重，实现原被告双方地位的实质平等，但是刻意加剧一方责任会为银行业金融机构带来极大的"诉累"，并且在滥诉行为难以避免发生的情况下，反而有影响银行业金融机构正常经营的可能。因此，我们认为，银行业滥用市场支配地位的证明责任分配与其通过举证责任倒置加重被告一方责任，不如通过证据支撑制度的完善实现执法为司法的适度服务与支撑。也就是说，原告一方可以申请反垄断执法机构对银行业相关市场份额进行权威的认定，并且在司法上赋予这一认定结论以法律约束力，通过对原告的证据支持实现原被告双方的诉讼地位实质平等。这种做法也可以确保银行业反垄断诉讼案件的公正与权威。

第二，诉讼发起方式的便利。银行业金融机构垄断行为的后果往往具有较为广泛的波及度，换言之，垄断行为一般都是以群体性的损害后果为共性。这种群体性损害之于司法程序的难度就在于：一方面在不具备判例传统的中国，个案判决能否适用于同类判决；另一方面，个体诉讼如何对抗强大的银行业垄断体系。问题解决的一个可行的方法在于效仿集团诉讼制度，完善我国代表人诉讼制度在银行业反垄断诉讼案件中的适用。集团诉讼制度通过诉讼扩张力的保证，有效地提高了对于垄断行为实施者的法律威慑力，通过集团诉讼代表人的有效选任，实现个人诉讼效果的群体辐射，有利于弱势群体合法权益的有效救济。《中华人民共和国民事诉讼法》虽然规定了代表人诉讼制度，但是在实践层面尤其是银行业反垄断法规制层面不具备可操作性，并且不存在相应的配套功能保障，而美国集团诉讼制度的关键在于惩罚性赔偿制度的有效保障，因此，考虑到银行业垄断行为的复杂性和专业性，有必要通过集团诉讼制度的引入实现垄断行为司法救济发起方式的有效完善。

第三，案例指导制度的形成。"案例无所谓典型与非典型，案例也无所谓指导与非指导；任何一个裁判文书都是反思和检讨经验知识的一个鲜活样本，哪怕是一份充斥偏见、谬误与不公的裁判文书，它同样具有批判价值，同样是知识累积和制度演进不可缺失的组成部分。"① 案例指导制度的发展动因包括了"'同案不同判'现实问题的处理、司法自由裁量权的适当限制以及司法实践和理论研究互动的选择等"②。既有民事诉讼案例指导制度的效果在未来银行业反垄断诉讼制度成熟以后可以实现这些预设的制度效果。从目前来看，案例指导制度之于银行业反垄断诉讼而言，还具备着规范诉讼程序、引导原被告双方合法开启诉讼的示范作用。我国目前暂无明确的关于银行业反垄断民事诉讼的司法判决，初始案例的形成在系统评估之后可以成为后续垄断诉讼开展的范本，当然这种范本是程序意义至上而非实体意义至上。换言之，我国的法官队伍需要关于垄断诉讼的一次"模拟法庭"实践以了解垄断诉讼的特殊性。系统、规范的垄断诉讼判决不亚于银行业市场行为司法指南对于主体现实行为的影响效力。

（三）银行业反垄断法规制之执法程序完善

反垄断执法作为银行业反垄断法规制的主要表现形式承载了巨大的规制压力，反垄断执法行为的有效开展势必会对作为执法相对人的银行业金融机构产生影响，更有甚者还有可能对行业服务模式产生影响。因此，从程序完善的角度而言，银行业反垄断执法应当对执法相对人的权益进行有效的保护。完善银行业反垄断法规制执法程序的缘由首先在于，作为一种公权力，银行业反垄断执法权存在被滥用的可能，程序的存在是为了确保执法相对人权益的合法享有，从根本上看，执法程序的完善是为了明确权力的边界。具体而言，银行业反垄断法规制的执法程序完善可以从以下几个方面着手：一是保护银行业金融机构应有的程序参与权利，确保其能够有效地参与到执法程序之中，尤其是相关申辩和救济程序之中；二是银行业反垄断执法应当有效地平衡竞争政策与产业政策的冲突，在确保不影响银行业市场整体和部分稳定大局的前提下，适当采取反垄断措施；三是明确反垄断执法机构具体的作用领域和裁判标准，增强市场主体行为的可预测性，并对反垄断执法机构的权力设置明确的界限；四是完善银行业反垄断执法相应的执法监督机制，不断探索司法与执法的对接，并且强调司法的最后保障与最后救济特征；五是增强银行业反垄断执法决定文书的说理

① 谢晓尧：《在经验与制度之间：不正当竞争司法案例类型化研究》，法律出版社 2010 年版，第 2 页。
② 张智全：《案例指导制度，实现公平正义的有力利器》，2015 年 6 月，中国法院网（http://www.chinacourt.org/article/detail/2015/06/id/1641218.shtml）。

性和可接受性，力求通过具体裁决文书表明执法机构对于关联领域垄断行为的基本态度、裁量标准与相关考虑因素，通过专业性和权威性的提升，确保反垄断法规制的独立性。

第四节 银行业反垄断法规制的方法探索

规制方法的有效探索是确保反垄断法规制在银行业市场保持规制独立性与特殊性的重要途径。银行业反垄断法规制的方法探索应当立足于成熟与新型反垄断法规制方法的吸收与适用，依据银行业的特征进行不同程度的改造与完善，并且针对目前银行业反垄断法规制的薄弱环节进行针对性的规制方法供给。具体而言，我们可以从四个方面进行微观的规制方法探索：第一，从法律实施的主体来看，在探讨了以执法和司法为代表的规制机构之后，我们有必要从法律实施主体的另一端，或者说是银行业垄断法律关系重要方面的利益相关主体探索如何实现反垄断实施的主体多元化。第二，从法律规制的环节来看，"竞争性市场不仅仅是由正式制度支撑的，个体行为还受伦理、宗教和道德准则的影响"[1]，立法、执法与司法是首要的制度完善成分，但是守法作为一种更为根本的法律规制层次应当通过特殊规制方法的运用实现文化层面与环境层面的法律规制效果达成。第三，从银行业市场化维护的整体规制目标来看，如何规范政府干预，如何去除权力因素与国家因素对银行业市场发展、银行业金融机构运作的不良影响是较为重要的问题。并且，这些问题不能仅仅寄希望于事后的行政垄断行为规制，还应通过事前的中立原则确立，为政府权力划定边界。第四，从法律规制问题的处理来看，反垄断法规制与金融监管之间、政府与市场之间、竞争政策与产业政策之间的关系处理是银行业反垄断法规制开展较为棘手的问题，我们仍需要在常规协调制度构建的基础之上，寻求较为特殊的融合式规制方法。

一 银行业反垄断实施的主体多元化

多元实施主体之于银行业反垄断有一种明显的促进与推动作用。从概念上看，实施主体是比规制主体外延更广的概念，它强调的是利益相关主

---

[1] 王先林主编：《中国反垄断法实施热点问题研究》，法律出版社 2011 年版，第 82 页。

体对银行业反垄断法规制的参与性。银行业反垄断实施主体的丰富会对银行业反垄断法规制产生多元的效果，它不仅仅停留于法律规制发起一端，更重要的还包括对法律规制专业性、权威性的保障。与此同时，我们也必须认识到，主体实施多元化也是一把双刃剑，它意味着不同的利益诉求需要满足，只有通过规制方法与规制制度的保障才能将"翻涌的民意"细化为反垄断实施的不竭动力。私人实施作为近年来反垄断法研究的热点，可以为银行业反垄断实施提供充足的"社会能量"，确保银行业市场垄断行为的有效规制；而专家治理辅助机制的完善也可以成为银行业反垄断法规制的重要保证。

（一）银行业反垄断法规制的私人实施

"法律本身是一种社会控制，但是还有其他多种社会控制方式存在于社会生活之中"①，社会转型期主体权利意识的觉醒与社会治理方式创新理念的践行，使得原本带有浓重公权力标签的法律规制具有了更多的私人特征与私人属性。私人对于法律规制的参与使其富有更多的层次性与参与性，也有利于促进法律规制的公开、透明和权威。"反垄断法的私人实施是一个开放的体系……它是指私人依据反垄断法律规范开展的监督、追诉和制裁违法行为的活动。"② 从狭义上看，银行业市场反垄断法规制意义上的"私人"大致包括金融消费者和银行业金融机构两类。据前文研究结论，银行业垄断行为的作用领域在竞争者市场和消费者市场呈现出不同的特征，因此，银行业金融机构和金融消费者分别构成了消费者市场和竞争者市场的私人元素，而成为私人的关键在于因潜在银行业市场垄断行为而承受实际损害后果。在消费者市场，金融消费者与银行业金融机构之间虽然存在着巨大的能力差距，但是这并不影响金融消费者成为反垄断私人实施体系的一部分，在竞争者市场、相关市场内受到垄断行为损害的金融机构同样可以成为反垄断私人实施的发起一端。

一般而言，私人实施的优势在于舆论效果的扩大与执法成本的节约。从银行业市场来看，首先私人实施的发展可以达到一定程度的社会舆论优势，在仅有的可供考察的案件中，"银行业反垄断第一案"和律师上告国家发改委银行业乱收费都属于典型的私人对于反垄断法规制的参与，并且

① ［美］唐纳德·J. 布莱克：《法律的运作行为》，唐越、苏力译，中国政法大学出版社2004 年版，第 7 页。

② 李俊峰：《反垄断法的私人实施》，中国法制出版社 2009 年版，第 75 页。

抛开两个案件本身的合理性和处理结果的实效性，仅就社会舆论一点就形成了较好的关注效应，引发了媒体和大众的广泛讨论。由此看来，私人实施不仅可以成为主体不满情绪的宣泄，同时也可以成为一次银行业金融机构不当行为的曝光。私人实施还可以在一定程度上节约规制成本，提高规制效率，最大限度地对银行业市场的垄断行为实现有效的治理。当私人实施与银行业反垄断执法相对接，广泛的私人力量成为执法机构搜集证据、关注银行业市场发展状态的有效途径，规制效率因垄断行为证据搜寻成本的降低而提升；而当私人实施与反垄断司法活动对接，又可以通过私人力量的充分发挥实现执法成本的节约与规制效果的社会化。因此，私人参与引发的实施主体多元化丰富了银行业反垄断效果的实现途径。其次，私人实施可以从根本上促进银行业竞争文化与竞争环境的构建。受到垄断行为损害的金融消费者和银行业金融机构虽然不能掌握主流银行业市场发展的话语权，但是可以通过私人实施行为的不断开展，自下而上地促进竞争文化与竞争环境的构建。并且私人实施引发的广泛社会舆论效果对于银行业市场竞争环境的内生性生成有着实质性的推动。最后，"反垄断法是应对行业自我规制行为反竞争风险的有效工具，而利用私人实体实现监管目标在美国具有长期的实践历史"①，私人实施同样对银行业市场化进程产生推动效应。银行业整体的市场化需要立足于银行业市场竞争机制的建构，在这一建构过程中，政府自上而下的布控是难以摆脱的路径依赖，而私人自下而上的竞争法律规制参与同样可以成为路径创造，更为根本地践行和推动银行业市场化进程。

银行业反垄断私人实施的途径主要是私主体与公主体的对接，即私人与反垄断执法和司法的对接，具体包括私人向反垄断执法机构的告发和反垄断民事诉讼的直接开启。金融消费者与银行业金融机构从客观上都具备与执法和司法对接的条件，但是考虑到银行业垄断行为和银行业市场私人的特殊性，我们认为应当重视两种实施路径的培育：第一，竞争者市场的司法对接。银行业竞争者市场的垄断行为都表现出排斥效果，市场私人是与垄断主体同质的相关市场领域的银行业金融机构，因此二者在专业性层面不存在过大的信息不对称。竞争者市场的行为一般是反垄断法规制与金

---

① Alexander Volokh, "The New Private-Regulation Skepticism: Due Process, Non-Delegation, and Antitrust Challenge", *Harvard Journal of Law & Public Policy*, Vol. 37, No. 3, Summer 2014, p. 933.

融规制冲突较为严重的领域，反垄断执法机构对于竞争者市场行为的干预会面临各方的压力，但是如果寄希望于金融监管机构的内部解决又会存在极大的俘获风险。因此，综合考虑市场特征与私人主体的特殊性，我们认为竞争者市场的私人实施应当立足于与反垄断司法的对接，即主要以反垄断民事诉讼的形式开展。现实中，其他行业竞争者市场的反垄断私人实施均呈现出诉讼多于行政执法的特点，竞争者的经济人本性决定了其会选择一条更为公平、更具独立性和专业性的解决路径。第二，消费者市场的执法对接。作为垄断行为侵害后果承受一方的金融消费者往往呈现出群体性的特征，但是现实中是一种较为松散的群体。金融消费者因先天的专业性缺乏而造成了交易中乃至法律实施中的弱势地位，并且群体的松散性更使得权益维护的私人斗争成为一种奢求。从我国司法实践而言，金融消费者的个体诉讼不仅会耗费大量的成本，并且胜诉结果除去一定的社会舆论效果外无法对其他案件的审查产生实质性的影响（尤其是成本方面）。因此，考虑到金融消费者的弱势地位，消费者市场的反垄断私人实施应当主要以向反垄断执法机构告发为主，由反垄断执法机构作为金融消费者群体的代表，依职权对潜在垄断行为进行规制。

"相比而言，我国反垄断法对私人执行的规定非常简单，仅在第五十条规定，经营者实施垄断行为，给他人造成损失的，依法承担民事责任。"[①] 如同其他行业一般，银行业市场反垄断私人实施的开展仍需要若干激励措施的完善，除去前文所述集团诉讼制度的完善外，仍需探讨如何从诉讼程序赋予当事人便利以及如何从预期诉讼结果给予当事人激励：基于前者，我们认为可以通过公益诉讼制度在银行业反垄断市场的实施，实现诉讼程序的便利，为金融消费者群体提供程序上的实质正义；基于后者，我们认为可以通过惩罚性赔偿制度的完善，给予私人实施主体充分的激励，并且国外公益诉讼制度与惩罚性赔偿制度原本就存在着必然的联系。

（二）银行业反垄断法规制的专家参与

如果说金融消费者和银行业金融机构的私人实施增加了银行业反垄断法规制的广度，那么专家的私人参与则是增加了银行业反垄断法规制的深

---

① 王健：《反垄断法的私人执行——基本原理与外国法制》，法律出版社 2008 年版，第 251 页。

度。专业人群对国家治理的有效参与不仅是民主的体现，更是社会治理方式创新的一种必要尝试。"在反垄断法实施效率和经济分析的目标导向和方法导向下，出于垄断行为本身的复杂性、反垄断执法资源的匮乏以及社会公众对专家的信赖，使得专家参与反垄断法实施成为一种符合反垄断法特征的必然。"① 从美国反垄断诉讼发展来看，专家参与抑或专家辅助人制度是对传统诉讼中专家证人制度的一种沿袭与改良，"反垄断诉讼一般来讲包括了大量的经济分析与行业深度认知，但是只有极少数的法官同时具备某一行业或专业的相关知识，专家证人的作用在于帮助法官释明"②。专家的参与对反垄断诉讼是一把双刃剑，秉承客观、合理和法治精神的专家证人可以较快地辅助法官做出正确的判决，"而'假冒专家'、'伪科学'或'垃圾科学'进入法庭，防止专家证据的滥用风险使得美国法院在审查反垄断专家证据时严格依照《联邦证据规则》和判例法上的专家证据可采性标准，最大限度地防止科技力量对审判权的控制"③。

专家参与反垄断实施的优势在于最大限度抹平反垄断案件专业性与法律规制主体局限性之间的信息不对称鸿沟，通过专业性解决方案的提出，辅助法官做出合乎专业判断的判决。除此之外，专家参与从另一个侧面看，也是对反垄断法实施活动的有效监督，通过专业性的把控，在维护反垄断实施权威性的同时，也对其独立性进行监督。并且，专家参与制度的有效运行可以在民意和司法之间创造一种或上行下效或代为表达的信息流通机制，更有利于反垄断法规制效果的达成。我国反垄断法的专家参与一般停留于立法层面，国务院反垄断委员会下设立专家咨询组，主要为反垄断立法活动建言献策，而在执法和司法层面实质性的专家参与并不多见。并且，反垄断法实施中的专家参与多表现为宏观层面的法律制度分析，鲜有具体案件过程中的专家证据支撑。所以说，我国反垄断法实施中的专家参与仍然略显薄弱，反垄断法专家参与的方向并非仅仅在于宏观层面的制度指引，更重要的在于反垄断法规制过程的有效参与，也就是说专家参与应当落脚于细分市场的专家证据支撑。

---

① 董新凯、郁尊科：《论反垄断法实施中的专家参与问题》，《安徽大学学报》（哲学社会科学版）2010年第1期。

② 喻玲：《论反垄断诉讼中的专家证人——以美国法为视角》，《江西财经大学学报》2010年第3期。

③ 胡甲庆：《美国专家证据可采性标准在反垄断司法中的适用及其启示》，《中外法学》2011年第3期。

反垄断法规制对银行业市场进行有效干预的一个重要掣肘正是在于专业性基础之上的信息不对称，银行业垄断案件从知识构成来看涉及金融学、法学和经济学的诸多方面，无论是法官还是反垄断执法者我们都难以奢求在短期内可以建立起一支非常专业能够迎合各行各业发展的执法队伍。在协调机制之下，银行业监督管理机构可以为反垄断法规制机构提供有效的专业性支撑，但是对于专业性数据的搜集和把握仍需要反垄断法规制机构"亲力亲为"，对于垄断行为认定的专业视角把握仍然需要长时间规制实践的磨砺。银行业市场反垄断法规制的专家参与不仅可以缩小专业性的信息鸿沟，大量的前期研究成果可以为反垄断执法机构对于银行业市场样态的把握提供充分的分析素材。从金融学研究现状来看，对于银行业市场集中度，"四大行"市场份额分析以及银行业垄断问题的经济学分析已经成为金融学和经济学的经典命题，大量前期的数据调研可以为反垄断执法机构规制活动的开展提供较为完备可靠的数据借鉴。

二　银行业反垄断法规制的竞争倡导适用

竞争倡导（Competition Advocacy）是指竞争执法之外竞争执法机构为建设市场竞争环境所进行的一系列探索行为。"竞争文化发展水平的高低制约一国竞争法与竞争政策的产生和发展，而反垄断法的制定和执行不管一国竞争文化水平高低，都可以在某种程度上推动其竞争文化的传播和发展，进而有利于该国竞争水平的提高"①，银行业反垄断法规制语境下的竞争倡导适用，主要是弥补守法层面法律实施与法律规制权运作的空虚与不足，通过竞争文化和竞争环境的"软构建"实现银行业反垄断法规制目标的最终达成。

（一）竞争倡导的制度价值

竞争倡导以竞争政策的落实为己任，是竞争执法方式的有益补充，从二者关系来看，"要有效地控制企业或个人的限制竞争行为，就必须通过竞争倡导消除或防止来自政策层面、法律层面和监管层面的行为对竞争的限制"②。竞争执法的作用主要体现在事后规制，而竞争倡导则是事先的

---

① 文学国、孟雁北、高重迎：《反垄断法执行制度研究》，中国社会科学出版社2011年版，第287页。

② 尹雪萍：《竞争倡导：发展中国家竞争法实施的短板——以印度经验为视角》，《理论学刊》2015年第6期。

竞争制造。从根本上讲，竞争执法与司法的高成本是竞争倡导出现的深层次原因。任何市场垄断行为的实施效果不仅仅停留于单纯的市场交易关系中，消费者福利和社会整体福利都会因垄断行为的出现而受到不同程度的减损，而垄断行为最终损害的是市场整体竞争机制与良好秩序。垄断行为的产生往往伴随着利益集团的出现，在强大的利益集团面前我们很难指望消费者可以成为与之对抗的平衡力量。相反，利益集团的存在反而会使原本被寄予希望的反垄断执法和司法被游说与俘获，并最终使市场成为少数人的游戏。依照法经济学理论，"如果将竞争倡导成本与政府不合理限制成本进行简单比较，可以发现政府未经过多方论证的限制行为会使消费者承受极大的费用，而一个竞争倡导项目所带来的潜在收益能超过整个 FTC 的预算支出"[1]。并且，竞争倡导与竞争执法并非相互独立的两种反垄断法实施路径，反而是相互促进的两种方式，并且统一于统一的规制机构，也就是说反垄断执法机构往往具有实施竞争倡导的职能内设。从当下世界各国竞争倡导的发展实践来看，竞争倡导并非反垄断法规制制度发达国家的"专利"，反而已经在发展中国家形成了共性的认识。竞争倡导的规制特征与发展中国家的市场化和民主化进程契合于市场竞争机制的软构建。

（二）银行业反垄断法规制与竞争倡导的契合

作为一种反垄断法实施的手段，"竞争倡导的核心在于促进市场的开放，具体而言包括创造条件促进竞争和约束自身行为，防止人为制造垄断两项内容"[2]。从创造条件促进竞争来看，竞争倡导的银行业适用恰好与银行业市场化进程相统一。银行业市场化进程的目标在于银行业市场竞争机制的建立，而竞争倡导正是通过正式的或非正式的制度建设促成银行业市场竞争的软形成。从约束自身行为和规范垄断行为来看，一方面我国银行业市场发展过程中的一个现实问题在于政银关系的含混不清，虽然经过了政企分离与银行业金融机构股份制改造，但是政府行为对银行业金融机构的干预助推了银行业市场的垄断势力，并且对市场的新兴势力产生了一定程度的打压。转型国家银行业改革的发展经验表明，"政府不应该直接

---

[1]　王健、汪望宇：《美国竞争倡导制度研究——兼论我国如何导入竞争倡导制度》，《经济法论丛》2014 年第 2 期。

[2]　张占江：《竞争倡导研究》，《法学研究》2010 年第 5 期。

干预银行系统，但也不能全盘撤出对经济改革的介入"①，但是与此同时政府的巨大责任应当落脚于市场竞争机制的建设。竞争倡导的重要一环在于通过竞争倡导实施机构与银行业监督管理机构之间的互动机制建立，从源头确保产业政策中的竞争考量，并通过评估制度的运行实现市场发展的有效自治。另一方面，银行业垄断行为的规范毋庸置疑需要反垄断执法和司法机构的有效规制，但是作为一种补充和辅助，竞争倡导通过企业行为的合规指引可以事前地对市场行为进行富有成效的引导与规范。更值得一提的是，从目前我国银行业反垄断法规制发展的可行性来看，在反垄断法规制和银行业监督管理存在潜在冲突的前提下，竞争倡导作为一种"软法治理"可以较好地在银行业市场为反垄断法规制生成一定的生存空间，或者说为反垄断执法与司法有效规制的开展奠定良好的文化和环境基础。

银行业的竞争与垄断历来是国外学界和实务界关注的重点命题，经济合作与发展组织（OECD）近年来发布多个与银行业市场竞争相关的圆桌会议政策报告（Policy Roundtables），议题包括竞争执法机构与行业规制机构的关系（1999）、零售银行的竞争和规制（2008）、金融业的竞争问题（2009）、银行业的竞争集中与稳定（2010）和银行业相关市场界定（2012）等。2008 年金融危机发生以后，"大到不能倒"引发银行业反垄断规制限度的激烈讨论，国外学界普遍认为应当将金融监管转型与反垄断规制变革相结合，二者统一于银行业市场竞争与稳定，服务于金融消费者福利的提升。② 在对比次贷危机期间欧美大银行监管的竞争政策和反垄断规制角色定位之后，美国反托拉斯协会主席弗尔指出，在对金融服务行业发展具有显著机构影响（包括市场支配能力）的环节，竞争执法机构应当对金融机构的审慎监管提供及时、充分的咨询建议；③ 美国联邦贸易委员会高级经济学家萨克更是旗帜鲜明地指出，金融危机的发生使得竞争倡导成为银行业一种紧要的时代需求。④

---

① 窦菲菲：《转型国家银行改革及其对经济增长影响分析——基于外资银行视角》，法律出版社 2009 年版，第 238—239 页。

② Howard A. Shelanski, "Enforcing Competition during an Economic Crisis", *Antitrust Law Journal*, Vol. 77, No. 1, 2010, p. 229.

③ Albert A. Foer, Don Allen Resnikoff, "Competition Policy and 'Too Big' Banks in the European Union and the United States", *The Antitrust Bulletin*, Vol. 59, No. 1, Spring 2014, p. 9.

④ Seth Sacher, "The Past, Present, and Future of Antitrust", *Georgetown Journal of International Affairs*, Vol. 11, No. 1, Winter/Spring 2010, p. 115.

从国家经济社会发展层面来看，深化金融市场改革，推进创新驱动发展战略，有赖于银行业市场竞争秩序的新常态探索。金融市场化改革和法治化建设历来是我国金融市场深化发展并行不悖的主体目标。[①] 伴随准入放宽、利率市场化和存款保险制度建立等金融改革阶段性目标的完成，"我国金融配置资源和服务实体经济的能力应该进一步有所提高，整体金融的实力和风险抵御的能力需要得到明显的加强"[②]。在经济新常态的背景下，2015 年《关于深化体制机制改革加快实施创新驱动发展战略的若干意见》提出"改革金融监管""强化金融创新"等发展向度；2016 年《国家创新驱动发展纲要》更是将"鼓励以银行业金融机构创新产品"作为战略实现保障，银行业的市场化和法治化统一于"打破行业垄断、营造公平竞争市场环境"的目标预设，银行业对实体经济支撑作用的发挥也有赖于内部竞争效应的有效外溢。

从我国法治社会实践发展层面来看，我国银行业监管权的竞争实效饱受诟病，银行业垄断迷局亟待制度性破解。在央行与银监会的二维权力框架之下，我国银行业金融监管权一直秉承秩序本位、稳定至上的运作思路。虽然银行业监管机构力求市场在资源配置中的基础作用，明确金融监管的法治化框架，相关学术与实务探讨也肯定了我国银行业市场的竞争发展态势，[③] 但是关于"四大行"的市场优势地位与协同行为、银行业乱收费、银行业暴利等舆论质疑不绝于耳，[④] 并且农村金融信贷排斥、民间资本合法化瓶颈和银行业金融机构地方性匹配等问题的垄断归因也使银行业发展陷入权力旋涡与垄断迷局，社会舆论对权力主导下的银行业市场竞争缺乏足够的信心与耐心。享有"经济宪法"美誉、标榜竞争本位的反垄断法实施也因其权力体系分散和银行业垄断行为的权力掺杂而产生规制排斥。我们无法通过及时的执法实践冲破银行业垄断与规制藩篱，回应市场竞争问题，推动银行业市场竞争的形成。现有发展迹象表明，银行业发展

---

① 李克强：《在二十国集团和央行行长会议上的视频讲话》，《人民日报》2016 年 2 月 27 日第 2 版。

② 周小川：《坚定不移推进金融改革，提高金融配置资源和服务实体经济能力》，《金融时报》2013 年 11 月 2 日第 1 版。

③ 参见周小川《金融危机中关于救助问题的争论》，《金融研究》2012 年第 9 期。

④ "近年来，银行高管巨额薪酬、高利润及乱收费等问题饱受非议，特别是 2010 年受到全球金融危机和国内宏观调控政策影响，实体经济发展受到制约，但银行却利用紧缩之机直接提高或变相提高贷款利率，收取各种费用，银行业服务实体经济的作用受到广泛质疑。"胡滨主编：《中国金融监管报告（2012）》，社会科学文献出版社 2012 年版，第 24 页。

不能仅仅处于金融监管权的"自给自足"之中，更不能奢求通过反垄断执法机构的权力介入实现市场发展的"双轨规制"，应当寻求更符合垄断性行业发展特征，更具竞争本位的制度性破解思路。

从我国银行业垄断的理论探讨层面来看，我国银行业市场竞争问题的根源在于政府权力的不当运用，在金融监管和竞争执法的两难困境之下，竞争倡导制度的引入可以成为垄断性行业竞争政策实现的柔性路径。无论是监管权对银行业市场优势地位主体的客观形塑，还是地方政府权力滥用引发的银行业市场信贷供给非效率导向，政府权力的不当运用始终是银行业市场竞争秩序完善所必须应对的关键性问题。权力的滥用与俘获减损了银行业市场的竞争效应，降低了银行业市场的创新输出，而竞争倡导作为竞争法实施的补充途径，"在规制开展前在竞争目标和监管机构特定目标之间进行小心翼翼的衡平"①，促成银行业市场权力结构的调试，最终维护市场竞争。在发达国家的竞争法实践中，竞争倡导被视为一种"说服的力量"②，是竞争政策实施的"软实力"象征，它的推行旨在应对政府制造垄断问题，并有效防止产业政策的肆意蔓延，缓和竞争政策与产业政策之间的紧张关系。③ 作为一种非执行工具、非诉工具，竞争倡导通过对监管和立法活动的事前评估，以及现行公共政策的事后评估，有效识别并推进有利于行业竞争和消费者福利的最佳实践，减轻执法负担。2016 年 6 月，国务院发布《关于在市场体系建设中建立公平竞争审查制度的意见》，要求对与"制定市场准入、产业发展……经营行为规范、资质标准等涉及市场主体经济活动"相关的法律文件探索实施公平竞争审查制度。银监会作为国务院直属行政机关，履行市场准入、主体行为规范等行业规制权理应成为公平竞争审查制度的践行者。依照"自查"与反垄断执法机构"监督"的双轨模式设计，银行业反垄断规制市场竞争倡导的功能实现具有极大的可操作性。因此，从反垄断规制的行业限定出发，以竞争倡导为突破口，探索以银行业为代表的垄断性行业的竞争政策实现既符合

① Stanley Gorinson, "Competition Advocacy before Regulatory Agencies", *Antitrust*, Vol. 5, No. 3, Summer 1991, p. 24.

② James C. Cooper, William E. Kovacic, "U. S. Convergence with International Competition Norms: Antitrust Law and Public Restraints on Competition", *Boston University Law Review*, Vol. 90, No. 4, August 2010, p. 1555.

③ Daniel Sokol, "Tensions between Antitrust and Industrial Policy", *George Mason Law Review*, Vol. 22, No. 5, August 2015, p. 1247.

国际经济社会的发展趋势，又能丰富竞争政策的实现理论，有效推进竞争法治的实现。

（三）银行业市场的竞争倡导适用

"反垄断机构必须成为竞争倡导者，在鼓励政府政策减少进入障碍、强化放松规制和促进贸易自由化方面发挥作用。"[①] 银行业市场的主要竞争主体在于银行业金融机构，而从垄断行为成因来看，银行业监督管理机构和部分政府的不当行为会对市场竞争产生本质上的减损。因此，银行业市场的竞争倡导从群体角度来看包括了银行业金融机构、银行业监督管理机构以及地方政府等，其中银行业金融机构和地方政府的竞争倡导重在行为导向，即行为的合规指引；而银行业监督管理机构重在规范导向，即相关监管政策的竞争介入。

从规制权力协调视角来看，我国银行业竞争倡导发展的制度要点在于：第一，完善权力结构，探索银行业公平竞争审查制度。公平竞争审查通过对监管法规和政策措施的事前竞争性评估，遏制监管权力对市场竞争发展的不当干预。根据我国公平竞争审查发展的制度设计，公平竞争审查的制度发起者为法规、政策的"起草部门"，对于银行业来讲应当是各级银行业监督管理机构。客观而言，政策法规的自我审查较为符合我国银行业监管的一般规律，但是我们应当在监管权的自我审查之外，设置竞争法规制机构的兜底审查，即需要在常规的公平竞争自我审查之外，建立对该审查权力的监督机制，通过竞争规制机构的权力兜底防止公平竞争审查制度的"形式化""空洞化"执行。第二，发挥权力优势，加强银行业市场的竞争性评估和商业银行的合规指引。如前所述，金融规制与反垄断法规制具有不同的规制禀赋，从银行业竞争倡导而言应当充分发挥其各自的优势。金融规制的优势在于其对商业银行从准入、运行到退出的全程监管，因此通过金融规制权力的转型可以实现商业银行市场竞争行为的有效合规指引。反垄断法规制立基于反垄断经济学基础之上，对市场竞争性评估具有较为专业的工具选择与制度依赖。诚然，市场竞争性评估和商业银行合规指引的权力运作并非是泾渭分明的：在银行并购领域，国外通常由竞争规制机构发布商业银行并购指南，实现行业经营者集中的竞争执法介入。

---

① ［英］马赫·M. 达芭：《反垄断政策国际化研究》，肖兴志等译，东北财经大学出版社2008 年版，第 50 页。

第三，促进权力融合，以竞争倡导为契机促进反垄断执法的银行业介入。竞争法执行和竞争倡导是 2015 年联合国第七届竞争原则及规则审议大会明确的两种竞争政策实现方法，竞争倡导与竞争法执行既具有规制手段的独立性，又具有规制目标的一致性，更具有规制方法的关联性。银行业的竞争倡导在某种程度上讲是竞争政策对产业政策的"妥协"路径，这种"妥协"始于对金融市场发展规律的尊重，终于竞争倡导与竞争法执行在银行业的一体适用。因此，以竞争倡导为契机提升市场竞争文化，促进反垄断法规制权的有效介入，实现银行业的权力转型是制度运作的最终落脚点。

从具体的制度路径来看，我们认为依照三种倡导群体导向可以从四个方面进行针对性发展：一是立法优先咨询制度的完善。立法优先咨询，顾名思义是银行业市场监督管理部门在出台与市场竞争相关法律规范之前，应向竞争倡导机构咨询相关建议。金融市场的运行尤其是银行业市场的运行伴随着大量法规和指导性文件的出台，毫不夸张地讲，在共性的程度上金融监管行为可以等同于金融监管机构的立法行为。法律对于金融市场发展的重要性决定了我们需要从立法层面确保银行业市场竞争机制不被减损。二是银行业金融机构合规指引的完善。金融机构行为的合规指引不同于银行业市场的司法指南，相比而言前者更重视一般营运规范规则的制定，而后者更多体现为具有法律约束力的垄断行为规制程序规则。企业合规指引既可以是市场层面的共同行为，也可以是具体到金融机构的个别指导。竞争倡导下的金融机构合规发展是在尊重金融机构自主经营权和金融市场风险防范的基础上，对企业内部行为合规制度的适度引导。三是金融监管行为的竞争评估。一般而言，管制行为的竞争评估常见于自然垄断行业，政策性垄断行业因其特殊属性而鲜有系统的管制行业竞争评估。金融监管行为作为银行业市场较为基础的国家干预行为，是目前我国银行业市场发展难以摆脱的路径依赖。因此，金融监管行为对于市场竞争的态度直接影响着银行业市场化的最终进程。金融行业的特殊性决定了金融监管行为不能单纯建立于效率性和市场性的目标价值之上，稳定导向下的金融监管机构仍可能存在诸多逆市场行为，这些行为背后的合理性使得如果我们期望竞争评估成为一种有效的制度就需要建立起系统、规范的整体机制，即在不影响金融市场稳定的前提下，对部分金融监管行为进行适度的评估。四是银行业市场行业协会的作用发挥。从反垄断法意义上看，行业协会是市场发展的双刃剑，它既可以成为市场行业自律的倡导者，又可以成为集体垄断行为的发起者，因此如何定位行业协会的功能成为关键。银行业市场的行业协会可以分为技术性行业协会和管控型行业协会两种，前者是基于技术需求而进行的行业发展联盟，例如中国银联，而后者则更多是政府监管职能的下放，例如中国银行业协会。竞争倡导的实现需要将技术性行业协会视为一般市场金融机构，进行针对性的行为指引，而管控型行业协会则需要被视为金融监督管理机构，对其行业管理行为进行监督的同时，不断引导其实现竞争倡导功能的承继。

三　银行业市场发展的竞争中立原则

竞争中立（Competitive Neutrality）主要是指国家和政府在市场发展过程中，在处理国有企业和非国有企业关系问题上保持应有的中立态度，不因自身的干预行为导致市场竞争标尺的偏颇。"竞争中立概念及其制度框架成型于 20 世纪 90 年代的澳大利亚，目前业已成为风靡世界的重要词汇"[①]，虽然在一些国际贸易争端的处理中，竞争中立被冠以贸易打压的标签，但就竞争中立的本质而言，它是一种适合于银行业市场竞争机制培育的方法和途径。

（一）竞争中立的政策导向

竞争中立理念下政策实施的主要矛盾在于政府与市场关系的处理，更深层次讲即是政府权力边界的界定。从实践来看，政府可以通过多种方式对企业行为进行干预并最终影响市场竞争的天平，例如政策补贴、政策倾斜乃至地方保护主义等。公权力的主观选择使得本应处于平等竞争中的市场主体无法享有同等的发展机会，这种现象多表现在国有企业的发展过程之中。国有企业因其国有资本属性，在市场主体角色背后还伴随多重的政策身份乃至一定的职能享有。在自然垄断行业，国有企业的一统天下适合规模经济的发展规律，然而对于更多的一般行业而言，市场经济的发展下更推崇主体的多元化与平等化，更强调政府回归"守夜人"的角色将市场发展的主动权交还市场主体。从计划经济到市场经济，政府在部分市场领域的角色定位依然含糊不清，如何确保政府实现实质意义的"需要国家干预"是竞争中立政策实施的目标。

---

① 应品广：《竞争中立：中国的实践与展望》，《WTO 经济导刊》2014 年第 6 期。

竞争中立政策的行为准则包括了"交易机会中立、经营负担中立和投资回报中立等多个方面"①，实际上它是要求政府在市场交易产生、运行和终结的每一个阶段都尽可能地减少干涉与参与。交易机会中立主要是指市场准入环节和政府采购环节的政府中立导向，市场准入条件的不当设置某种程度上是导致市场进入垄断状态，市场竞争机制无法形成的根本原因，而政府采购作为一种市场主体的购买行为同样应当秉承购买对象、信息共享、流程公开等中立理念，一视同仁地对待潜在交易方，不因国有属性而产生偏私行为。经营负担中立主要是指与政府直接或间接相关的行为附加过程的同一化和标准化，包括了税收监管、社会责任和融资资源分配等诸多方面。适度的经营负担是市场主体在享有市场资源配置的前提下应当承担的对等责任与义务，包括接受政府监管、税收缴纳、社会责任和法律责任的承担等。市场中资源配置的合理性反映在经营负担一面即是主体间承受力度的标准化，即不能因政府的单方面行为刻意加重和减少某些市场主体的经营负担，应当保持政府的中立角色。投资回报中立则是更多要求价格标准的衡平与价格违法行为追诉的严苛，主要强调执法标准统一于政府补贴行为的合理、公开与科学。

（二）银行业市场的竞争中立需求

银行业市场对竞争中立政策的需求如同对市场化需求一般，都反映出强烈的金融平等、自由和民主的内部诉求。银行业市场存在大量的市场竞争政府非中立现象，表现在金融市场准入、金融机构运行和金融机构退出的方方面面。从金融准入限制来看，我国历来奉行较为严苛的金融准入政策，金融市场的铜墙壁垒不仅缔造了金融牌照的稀缺性，更在客观上促成了"四大行"在发展初期的市场垄断地位。即使从目前民营银行的放开准入来看，民间资本自由进入银行业市场仍然面临着极大的实体和程序限制。即使在以"低准入、严监管"为原则的新型农村金融机构发展中，村镇银行和小额贷款公司等银行业市场金融机构的发展都被打上了浓重的国家干预标签：前者在股东构成方面具有较大的传统银行业主导和民间资本排斥特征，而后者也因吸储功能的先天缺乏影响其可持续发展。从金融机构运行来看，政府对国有银行的巨额补贴和银行业信贷配给中鲜明的

---

① 参见丁茂中《我国竞争中立政策的引入及实施》，《法学》2015年第9期。

"国有倾向"一直被社会舆论诟病。① 本应依照市场规律，产业部门与融资部门依照成本和效率导向的缔约标准，因二者国有资本的"同根性"而发生了不应的低效配置，大量小微企业、非国有企业被排斥于主流信贷资源配置之外。除此之外，现实也大量存在着银行业市场的地方保护主义，以行政权力强制信贷资源配置等。

银行业市场竞争中立政策推广本质上是为了确保银行业市场，尤其是竞争者市场的主体权利平等。银行业市场发展中的政府不中立实际上是运用公权力升华一部分主体的市场权利，在客观上对其他部分主体的权利行使产生了障碍；或者是确保现有主体的市场权利，限制新主体平等的市场权利。在银行业市场存在国有银行的局面下，政府在市场发展初期的扶持行为具有促成市场机制、发挥银行业社会职能的合理功效。但是在银行业市场趋近成熟之后，或者说在银行业市场化成为大势所趋之后，政府应该通过竞争中立政策的施行，赋予国有银行和非国有银行普遍的、平等的竞争权利。另外，我们需要辨明的一个问题在于，银行业市场的"需要国家干预"和政府对于银行业市场的不当干预是两个问题，前者是银行业市场发展过程中基于秩序问题的必然干预行为，而后者则更多表现为一种竞争的不中立行为。并且，银行业的竞争中立政策并不会对银行业市场的稳定尤其是政府对银行业市场必要的管制产生影响，竞争中立政策本身如同反垄断法一般，也存在着适用除外的领域。② 换言之，竞争中立的落脚点不是银行业的充分市场化和自由化，而是可竞争领域政府行为的边界界定。

（三）竞争中立政策的银行业适用

银行业市场的竞争中立政策适用立足于其应然行为准则的实现，具体而言可以从三个方面进行制度完善：第一，明确赋予银行业反垄断执法机构对滥用行政权力排斥和限制竞争行为进行规制的权力。行政垄断行为是较为明显的违背竞争中立政策、破坏市场竞争机制的行为，银行业市场中尤其是在区域市场中也确实存在着地方政府滥用职权干预信贷资源分配的行为。虽然我国《反垄断法》明确行政垄断行为是反垄断执法机构的法

---

① 参见《银行等"最赚钱"国企领高额补贴》，《新快报》2014 年 11 月 20 日第 A24 版。

② 一般而言，竞争中立政策的适用除外包括"非市场化领域的政府管理、外商投资的国家安全审查和引入竞争的非对称型扶持等"。参见丁茂中《我国竞争中立政策的引入及实施》，《法学》2015 年第 9 期。

定规制类型之一，但是并不存在实质性的规制方式和规制工具，我们应当在赋权的同时，给予配套的实质性制度保证。相比于其他行业，银行业市场的行政垄断行为更为复杂、规制任务更加艰巨，因此更需要从竞争中立的理念出发，赋予反垄断执法机构对公权力行为的矫正权力，以确保市场竞争的公平开展。第二，银行业金融机构准入制度改革的实质性推进。金融机构准入制度完善意在为市场主体提供平等的市场交易机会，在确保银行业市场稳定的前提下，提高畅通市场进出的自由度。2015 年 6 月，银监会发布《关于促进民营银行发展的指导意见》，明确"在加强监管前提下，积极推动具备条件的民间资本依法发起设立中小型银行等金融机构，提高审批效率，进一步丰富和完善银行业金融机构体系，激发民营经济活力"，此举被认为是我国银行业准入监管机制的正式放开。但是从民营银行批复进程和具体配套制度完善来看，我国真正意义的金融机构准入放开还有很长的路要走。依据竞争中立原则，政府在市场准入之中更多的是一种形式上的审查，从制度上看提倡由审核制转为注册制。考虑到银行业的特殊性，银行业市场的完全放开抑或银行业金融机构的注册准入不存在现实可操作性，但是应当通过制度的完善更加畅通民间资本的进入以及银行业金融机构的审批效率。除此之外，竞争中立原则的一个要求在于信息的公开与公示，基于此推论我们认为可以通过负面清单制度的完善，强化金融机构的市场准入。2015 年 10 月，国务院发布《实行市场准入负面清单制度的意见》，明确指出"把激发市场活力与加强市场监管统筹起来，放宽和规范市场准入，精简和优化行政审批，强化和创新市场监管，加快构建市场开放公平、规范有序、企业自主决策、平等竞争，政府权责清晰、监管有力的市场准入管理新体制"，银行业市场准入的负面清单正是基于银行业市场化进程和政府角色重新定位的现实需求，通过信息和程序的明确实现金融准入环节政策中立。第三，银行业利率市场化改革的推进。利率市场化是银行业市场化的关键环节，作为银行市场的竞争要素的价格表现，利率的可竞争可以为市场主体提供充分的竞争因素。推进利率市场化改革一方面需要银行业监督管理机构的整体布控；另一方面也需要反垄断执法机构对利率的横向操作行为进行有效的规制，确保银行业利率形成的市场基准，排斥行政权力和垄断权力对利率的恶劣影响。

四　银行业反垄断法规制的行政指导设计

行政指导（Administrative Guidance），顾名思义是行政机构出于某种行政目的，以正式或非正式方式对标的主体展开的针对性的、不具备法律约束力的行为总称，具体而言包括了建议、指南和警示等。"反垄断指导制度，是指对某些涉案行为，反垄断执法机关并不予以处罚，而是给予相对人行为建议、指导、劝告，以帮助相对人在未来的行为中遵从反垄断法的制度。"① 行政指导同样是银行业市场反垄断法规制过程中的一种可期待的软规制工具，行政指导的制度价值与银行业反垄断法规制具有一定程度的契合度，同时适合我国银行业反垄断法规制的现实需求。

（一）行政指导的价值与争议

行政指导是"行政民主化潮流下日益广泛运用并逐渐类型化的一种现代行政管理行为方式，同时也是一种理论基础薄弱、实务问题甚多、法治程度不高的重大行政现象"②。行政指导的出现实际上表明了三个层面的意思：第一是点名问题，即作为公权表现形式的行政行为的运行需要与时俱进的变革，不应迷信经验主义单纯沿袭传统的管制方式；第二是指出方向，即以行政行为的民主化作为改良向度，不断提升行政行为的公开度与科学度，通过信息的交互促进行政行为的参与，提高主体行为的可预测性；第三是回应趋势，即行政指导制度发展与完善是对法治化进程的有力回应，通过行政规制的软法治理实现行政规制的二元结构。行政指导在具有诸多发展优势的同时也具有一定的局限性，集中体现在高昂的指导成本。"在美国反垄断法实施的过程中，企业在无先例可循时可以向联邦委员会请求顾问性意见；日本公正交易委员会常常采用警告和提醒的非正式程序处理一些违法案件，而不将这些案件付诸正式的行政审判程序"③，由此看来，行政指导在具备共性与个性灵活指导优势之时也有现实案件之复杂多变而使行政指导机构面临着难以预估的规制压力，并且这种个案的行政指导并不亚于正式的司法指南，虽然这种指导本身并无真正的法律效力，但是实际上在行政执法实践之中隐含着一些行政执法机构对于特定行为的前置观点。也就是说，行政指导在提高了主体行为预测性的同时，并未降低行政指导机关做出行政指导行为的谨慎性，较高的交易成本仍然是发展行政指导需要克服的问题。虽然行政指导存在着一定的制度推广难

---

① 王炳：《反垄断非强制性执法制度与实践分析》，法律出版社2011年版，第68页。

② 莫于川：《法治视野中的行政指导行为——论我国行政指导的合法性问题与法治化路径》，《现代法学》2004年第3期。

③ 刘桂清：《反垄断法中的产业政策与竞争政策》，北京大学出版社2010年版，第160页。

度，但是无可否认的是它作为行政管理方式创新的制度本质，因此我们有必要在具有公权力运行属性的反垄断法规制中尝试地探索行政指导的运行路径。

（二）银行业反垄断行政指导的效用

银行业市场反垄断法规制的行政指导与近年来时兴的金融市场"柔性监管"（Flexible Regulation）相契合，"从实践中汲取规制经验，并通过规制经验改变规制行为"①，合理应对金融创新，实现监管的灵活性。银行业反垄断法规制适用行政指导的动因首先仍然在于规制权力冲突的缓解，行政指导与竞争评估和竞争中立一般都属于一种较为缓和的规制方法，与强硬的反垄断执法应然状态下相比避免与银行业监督管理机构的正面权力冲突。在银行业反垄断法规制初期，银行业市场竞争性规范仍不明朗之时，是一种过渡性的、探索性的特色反垄断法规制方法。行政指导的实施效果在于通过共性与个性指导行为的开展，提高银行业金融机构市场行为的可预测性，并且行政指导案例的丰富无形中也会有集腋成裘之效——推进市场竞争规范的完善。目前，我国银行业市场与我国社会一般同样处于一种转型期，银行业市场化进程并非一蹴而就，而是处于不断的探索之中。在银行业市场主体制度的不断试错之中，相应的市场竞争的规制措施同样存在着探索和纠错的过程，同时我们应当允许在发展初期法律空白的适度存在，而行政指导正是弥补法律空白，促进银行业市场反垄断法规制的完善的一种可期待路径。如果可以有效赋予反垄断执法机构行政指导功能，那么在行政指导过程中不仅提升了行为的可预测性，也实现了银行业市场反垄断执法相关信息的交换，潜在中提高了反垄断执法机构在银行业市场的执法能力。并且，我国银行业市场长期处于国家干预的路径依赖之中，从国家干预到市场主导的过渡不能通过单纯的模式变动，应当在稳定银行业市场秩序的前提下寻求合理化的过渡。因此，从市场竞争法律机制的完善而言，可以由银行业监督管理机构的制度依赖转为反垄断执法机构的行政指导依赖，最后再逐步过渡到反垄断执法主导下的银行业反垄断法规制协调机制。

（三）银行业反垄断行政指导的一般原则

依据我国银行业市场垄断行为的特征和银行业市场进程的规制需求，

---

① Cristie Ford, "Financial Innovation and Flexible Regulation: Destabilizing the Regulatory State", *North Carolina Banking Institute*, Vol. 18, No. 1, November 2013, p. 29.

我们认为银行业反垄断行政指导的制度探索应当遵循如下原则：第一，不能以行政指导完全替代反垄断行政执法。如前所述，银行业反垄断法规制应当秉承"软硬兼施"的原则，行政指导作为一种规制方法的软处理，其适用范围不能与反垄断执法范围等同，一些明显的、引发社会舆论关注的银行业市场垄断行为反垄断执法机构应当适时主动出击，以确保反垄断法规制在银行业市场的权威性。第二，行政指导不能成为银行业金融机构豁免于反垄断法的工具。行政指导制度所蕴含的权力表达在于金融机构行为的释明权，即与竞争法律规制相关的行为认定等。金融机构可以通过行政指导获得有利于市场竞争的行为指引，但是不能以行政指导为由做出排除和压缩反垄断法适用空间的解释。也就是说，行政指导应当坚持其法律效力的缺失特征，单纯从软法路径寻求市场竞争机制的维护。第三，行政指导以银行业金融机构或者其他市场经营主体的自愿为原则，不能利用行政指导主动干预金融机构的自主经营。无论是个体答疑还是行业整体的运作指南，银行业市场的经营主体是行政指导的发起者，行政指导机构可以通过整体的行为指南对银行业市场部分领域的行为作出共同指引，但是不应主动对金融机构的自主运营进行不适当、不合理的干预。第四，行政指导应以普遍性为原则，注重个案指导的一般示范作用。我国现阶段银行业市场推广行政指导制度的要旨在于促进银行业市场反垄断立法和执法的完善，因此个体指导应当立足于整体行为规制效果的呈现，通过个案指引由点及面地推动银行业市场竞争执法规范体系的完善。

本章小结

银行业反垄断法规制体系的构建首先应当明确规制权内涵和宏观的发展方向。银行业反垄断法规制权包括立法、执法和司法等多项权能，权力行使的利益导向表现为宏观上的整体秩序利益、中观上的竞争效率利益和微观上的市场主体利益。银行业反垄断法规制所涉关联法域众多，我们认为应当确立反垄断法的规制权实施主导地位，通过垄断行为规制、权力行使协调、权力维护权利和制度明确权力等原则的确立，为银行业反垄断法规制权设定一定的界限和边界。银行业反垄断法规制体系的宏观特征在于软硬兼施、多元参与和制度明晰，具体而言应当立足规制协调机制、制度完善和方法探索。

从协调机制来看，银行业反垄断法规制协调机制不仅仅包含协调制度的单向建设，还应该从规制目标、主导权力和配合义务等多方面进行整体建构。协调机制的首要问题是协调机构的设置，应当确立反垄断法规制机构的主导地位，并且立足于反垄断执法机构的司法化改造，通过权力行使规则和程序的明确实现规制权行使的公开、透明。协调机制的关键问题是垄断行为执法关系权配置，应当在消费者市场形成共同管辖模式，在竞争者市场形成反垄断执法机构主导的管辖权配置模式，依据垄断行为的特征，在尊重金融监管必要性和专业性的基础上有效分配规制管辖权。协调机制的特殊问题在于政府行为的反垄断审查，并非所有的政府行为都需要经过反垄断执法机构审查，同样并非所有的政府行为反垄断执法机构都可以进行审查。银行业市场政府行为的反垄断审查应当秉承区分原则，即区分政策行为和滥用行政权力限制竞争行为、在滥用行政权力限制竞争行为的前提下，区分地方政府行为和金融监管机构行为。除此之外，执法和解可以作为协调机制的有效制度补充，缓解反垄断法规制与金融规制之间的冲突，通过经营者承诺制度的完善实现反垄断法规制的自我调适。

从制度完善来看，首先需要通过银行业市场大数据的建立和银行业市场竞争性评估制度的完善实现银行业反垄断法规制的基础制度完善，为银行业反垄断法规制的开展奠定专业性支撑。其次，银行业反垄断法规制需要两方面的实体制度支撑：一是通过银行业反垄断法规制体系的完善，对法律适用、管辖权分配、规制目标等关键问题进行明确，缓解银行业反垄断法规制的不确定性；二是明确垄断行为法律规制的量化标准，处理好自由裁量和主体权利之间的边界。最后，银行业反垄断法规制还应立足于司法程序和执法程序的完善，健全证据规则和诉讼支撑制度，通过专业性和权威性的提升，确保反垄断法规制的独立性。

从方法探索来看，银行业反垄断法规制应当致力于四个方面的微观规制方法探索：一是通过私人实施制度和专家参与制度的完善增加银行业反垄断法规制主体参与的广度和深度，实现规制主体的多元化；二是通过竞争倡导制度的建设，完善守法环节的法律规制，从根本上助推银行业反垄断法规制；三是通过竞争中立原则的确立，明确政府公权在银行业市场发展的作用边界，减少国家因素对银行业市场发展和银行业金融机构运营的不当影响；四是通过行政指导制度的完善，柔性处理银行业垄断行为的规制权冲突。

结　语

　　银行业市场的垄断问题经由媒体曝光而不断发酵为对大型银行业金融机构的"非理性攻击"。在传媒语义梳理和银行业垄断文献回顾的基础之上，我们认为，银行业垄断是我国银行业市场发展中面临的现实问题。在竞争者市场，大银行与小银行之间存在着排斥行为，既有银行业金融机构对新进市场主体同样存在着排斥行为；在消费者市场，一方面信贷资源的非效率导向匹配引发银行业金融机构不良贷款增加，微型企业被排斥于主流金融范围之外；另一方面，银行业经营者的肆意行为也对金融消费者的权益享有产生减损效应。除此之外，在可预测的银行业未来发展之中，银行业市场的垄断问题会因产融结合的加剧而面临着更为复杂的情形，金融市场、产融结合领域和跨国市场都会面临着巨大的银行业垄断风险的考验。因此，银行业垄断问题的规制是一个前瞻性的命题，如不能"攘外必先安内"有效梳理银行业市场内部的垄断问题，那么在问题演变得更为复杂之时，现有的法律规制体系更加难以应付未来的诸多挑战。无论是当下还是将来，本书研究显示，银行业垄断问题具有法律真实性，我们可以在法律之上找到对现有银行业市场诸多行为的规制依据，同时《反垄断法》作为市场竞争机制维护和消费者权益保护的市场经济秩序规制法律具有对银行业市场垄断行为有效规制的可预见性和可操作性。当银行业垄断问题从金融学走进法学，我们需要更多地思考如何在既有法律框架之卜寻求规制制度的发展与完善。

　　银行业反垄断法规制的进路在于制度的完善。银行业反垄断法规制的形成、发展与完善应当落脚于体系构建与制度完善，而一切之关键在于确立以《反垄断法》适用为前提的银行业法律规制的体系化推进。由此，银行业反垄断法规制体系是以反垄断法律规范的适用为前提，以反垄断法规制为基本方法,以银行业市场垄断行为为导向,以震慑和合规指引为应然效果的银行业反垄断法规制权运作体系。我们应当通过反垄断法律规范的细化、反垄断法规制机构的专业性提升和反垄断法规制与金融规制之间的协调,实现银行业市场垄断问题治理的长效机制。基于此发展前提,我们不仅应当思考如何调整和完善现有并不成熟的反垄断执法与司法制度,同样也需要对金融规制进行适当的市场化变革,而更为关键的落脚点在于银行业反垄断法律框架的搭建和反垄断法规制方法的银行业应用。银行业反垄断法规制的需求、问题、逻辑与路径等种种环节均表达出银行发展中的"制度依赖性",因此制度的推翻与重构成为银行业反垄断法规制的进路之一。

　　银行业反垄断法规制的进路在于逻辑的明晰。本书从银行业反垄断法规制着手,首先明确了法律规制开展的前提,即银行业反垄断法规制是对银行业市场竞争发展需求的历史回应,而反垄断法规制自身从结构主义到行为主义,从垄断行业豁免到普遍适用,银行业反垄断法适用的明晰和适用障碍的消弭为银行业反垄断法规制的开展奠定了基础。其次,本书针对银行业反垄断法规制的现有问题进行了分析,一方面将市场发展中的诸多关联行为进行《反垄断法》框架下的行为类型分析,阐释银行业垄断问题寻求《反垄断法》解决的可行性;另一方面针对法律规制应然架构从规制目标、规制主体、规制方法和规制效果四个方面展开现有法律规制问题的分析,将复杂的银行业市场垄断问题与法律规制问题分类归总。再次,本书针对银行业反垄断法规制问题进行各个击破,通过理念、权利、冲突和调试四个方面分析得出反垄断法规制的应然逻辑。最后,在明确银行业反垄断法规制的整体框架后,本书对银行业反垄断法规制的制度完善和方法探索进行了分析,力求从实体与程序、立法、司法、执法与守法等各个环节入手,寻求反垄断法对银行业金融规制的常态化覆盖。

　　银行业反垄断法规制的进路在于法治的健全。银行业反垄断法规制始于法定规制权的行使,以《反垄断法》实施为主题,依托反垄断法规制机构,利用反垄断法规制方法形成对银行市场竞争发展的法律规制与法治引导。本书研究结论显示,虽然《反垄断法》对银行业市场的适用具有合理性和必然性,但是反垄断法规制自身的不成熟和金融市场发展中高度的监管依赖使得银行业反垄断法规制体系的建立与发展举步维艰。我们坚信,反垄断法终将会在每一个市场经济行业中适用,承担起维护市场竞争、提高经济效率和保护消费者权益的历史使命。反垄断法规制虽然不能主导银行业市场化进程，但是可以通过独立规制价值的发挥实现银行业市场化的助推和银行业市场化成果的巩固。在社会舆论对依靠《反垄断法》实施应对银行业市场垄断问题的呼声此起彼伏之时，决策层和反垄断法规制机构不应选择静默，而是应更多地探索适合银行业市场发展规律，针对银行业市场垄断行为特征，立足现有规制制度的改良与发展的银行业市场反垄断法规制。并且，以行政指导、执法和解为代表的公法特征规制方法为银行业市场垄断问题的柔性处理奠定了基础，而以竞争倡导、竞争评估、私人实施和竞争中立为代表的反垄断特色规制方法尤为银行业市场垄断诸多关联问题的解决提供了方法论。

银行业反垄断法规制的进路研究还应重视问题的多元衍生。本书在前人研究的基础上，主要从法律规制视角出发，明确银行业反垄断法规制的合理性和合法性。正如前文指出的那样，银行业垄断问题之复杂并非仅仅在于市场之内，未来的研究还应着眼于产融结合领域的反垄断法规制、互联网势力对金融领域涉足后的市场竞争机制维持、银行业准入的反垄断法审视等环节。银行业的《反垄断法》的适用并非是单纯的法条适用，更多地体现在市场竞争价值的赋予与维护；银行业反垄断法规制同样不是简单的执法实施，还需要通过立法规范明晰、司法程序完善和守法制度推进形成全方位的市场竞争法律促进机制。

参考文献

一　中文类

（一）著作

［奥］凯尔森：《法与国家的一般理论》，沈宗灵译，中国大百科全书出版社 1996 年版。

［奥］尤根·埃利希：《法律社会学基本原理》，叶名怡、袁震译，中国社会科学出版社 2009 年版。

［德］卡尔·拉伦茨：《法学方法论》，陈爱娥译，商务印书馆 2003 年版。

［德］柯武刚、史漫飞：《制度经济学：社会秩序与公共政策》，韩朝华译，商务印书馆 2008 年版。

［德］鲁道夫·芮切特：《新制度经济学：一个交易费用分析范式》，姜建强、罗长远译，上海人民出版社 2006 年版。

［法］让—雅克·拉丰：《规制与发展》，聂辉华译，中国人民大学出版社 2009 年版。

［荷］亨利·W. 狄雍、［美］威廉·G. 谢泼德：《产业组织理论先驱——竞争与垄断理论形成和发展的轨迹》，蒲艳、张志奇译，经济科学出版社 2010 年版。

［荷］雷吉·德·范尼克斯、罗杰·佩弗雷里：《重塑金融服务业——消费者对未来银行和保险业的期待》，中国工商银行城市金融研究所译，中国金融出版社 2014 年版。

［加］L. W. 萨姆纳：《权利的道德基础》，李茂森译，中国人民大学出版社 2011 年版。

［美］E. 博登海默：《法理学：法律哲学与法律方法》，邓正来译，

中国政法大学出版社 2004 年版。

　　［美］J. 格里高利·西达克、丹尼尔·F. 史普博：《美国公用事业的竞争转型：放松管制与管制契约》，宋华琳等译，上海人民出版社 2012 年版。

　　［美］R. M. 昂格尔：《现代社会中的法律》，吴玉章、周汉华译，译林出版社 2008 年版。

　　［美］安德鲁·罗斯·索尔金：《大而不倒》，巴曙松等译，中国人民大学出版社 2010 年版。

　　［美］奥尔森：《集体行动的逻辑》，陈郁等译，上海人民出版社 1999 年版。

　　［美］奥利弗·E. 威廉姆森：《反托拉斯经济学——兼并、协约和策略行为》，张群群、黄涛译，经济科学出版社 1999 年版。

　　［美］本·伯南克：《金融的本质：伯南克四讲美联储》，巴曙松、陈剑译，中信出版社 2014 年版。

　　［美］彼得·D. 希夫：《国家为什么会崩溃》，刘寅龙译，中信出版社 2013 年版。

　　［美］查理斯·R. 吉斯特：《美国垄断史——帝国的缔造者和他们的敌人》，傅浩等译，经济科学出版社 2004 年版。

　　［美］戴维·J. 格伯尔：《二十世纪欧洲的法律与竞争》，冯克利、魏志梅译，中国社会科学出版社 2004 年版。

　　［美］戴维·格伯尔：《全球竞争：法律、市场和全球化》，陈若鸿译，中国法制出版社 2012 年版。

　　［美］道格拉斯·C. 诺斯、约翰·约瑟夫·瓦利斯、巴里·R. 温格斯特：《暴力与社会秩序：诠释有文字记载的人类历史的一个概念性框架》，杭行、王亮译，上海人民出版社 2013 年版。

　　［美］赫伯特·霍温坎普：《反垄断事业：原理与执行》，吴绪亮等译，东北财经大学出版社 2011 年版。

　　［美］赫伯特·霍温坎普：《联邦反托拉斯政策：竞争法律及其实践》，许光耀、江山、王晨译，法律出版社 2009 年版。

　　［美］基斯·N. 希尔顿：《反垄断法：经济学原理和普通法演进》，赵玲译，北京大学出版社 2009 年版。

　　［美］加里·L. 里巴克：《美国的反省：如何从垄断中解放市场》，

何华译，东方出版社 2011 年版。

　　［美］理查德·波斯纳：《法律的经济分析》，蒋兆康译，法律出版社 2012 年版。

　　［美］理查德·波斯纳：《反托拉斯法》，孙秋宁译，中国政法大学出版社 2003 年版。

　　［美］莉莎·布鲁姆、杰里·马卡姆：《银行金融服务业务的管制：案例与资料》，李杏杏、沈晔、王宇力译，法律出版社 2006 年版。

　　［美］罗伯特·席勒：《金融与好的社会》，束宇译，中信出版社 2012 年版。

　　［美］罗伯特·席勒：《新金融秩序：如何应对不确定的金融风险》，束宇译，中信出版社 2014 年版。

　　［美］罗斯科·庞德：《通过法律的社会控制》，沈宗灵译，商务印书馆 1984 年版

　　［美］迈克尔·D. 温斯顿：《反垄断经济学前沿》，张嫚等译，东北财经大学出版社 2007 年版。

　　［美］曼昆：《经济学原理：微观经济学分册》，梁小民、梁砾译，北京大学出版社 2012 年版。

　　［美］尼尔·K. 考默萨：《法律的限度——法治、权利的供给与需求》，申卫星、王琦译，商务印书馆 2007 年版。

　　［美］欧内斯特·盖尔霍恩、威廉姆·科瓦契奇、斯蒂芬·卡尔金斯：《反垄断法与经济学》，任勇等译，法律出版社 2009 年版。

　　［美］乔·S. 贝恩：《新竞争者的壁垒》，徐国兴等译，人民出版社 2012 年版。

　　［美］史蒂芬·布雷耶：《打破恶性循环：政府如何有效规制风险》，宋华琳译，法律出版社 2009 年版。

　　［美］史蒂芬·布雷耶：《规制及其改革》，李洪雷等译，北京大学出版社 2008 年版。

　　［美］唐纳德·J. 布莱克：《法律的运作行为》，唐越、苏力译，中国政法大学出版社 2004 年版。

　　［挪］拉斯·特维德：《金融心理学》，周为群译，中信出版社 2013 年版。

　　［英］安东尼·奥格斯：《规制：法律形式与经济学理论》，骆梅英

译，中国人民大学出版社 2008 年版。

［英］奥利弗·布莱克：《反垄断的哲学基础》，向国成等译，东北财经大学出版社 2010 年版。

［英］哈特：《法律的概念》，许家馨、李冠宜译，法律出版社 2012 年版。

［英］罗纳德·哈里·科斯、王宁：《变革中国：市场经济的中国之路》，徐尧、李哲民译，中信出版社 2013 年版。

［英］马赫·M. 达芭：《反垄断政策国际化研究》，肖兴志等译，东北财经大学出版社 2008 年版。

［英］迈克·费恩塔克：《规制中的公共利益》，戴昕译，中国人民大学出版社 2014 年版。

［英］汤姆·宾汉姆：《法治》，毛国权译，中国政法大学出版社 2012 年版。

［英］西蒙·迪克森：《没有银行的世界》，零壹财经译，电子工业出版社 2015 年版。

［英］珍妮·斯蒂尔：《风险与法律理论》，韩永强译，中国政法大学出版社 2012 年版。

曹士兵：《反垄断法研究》，法律出版社 1996 年版。

柴松霞、张路：《庞氏骗局的法律分析——基于信用博弈的视角》，法律出版社 2013 年版。

陈醇：《权利结构理论：以商法为例》，法律出版社 2013 年版。

陈华强、何宜庆：《银行体系与实体经济》，中央编译出版社 2013 年版。

陈雨露、马勇：《现代金融体系下的中国金融业混业经营：路径、风险与监管体系》，中国人民大学出版社 2009 年版。

丁国峰：《反垄断法律责任制度研究》，法律出版社 2012 年版。

丁茂中：《反垄断法实施中的相关市场界定研究》，复旦大学出版社 2011 年版。

丁瑞莲：《现代金融的伦理维度》，人民出版社 2009 年版。

窦菲菲：《转型国家银行改革及其对经济增长影响分析——基于外资银行视角》，法律出版社 2009 年版。

东航金融等联合课题组：《中国金融安全报告（2014）》，上海财经大学出版社 2014 年版。

冯果、袁康：《社会变迁视野下的金融法理论与实践》，北京大学出版社 2013 年版。

郭丹：《金融服务法研究——金融消费者保护的视角》，法律出版社 2010 年版。

韩伟：《经营者集中附条件法律问题研究》，法律出版社 2013 年版。

何德旭等：《中国金融稳定：内在逻辑与基本框架》，社会科学文献出版社 2013 年版。

胡滨主编：《中国金融监管报告（2012）》，社会科学文献出版社 2012 年版。

黄达主编：《金融学》，中国人民大学出版社 2012 年版。

蒋悟真：《论竞争法的基本精神》，上海三联书店 2008 年版。

蒋岩波、喻玲：《反垄断司法制度》，商务印书馆 2012 年版。

金善明：《反垄断法法益研究：范式与路径》，中国社会科学出版社 2013 年版。

孔祥俊：《反垄断法原理》，中国法制出版社 2001 年版。

黎四奇：《我国银行法律制度改革与完善研究》，武汉大学出版社 2013 年版。

李昌麒：《经济法——国家干预经济的基本法律形式》，四川人民出版社 1995 年版。

李昌麒：《李昌麒法治论说拾遗》，法律出版社 2012 年版。

李国海：《英国竞争法研究》，法律出版社 2008 年版。

李国民：《美国金融危机的成因与教训》，中国经济出版社 2010 年版。

李虹：《相关市场理论与实践——反垄断中相关市场界定的经济学分析》，商务印书馆 2011 年版。

李辉：《中国商银行体系脆弱性分析——基于不确定性思想的视角》，中国社会科学出版社 2011 年版。

李健等：《中国金融发展中的结构问题》，中国人民大学出版社 2004 年版。

李俊峰：《反垄断法的私人实施》，中国法制出版社 2009 年版。

刘桂清：《反垄断法中的产业政策与竞争政策》，北京大学出版社

2010 年版。

刘伟：《反垄断法中的量化问题研究》，法律出版社 2012 年版。

刘旸：《银行业竞争与稳定——基于中国商业银行的研究》，中国金融出版社 2012 年版。

卢颖、胡春涛、白钦先：《中国金融资源地区分布差异性研究》，中国金融出版社 2014 年版。

鲁篱：《行业协会经济自治权研究》，法律出版社 2003 年版。

潘波：《银行业监管权研究：行政法语境下的理论与实践》，中国法制出版社 2012 年版。

彭金隆：《金融控股公司：法制监理与经营策略》，中国人民大学出版社 2005 年版。

彭兴庭：《金融法制的变迁与大国崛起》，法律出版社 2014 年版。

齐兰：《垄断资本全球化问题研究》，商务印书馆 2009 年版。

尚明：《反垄断——主要国家与国际组织反垄断法律与实践》，中国商务出版社 2005 年版。

沈四宝、刘彤：《美国反垄断法原理与典型案例研究》，法律出版社 2006 年版。

盛学军等：《金融全球化背景下的金融监管法律问题研究》，法律出版社 2008 年版。

史际春等：《反垄断法理解与适用》，中国法制出版社 2007 年版。

孙晋：《产融结合的金融监管与反垄断规制研究》，人民出版社 2010 年版。

孙龙建：《银行业市场约束研究》，中国财富出版社 2014 年版。

唐要家：《反垄断经济学理论与政策》，中国社会科学出版社 2008 年版

汪丁丁：《经济学思想史讲义》，上海人民出版社 2012 年版。

汪贵浦：《垄断行业收入与再分配：市场势力的新视角》，经济科学出版社 2011 年版。

王炳：《反垄断非强制性执法制度与实践分析》，法律出版社 2011 年版

王斐民：《反垄断法视野下的中国产业政策法》，法律出版社 2013 年版。

王建红：《权力的边疆：美国反垄断制度体系确立路径研究（1890—1916）》，经济管理出版社 2012 年版。

王健：《反垄断法的私人执行——基本原理与外国法制》，法律出版社 2008 年版。

王涛：《变迁时代的经济与法（1600—1911）》，中国方正出版社 2011 年版。

王先林主编：《中国反垄断法实施热点问题研究》，法律出版社 2011 年版。

王雅丽、毕乐强：《公共规制经济学》，清华大学出版社 2011 年版。

王元龙：《中国抉择：银行业改革与发展战略》，中国金融出版社 2012 年版。

王忠生：《中国金融监管制度变迁研究》，湖南大学出版社 2012 年版。

文学国、孟雁北、高重迎：《反垄断法执行制度研究》，中国社会科学出版社 2011 年版。

巫文勇：《中国金融业监管制度改革研究——基于金融混业经营视角的重新思索》，西南交通大学出版社 2010 年版。

吴易风主编：《当代西方经济学流派与思潮》，首都经济贸易大学出版社 2005 年版。

吴玉岭：《扼制市场之恶——美国反垄断政策解读》，南京大学出版社 2007 年版。

郜伟明：《经济全球化下中国反垄断执法专题研究》，法律出版社 2010 年版。

肖竹：《竞争政策与政府规制——关系、协调及竞争法的制度构建》，中国法制出版社 2009 年版。

谢晖：《法律的意义追问——诠释学视野中的法哲学》，商务印书馆 2003 年版。

谢平、邹传伟：《中国金融改革思路：2013—2020》，中国金融出版社 2013 年版。

谢晓尧：《在经验与制度之间：不正当竞争司法案例类型化研究》，法律出版社 2010 年版。

熊伟：《银行监管权边界问题研究》，法律出版社 2013 年版。

徐加根：《金融制度改革中利益集团作用机制研究》，西南财经大学出版社 2012 年版。

徐孟洲：《金融监管法研究》，中国法制出版社 2008 年版。

许光耀：《欧共体竞争法通论》，武汉大学出版社 2006 年版。

杨大光：《中国银行业反垄断问题研究》，经济科学出版社 2004 年版。

杨东：《金融服务统合法论》，法律出版社 2013 年版。

杨华、匡桦：《非正规金融：根源、运行及演进》，北京师范大学出版社 2012 年版。

杨仁寿：《法学方法论》，中国政法大学出版社 2013 年版。

杨松等：《银行法律制度改革与完善研究》，北京大学出版社 2011 年版。

杨旭：《中国渐进改革中的金融控制——基于金融史视角》，经济科学出版社 2012 年版。

姚保松：《公用企业反垄断规制研究》，法律出版社 2014 年版。

应飞虎：《信息、权利与交易安全——消费者保护研究》，北京大学出版社 2008 年版。

于永宁：《后危机时代金融监管变革之道》，法律出版社 2013 年版。

张杰：《中国金融制度的结构与变迁》，中国人民大学出版社 2011 年版。

张萍：《利益集团博弈与金融制度壁垒研究——基于中国银行业开放的考察》，知识产权出版社 2013 年版。

张韶辉：《我国金融体系的系统性研究》，中国经济出版社 2011 年版。

张义显：《法理学》，法律出版社 2008 年版。

张雪强：《银行业金融机构市场退出法律制度研究》，法律出版社 2014 年版。

张跃文：《金融金融体系的结构与变革》，中国社会科学出版社 2010 年版。

赵园园：《银行业反垄断法适用问题研究——以银行业结构规制为视角》，复旦大学出版社 2012 年版。

郑鹏程：《行政垄断的法律控制研究》，北京大学出版社 2002 年版。

中国银行业监督管理委员会：《中国银行业监管法规汇编》，法律出版社 2011 年版。

钟刚：《反垄断法豁免制度研究》，北京大学出版社 2011 年版。

种明钊主编：《竞争法》，法律出版社 2008 年版。

周昌发：《金融调控法律制度论》，法律出版社 2013 年版。

朱崇实等：《美国 20 世纪 80 年代至 90 年代初银行危机研究——历史与教训》，厦门大学出版社 2010 年版。

（二）论文类

［美］丹尼尔·L. 鲁宾菲尔德：《垄断地位的维持：美国政府对微软》，载［美］J. E. 克伍卡、L. J. 怀特编著《反托拉斯革命——经济学、竞争与政策》，林平等译，经济科学出版社 2007 年版，第 501 页。

［美］斯图尔特·切姆托布：《竞争机构在被管制行业中的地位和作用》，姚保松译，载王晓晔主编《反垄断立法热点问题》，社会科学文献出版社 2007 年版。

单飞跃：《"需要国家干预说"的法哲学基础》，载单飞跃、卢代富等《需要国家干预——经济法视域解读》，法律出版社 2005 年版。

李俊峰：《中国反垄断行政执法的资源、意愿与威慑力》，载王晓晔主编《反垄断法实施中的重大问题》，社会科学文献出版社 2010 年版。

席月民：《中国银行业呼唤反垄断法》，载王晓晔主编《反垄断立法热点问题》，社会科学文献出版社 2007 年版。

叶卫平：《反垄断法实施的文化视角解读》，载王晓晔主编《竞争执法能力建设》社会科学文献出版社 2012 年版。

安世友：《中国银行业市场结构演变的金融稳定效应研究》，《财经理论与实践》2015 年第 4 期。

巴曙松：《金融危机下的全球金融监管走向及展望》，《西南金融》2009 年第 10 期。

柴瑞娟：《民间资本控股村镇银行：逻辑证成与法律规制》，《法学评论》2012 年第 6 期。

常欣：《放松管制与规制重建——中国基础部门引入竞争后的政府行为分析》，《经济理论与经济管理》2001 年第 11 期。

陈兵：《反垄断法实施与消费者保护的协同发展》，《法学》2013 年第 9 期。

陈兵：《美国反托拉斯法合理规则的源起》，《法律方法》2011 年第 11 卷。

陈兵：《现代反垄断法语境中的消费者保护》，《上海财经大学学报》2013 年第 5 期。

陈伟光：《银行业垄断及其市场势力研究》，《国际经贸探索》2007 年第 2 期。

陈小燕、许洁君：《浅析依法治国视野下的垄断惩治》，《当代世界与社会主义》2009 年第 3 期。

程然然：《论银行业反垄断的相关市场界定》，《安徽工业大学学报》（社会科学版）2010 年第 2 期。

褚伟：《垄断结构：国有银行的改革研究》，《当代财经》2001 年第 9 期。

邓磊、陈霞：《反垄断视野下的民间金融制度探析》，《海南大学学报》（人文社会科学版）2012 年第 2 期。

丁春燕：《论我国反垄断法适用中关于"相关市场"确定方法的完善——兼论 SSNIP 方法界定网络相关市场的局限性》，《政治与法律》2015 年第 3 期。

丁琳、陈平：《银行垄断、信用危机和金融改革》，《改革》2000 年第 2 期。

丁茂中：《我国竞争中立政策的引入及实施》，《法学》2015 年第 9 期。

董新凯、郁尊科：《论反垄断法实施中的专家参与问题》，《安徽大学学报》（哲学社会科学版）2010 年第 1 期。

杜仲霞：《我国反垄断法刑事责任之重构》，《法治研究》2013 年第 5 期。

段志国：《金融监管权的纵向配置：理论逻辑、现实基础与制度构建》，《苏州大学学报》（哲学社会科学版）2015 年第 4 期。

冯果、袁康：《反垄断视域下的金融资源配置和社会公平》，《法学杂志》2011 年第 8 期。

冯果、袁康：《危机处置视角下问题银行并购的法律分析》，《交大法学》2013 年第 3 期。

付景远、宋士云：《论中国银行业市场化三进式改革模式》，《学术论坛》2010 年第 6 期。

傅利福、韦倩、魏建：《银行业的集中于竞争：一个分析框架和实证检验》，《经济学家》2015 年第 4 期。

高晋康、唐清利、黄贤福：《反垄断法中银行业合并规则的重构——侧重于金融全球化视角的分析》，《政治与法律》2007 年第 1 期。

高雨泽：《我国银行业的市场结构与竞争行为》，《产业经济研究》2003 年第 1 期。

韩伟：《论纵向垄断协议规制的完善路径》，《价格理论与实践》2013 年第 4 期。

杭仁春：《行政契约的结构分析——与民事契约相对照》，《江苏社会科学》2009 年第 1 期。

何诚颖、赫凤杰、陈薇：《后金融危机时代中国金融监管的演变和发展》，《经济学动态》2010 年第 7 期。

胡甲庆：《美国专家证据可采性标准在反垄断司法中的适用及其启示》，《中外法学》2011 年第 3 期。

黄隽：《银行竞争与银行数量关系研究——基于韩国、中国和中国台湾的数据》，《金融研究》2007 年第 7 期。

黄韬：《我国金融市场从"机构监管"到"功能监管"的法律路径》，《法学》2011 年第 7 期。

黄宪、王露璐：《反思金融危机中的巴塞尔协议——基于金融理论界长期批判的跟踪》，《国际金融研究》2009 年第 9 期。

黄勇：《中国〈反垄断法〉中的豁免与适用除外》，《华东政法大学学报》2008 年第 2 期。

江山：《银行支付卡组织的反垄断规制研究》，《价格理论与实践》2013 年第 5 期。

蒋悟真：《反垄断法中的公共利益及其实现》，《中外法学》2010 年第 4 期。

蒋岩波、孙浩：《垄断行为犯罪化的司法实现》，《江西财经大学学报》2010 年第 4 期。

焦海涛：《反垄断法规制相对优势地位的基础与限度》，《时代法学》2008 年第 3 期。

焦海涛：《论现代反垄断法的程序依赖性》，《现代法学》2008 年第

1 期。

焦海涛：《银行暴利的法律控制：放松管制而非反垄断》，《华东政法大学学报》，2013 年第 2 期。

焦瑾璞：《中国银行业的市场竞争格局及其制度分析》，《宏观经济研究》2001 年第 6 期。

靳馥境、张群：《我国银行业市场集中度对中小企业融资的影响》，《经济与管理》2015 年第 3 期。

卡塔琳娜·皮斯托、许成钢：《不完备法律——一种概念性分析框架及其在金融市场监管发展中的应用》，《比较》2001 年第 3 辑。

兰磊：《反垄断法唯效率论质疑》，《华东政法大学学报》2014 年第 4 期。

李虹、张昕竹：《相关市场认定与发展及对中国反垄断法的借鉴》，《经济理论与经济管理》2009 年第 5 期。

李剑：《横向垄断协议法律适用的误读与澄清——评"深圳有害生物防治协会垄断案"》，《法学》2014 年第 3 期。

李剑：《论结构性要素在我国〈反垄断法〉中的基础地位——相对优势地位滥用理论之否定》，《政治与法律》2009 年第 10 期。

李剑：《论垄断协议违法性的分析模式——由我国首例限制转售价格案件引发的思考》，《社会科学》2014 年第 4 期。

李剑：《相对优势地位理论质疑》，《现代法学》2005 年第 3 期。

李平：《垄断行为认定研究》，《社会科学研究》2008 年第 4 期。

李硕：《银行间垄断获利行为的博弈模型涉及及分析》，《中央财经大学学报》2015 年第 6 期。

李文江：《我国银行业垄断行为及其法律规制》，《金融理论与实践》2014 年第 8 期。

梁彩红：《金融脱媒研究文献综述》，《重庆工商大学学报》（社会科学版）2014 年第 3 期。

廖凡、张怡：《英国金融监管体制改革的最新发展及其启示》，《金融监管研究》2012 年第 2 期。

廖凡：《金融市场：机构监管？功能监管？》，《金融市场研究》2012 年第 6 期。

廖国民、刘巍：《银行体制、破产成本与政府担保——国有银行不良资产形成的一个分析框架》，《管理世界》2005 年第 3 期。

凌斌：《论文写作的提问与选题》，《中外法学》2015 年第 1 期。

刘孔中：《公务部门行为适用公平交易法之范围》，《政大法学评论》1996 年第 55 期。

刘乃梁：《汽车分销协议的垄断传导及其规制》，《广东财经大学学报》2015 年第 2 期。

刘乃梁：《私人在经济法实施中的作用——理论逻辑与发展路径》，《浙江工商大学学报》2014 年第 4 期。

刘乃梁：《政府主导下的企业社会责任的时代进路——基于我国转型期的探索》，《经济法论坛》2013 年第 1 期。

刘鹏、温彬：《国有商业银行股份制改革》，《南开经济研究》2007 年第 3 期。

刘伟、黄桂田：《银行业的集中、竞争与绩效》，《经济研究》2003 年第 11 期。

刘秀光：《如何解读"打破银行垄断"》，《济南大学学报》（社会科学版）2013 年第 4 期。

刘叶深：《法律效力理论中的实效性原则》，《北方法学》2013 年第 5 期。

刘志成：《我国典型垄断行业垄断行为分析及其福利损失估算》，《中国物价》2014 年第 3 期。

卢代富：《国外企业社会责任界说述评》，《现代法学》2001 年第 3 期。

卢文华、段鸿济：《存款保险制度对我国银行业的影响——基于国际比较视角》，《征信》2015 年第 4 期。

鲁篱：《行业协会社会责任与行业自治的冲突与横平》，《政法论坛》2008 年第 2 期。

路妍：《金融危机后的国际金融监管合作及中国的政策选择》，《管理世界》2011 年第 4 期。

罗贵发：《银行结构、信贷渠道与货币政策效果问题研究——基于中国 1997—2012 年数据的实证分析》，《上海经济研究》2014 年第 3 期。

孟望生、周鹏：《银行业为何是大赢家？——基于竞赛理论的分析》，《产经评论》2013 年第 3 期。

孟雁北：《滥用相对经济优势地位行为的反垄断法研究》，《法学家》2004 年第 6 期。

孟雁北：《我国〈反垄断法〉之于垄断行业适用范围问题研究》，《法学家》2012 年第 6 期。

莫于川：《法治视野中的行政指导行为——论我国行政指导的合法性问题与法治化路径》，《现代法学》2004 年第 3 期。

聂孝红：《论反垄断法的不确定性》，《公民与法》2009 年第 9 期。

彭欢、孙丽璐、谭建伟：《中国银行业市场的竞争特性——基于 PR 模型的分析》，《经济管理》2012 年第 11 期。

皮天雷：《金融创新与金融监管：当前金融危机下的解读》，《西南金融》2009 年第 6 期。

漆丹：《我国银行业竞争推进制度研究》，《法学评论》2015 年第 2 期。

齐兰、王业斌：《国有银行垄断的影响效应分析——基于工业技术创新视角》，《中国工业经济》2013 年第 7 期。

钱雪松：《公司金融、银行业结构和货币传导机制》，《金融研究》2008 年第 8 期。

饶粤红：《论反垄断视野下美国银行业相关市场的界定——兼评美国的经验、反思及启示》，《国际经贸探索》2009 年第 6 期。

饶粤红：《我国银行业滥用市场支配地位的反垄断法分析》，《政法学刊》2009 年第 3 期。

尚福林：《新常态下的银行业改革与发展》，《中国银行业》2015 年第 2 期。

沈敏荣：《论反垄断法不确定性及其原因》，《甘肃政法学院学报》2000 年第 2 期。

盛杰民、焦海涛：《论中国反垄断法对行业协会的规制》，《重庆大学学报》（社会科学版）2008 年第 4 期。

石英、王勇：《论银行业反垄断规制的有限性》，《辽宁大学学报》（哲学社会科学版）2014 年第 1 期。

时建中、王伟炜：《〈反垄断法〉中相关市场的含义及其界定》，《重庆社会科学》2009 年第 4 期。

时建中：《我国〈反垄断法〉的特色制度、亮点制度及重大不足》，

《法学家》2008 年第 1 期。

时晓虹、耿刚德、李怀：《"路径依赖"理论新解》，《经济学家》2014 年第 6 期。

史际春：《资源性公用事业反垄断法律问题研究》，《政治与法律》2015 年第 8 期。

史建平、官兵：《垄断、政府控制与金融制度演进》，《国际金融研究》2004 年第 6 期。

史岩：《我国反垄断机构与金融监管机构的关系研究——以银行业为例》，《经济问题》2014 年第 6 期。

宋芳秀：《中国银行业市场结构和市场行为对利率改革成效的影响研究》，《管理世界》2007 年第 3 期。

宋旺、钟正生：《我国金融托媒对货币政策传导机制的影响：1978—2007》，《经济学家》2010 年第 2 期。

谭袁：《反垄断法责任制度探讨》，《西部法律评论》2012 年第 4 期。

唐鹏：《银行业市场集中度与银行风险承担》，《金融论坛》2015 年第 3 期。

万映忠：《"金融核心论"探析——纪念邓小平同志诞辰 100 周年》，《西南政法大学学报》2004 年第 4 期。

王斌：《中国银行业市场化改革的五个阶段及特点》，《改革与战略》2011 年第 2 期。

王丙辉：《论中国反垄断法在银行业的适用障碍及其完善机制》，《郑州大学学报》（哲学社会科学版）2013 年第 1 期。

王辰华：《中国金融垄断的一个例证——王辰华》，《中央财经大学学报》2003 年第 11 期。

王弟海：《银行垄断、利率管制与民企融资难》，《浙江社会科学》2011 年第 12 期。

王国刚：《"中国银行业垄断暴利"的说法并不成立》，《经济学动态》2012 年第 5 期。

王国红：《论中国银行的市场结构》，《经济评论》2002 年第 2 期。

王国红：《中国银行业市场力及其变迁研究》，《财贸经济》2013 年第 10 期。

王健、汪望宇：《美国竞争倡导制度研究——兼论我国如何导入竞争倡导制度》,《经济法论丛》第 27 卷。

王健:《垄断协议认定与排除、限制竞争的关系研究》,《法学》2014年第 3 期。

王健:《威慑理念下的反垄断刑事制裁制度》,《法商研究》2006 年第 1 期。

王俊林:《垄断才是中国银行业暴利的根源》,《法人》2012 年第 3 期。

王茂林:《论我国反垄断法适用除外制度》,《西部法学评论》2009年第 1 期。

王先林:《从成品油定价机制看反垄断法在垄断行业的实施》,《经济法研究》2013 年第 12 卷。

王先林:《理想与现实中的中国反垄断法——写在〈反垄断法〉实施五年之际》,《交大法学》2013 年第 2 期。

王先林:《论反垄断法实施中的相关市场界定》,《法律科学》2008年第 1 期。

王先林:《论反垄断法中的本身违法规则和合理分析规则》,《中国物价》2013 年第 12 期。

王先林:《论滥用市场支配地位行为的法律规制》,《法商研究》2007年第 4 期。

王晓晔:《合法与违法的认定——适用合理原则的卡特尔》,《国际贸易》2004 年第 9 期。

王晓晔:《论反垄断法在被监管行业的适用》,《中国物价》2014 年第 9 期。

王晓晔:《我国反垄断法实施的成就与问题》,《中国工商管理研究》2014 年第 9 期。

王勇:《美国"大而不倒"银行反垄断规制变革及启示》,《金融与经济》2014 年第 12 期。

王玉辉:《垄断协议本身违法原则的运用与发展》,《社会科学辑刊》2010 年第 6 期。

王玉学:《反垄断的基本规制方法》,《重庆理工大学学报》(社会科学版) 2012 年第 5 期。

王兆星:《机构监管与功能监管的改革》,《中国金融》2015 年第

3 期。

吴汉洪、姜艳庆：《对中国银行业反垄断问题的思考》，《经济学动态》2012 年第 11 期。

吴宏伟、谭袁：《保护竞争而不保护竞争者？——对主流反垄断法观点的审视》，《北方法学》2013 年第 4 期。

吴敏、林乐芬：《银行业市场集中度、主体异质性与中小企业信贷可获性》，《金融论坛》2015 年第 3 期。

席月民：《我国银行业反垄断执法难题及其化解》，《上海财经大学学报》2008 年第 2 期。

肖江平：《滥用市场支配地位行为认定中的"正当理由"》，《法商研究》2009 年第 5 期。

谢平、邹传伟：《金融危机后有关金融监管改革的理论综述》，《金融研究》2010 年第 2 期。

邢会强：《商业银行的公共性理论——兼论商业银行收费法律问题》，《现代法学》2012 年第 1 期。

徐国良、陈志广：《反垄断：规制垄断结构的一种制度安排》，《首都经济贸易大学学报》2006 年第 4 期。

徐士英、荣中华：《相对市场优势地位理论研究》，《经济法研究》2007 年第 6 卷。

许光耀：《"合理原则"及其立法模式比较》，《法学评论》2005 年第 2 期。

许立成、范从来：《中国银行业中的政府监管：演进与逻辑》，《经济与管理研究》2015 年第 3 期。

颜运秋：《反垄断法应以保护消费者权益为终极目的》，《消费经济》2005 年第 5 期。

颜运秋：《反垄断立法目的与保护消费者权益》，《社会科学家》2005 年第 5 期。

杨斌：《银行业反垄断主管机构研究》，硕士学位论文，中南大学，2008 年。

杨贺男、张平：《滥用行政权力排除、限制竞争行为入罪问题分析》，《政治与法律》2010 年第 7 期。

杨惠：《机构监管与功能监管的交错：美国 GLB 法案的经验》，《财经科学》2007 年第 5 期。

杨天宇、钟宇平：《中国银行业的集中度、竞争度与银行风险》，《金融研究》2013 年第 1 期。

姚保松：《美国反垄断法基础设施条款对我国的启示》，《河南师范大学学报》（哲学社会科学版）2009 年第 4 期。

姚琦：《银行卡组织的垄断行为及其规制》，《价格理论与实践》2008 年第 7 期。

叶明：《行业协会限制竞争行为的反垄断法规制》，博士学位论文，西南政法大学，2008 年。

叶欣、郭建伟、冯宗宪：《垄断到竞争：中国商业银行业市场结构的变迁》，《金融研究》2001 年第 11 期。

易继明：《论行业协会市场化改革》，《法学家》2014 年第 4 期。

易宪容：《银行卡收费：对与错的边缘》，《西部论丛》2006 年第 8 期。

尹雪萍：《竞争倡导：发展中国家竞争法实施的短板——以印度经验为视角》，《理论学刊》2015 年第 6 期。

尹贻梅、刘志高、刘卫东：《路径依赖理论研究进展评析》，《外国经济与管理》2011 年第 8 期。

应品广：《反垄断法的豁免——中国的视角和选择》，《中南大学学报》（社会科学版）2010 年第 5 期。

应品广：《竞争中立：中国的实践与展望》，《WTO 经济导刊》2014 年第 6 期。

游春、邱元：《"巴塞尔协议 Ⅲ"：开启银行业监管的新纪元?》，《金融发展研究》2011 年第 3 期。

于立：《垄断行业改革与反垄断执法体系的构建》，《改革》2014 年第 5 期。

于良春、鞠源：《垄断与竞争：中国银行业的改革和发展》，《经济研究》1999 年第 8 期。

郁方：《中国银行业垄断与轨制变迁——基于利益博弈视角的分析》，《学术研究》2010 年第 2 期。

喻玲：《从威慑到合规指引：反垄断法实施的新趋势》，《中外法学》2013 年第 6 期。

喻玲：《论反垄断诉讼中的专家证人——以美国法为视角》，《江西财经大学学报》2010 年第 3 期。

袁忍强：《金融危机背景下的金融监管及其发展趋势》，《法学杂志》2012 年第 7 期。

袁曙宏、韩春晖：《社会转型期的法治发展规律研究》，《法治研究》2006 年第 4 期。

岳彩申：《金融控股公司竞争行为的识别及其监管——以银行持股公司为中心的研究》，《经济法论坛》2005 年第 3 卷。

岳彩申：《民间借贷规制的重点及立法建议》，《中国社会科学》2011年第 5 期。

张宝祥：《中国金融制度改革的路径依赖》，博士学位论文，吉林大学，2004 年。

张芳、李龙：《中国银行业市场结构衡量指标及分析》，《宏观经济研究》2012 年第 10 期。

张江莉：《我国转型时期行业协会的反垄断法规制》，《法商研究》2008 年第 5 期。

张维迎：《从吴英案审视市场的基础》，《中国企业家》2012 年第4 期。

张翔睿、张胜达：《我国银行业竞争度量及其影响因素分析》，《管理现代化》2014 年第 6 期。

张毅、姚宝伟：《反垄断法中的经营者释义》，《中国工商管理研究》2014 年第 12 期。

张占江：《竞争倡导研究》，《法学研究》2010 年第 5 期。

张占江：《中国法律竞争评估制度的建构》，《法学》2015 年第 4 期。

张志元、滕春强：《制度经济学视角的国有商业银行弱势群体分析》，《财经科学》2006 年第 3 期。

赵旭：《中国商业银行市场势力、效率及其福利效应》，《财经研究》2011 年第 3 期。

赵园园：《对金融机构救助的反垄断法思考》，《财经科学》2011 年第 5 期。

赵园园：《论银行机构的"太大不能倒"与反垄断执法的变革》，《社会科学研究》2011 年第 3 期。

赵紫剑：《中国银行业结构变迁及其发展趋势》，《中央财经大学学报》2002年第11期。

郑鹏程：《论垄断罪的依据、构成与刑事责任》，《河北法学》2003年第2期。

郑鹏程：《论现代反垄断法实施中的协商和解趋势——兼论行政垄断的规制方式》，《法学家》2004年第4期。

郑鹏程：《美国反垄断法"本身违法"与"合理法则"适用范围探讨》，《河北法学》2005年第10期。

郑伟：《银行业结构调整与中国经济稳定》，《现代财经》2015年第5期。

郑文通：《我国反垄断诉讼对"滥用市场支配地位"规定的误读》，《法学》2010年第5期。

钟瑞栋：《从结构主义到行为主义——反垄断法的历史演进、发展趋势及我国的立法选择》，《厦门大学法律评论》2001年第2期。

仲春：《金融危机带来的反垄断法难题——各国的做法及我国的启示》，《行政与法》2010年第2期。

仲伟周、斯煌霏：《中国银行业市场竞争结构研究》，《金融论坛》2013年第4期。

周卫江：《美国金融监的历史性变革——评析〈多德—弗兰克法案〉》，《金融论坛》2011年第3期。

周小川：《金融危机中关于救助问题的争论》，《金融研究》2012年第9期。

朱慈蕴：《反思反垄断：我国应当建立温和型的反垄断制度》，《清华大学学报》（哲学社会科学版）2003年第2期。

潘丹丹：《反垄断法不确定性的意义追寻》，博士学位论文，吉林大学，2010年。

潘林伟：《我国银行业竞争秩序规制法律制度研究》，博士学位论文，重庆大学，2009年。

赵园园：《银行业反垄断法适用问题研究——以银行业结构规制为视角》，博士学位论文，华东政法大学，2010年。

（三）其他类

Jesse Eisinger：《大型银行拆分曾不可想象，如今可行》，2011年7

月，腾讯财经（http：//finance. qq. com/a/20110728/003425. htm）。

安蓓：《收费检查罚了银行近 16 亿元》，《北京青年报》2015 年 2 月 25 日。

《关于银行乱收费的调查》，2015 年 11 月，东方财富网（http：// poll. eastmoney. com/Html/Result6349. html）。

董璐茜、李斌：《银联：角色错位，业务越位》，《新财经》2013 年第 7 期。

方学：《反价格垄断下一步重点关注"民生"》，《中国经济导报》2013 年 8 月 29 日。

侯仕军：《金融脱媒：商业银行创新策》，《北大商业评论》2015 年第 1 期。

黄育川：《拆分"大"银行》，《经济导刊》2014 年第 2 期。

姜樊：《律师举报六大国有银行价格垄断》，2012 年 5 月，新华网（http：//news. xinhuanet. com/local/2012-05/24/c_ 123181928. htm）。

孔军：《联储费舍尔：美国最大五家银行"应该被拆分"》，2012 年 3 月，腾讯财经（http：//finance. qq. com/a/20120301/000627. htm）。

梁小民：《银行市场化必须是全方位的》，《新财经》2005 年第 12 期。

刘诗平、刘琳：《中国银行业协会对银行服务收费提六项自律要求》，2010 年 12 月，新华网（http：//news. xinhuanet. com/fortune/2010-12/15/ c_ 12884260. htm）。

刘艳：《河南多家银行合并重组成立中原银行获批》，2014 年 12 月，经济观察网（http：//www. eeo. com. cn/2014/1217/270279. shtml）。

马传茂：《重组江西银行：南昌银行合并景德镇商行，上半年挂牌》，2015 年 4 月，凤凰网（http：//finance. ifeng. com/a/20150407/13611199_ 0. shtml）。

邱锐：《中国企业或将承压反垄断》，《凤凰周刊》2014 年第 26 期。

沈静文：《工商总局：继续加大对银行业等行业反垄断执法》2014 年 8 月，新华网（http：//news. xinhuanet. com/fortune/2014 - 08/23/c _ 126908273. htm）。

《国务院再提鼓励民间资本》，2010 年 7 月，搜狐财经（http：//busi-ness. sohu. com/s2010/guliminzi/）。

《深发展将更名为平安银行》，2012 年 2 月，腾讯财经（http：//finance. qq. com/zt2012/sfzgm/）。

《银行服务收费集体涨价》，2009 年 6 月，腾讯网（http：//hb. qq. com/zt/2009/yhsfzj/）。

王磊：《银联：坐地收钱的垄断帝国》，2014 年 3 月，网易（http：//view. 163. com/special/reviews/unionpay0317. html）。

魏士廪：《ATM 跨行取款手续费涨价难逃"协同垄断"之嫌》，《中国经营报》2010 年 8 月 2 日。

吴敬琏：《完善金融市场体系，纠正金融资源错配》，《中国城乡金融报》2013 年 11 月 25 日。

吴敬琏：《为化解融资难开药方》，《新经济导刊》2012 年第 9 期。

吴秋余：《银行，不能存钱还干啥》，《人民日报》2014 年 5 月 5 日。

吴思：《中国反垄断将成常态》，《中国经济报告》2014 年第 9 期。

西南财经大学中国家庭金融调查与研究中心：《中国民间金融发展报告》，2014 年 1 月。

奚君羊：《"拆分"国有大银行为温州金融改革探路》，《广州日报》2012 年 6 月 18 日。

肖楠：《建行行长称银行是弱势群体，李克强：农民才是》，2015 年 3 月，网易新闻（http：//news. 163. com/15/0304/23/AJTA98V800014SEH. html）。

谢平：《国有商业银行改革三十年》，《今日财富》（金融版）2008 年第 10 期。

新浪财经：《建行遭遇银行业反垄断第一案》，2008 年 9 月，新浪网（http：//finance. sina. com. cn/money/bank/jhfld0912. shtml）。

许维鸿：《混业经营的金融集团是天然垄断者》，2015 年 4 月，凤凰网（http：//v. ifeng. com/news/finance/201504/016009e5 - 952d - 4841 - b553-c1fde61c96db. shtml）。

薛娇：《SEC 监管趋严 美国银行面临拆分风险》，2015 年 3 月，第一财经（http：//www. yicai. com/news/2015/03/4588475. html）。

杨东：《中国银联有没有垄断?》，《经济观察报》2014 年 8 月 29 日。

《反垄断调查主体扩至行政机关》，《济南日报》2014 年 9 月 15 日。

《美国应拆分巨型银行》，2010 年 6 月，搜狐财经（http：//

business. sohu. com/20100629/n273144170. shtml）。

《中国银联概况》，2015 年 8 月，中国银联（http：//corporate. unionpay. com/infoComIntro/infoCompanyIntroduce/zhongguoyinliangaikuang/file _ 3945122. html）。

《美法院重启对维萨卡和万事达卡的反垄断诉讼》，2015 年 8 月，中国经济新闻网（http：//www. cet. com. cn/yhpd/yhk/1606083. shtml）。

《欧盟指控 13 家银行涉及 CDS 市场垄断操作》，2013 年 7 月，和讯（http：//bank. hexun. com/2013-07-02/155703162. html）。

《银行等“最赚钱”国企领高额补贴》，《新快报》2014 年 11 月 20 日。

《银行业协会称 ATM 跨行取款收费上调合法合规》，2010 年 7 月，南方周末（http：//www. infzm. com/content/48128）。

银监会政策研究局：《联合论坛〈金融集团监管原则〉（中文译稿）》，2013 年 7 月，中国银行业监督管理委员会网（http：//www. cbrc. gov. cn/chinese/home/docView/19B74BC9C551412095C4B6EA1418077 A. html）。

张全景：《金融资本垄断时代的阶级压迫和阶级剥夺》，《光明日报》2014 年 12 月 16 日。

张智全：《案例指导制度，实现公平正义的有力利器》，2015 年 6 月，中国法院网（http：//www. chinacourt. org/article/detail/2015/06/id/1641218. shtml）。

中华人民共和国国家统计局：《国民经济行业分类（GB/T 4754-2011）》，2013 年 10 月，国家统计局（http：//www. stats. gov. cn/tjsj/tjbz/hyflbz/）。

二　外文类

（一）论文

Adam J. Levitin, "The Politics of Financial Regulation and the Regulation of Financial Politics: a Review Essay", *Harvard Law Review*, Vol. 127, No. 7, May 2014.

Alan Devlin, "Antitrust as Regulation", *San Diego Law Review*, Vol. 49, No. 3, August-September 2012.

Alan J. Meese, "Antitrust, Regulatory Harm, and Economic Liberty", *Iowa Law Review Bulletin*, Vol. 99, May 2014.

Albert A. Foer, Don Allen Resnikoff, "Competition Policy and 'Too Big' Banks in the European Union and the United States", *The Antitrust Bulletin*, Vol. 59, No. 1, Spring 2014.

Alexander Volokh, "The New Private‐Regulation Skepticism: Due Process, Non‐Delegation, and Antitrust Challenge", *Harvard Journal of Law & Public Policy*, Vol. 37, No. 3, Summer 2014.

Anita K. Krug, "Escaping Entity‐centrism in Financial Services Regulation", *Columbia Law Review*, Vol. 113, No. 8, December 2013.

Archie Carroll, "Stakeholder Thinking in Three Models of Management Morality: A Perspective with Strategic Implications", in *The Corporation and Its Stakeholders: Classic and Contemporary Readings*, Edited by Max B. E. Clarkson, University of Toronto Press, 1998.

Charles W. Murdock, "The Big Banks: Background, Deregulation, Financial Innovation, and 'Too big To Fail' ", *Denver University Law Review*, Vol. 90, No. 2, 2012.

Cristie Ford, "Financial Innovation and Flexible Regulation: Destabilizing the Regulatory State", *North Carolina Banking Institute*, Vol. 18, No. 1, November 2013.

Daniel Carpenter, Patricia A. McCoy, "Keeping Tabs on Financial Innovation: Product Identifiers in Consumer Financial Regulation", *North Carolina Banking Institute*, Vol. 18, No. 1, November 2013.

Daniel J. Mahoney, " 'When Bank Mergers Meet Antitrust Law, There's No Competition.' Why Antitrust Law Will Do Little to Prevent Overconsolidation within the Banking Industry", *Annual Review of Banking Law*, Vol. 14, 1995.

Daniel Sokol, "Tensions between Antitrust and Industrial Policy", *George Mason Law Review*, Vol. 22, No. 5, August 2015.

David S. Neill, "Geographic Market Definition in the Antitrust Analysis of Bank Mergers", *Banking Law Journal*, Vol. 123, No. 4, April 2006.

Dina I. Waked, "Antitrust Goals in Developing Countries: Policy Alternatives and Normative Choices", *Seattle University Law Review*, Vol. 38, No. 3,

April 2015.

Felix B. Chang, "The Systemic Risk Paradox: Banks and Clearinghouses under Regulation", *Columbia Business Law Review*, Vol. 2014, No. 3, April 2014.

Gregory J. Werden, "Perceptions of the Future of Bank Merger Antitrust: Local Areas Will Remain Relevant Markets", *Fordham Journal of Corporate and Financial Law*, Vol. 13, No. 4, July 2008.

Herbert Hovenkamp, "Antitrust and the Regulatory Enterprise", *Columbia Business Law Review*, Vol. 2004, No. 2, 2004.

Howard A. Shelanski, "Justice Breyer, Professor Kahn, and Antitrust Enforcement in Regulated Industries", *California Law Review*, Vol. 100, No. 2, April, 2012.

Howard A. Shelanski, "Enforcing Competition during an Economic Crisis", *Antitrust Law Journal*, Vol. 77, No. 1, 2010.

Howard A. Shelanski, "The Case for Rebalancing Antitrust and Regulation", *Michigan Law Review*, Vol. 109, No. 5, March 2010.

James C. Cooper, William E. Kovacic, "U. S. Convergence with International Competition Norms: Antitrust Law and Public Restraints on Competition", *Boston University Law Review*, Vol. 90, No. 4, August 2010.

John J. Flynn, "The Role of Rules in Antitrust Analysis", *Utah Law Review*, Vol. 2006, No. 3, 2006.

Justin Hurwitz, "Administrative Antitrust", *George Mason Law Review*, Vol. 21, No. 5, August 2014.

Kathryn Judge, "Fragmentation Nodes: a Study in Financial Innovation, Complexity, and Systemic Risk", *Stanford law Review*. Vol. 64. No. 3. March 2012.

Keith A. Pisarcik, "Antitrust and Bank Regulation: Was the Clayton Act on Hold during a Time of Crisis?", *Duquesne Business Law Journal*, Vol. 14, No. 1, Winter 2011.

Margaret M. Blair, "Financial Innovation, Leverage, Bubbles and the Distribution of Income", *Review of Banking & Financial Law*, Vol. 30, No. 1, Septemper 2010.

Niamh Dunne, "Commitment Decisions in EU Competition Law", *Journal of Competition Law & Economics*, Vol. 10, No. 2, June 2014.

Samuel N. Weinstein, "Financial Regulation in the (Receding) Shadow of Antitrust", *Temple Law Review*, Vol. 91, No. 3, Spring 2019.

Seth Sacher, "The Past, Present, and Future of Antitrust", *Georgetown Journal of International Affairs*, Vol. 11, No. 1, Winter/Spring 2010.

Stacey L. Dogan, Mark A. Lemley, "Antitrust Law and Regulatory Gaming", *Texas Law Review*, Vol. 87, No. 4, March 2009.

Stanley Gorinson, "Competition Advocacy before Regulatory Agencies", *Antitrust*, Vol. 5, No. 3, Summer 1991.

Tim McCarthy, "Refining Product Market Definition in the Antitrust Analysis of Bank Mergers", *Duke Law Journal*, Vol. 46, No. 4, February 1997.

Zachary J. Gubler, "The Financial Innovation Process: Theory and Application", *Delaware Journal of Corporate Law*, Vol. 36, No. 1, May 2011.

（二）国外组织报告

408*Competition and Financial Markets*, Competition law & Policy OECD Policy Roundtables DAF/COMP (2009) 11, Jun. 8, 2009。

409*Competition and Regulation in Retail Banking*, Competition law & Policy OECD Policy Roundtables DAF/COMP (2006) 33, Oct. 27, 2008。

410*Competition, Concentration and Stability in the Banking Sector*, Competition law & Policy OECD Policy Roundtables DAF/COMP (2010) 9, Sep. 3, 2010。

411*Market Definition*, Competition law & Policy OECD Policy Roundtables DAF/COMP (2012) 19, Oct. 11, 2012。

412*Relationship between Regulators and Competition Authorities*, Competition law & Policy OECD Policy Roundtables DAFFE/CLP (99) 8, Jun. 24, 1999。

（三）司法案例

Brown Shoe Co. v. United States, 370 U. S. 294, (1962).

Chicago Board of Trade v. United States 246 U. S. 231 (1918).

Northern Pac. Ry. v. United States, 356 U. S. 1, 5 (1958).

Standard Oil Co. of New Jersey v. United States. , 221 U. S. 1 (1911).

United States, Appellant v. Philadelphia National Bank, 374 U. S. 321 (1963).

United States v. Columbia Steel Co. , 334 U. S. 495 (1948).

United States v. Connecticut National Bank, 418 U. S. 656 (1974).

United States v. E. I. du Pont de Nemours & Co. , 366 U. S. 316 (1961).

United States v. Socony-Vacuum Oil Co. , 310 U. S. 150, 223 (1940).

United States v. Trans-Missouri Freight Ass'n, 166 U. S. 290 (1897).

后　记

本书在我的博士学位论文《银行业反垄断法规制的进路研究》基础上完善而成。与反垄断法研究的第一次接触是在本科毕业论文阶段：在当时数以千计的论文选题中，"反垄断法的私人实施研究"让我"一见倾心"。当厚重的"反垄断法"遇到前沿的"私人实施"，内容与程序的完美契合自然存在诸多泼墨空间。硕士研究生期间，在导师卢代富教授的引导下，我将反垄断法作为主要研究方向，学位论文的选题也在万江教授的建议下确定为"汽车分销的反垄断法规制研究"。博士研究生期间，原本计划转向知识产权与竞争法的交叉研究，但导师王煜宇教授帮我开启了金融法的研究大门。在跟随导师研究农村金融、普惠金融等命题之时，对金融垄断的普遍质疑见诸多处，但金融反垄断规制似乎因金融行业的高度管制性与反垄断法发展的初级属性而未能受到学界的重视。时至博士学位论文选题之际，金融法与反垄断法的交叉研究似乎也就成了水到渠成之事。

本书的写作是对九年求学生涯的一个总结。重庆，一座城，因信仰而结缘，因梦想而驻守，因期待而不再彷徨。于我而言，这里充满故事、感恩和机遇。从 2007 年走出菜园坝火车站的无奈，到再过两个半小时踏出江北机场的淡然，九年的时间，一份执着将我与一座城、一所大学捆绑。对于硕士入学就确定要攻读博士的我来说，博士学习仅仅是研究生阶段的下半场，学业的顺利离不开硕士生导师卢代富教授的教导、帮助和支持。对卢老师的感谢是难以言表的，正如卢老师的教导来自一件件亲力亲为的"小事"，潜移默化中教会我们很多"大世"的哲理。从选题到定稿，博士生导师王煜宇教授都给予了莫大的支持。对我印象最深的是老师的"问题意识"和"创新意识"，在老师一次次"问题是什么""创新点在哪里"的追问下，命题的"真、善、美"逐步浮现，为学的乐趣也随之点燃。

工作以来，本书的相关成果曾刊发于《法商研究》《法制与社会发展》《北方法学》《西南民族大学学报》（人文社科版）、《中南大学学报》（社会科学版）等期刊。受益于编审专家的不吝指教，我对金融垄断命题的"理论自信"不断提升，未来的研究方向也更加清晰。客观而言，本书的完成对我是一个极大的挑战，这种挑战超过了我对博士学位论文预期的难度，但是从侧面也让我对学术和科研产生了更高的敬畏，"银行业反垄断"这个选题让我坚定了在金融法和竞争法交叉领域的研究路线。现有的研究成果一定不是完美的，专著的写作往往都是在落笔的最后一刻又迸发出诸多难以在短期内实现的研究目标。这是一个结束，同样也是一个开始。本书纰漏之处，尚祈得到学界同人的批评与宝贵建议。

最后，把本书献给我的家人，尤其是我家那位即将出世的小朋友。

刘乃梁

2020 年 5 月 11 日于重庆